PUHUA BOOKS

我
们
一
起
解
决
问
题

PUHUA BOOKS

体验学习

如何让体验
驱动学习与发展

[美] 大卫·库伯 (David Kolb) —— 著

伍新春 季娇 郑秋 等译

人民邮电出版社
北　京

图书在版编目（ＣＩＰ）数据

体验学习：如何让体验驱动学习与发展 ／（美）大
卫·库伯（David Kolb）著；伍新春等译. -- 北京：
人民邮电出版社，2023.4
ISBN 978-7-115-60140-7

Ⅰ. ①体… Ⅱ. ①大… ②伍… Ⅲ. ①学习方法－研
究 Ⅳ. ①G791

中国版本图书馆CIP数据核字(2022)第180960号

内 容 提 要

人类的心智成长，究其本质，是从混沌到分化再到整合的过程，单一且僵化的知识积累式学习方法不足以为人类带来认知上的觉醒。体验学习作为一种强大的、普适的学习与教学方法，以"人们通过体验能获得最佳学习效果"这一事实为基础，为人类的学习与发展拓宽了航线。

本书汇集了作者50余年学术研究的成果，深入浅出地探讨了体验学习的理论基础，并介绍了其在教育、工作及成人发展领域的现代应用。《体验学习》第2版反映了自上一版出版以来30多年的新研究与实践，更新了体验学习模型，探索了体验学习理论与现代神经科学、学习风格和人格类型之间的新联系，介绍了新版库伯学习风格量表4.0，并为教育领域及教学课堂提供了实践指导。

本书对任何想要提高学习能力、实现终身成长的人来说都极具价值，尤其适合高等教育、培训、组织发展领域的研究者、学习者、实践者及管理者阅读、参考。

◆ 著 [美] 大卫·库伯（David Kolb）
　　 译 伍新春 季 娇 郑 秋 等
责任编辑 田 甜
责任印制 彭志环

◆ 人民邮电出版社出版发行　　北京市丰台区成寿寺路 11 号
邮编 100164　电子邮件 315@ptpress.com.cn
网址 https://www.ptpress.com.cn
涿州市殷润文化传播有限公司印刷

◆ 开本：787×1092　1/16
印张：23.5　　　　　　　　2023 年 4 月第 1 版
字数：450 千字　　　　　　2025 年 5 月河北第 4 次印刷
著作权合同登记号　图字：01-2021-1156 号

定　价：118.00 元
读者服务热线：**(010) 81055656**　印装质量热线：**(010) 81055316**
反盗版热线：**(010) 81055315**

这是一本很特别且非常重要的书。我之所以这样评价这本书，是因为作者大卫·库伯文笔优美流畅，思维清晰明了，通过这本书，你将了解库伯对学习理论做出的精彩绝伦的阐释。尤其是对于教育学研究者及从事教育工作的人而言，更是如此。当我研读这本书时，我偶尔会跟不上自己的呼吸，因为我的兴奋从未停止。我也相信当你阅读这本书时，你会和我有同样的感受！

这是一本我期待已久的书，这本书细致入微的程度足以说明，库伯对其进行了反复修改与完善，就像一块宝贵的璞玉，经过不断打磨润饰才成为珍宝。

为什么这本书会让人如此兴奋呢？我认为这基于库伯的杰出成就，他重新建立了理论与实践之间、抽象原理与具体事例之间、情感领域与认知领域之间长久以来被忽视的联结。他首次提出并严谨论证了学习是一个基于认真培养经验的社会化过程，而这一科学论断挑战了如今被误认为是"教学"的多种概念与规则。在这一伟大成就之下，他有意识地将学习从注重知识传授的课堂拓展到更广泛的工作场所、家庭生活、社会活动等领域。

对教育工作者而言，这一发现意义重大。库伯温和地引导着教育工作者脱离传统的学分制与课时制，转向重视与工作、家庭及社区实践相关的能力、知识与信息。

读完这本书绝非轻而易举之事。从曼陀罗图形到管理学教授热衷呈现的表格，库伯带领我们开始了一段极富吸引力又密集紧凑的阅读之旅。这段旅程有许多先驱相伴，他们为"基于体验的学习"的创立奠定了基础。这些伟大的思想家包括杜威、勒温、皮亚杰等人。当然，库伯也没有忽略其他学者的贡献，如马斯洛、罗杰斯和埃里克森。如果你在学校教育的课堂框架内运用体验学习理论时感到格格不入，那么库伯的论述能消除这样的感受。他还将杜威、勒温和皮亚杰的研究整合在一起，为我们建立了一个完整的框架，为我们深入地理解和落实体验学习提供了坚实的基础。

这是一本很有价值的书，是值得每个人付出时间和精力认真研读的书。不过，这本书的观念具有革新性，它会挑战你的既有认知，请你务必认真领悟。每位读者都需要创造属于自己的生活，成为生活的主导者。当你开始思考这一问题时，你就在掌控自己的生命历程。这正是库伯希望我们认识和理解的。

沃伦·本尼斯（Warren Bennis，1925—2014）

领导力之父、组织发展理论先驱

　　《体验学习》第 2 版是被教育心理学、高等教育、终身学习、企业培训、拓展训练等领域的专家赞誉为"让人兴奋不已，并被视为珍宝"的经典名作。本书第 1 版于1984 年出版，经过 30 多年的理论凝练、实证研究和应用检验，于 2015 年推出第 2 版。

　　21 世纪，随着课程改革的深入、学习方式的变革及培训系统的迭代，体验学习对我国的教育研究者而言，已经耳熟能详。但是，谈到本书的作者大卫·库伯，人们似乎知之甚少。因此，我首先简要地向大家介绍一下大卫·库伯，他是当代杰出的体验学习理论家、研究者、实践者和推广者，是名副其实的体验学习领域的旗手。库伯曾任教于麻省理工学院，并由此开启了他长达 50 余年的体验学习及学习风格的研究与探索之旅，并因此声名远播。

　　我作为教育心理学领域的研究者，长期关注学习理论的发展与演变。自 1990 年攻读研究生以来，我一直关注体验学习理论的相关进展，并认真研读过本书的第 1 版；自 1998 年以来，我一直在北京师范大学为研究生开设《学习理论与教学》课程，带领研究生系统地研读体验学习领域的文献，本书便是其中的核心。可以说，30 多年来我对《体验学习》一书一直"情有独钟"！

　　本书之所以能够成为一部经典名作，并令我对其"情有独钟"，是因为它思想观点鲜明，理论基础厚实，实施方式规范，应用领域广泛。具体而言，本书科学地回答了体验学习是什么（特点属性）、为什么（理论基础）、怎么做（实施方式）和怎么样（应用领域）等重要的科学问题。下面我对此做一个简要概述，以便读者整体把握全书的核心。

1. 体验学习的特点属性

库伯将体验学习概括为6个基本特点：（1）体验学习是一个过程，而不是结果。体验学习理论认为，知识观念不是固定不变的，而是通过体验不断构建与重构的。由于经验之间的相互作用，没有任何两种完全相同的思想观念。因此，学习是对人们的固有观念和习惯不断调整的过程。（2）体验学习是以体验为基础的持续性过程。借用杜威的表述就是，每种体验既能够从过去的经历中产生，也能在将来发生的事情中得到改变，个体在一种情境下习得的知识技能，将成为理解与应对未来生活情境的有力工具。（3）体验学习是运用辩证方法不断解决冲突的过程。学习过程本身充满了张力和冲突。为了解决冲突，学习者需要具备具体体验、反思观察、抽象概括和主动实践等能力。通过具体体验与抽象概括、反思观察与主动实践的辩证对抗，学习者最终会形成新的知识、技能、态度与观念。（4）体验学习是适应世界的过程。体验学习不是分子式的教育概念，而是一个整体概念，它描述了人类适应社会环境和物理环境的核心过程。它发生在所有人类活动的领域，涵盖了人生的所有阶段，为学校、工作等情境的贯通提供了概念化的桥梁。（5）体验学习是个体与环境之间交互作用的过程。与传统教育认为学习是个人化、内在化的过程相反，体验学习强调学习者与环境之间的互动，认为个体不仅需要关注内部的主观状态，还需要关注对各种客观环境的体验。（6）体验学习是创造知识的过程。如果说社会知识是人类文化知识的积累，那么个体知识就是个人主观经验的积累，体验学习的关键在于实现社会知识和个人知识之间的转换，因此知识可以通过学习而创造。

2. 体验学习的理论基础

库伯认为，体验学习具有螺旋式结构，是一种对体验的本质不断探究，并从体验中不断收获的过程。对于为什么倡导体验学习，库伯旁征博引，从认知主义、人本主义和建构主义等视角搭建体验学习的理论基础。其中，库伯重点引述了杜威、勒温和皮亚杰的思想以阐述体验学习的科学性和必要性。

3. 体验学习的实施方式

对于体验学习怎样实施，库伯指出应重点解决三个问题：（1）了解学习过程；（2）尊重学习者特性；（3）分析学习对象。

（1）**了解学习过程**。库伯提出了著名的体验学习循环理论，他认为体验学习是一个四阶段的循环过程，其中包含了四个自适应的学习模型，即具体体验、反思观察、抽象概括和主动实践。每个维度分别代表着两个辩证的、对立的自适应取向。其中，具体与抽象的辩证法是一种对经验的"理解"，代表了掌握或拥有世界上各种经验的两种截然不同的、对立的过程，分别称为"感知"与"领悟"；实践与反思的辩证法是一种对经验的"转换"，代表了转换所掌握的经验或具体表征经验的两种对立的方式，分别称为"拓展"与"意向"。

（2）**尊重学习者特性**。库伯聚焦于学习风格。他认为，个体的学习风格并非一种固定的特质，而是一种稳定的状态。这种状态来自个体与环境之间的互动。在这一互动过程中，个体会选择不同程度的感知或领悟、拓展或意向来对现实进行理解，并最终形成不同的学习风格。为了检验个体的学习风格，库伯创建了学习风格量表。目前，学习风格量表经过不断修订，在全球具有广泛影响力。

（3）**分析学习对象**。库伯解释道："个体的学习风格由社会知识结构塑造，并通过个体的创造性行为而形成。要充分理解学习，我们必须理解人类知识的本质和形式，理解知识创造与再创造的过程。"为了深刻地理解社会知识这一学习对象，库伯在分析和批判先验论、经验论和发生认识论的基础上，提出了体验学习遵循的互动认识论，将来自感知的认知和来自领悟的认知置于同等地位。库伯借用了佩珀的形式论、机械论、语境论、机体论这四种世界假说，并将其与学习循环的具体体验、反思观察、抽象概括和主动实践这四个环节相对应，阐释了体验学习过程中的社会知识结构基础。其中，形式论和机械论是现代科学研究的基础，强调领悟的分析性；语境论和机体论鼓励人们重新关注自己的主观经验，强调感知的综合性。

简而言之，只要人们真正理解体验学习的科学过程，充分尊重个体的学习风格，并认真分析所学知识的结构，就可以有效地进行体验学习。

4.体验学习的应用领域

对于体验学习有何应用，库伯从终身发展的角度阐述了体验学习的发展性、持续性和动态变化性。库伯认为，体验学习包含三个发展阶段：（1）习得阶段；（2）专业化阶段；（3）整合阶段。

（1）**习得阶段**。在该阶段，个体处于从出生到青少年时期的发展历程中。习得阶段大致相当于基础教育阶段，此时个体的基本任务是进行基础知识和基本技能方面的准备，该阶段主要受到简单的登记性意识的控制。所谓登记性意识，就是个体对信息进行简单的接收和记忆。

（2）**专业化阶段**。该阶段涵盖了个体在正规教育、职业培训，以及个人生活与工作中的早期成长经历。此时，个体为了达到发展的要求而获得了专门的适应能力，并获得了个体化的发展。这一阶段大致相当于高等教育阶段，此时个体通过解释性意识的调节实现适应。只有当个体进入专业化阶段，才会通过选择和社会化进入某个专业领域，以适应个体的天赋，同时满足社会的需求，实现个体与社会的交互作用，并让个体的发展进入实质性阶段。

（3）**整合阶段**。该阶段是个体发展的最高阶段。整合阶段的出现是由于个体经历了社会需求与个体需求之间的冲突，个体在对抗冲突的过程中，不断反思、积极觉醒、接纳各种矛盾，进而获得大量辩证统一的体验，并最终达到整合与发展的目的。这一阶段大致对应个体的职业生涯阶段，此时个体受到整合性意识的调节。整合性意识体现了整体观，更加具有综合性和战略性。整合性带来了适应的灵活性与机动性。相较而言，稳定性意味着成长的终结，而灵活性意味着发展的过程和力量。在整合性的引导下，我们不再以"非黑即白"的绝对的、二元的视角看待世界，而是站在价值观与事实相结合的辩证的立场来看待世界。

因此，可以说体验学习涵盖了人生的不同发展阶段，它可以解释基础教育、高等教育、职业生涯等领域的各种发展议题，具有广泛的应用前景。

用心翻译和精心打磨《体验学习》这样一本经典之作，对于长期从事教育心理学领域的教学和研究工作的我而言，是一段非常愉悦的旅程。这不仅是一次难得的与大师直接"对话"的机会，也是一个对自身学术思想进行梳理和修正的过程。

本书的翻译工作是由我以及曾师从于我的年轻学者合作完成的，翻译本书的过程也是我们师生合作进行学术探讨的过程。参与本书初稿翻译和后期加工的译者，包括北京师范大学心理学本科、发展与教育心理学硕士，加拿大英属哥伦比亚大学课程与教学论博士，现任教中南大学，主要从事博物馆教育与观众研究的季娇；北京师范大学心理学本科、发展与教育心理学硕士，现旅居美国，主要从事儿童阅读发展与教学促进工作的郑秋；北京师范大学临床与咨询心理学硕士和博士，现任教南京师范大学心理学院的田雨馨；北京师范大学教育哲学硕士、学生发展与教育方向在职教育博士，现任天津滨海新区教研员的邓敏娜。

目前，以发展学生核心素养为指引的课程教学改革正如火如荼地开展，创新型人才培养越来越重要，以社会责任感、实践能力和创新精神为考核重点的"新高考""新中考"已全面展开，减轻学生书面作业负担和校外培训负担的"双减"政策已经深入人心。可以说，社会各界对高质量教育和高素质学生的呼声越来越大，且要求越来越高，广大家长希望孩子获得高质量教育、成为高素质学生的需求与日俱增。但与此同时，中国教育领域中的静态知识导向、短期结果导向仍很明显，如何由静态知识的获得向动态能力的发展和核心素养的培育转型，如何从追求短期结果向促进终身发展和重视体验过程转型，仍是困扰当前教育实践的重要议题。而化解这一困局，体验学习或许是一剂良药。相信本书的出版，对中国基础教育和高等教育的课程与教学改革、对中国学习型社会的建设和终身教育体系的确立，都将起到一定的推动作用。

最后，需要特别说明的是，在长期从事教育心理学的研究工作和人才培养的过程中，我一直将本书作为重要的教学和研究参考。尤其是在我与历届选修我开设的《学习理论与教学》课程的研究生的教学互动过程中，学生们也给了我很多的启发，引发了我的思考。在此，我对上述合译者的辛勤付出以及学生们的智慧碰撞表示衷心的感谢！

由于本书涉及哲学、教育学、心理学、生理学、神经科学等理论，涵盖基础教育、高等教育、终身教育和职业生涯等领域，限于译者的学术修养，以及文化的差异和理解的不同，翻译中难免存在某些不足。诚恳地欢迎读者批评指正！

伍新春

北京师范大学心理学部

在《体验学习》的第 2 版中，我对体验学习理论（Experiential Learning Theory，ELT）进行了全新的阐述，这本书汇集了我 50 余年学术研究的成果，是我职业生涯中最有意义、最富挑战、最具激励的工作之一。正如第 1 版所言，我并没有创造体验学习理论，而是在 20 世纪众多杰出学者的研究中发现了它。在人类学习与发展的理论中，许多学者为"体验"赋予了核心地位和中心角色——特别要提及约翰·杜威（John Dewey）、库尔特·勒温（Kurt Lewin）、让·皮亚杰（Jean Piaget）、列夫·维果茨基（Lev Vygotsky）、威廉·詹姆斯（William James）、卡尔·荣格（Carl Jung）、保罗·弗莱雷（Paulo Freire）、卡尔·罗杰斯（Carl Rogers）及玛丽·帕克·福莱特（Mary Parker Follett）。由于这些学者的杰出贡献和长期研究，从兼备实用主义（pragmatic）和人本主义（humanistic）的人类学习与发展理论，到能为教学增添活力的体验式教育技巧，再到深刻影响我和许多人成长的个体发展观，所有这些领域都取得了丰硕的成果。

除了直接得益于上述杰出前辈的卓越贡献，我的研究工作还受到了成千上万的同仁的支持与鼓励。他们来自世界各地，涉及 30 多个学科，我们正逐渐形成一个无形的网络，共同分享着体验学习的成果。很荣幸，每年我都要审查 300～400 篇与 ELT 相关的学术论文，这些学术论文引用了《体验学习》和其他被包括在《体验学习理论文献目录》（*Experiential Learning Theory Bibliography*）（Kolb & Kolb，2014）中的内容。这类研究内容涉猎广泛、具有新意，对体验学习理论的研究与应用做出了巨大的贡献。对我而言，这些研究不断激励着我进行更加深入的、细致的工作。更大的满足感来自我在麻省理工学院（Massachusettes Institute of Technology）和凯斯西储大学（Case Western Reserve University）指导的数百篇学位论文，尤其是博士论文，以及与世界各地的学者进行的学术探讨。我对他们多年来为改进 ELT 付出的努力充满感激与钦佩。他们致力于研究 ELT，并将此作为学位论文的一部分，深入探究体验学习的理论、方法与实践，甚至将体验学习的研究应用到他们各自的专业领域中，这让我们有机会建立一生的友谊。

在修订此书时，我保留了第 1 版的内容，并在每章中都增加了"更新与反思"部分。这样，第 2 版既保留了第 1 版中对体验学习理论的阐述，又不同于第 1 版。每章的"更新与反思"部分包括：自 1984 年第 1 版出版以来的理论与研究进展、其他学者对 ELT 的批评和建议、其他研究者提出的理论性问题，以及我的反思与总结。

第一篇　体验与学习

第一章回顾了源自杜威、勒温和皮亚杰的研究的体验学习理论史，分析了当代体验学习理论在教育、组织发展、管理发展与成人发展领域的应用。第一章的"更新与反思"部分介绍了体验学习的奠基人及他们对理论发展的特殊贡献，讨论了这些学者提出的理论、方法与发展的异同。

第二章比较了杜威、勒温和皮亚杰的学习模型，强调了体验学习的共性。这一章的"更新与反思"部分着重讨论了体验学习的过程，尤其是学习循环（learning cycle）。在这里，我试图用温贝托·马图拉纳（Humberto Maturana）和弗朗西斯科·瓦雷拉（Francisco Varela）提出的"自我创造"的概念研究学习与生活的联系，并对比了"源于生活"与"源于经验"这两种学习方式。另外，第二章还阐述了有关学习循环及其应用的误解与批评。

第二篇　学习与知识的结构

第三章阐述了学习过程的结构基础，它包括两个基本维度：（1）理解；（2）转换。第三章还讨论了这一模型的哲学、生理学与心理学依据。第三章的"更新与反思"部分着重阐述了脑科学的研究成果及其与学习循环的关系，其中特别强调了詹姆斯·祖尔（James Zull）的研究工作。

基于第三章的学习过程的结构基础，第四章重点关注学习风格类型的发展等个体化学习的议题。第四章介绍了评估个人学习风格的"学习风格量表"。研究表明，个人的学习风格与人格类型、教育情况（专业化教育）、职业生涯、职位角色和适应能力相关。第四章的"更新与反思"部分在自我与个体化的概念背景下，介绍了包含9种学习风格的库伯学习风格量表（Kolb Learning Style Inventory，KLSI）4.0，以及关于学习灵活性的评估方法。

第五章呈现了社会化知识结构的类型——形式论、机械论、语境论、机体论。不同知识结构的类型影响着学生的学业领域和职业生涯。第五章的"更新与反思"部分首先检视了知识起源说，强调了内隐知识的作用；然后阐述了斯蒂芬·佩珀（Stephen Pepper）的世界假说的最新研究，及其对跨学科学习场所的启示。

第三篇 学习与发展

第六章首先介绍了体验学习的发展理论，这一理论将成人发展划分为习得阶段、专业化阶段和整合阶段；其次，第六章介绍了这些发展阶段中的意识经验如何促成更高水平的学习。第六章的"更新与反思"部分阐述了相关的研究及其对体验学习发展理论的启示。

第七章着重论述了专业化是高等教育发展的主要阶段。首先，本章阐述了不同学习领域的知识结构，以及其与学习风格的匹配程度；其次，本章讨论了职业教育与生涯适应之间的关系；最后，在"学习过程的管理"部分，库伯描述了体验学习理论在教学与管理中的应用。第七章的"更新与反思"部分介绍了最新的研究成果，重点阐述了学习周期教学中学习场所和教育者的角色，以及对学习技巧的评估与发展。

第八章审视了日益整合、适应良好、富有弹性的个体的生活结构，阐述了成人整合发展所面临的挑战。"整合"被视为一个发展的高峰，它被当作学习的最高形式。第八章的"更新与反思"部分聚焦于终身学习与学习途径，着重阐述了如何成为终身学习者，以及如何通过体验学习来适应这个日新月异的世界。

第一篇　体验与学习

第二篇 学习与知识的结构

第三篇　学习与发展

引　言

愉悦的状态，

经由学习而来。

学习的所闻所见，

伴随着愉悦的体验。

若无愉悦，岂有学习？

若无学习，岂有愉悦？

——王肯（Wang Ken），《快乐之歌》（Song of Joy）

历经 30 年，重新准备《体验学习》的第 2 版对我而言是极大的荣幸。作为一名学者，这本书是我学术生涯的核心。我曾尝试着不再将精力投入到体验学习的研究中，但它却一直深深地吸引着我，总是将我带回到这个领域，推动我不断探索新的问题、尝试提出新的想法。海德格尔（Heidegger）曾经说过，任何一位思想者都会有一个中心思想，有一种内在的直觉，我猜想我的中心思想就是"体验学习"。

我至今仍然清晰地记得直接感悟体验学习力量的那一次经历。1966 年的夏天，在缅因州的贝塞尔，我参加了由美国训练实验室（National Training Laboratory，NTL）组织的为期两周的训练小组（training groups）。第二周的一天早晨，我站在我们开会的旧式维多利亚建筑的走廊上，太阳缓缓地升起，温暖的阳光穿透树木，驱散了早晨的清凉。树木上洒满了金色的阳光，阳光照耀到的一切仿佛都得到了滋润。那一刻，我惊讶地发现，一周之前还很陌生的小组成员彼时已经带给我特别的亲密感，那鲜活的场景、真实的情感现在依然在我心中激荡。虽然我们当时只是在分享自己的故事，但却强烈而深沉地感受着彼此的经历。我不仅自身经历了巨变，也目睹了其他人在这一过程中的转变。我如此热切地期盼着再次相聚。之前的情形模糊而又闪耀，就像我在阳光下流下的眼泪。对我来说，如此强烈的情感体验并不常有，这让我感受到了社会心理学家库尔特·勒温的团队所发明的群体动力训练模型（training model of group dynamics）的魔力（见第一章）。

这一经历开启了我关于体验学习的终生探索。接下来，在麻省理工学院管理学院的组织行为学导论课上，我与同事开始了对训练小组的实践，并将其运用到美国维和部队训练项目中。不过，非常遗憾的是，虽然我们持续不断地努力，但这两项实践并没有收到理想的效果。有些学生和队员从中收获良多；但对很多人而言，这些活动所要求的"情绪智力"似乎超出了他们的经验储备。在这种缺乏结构且脱离传统课堂的学习过程中，他们一直困惑于如何适应、如何从这种非结构化的团队中有所收获。

这些困境促使我们深入思考，以期找到一种汲取积极的体验学习养分的方式，让团队学习更有成效。我们在勒温的实验方法的基础上建立了我们自己的"学习循环理论"。在训练小组中，我们最经典的介绍就是：我们分享具体的体验，反思、讨论这些体验对我们或团体意味着什么，一起思考从这些体验中可以得出哪些结论。基于这些理解，我们可以采取实际行动，创建我们想要的团队。我不断地问自己：这种学习循环理论是不是学习体验的途径？

对我而言，这才是研究的真正开始。首先，我的研究建立在以下学者的研究的基础之上，他们是威廉·詹姆斯、库尔特·勒温、约翰·杜威、让·皮亚杰、列夫·维果茨基、卡尔·荣格、卡尔·罗杰斯、保罗·弗莱雷和玛丽·帕克·福莱特，他们堪称体验学习的奠基人。我选择"体验"一词来体现学习过程的特殊视角，实际上源自这些学者的研究（见第一章的"更新与反思"部分）。有人认为体验学习这个概念是多余的，因为学习本身已经被视为体验的结果，而不是基因、生理发展或本能的结果（Fenwick，2003）。然而，行为主义的学习理论主导了整个 20 世纪上半叶，它完全否定了学习中主观意识经验的作用。在这一背景下，这些体验学习的奠基者敢于站在这一传统的对立面，把主观、意识、有目的的体验放在学习过程的核心位置，实属难能可贵。

在《体验学习》一书中，我用体验学习理论将诸多研究的共同主题整合成一个系统架构，它可以解决 21 世纪学习与教育的困境。我的目标是介绍一种个体化学习过程的理论观，它可以被运用到生活的各种情境、各个领域中。体验学习理论的直接基础是勒温的方法论，勒温的研究是通过一种正式、外显、可证的理论对相关现象进行概念化，并由此完成科学知识的创造。勒温的方法指出，在一个概念体系充分发挥作用之前，其概念应被这样界定：（1）提供了单一体系中对现象的量化与质性研究；（2）充分代表现象发生的条件属性或因果属性；（3）促进对这些属性的测量，并赋予其操作性定义；（4）既适用于普遍的通用规则，也符合对具体个案的操作处理（Cartwright，1951）。

我研究体验学习已经 50 余年了，虽然我的观念在不断地变化与深入，但其本质从未改变。很多时候我都是"以退为进"，通过回顾奠基人的工作而让研究得以深入。这不禁让我想起第二章开篇的艾略特（Eliot）的诗句："我们不会停止探索，而探索之旅的终点，却是曾经出发时的起点，只是眼中的一切，都已大不相同。"我不能说我对体验学习已经形成了最终的认识，但是我感受到了学习的螺旋式结构加深并拓展了我对学习与发展的认识。

什么是体验学习

体验学习的螺旋式结构的重要之处在于，它是一种对体验的本质不断探究并从体验中不断收获的过程。在相关文献中，研究者对体验学习的定义至今还存在很多争论。我的一路探究使我回到了威廉·詹姆斯（James，1912）的彻底经验论的（radical empiricism）哲学，我希望通过一种认识论的观点来解释体验学习的含义，并指出这一术语与其他术语的不同之处。如果今日让我重写《体验学习》一书，我会在书中将詹姆斯放到与杜威、勒温和皮亚杰同等的位置。在研读詹姆斯的著作（James，1912；Taylor & Wozniak，1996）时，我发现他从彻底经验论的角度揭示了体验学习理论的认识论基础，并对体验在学习中的作用进行了详细的分析。他很可能是首位提出学习循环观点的人（见第一章的"更新与反思"部分）。

将体验学习视为教育技巧或学习类型

使用"体验学习"这一术语，是为了将其作为一种从生活经验中学习的特殊形式，也是为了区别于讲演和课堂教学。基顿和泰特（Keeton & Tate，1978）曾这样界定体验学习，他们认为，体验学习是学习者与所学习事物的直接接触，很多学习者只注重对学习内容的读、看、说、写，而从不把它们当作学习的一部分，体验学习与这类学习不同。从这一观点来看，体验学习把学习中直接的感官经验和情境反应视为学习的主要来源，而不关注思考、分析和学术性知识的作用。很多教育机构会提供这类体验项目，如实习、现场研究和课堂体验学习训练等，从而给传统的学术研究增加直接体验的部分。这一看法实际上是把体验学习视为教育技巧，如服务性学习（service learning）、基于问题的学习（problem-based learning）、行动学习（action learning）或小组学习（team learning）等。终身学习（lifelong learning）通常也被认为是由个体自我掌控、从直接经验中学习的过程。

布克曼和施维勒（Buchmann & Schwille，1983）反对这种基于体验学习的教育，并主张教育的目的在于避免从生活经验中学习时存在的偏见。他们引用了很多基于经验判断而出错的例子，例如，特沃斯基和卡尼曼（Tversky & Kahneman，1973）提到的可得性启发（availability heuristic），即我们要估计某件事发生的概率，会根据记忆中提取该类事件的实例的数量和难易程度做出判断，如人们通过记忆直接体验（一手经验）事物的有效性被高估了。同样，人们对生动经验的重视程度往往远胜于对客观数据的重视程度。但事实上，一个人的经验必然会受到社会环境的影响，因此处于不同社会秩序下的个体的判断就会存在差异。他们认为，从某种意义上讲，阅读比反思个人经验更有价值，因为阅读能够开阔视野。二手知识（间接知识）更具概括性，其层次比从经验中收获的知识更高。他们总结道："对教育的衡量标准应该是，在多大程度上能够让所有人接触到客观的思想内容，接触到一系列尚未被清晰探究的理论体系、问题和观点（Tversky & Kahneman，1973）。"

艾森斯坦和哈钦森（Eisenstein & Hutchinson，2006）曾对行动学习或体验学习的结果反馈进行研究，并对基于体验学习结果的决策制定进行了反复检验。在完成一系列相关实验后，他们认为，管理者与消费者应该更多地进行客观分析，减少对经验或直觉的依赖。他们的研究表明，从经验中学习的有效性取决于学习的目标。有些目标可能指向能够获得跨情境迁移的学习信息，而有些目标会被那些似乎与目标更相关的刺激属性所影响。与普遍认识不同的是，我们发现依赖这种体验学习是很有风险的，因为它可能精准而有效，也可能出错且有偏差。"

布雷梅（Brehmer，1980）根据相关研究提出，在临床诊断方面，有经验的专家不一定比新手强。例如，一项研究比较了临床心理学家与助理在诊断脑损伤方面的能力，发现两者之间并没有差异。他还指出，许多相关研究表明，人们会产生许多偏见，这不利于他们利用经验提供准确的信息。他认为经验并不一定会使人产生更好的判断与决策，因为经验的本质是不稳定的，经验告诉人们事实是显然的，是不需要推断的，如果我们不从经验中学习，这很可能是因为经验通常只为我们学习的来源提供了极少的信息（Brehmer，1980）。

在《体验的模糊性》（*The Ambiguities of Experience*）一书中，伟大的组织学理论家詹姆斯·马奇（James March）对经验性知识与学术性知识进行了比较（March，2010），前者认为知识来源于日常生活与工作；后者认为知识是通过专家系统的观察与分析，并由权威人士进行转换而产生的。他将从经验中学习产生的问题归结于经验的无限性和费解性的本质。经验根植于错综复杂的因果体系，要对它进行充分的说明，这对人类心智而言是极其严峻的挑战。这样的结果就是，体验学习的结果变得像未经证实的结论、迷信的观念、误导性的言论、烦冗的概括及系统性误差一样。

当我们把体验学习当作从生活经验中学习的自然过程，而不是在正式科学和教育体系中的系统性学习时，就会产生三种情形：（1）我们往往认为体验学习是随意的、不可靠的且有误导性的，它最终必然被学术性知识纠正；（2）体验学习的特征是普通人盲目地通过日常经验来进行探索，而学术性知识是杰出者在摒弃了日常经验带来的偏见后创造出来的知识；（3）对所有人而言，通过经验获得可靠的知识是不容易的。实际上，上文提到的对于体验学习认识上的偏差，不仅存在于科学实验中，也存在于实际生活中。科学家也会从经验中学习，并同样会面临偏见带来的挑战。上文对经验性知识与学术性知识的损益分析没有考虑到的是，概括性的学术性知识存在偏颇和局限性。基于客观知识做出的判断和决策会出现失误，也会不可靠，因为在数据分析中对于尚待证明的假设，专业的狭隘视角往往会强化判断的易得性偏差，日常学习生活中还有很多类似的问题。进一步而言，人们原本以为没有包含情境性特征的概括性知识可以被广泛应用于实践，可是在实际应用的具体情境中往往容易被误用。在福莱特所著的《创造性经验》（*Creative Experience*）一书的第一章中，她对概括性知识及其应用过程的局限性进行了非常精彩的分析："社会发展过程一开始并没有经过科学调查来引导人们摒弃固有经验、观念和受欢迎的流行观念。社会发展的过程是一个经验共享的过程。如果是这样，那么我们每个人都必须具有科学的态度与精神。这并不需要我们都成为专家，这个社会需要所有人的经验，我们有能力与专家一起努力，找到我们在社会中所处的位置，进而建立一个容纳所有经验的社会大家庭（Follett，1924）。"

体验学习理论的哲学溯源

前文提到的体验学习是指具体情境下的体验与行为，而不是体验学习理论中的体验学习。我希望用"体验"这一术语来描述个体的学习过程，它可以被应用于各种情境和场所。作为一个完整的学习过程，它能够帮助个体克服上述的种种困难。

体验学习理论的宗旨是，通过整合各位奠基者的工作而创造一种理论，用以解释经验如何转化为学习和可靠的知识。"真相"并不仅仅是通过经验被证实的，它还需要推理的过程，质疑直接经验所带来的偏见，在批判性反思中调节带有情绪性的经验，并且从这一系列行为中提取准确的内容。

杜威对经验的复杂性与费解性深有体会，他在为哲学名著《经验与自然》（*Experience and Nature*）准备新序言时，曾考虑换一个书名。1951年，他在撰写新序言的草稿时曾写道："如果今天让我重写《经验与自然》，我会将书名更改为《文化与自然》，并且修改部分主体内容。我之所以会摒弃'经验'这个术语，是因为我越来越认识到，在任何实践中，那些阻碍我理解'经验'的历史性障碍是无法被克服的。我之所以愿意用'文化'一词替代'经验'，是因为它的含义如今已经被稳定地确认下来，它可以充分而自由地表达我的经验哲学。"由此看来，他很可能受到了维果茨基研究的影响，后者强调语言等文化产品与工具对经验的巨大影响。

杜威认识到，许多经验都在学习循环的早期过程中，受到文化中介作用的影响。

> 经验是人类对世代和自身过往进行反思而不断沉淀的产物。它需要经过解释和分类等复杂的思维过程，并与那些看起来鲜活而新颖的实证素材相融合。它比一位最具智慧的历史学者更需要智慧，因为人类需要追溯这些相融合的内容的源头（Dewey，1925）。

杜威把保守、受传统束缚，并倾向于遵从教条的内容，称为"经验主义经验"（empirical experience）。他强调，为了引发思考与学习，这种传统式的经验必须被中断。他认为，人们必须对经验进行反思以挖掘其中的意义，并使其指导未来的体验。只有当我们面临的困难是常规经验以外的事物，并感觉"被卡住"时，我们才会进行思考（Dewey，1933）。保罗·弗莱雷也提出了相似的观点，他认为，深刻的直接体验犹如一场炫目的日出，他甚至认为"恐惧"或"震惊"对深度学习是非常必要的。

从某种意义上来说，杜威认同詹姆斯的观点，后者提出的彻底经验论奠定了实用主义哲学的基石。詹姆斯认为，彻底经验论反映了现实与心灵这一新的哲学议题，它解决了19世纪理性主义与经验主义之间的矛盾，这在哲学上也被称作理念论与实在论之争。提到那一时期哲学与心理学研究的混乱，他简要说明了两种哲学的中心思想："如果彻底经验论是有益的，那么在其实用主义方法与纯经验原理的指导下，这样的纷争就能得以避免，或者至少在某种程度上被简化。实用主义方法论最初假定事实间没有区别，并且只有尽可能地讨论更实际的问题，才可以决定观点差异的意义所在。纯经验原理也是一种方法学的假设……现实中的一切一定是能够被体验的，体验到的一切也一定是在某处真实存在的（James，1943）。"

对詹姆斯而言，万物的开始与结束都在于不断变化的经验。简而言之，经验就是一切。詹姆斯认为，世界上构成万物的主要内容只有一种，我们称其为"经验"（James，1943）。这样，心灵（思维）与物质（事物）的二元问题就可以得到解决，它们都来自经验，只是具有不同的特征。思维是具体的、此时此刻的经验，并在思考中得以加强。如果纯粹的经验成为完全相同的部分，一部分是思维，另一部分是物质。

它们是如何发挥作用的呢？作为物质，它是有空间大小的，它可能是红色的、坚硬的、重的；而作为思维，它不占据空间，并且也不具备物质的那些特征。

詹姆斯的上述认识显然受到了胡塞尔现象学观点的影响。所谓现象学观点，卡尔文·施拉格（Calvin Scrhag）在《经验与存在》（*Experience and Being*）一书中如此说道："它表达看法与行为、感知与概念、知识与评价、理论与实践这些方面的统一。经验需要在考虑实际情况后才能发挥作用。它包括了大量的感知行为与概念预期，并包括对客体及情境的认知与评估。因此，经验最初就高于任何理论与实践、主观与客观、智力与意志之间的矛盾（Hopkins，1993）。"杜威曾提出用直接经验主义（immediate empiricism）来解释彻底经验论的设想。他认为，原理的重要意义在于人们对它进行解释的哲学方法。他说道："如果你希望认识主观与客观、生理与心理，想了解宇宙、心理、因果、动机、活动、邪恶、存在、客体……简而言之，就是任何哲学的术语。这就意味着你要去体验与发现它们如何被体验（Dewey，1905）。"

在体验学习理论和体验学习循环中，彻底经验论的哲学意义在于，它不只是体验学习的具体体验模型，学习循环（见图 2-5）的所有方式都包含于体验中。理解经验的两种形式——具体体验（Concrete Experience，CE）与抽象概括（Abstract Conceptualiztion，AC），以及转换经验的两种形式——反思观察（Reflective Observation，RO）与主动实践（Active Experimetation，AE），它们都是体验学习过程的一部分。很多人都会运用体验学习这一术语来指代学习过程中的练习与游戏。课堂讲演可能是一次抽象的经验，当学习者对演讲者进行欣赏和模仿时，它就是一种具体的经验。同样，学习者为了使实操经验变得有意义，他可能会努力构建抽象的模型。从学习者的视角来看，独立思考可能是很强烈的具体情感体验，而进行电脑编程则是高度抽象化的体验。

让我们再次回到我在缅因州贝塞尔那次经历。基于杜威的观点，我受到了冲击；基于福莱尔的观点，我受到了震撼；从詹姆斯的视角看来，我经历了一次纯粹的体验。那当然不完全是一次纯粹的体验，它一直萦绕于我的脑海中。虽然我此前也了解勒温的实验方法和罗杰斯的理论，也知道他们强调"体验"应该发生在变化中，但那次经历还是深深地震撼了我，使我更加全身心地投入对体验学习的探究中。如杜威所言，它引起了我的批判性反思，这一反思产生了"我们应该通过实际行动去尝试与探究一些事物"的想法（学习循环），而尝试与探究的结果产生了新的冲击，并开启了学习循环的另一段旅程。这一切都是经验——具体的纯粹经验、批判性反思、对观念的思考、付诸行动的过程。上文所引述的对通过直接经验进行学习的批判，说明了在判断和决策中可能存在过度重视个人经验的风险。我不知道我是否过度强调了个人经验，但我确实高度重视经验。我的学术生涯可以说遵从了詹姆斯的"兴趣－注意－选择"的循环模式，体验学习一直是我的兴趣点和关注点，因此它成了我选择性的经验并持续至今。

在《心理学原理》（*The Principles of Psychology*）一书中，詹姆斯描述了注意力运作的过程——当纯粹经验的震撼"抓住"我们的注意力时，注意力就像聚光灯一样在意识的疆域驰骋。虽然它有时不是随意的，但通常是自发的。詹姆斯把这一自发过程形容为"兴趣－注意－选择"的螺旋结构，并对连续变化着的经验进行了简洁的概括："我的经验是我所愿意去关注的部分（James，1890）。"他把兴趣定义为一种"清晰的视角"，它引导注意力的方向，最终形成对经验的选择性感受；而这种选择得到的反馈，会完善与整合个体的兴趣，它起到的作用就像我们心灵之舟的龙骨一样。

体验学习理论的研究现状

在我看来，体验学习理论最令人欣喜的成果在于，它促进了各个领域的学者对体验学习的学术研究与交流。体验学习机构于 1980 年建立，它极大地促进了体验学习理论的研究者与实践者之间的探讨与交流。

1971 年，在体验学习理论首次被提出后（Kolb，1971；Kolb，Rubin，& McIntyre，1971），就有许多研究者应用该理论来促进体验学习的理论与实践的发展。因为体验学习理论是关于学习的整体性理论，它证明了不同学术领域有不同的学习风格，因此它能够在各学科间解决学习与教育的问题。我在对 2000 年之前与体验学习相关的 1004 篇文献进行分析后发现（Kolb，Boyatzis，& Mainemelis，2001），其中有 207 篇属于管理学领域，430 篇属于教育学领域，104 篇属于信息科学领域，101 篇属于心理学领域，

72 篇属于医药学领域，63 篇属于护理学领域，22 篇属于会计领域，还有 5 篇属于法学领域。约有 55% 的研究发表在相关期刊上，20% 是博士论文，10% 出现在相关书籍中，还有 15% 出现在会议手册或报告里。

自 2000 年以来，全球关于体验学习在上述领域的研究数量迅速增长。2013 年一篇管理学教育研究的综述（Arbaugh，Dearmond，& Rau，2013）显示，该领域被引用最多的论文有 27% 是关于体验学习与学习风格的。在工程学、计算机科学以及医疗领域，这一研究的数量也在大幅提升。从 1971 年至 2014 年，关于体验学习理论的文献已有将近 4000 篇；体验学习方法与学习风格量表（Learning Style Inventory，LSI）已经被应用于 30 多种不同的专业和学科领域的研究中（Kolb & Kolb，2013）。目前这些研究已覆盖了范围非常广泛的体验学习理论与学习风格量表的应用。有些研究使用学习风格量表及体验学习循环来应对学生或员工的不同学习风格带来的差异。有些研究通过实验设计，将使用体验学习方法与传统方法的影响进行比较，结果表明，运用体验学习的个体能够形成更具指导意义的方法。

这些研究包含许多国家的贡献，如中国、美国、加拿大、巴西、英国、印度、澳大利亚、日本、挪威、芬兰、瑞典、荷兰和泰国等。这些研究支持了体验学习理论与学习风格量表的跨文化效度，也支持了其跨文化的实践应用性。目前，库伯学习风格量表被译为多种语言，包括中文、英语、西班牙语、法语、葡萄牙语、阿拉伯语、俄语、荷兰语、德语、瑞典语、罗马语、波斯语、泰语及日语。体验学习理论在帮助人们理解文化差异上的价值方面，已经在大量跨文化研究中得以体现（Kayes，Kayes，& Yamazaki，2005，2006；Yamazaki & Kayes，2004；Yamazaki & Kayes，2007）。

关于体验学习理论的文献综述主要有两类，一类是质性研究，另一类是量化研究。1991 年，希科克斯（Hickox）广泛地回顾了体验学习理论的理论渊源，在此基础上，她对 81 篇研究进行了质性分析。这 81 篇研究聚焦于体验学习理论模型和学习风格概念在不同领域的应用，这些领域包括会计与商业教育、医疗行业、高等教育和师范教育等。她经过分析发现，在所有 81 项研究中，61.7% 的研究支持体验学习理论，16.1% 的研究持中立态度，22.2% 的研究不支持体验学习理论。1994 年，艾利夫（Iliff）对 101 篇使用学习风格量表的量化研究进行了元分析，这 101 篇论文来自 275 篇学位论文和 624 篇关于体验学习理论及学习风格量表（Kolb，1971，1985，1999a，2005）的质性、理论与量化研究。在使用与希科克斯类似的评估框架后，艾利夫发现，其中49 篇研究是强力支持该量表的，40 篇研究偏于中立，12 篇研究不支持该量表。在这101 篇研究中，有一半报告了充分的量表数据，他通过元分析计算了效应量。结果显示，大部分研究报告的相关系数在 0.2 ~ 0.5 的区间内。艾利夫总结道，虽然大量数据都不符合预测效度的标准，但是这没有什么影响，因为学习风格量表并不像智力测试那样具有预测性。学习风格量表最初就是由自我评估练习发展而来的，这也是体现体验学习理论结构效度的一种手段。

如果通过结构效度的标准进行判断，那么体验学习理论作为一种有用的框架已经得到了广泛的认可，它是一种以学习为中心的教育创新，涵盖教学设计、课程发展与终身学习等领域。对于学术领域和职业分类研究来说，它们也体现了与知识理论尤其是与体验学习理论结构相一致的模式。回顾过往研究可以发现，在有关体验学习理论与学习风格量表的文献中，大部分争论和批评都集中在学习风格量表的测量属性方面，这些研究结果对 1985 年版量表、1999 年版量表、2005 年版量表以及 2011 年版量表（库伯学习风格量表 4.0）（Kolb & Kolb，2011）的修订，都发挥了很大的作用。不过，最近的批评（见第二章的"更新与反思"部分）开始更多地关注理论而不是测量工具。这些批判性理论视角强调检视体验学习理论的思想起源与假设基础，它们往往将理论视为个人化、认知主义与技术化的（Vince，1997；Holman，1997；Hopkins，1993），卡伊（Kayes，2002）回顾了这些批判并提出了自己的意见。他认为，那些批评忽略了维果茨基的社会建构主义学习理论在体验学习发展理论中的作用，以及个人知识、社会知识在体验学习中的意义。他基于拉康（Lacan）的后结构主义的分析，扩充了体验学习理论，详细阐述了个人知识与社会知识之间的断层，以及语言在塑造经验时的作用。

第一篇

体验与学习

第一章

本章音频导读，
请扫描二维码收听。

当代体验学习的理论基础

当代研究表明，内在体验属于纯粹的个人私域范畴，它总是由人类个体所控制，为个体独立提供廉价的慰藉、寄托及兴奋感，这一发现不仅伟大而且包含自由解放的意义。这意味着人类个性中存在一种新的价值感和尊严感，这种感觉表明人类不仅是自然的一部分，受制于独立于个体之外的既定框架而运作……而且这种感觉还可以增加人类个体的丰富性，促使人类做出贡献。而与现代科学的不同之处在于，内在体验是一种实验性的潜意识，是一种发现的逻辑，使人类具有个人气质、创造力与塑造能力。它与现代政治、艺术、宗教及工业相对应，在这些领域中，人类个性被赋予了空间和运动的可能性，这与古代经验体系形成了对比，古代经验体系将人类个体紧紧束缚在对给定结构与模式的服从中。

——约翰·杜威，《经验与自然》

人类之所以是所有生物体中最独特的存在，是因为人类的主要适应性特征既不在于某种特定的形式或技能，也不在于是否适应某个生态位，而是在学习中认同适应本身的这一过程。因此，人类是"学习型物种"，我们的生存状况取决于我们的适应能力，这种适应能力不仅包括适应世界的反应性，也包括创造世界的主动性。

很久以前，人类就从毫无反思的状态中脱离出来，带着自然的秩序踏上了我们选择的适应性旅程。在这样的选择下，我们承担起了对世界的责任，我们不断地开发创造，铸就了以混凝土为血肉、以钢筋作骨、并以塑料为皮的世界，而我们自己则完全沉浸在象征性的交流中。从最初记载着古代商业状况的陶片中，我们便可以看出符号存储的方式是如何以指数级的速度迅速发展，并持续了数百年。这些符号借助报纸、电线、电缆进入千家万户，如此，我们的世界充满了歌曲、故事、新闻，它们通过精确编码的无线电波以及微波交织在一起。

人类命运选择的风险和回报对所有人来说都愈加明显，虽然我们的转化与创造能力给我们带来了技术上的丰厚回报，但与此同时，一个挥之不去的噩梦始终如影随形，这个噩梦就是世界可能会随着最后的倒计时走向终点。我们的文明如履薄冰，走错一步便会使我们万劫不复。我们无法回头，因为由我们开始的这一过程已经拥有了自己的动力。机器之间开始互动，我们开始习惯于听从机器给出的结论。我们无法放弃或退出，因为自然秩序的安全网络已经被我们积极的创造力所破坏。我们能做的只有沿着这条路继续前行，继续这场大自然中的人类生存实验。

我们通过学习改变命运。但是，学习的过程必须融入人类的体验，这种体验通过彼此间的交流而被分享与理解。在我们疯狂地拥抱理性、科学和技术的时期学习的概念先后被理性主义与行为主义所扭曲。我们失去了作为个人学习和发展源泉的体验，在这一过程中，我们也放弃了以体验为中心来修正以"科学"为中心带来的过错。自哥白尼时代开始，这种"科学"中心主义就不断地发生偏离。

学习成为每个人的当务之急，这并不令人惊讶。随着地球村的出现，发生在陌生人身上的事很快就能搅扰我们的日常生活。令人头晕目眩的变化使人们对学习产生了势不可当的需求，而这一切都只是为了生存。可以说，学习对所有人来说都是一种不断增长的职业技能。在我们生活和工作的各个方面，如果我们想要跟上形势的发展，提升自身的技能水平，就需要我们花费越来越多的时间与精力去学习。对于个人与组织来说，学习适应新的"游戏规则"变得与在旧规则下表现出色同样重要。在向一些人预言的"未来学习型社会"迈进的过程中，我们首先要面对的是一些重大的问题与挑战。根据某些观察家所言，我们正处于教育体制改革的边缘——不景气的经济、人口压力、社会与科技的快速变化，致使过时的教育策略负荷过多。个体的受教育权与工作权需要基于可提供证明的能力表现，社会正义和平等机会面临新的挑战；这些决定对传统的以文凭和考试作为衡量能力标准的有效性提出了挑战。组织机构需要新的方式来自我革新、恢复活力，从而避免自身及其成员跟不上时代的步伐。然而，"未来学习型社会"对于大多数成年人来说都是挑战，他们发现，学习成了个人发展和职业成功必不可少的终身核心任务。

下述例子具体说明了个体面临的各项挑战。

（1）每年 80%～90% 的成年人至少需要完成一个学习项目，普通成年人每年花在学习新事物上的时间约为 500 小时（Tough，1977）。

（2）据美国劳工部统计，美国人一生平均要换 7 份工作，改变 3 次职业发展轨迹。1978 年的一项研究显示，有 4000 万美国人处于工作或职业转型的状态，其中有过半的人正打算接受再教育（Arbeiter et al.，1978）。

（3）1982 年，美国学院测验计划（American College Testing Program）的一项研究表明，1973 年至 1974 年以及 1980 年至 1982 年，社区学院和综合大学把个体此前的学习经历折算成了相应的学分，而且相应学分的增长呈稳定上升趋势。学习是一项终身事业，这一观点越来越受到传统高等教育的学分制度及学位制度的认可。

人们的确能够在体验中学习，并且学习的结果还可以被有效评估或认证为大学学分。与此同时，在高等教育中，接受资助的体验学习项目也在不断增加。实习、现场实践、工作／学习委派、结构化练习、角色扮演、游戏模拟及其他形式的体验式教育在本科和专业课程中发挥着越来越大的作用。对于许多成年人而言，体验学习已经成为其学习与个人发展的重要选择。作为一种教育方法，基于体验的教育方式在美国各大高校得到了广泛的认可。

尽管体验学习已得到了普遍的认可与广泛的应用，但它仍然受到不少人的质疑，甚至被视为一种流行的"教育花招"——被认为其更加注重技术和过程，而不是内容和实质。在学院派眼里，体验学习过于务实，常与美国社会中令人不安的反智主义及职业主义趋势联系在一起。本书从一定意义上论及了这些质疑者关心的问题，因为如果缺乏具有指导性的原则与理论，体验学习很可能会成为另一种教育潮流——教育家工具箱里的一项新技术。但事实上，体验学习理论提供了更为实质性与持久性的内容。它为终身教育与终身学习提供了理论基础，使其根植于社会心理学、哲学与认知心理学等理论中。体验学习模式在教育、工作与个人发展之间搭建了一座桥梁，以便人们可以考查和加强这三者之间的关键联系（见图 1-1）。体验学习提供了一个描述工作需求和相应教育目标的能力体系，并强调了可以通过体验学习方法在课堂上与真实世界建立关键联系。它将工作场所描绘成学习环境，不仅可以促进正规教育，还可以促使人们通过有意义的工作获得个人发展。该模式强调了正规教育在终身学习和个人的潜力发展中的作用。

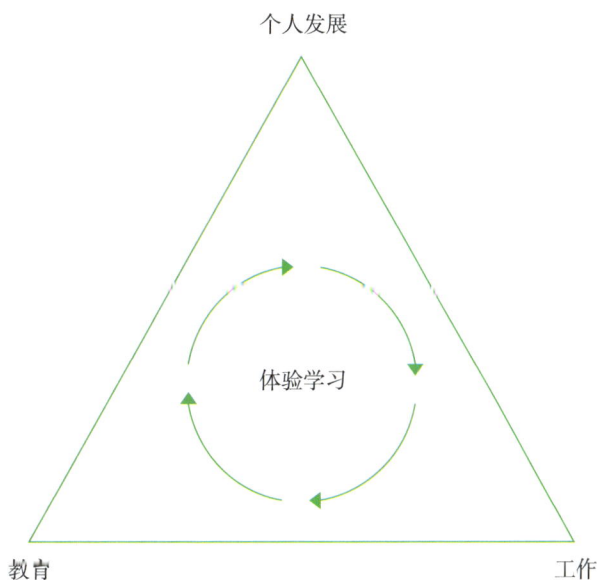

图 1-1 体验学习过程联结教育、工作与个人发展

在本章中，我们将对体验学习的主要传统进行检视，探索当前实践的维度及其理论起源。通过理解和阐明这些传统的主题，我们将更有能力改善和指导基于体验学习的、令人兴奋的新教育项目。正如体验学习的创始者之一库尔特·勒温所言："没有什么比好的理论更实用。"

高等教育中的体验学习：约翰·杜威的遗产

在高等教育领域有一群日益成长的教育者——大学教师、管理者及关注高等教育的"局外人"，他们将体验学习视为一种方法，这种方法使大学课程获得新生，并且能帮助人们应对当今高等教育的众多变化。尽管人们将这一运动归功于约翰·杜威的教育哲学，但实际上它来自跨越了几代人的多元化群体。美国在职培训与体验教育协会（National Society for Internships and Experiential Education，NSIEE）召开的一次会议上，一位发言人指出，在该领域一共可识别出三代人：以杜威为代表的老一代的进步主义教育家，20 世纪 60 年代经历过和平与民权运动、如今已步入中年的人士，以及 70 年代经历过战争的政治活动家。毋庸置疑的是，杜威是 20 世纪极具影响力的教育理论家之一，他的作品在阐释高等教育中体验学习项目的指导原则方面最为清晰明确。1938 年，在杜威所著的《经验与教育》（*Experience and Education*）一书中，他试图帮助人们理解"传统的"教育方法与他倡导的"进步的"教育方法之间日益增长的冲突。在该书中，他描述了其倡导的教育方法中隐含的变革方向。

> 我认为，如果一个人试图在新教育的实践中阐明隐含的教育哲学，我们可能会发现某些共通的原则……强制的顺从制约了个性的发展；外部纪律限制了自由的行为；学习既可以来自书本和老师，也可以通过体验来实现；通过训练获取彼此孤立的技能和技巧阻碍了我们将体验的获得作为实现目标、满足需求的手段；人们为无法预测的遥远未来做准备，而无法充分地感受当下；既定的目标与事物，阻碍了我们感受这个瞬息万变的世界……
>
> 我认为新哲学的根本性统一在于，实际体验与教育过程之间存在着紧密、必要的联系（Dewey, 1938）。

杜威的众多思想已经被融入"传统的"教育方法中，但是，他倡导的应对变化与终身学习的思想面临着越来越严峻的挑战。面对诸多挑战，高等教育领域中的体验教育家们已经开始做出回应——对并非阿瑟·奇克林（Arthur Chickering）所说的"非此即彼"的两极化方式，而是在合作与创新中整合传统学习与体验学习的精华。学习方式包括许多传统方法，这些方法与正规教育系统一样古老，在某些情况下甚至比正规教育系统还要古老。这些学习方式包括学徒制、实习制、工作 / 研习项目、合作教育、艺术工作室、实验室研究及实地项目等。在所有这些方法中，学习都是体验式的。

> 学习包括与研究对象的直接接触，而不只是思考这种间接接触，或只考虑与研究对象接触的可能性（Keeton & Tate, 1978）。

在当今的高等教育中，这些"传统的"体验学习方法重新受到关注，这在很大程度上是由不断变化的教育环境导致的。随着大学通过开放招生等方式为人们提供更多的教育机会，我们也需要一种能将学术界的抽象理论转化为人们生活中的具体应用的教育方法。虽然许多大学新生没有完全适应课堂/课本的学习方式，但他们发展出了自己独特的学习方法，这些方法有时被称为"生存技能"或"民间智慧"。对于这些学生来说，实地实习或工作/学习项目是一种授权体验，允许他们利用自己的实践优势，并测试课堂上讨论的想法是否可以被有效地应用。

同样，随着人口老龄化及人们变换职业的频率持续上升，高等教育将集中于成人学习者。他们需要用自身积累的经验与智慧来检验所学观念的相关性与应用性。现在，许多正在接受教育的中年人带着一种恐惧（我已经忘记怎么学习了）和怨恨的心态，这种状态源于他们童年时期受教育的不愉快记忆。正如丽塔·韦瑟斯比（Rita Weathersby）所说："成年人的学习兴趣根植于他们个人的经历，以及他们对于自己是谁、能够做什么、想做什么的认识（Weathersby，1978）。"对于这些成年人来说，将工作与学习、理论与实践相结合的学习方法，能为他们带来更熟悉、更高效的学习体验。

在一群经常充满愤怒和敌意的批评者的推动下，高等教育中出现了一种明显的职业化趋势，学生们觉得自己被骗了，因为他们在大学里设定的职业期望并未实现，雇主们觉得他们招募的毕业生毫无职业准备。显然，教育与工作之间的某种联系已经偏离了正轨，这导致人们强烈地要求高等教育"改良"。在我看来，这场运动存在着一股危险的反智主义潮流，这种潮流基于对学习和发展的反动观点，但这暴露了真正的问题。体验学习为解决这一问题提供了建设性的途径。

对于另一些教育者来说，体验学习并不是一套教育方法，而是一种事实陈述：人们确实会从经验中学习。这些教育者强调对以往的学习经验进行评估，以便获得学位课程所需的学分或行业许可证书。一些人认为，根据以往经验给予奖励是一项大有前途的活动。

充分认可早先的学习经历的重要意义在于，它在正规教育与成年人生活之间建立了联系。这种机制将教育与工作结合起来，让人们认识到所有与大学学位有关的学习都是有效的，是一种积极培养循环教育的机制（Willingham et al.，1977）。

体验学习引起了人们对教育质量的积极关注，因为这样一种评估程序很容易被"学位工厂"的做法所操纵和滥用。为了应对这类行为，1973 年，体验学习的合作评估项目（Cooperative Assessment of Experiential Learning，CAEL）[①]与教育考试服务系统（Educational Testing Service，ETS）建立了合作关系，通过创建并实施有效的方法，对人们从先前的工作与生活经验中所学到的知识进行评估。

正如人们预期的那样，这一领域的研究者与实践者更加关注人们学习的结果——从积累的经验中习得知识与技能——而不是体验学习的过程。当然，为了在教育与工作之间建立有效联系，强调对学习结果的可靠评估是很有必要的，因为这种有效联系取决于个人技能与工作要求之间高度的辨识性与匹配性。自从最高法院对格里格斯（Grigges）与杜克电力公司（Duke Power）一案做出裁决以来，建立公平、有效的匹配程序已经成为美国人争取平等就业机会的首要任务。在该案例中，应聘清洁工一职的格里格斯提起诉讼，质疑杜克电力公司提出的应聘者必须具有高中文凭这一要求。为了支持格里格斯，法庭裁决任何测试、证书或其他评估程序都不能用来限制应聘者获得工作机会，除非可证明该项测试或证书能够对应聘者的工作表现做出有效预测。这一裁决已经得到了其他高等法院的普遍支持，这给教育者、行为科学家及雇主带来了巨大挑战——需要开发对工作有意义且基于能力的教学和评估方法。

综上所述，对"传统的"体验学习方法的重新重视，以及对基于能力的教育、评估和认证方法的强调，标志着高等教育结构的重大变化。对此，阿瑟·奇克林发表了如下看法。

> 毫无疑问，体验学习引起的争议已经指向学术界的中心。体验学习引导我们对日常实践中的假设和惯例提出质疑。它将我们的注意力从学分、日程安排转向胜任力、工作所需的知识及有关工作、家庭关系、社区责任和被社会广泛关注的信息。它提醒我们，高等教育的意义不仅是提升人们的语言能力，并把信息存储在人们的"存储库"中；它还应该有助于更复杂的智力发展，使人们获得合格公民所需的全面发展；

---

① CAEL 现已更名为体验学习发展委员会（Council for the Advancement of Experiential Learning）。

它应能帮助学生应对由生命周期与社会快速变化所带来的日益更新的发展任务。

要实现这些潜在的可能性，就必须对高等教育目前的结构、过程和内容进行重大改革。校园不再是学习的唯一场所，教授也不再是智慧的唯一源泉。取而代之的是，大学教师与专家学者将成为教育资源的一部分，大量教育设施、实践者、现场督导以及客座教授之间能够建立联系。这种联系将通过与文化组织、企业、社会机构、博物馆、政治和政府运作的系统关系来实现。我们将不再受学期的固定时长束缚。相反，这些系统将由灵活的日程安排来补充，以适应学习者的要求和各种实际工作情况。教育标准和资格证书将越来越依赖于学生所展示出的知识与能力水平，以及学生所取得的实际收获及参与大学项目的价值。我们认识到，学生之间差异的关键不仅体现在语言技能和学术准备方面，也体现在学习风格、独立工作能力、自我理解、社会意识和人类价值方面。如此，原来的批量教育将通过个性化指导与一对一的学习方式加以改善。

学院和教授团队将继续承担主要的责任，继续从事研究活动，创造新知识，提供新视角，以解决迎面而来的社会问题。同时，随着更多职员与学生的参与，以及体验情境间的广泛联系，这项工作将会得到进一步的丰富和加强（Chickering，1977）。

培训与组织发展中的体验学习：库尔特·勒温的贡献

体验学习的另一个传统是，参与者人数更多，影响范围也更广泛，它源于美国社会心理学创始人库尔特·勒温对群体动力学的研究。勒温富有创新性的研究方法和理论，以及充满智慧的个人领导才能，影响了社会心理学与组织行为学这两个领域的三代学者与实践者。

勒温的研究领域很广泛，涉及领导与管理风格等，在众多研究领域，他在群体动力学和行动研究法方面的工作极具实践影响力。这些研究产生了实验室训练法（laboratory-training method）和 T 小组训练法（T-groups），并成为 20 世纪最有效的教育变革之一。无论是在小团体中还是大团体中，行动研究法都已被证明是可被用于有计划改变干预的方法。时至今日，这一方法已经成为大部分组织发展的基石。在所有研究中，勒温始终关注理论与实践的结合。勒温关于专制型、民主型和放任型领导风格的经典研究，是他从实践角度理解独裁与民主心理动力的一种尝试。"没有什么比好的理论更实用"，他的这句名言恰好象征着他将科学研究与解决实际问题相结合的做法。T 小组训练法使他的研究方法在真实历史事件中得到了很好的证明（Marrow，1969）。1946 年夏天，勒温和他的同事罗纳德·利比特（Ronnald Lippitt）、利兰·布拉德福德（Leland Bradford）以及肯尼斯·本尼（Kenneth Benne），应邀为康涅狄格州的跨种族委员会（Connecticut State Interracial Commission）设计一套新的领导力与群体动力训练方案。为期两周的训练计划以一种实验性的、强调鼓励小组讨论与决策的氛围开始，在他们所营造的氛围中，培训师和受训者都将彼此视为同伴。另外，研究人员对小组的活动表现进行了全面的观察记录。当受训者晚上回家后，研究人员聚到一起报告与分析白天记录的数据。许多研究者认为，受训者不应该参与到讨论及分析他们自身的经历与行为这一环节中，因为讨论很可能会使受训者感到受伤。然而，当一小部分受训者提出想加入讨论时，勒温却接受了他们的请求。作为当时活动的组织者之一，利比特描述了三位受训者加入讨论会议时的情形。

在晚间讨论的某个时刻，一位观察员对在座的三位受训者之一（一位女学员）的表现进行评价。而这位学员却打断了观察员的评价，表示不赞同他的记录，并且从自身的角度进行了解释。观察员、培训师和受训的学员之间就事件的解释展开了积极的交流。而勒温则是一位积极的探索者，很显然，他非常享受处理和整合不同来源的信息。

会议结束时，受训者询问他们是否还可以参与下一次评价自己行为的会议。勒温认为这非但不会干扰会议，反而很有意义，因此很热情地鼓励他们下次再来。第二天晚上，五十多名受训者中至少有一半来参加了会议，这是三位参与过会议的受训者传播消息的结果。

从那以后，晚上的会议内容成为重要的学习经验，人们关注真实的行为事件，积极地讨论不同参与者对于事件的理解与观察的差异（Lippitt，1949）。

我们发现，在直接、具体的经验与事后的分析之间存在辩证关系和冲突。正是这样一种氛围，能有效地促进学习。在开放的氛围里，受训者的直接经验与工作人员的概念模型汇集在一起，每一种观点都能对另一种观点形成挑战，并由此营造富有生命力与创造力的学习环境。

不幸的是，勒温在 1947 年逝世了，但他发现的教育过程的魔力并没有消失，他的思想一直深刻地影响着他的同事和其他研究者。1947 年夏天，在缅因州的贝塞尔，他们通过一项为期三周的项目对变化的动力获得了进一步的认识。也正是在这里，T 小组训练法与实验室训练法的基本轮廓逐渐成形。值得注意的是，即便是在初期阶段，人们关于"此时此地"的体验倾向与"彼时彼地"的理论倾同之间的争论，始终干扰着项目的进行。

> 对"此时此地"事件的讨论有必要聚焦到个人、人际与团体水平上，这与对外部事物的讨论之间存在竞争关系。这有时会导致拒绝对观察者的行为数据报告进行认真考量，而更常见的情况是，它最终导致参与者对外部问题的拒绝，因为这些问题不太引人关注（Benne，1964）。

在美国训练实验室①成立的早期阶段，这种冲突表现在如何将概念整合到训练小组的激烈争论中。20 世纪 60 年代，在新一代文化浪潮中，在迷幻摇滚和东方神秘主义的影响下，这场运动实际上划分成了"西海岸"存在主义学派与"东海岸"传统主义学派之间的争论（Argyris，1970）。我们在随后的调查中发现，经验与理论之争并不只是存在于实验室训练过程中，实际上，它正是体验学习过程本身的核心动力。

围绕着各种问题，斗争、辩论及创新始终在继续，实验训练运动（laboratory-training movement）对成人教育、培训及组织发展的实践产生了深远的影响。值得一提的是，体验学习的两种重要趋势均源于实验训练运动：一种是价值观，另一种是技术。T 小组训练法与实验室训练法都聚焦于个人的主观学习经验；而与之截然相反的是研究"空洞的有机体"（empty-organism）的行为主义学习理论与经典物理科学，后两种理论都将知识获取过程定义为完全基于漠然的客观观察之上的非人的逻辑过程。强调

---

① 现在更名为"NTL 应用行为科学研究所"。

主观经验的重要性已经成为体验学习实践过程中的关键，无论是个人深度卷入的存在主义价值观，还是人本主义价值观和责任，都强调感觉与思维是真实发生的。

对于实验训练运动的领导者而言，这些价值观及人本主义的科学价值观就是探索的精髓。它们拓展了意识和选择的领域及关系中的真实性，为人际关系与组织管理注入了充满希望的新理念（Schein & Bennis，1965）。与其他任何单一资源不同，这组核心价值观激发了现代参与式管理哲学（modern participatory management philosophy）在美国和世界各地的广泛应用。此外，这些价值观已经形成了组织发展的指导原则，引导着组织有计划地开展变革与实践。阿吉里斯和舍恩（Argyris & Schon，1974，1978）的工作对实验室培训价值观与体验学习之间的关系进行了全面的阐述。他们认为，在体验中学习对于个人和组织的效能而言是必不可少的，只有当行动基于有效信息、自主选择及内部承诺，并且遵循个人价值观，以及得到组织规范的支持时，才能实现真正意义上的学习。

同样重要的是，在训练小组的早期工作中，出现了一种迅速拓展的体验学习应用技术。从训练小组的小任务，到其对于特殊问题的解决经验，最终形成了各种各样的任务，如结构化训练、模拟、案例、游戏、观察工具、角色扮演及常规技能练习等。这些技术的共同核心在于设置一种模拟情境，这种情境旨在为学习者创造个人经验，帮助他们启动自己的探究与理解过程。这些技术对教育具有深远的影响，尤其是对成人教育。训练方法的发展经历了一次虚拟革命，从单纯模仿传统教学方法的"盛大的展示秀"，发展为一种根植于体验模拟和自主学习设计的复杂教育技术（Knowles，1970）。曾任美国国家教育研究所所长的哈罗德·霍德斯金森（Harold Hodskinson）认为：在开放的市场竞争中，私营机构的教育技术创新正在挑战正规教育机构的能力。事实上，很多人都认同这一观点。为此，一个与美国训练与发展委员会（American Society for Training and Development，ASTD）合作，并由学者、培训者及发展实践者组成的协会宣告成立，该协会旨在通过使用电脑辅助指导、影像记录、结构化角色扮演等方式，将最初关注人际关系问题的体验学习训练小组拓展到其他领域，如金融、市场营销等。此外，还存在无数家小型机构和其他规模较大的专门从事各种教育技术的组织，这些机构和组织正不断发展壮大，逐渐支撑起一个价值 500 亿美元的培训产业。尽管这一切并不完全是由实验训练运动引起的，但它的确对此产生了不容置疑的影响。

让·皮亚杰与体验学习的认知发展传统

杜威和勒温的体验学习传统代表了对唯心主义的外部挑战，或如詹姆斯（James，1907）所称，理性主义哲学自中世纪以来一直主导着学习和教育思想；杜威从哲学角度分析实用主义，勒温代表格式塔心理学的现象学视角。第三种体验学习传统来自理性主义哲学所经受的挑战，其源于发生认识论的提出者皮亚杰的研究。皮亚杰在儿童发展方面做出的研究甚至可以与弗洛伊德在该领域的研究并肩；但弗洛伊德主要强调人的社会情感的发展过程，而皮亚杰更关注认知的发展过程，也就是智力的本质和智力是如何发展的。纵观皮亚杰的研究，他既是一位认识论哲学家，也是一位心理学家。事实上，正是在对儿童认知过程发展的研究中，皮亚杰看到了理解人类知识本质的关键。

皮亚杰的第一项心理学研究就使他闻名世界。最初，皮亚杰作为阿尔弗雷德·比奈（Alfred Binet）的学生协助其进行研究工作，比奈发明了世界上第一个智力量表，并首次将用于测量智商和能力倾向的测试项目标准化。在与比奈的工作中，皮亚杰的兴趣开始脱离传统的测试方法。他发现，相比儿童对测试问题给出一个正确或错误的答案而言，他对儿童给出答案的推理过程更感兴趣。他发现，这些推理过程存在规律性的年龄差异。某个年龄阶段的儿童不仅会给出错误的答案，而且在给出答案的过程中也会表现出完全不同的推理方式。年龄较小的儿童并不比年龄大的儿童"愚笨"，他们只是思维方式截然不同。在此之后的 50 年里，皮亚杰及其同事通过数千项研究对这些观点进行了深入的探究与发展。

简单来说，皮亚杰的理论描述了智力是如何由经验塑造的。智力并非一个人与生俱来的内在特征，而是人类个体与其所属环境之间相互作用的产物。对皮亚杰来说，在智力发展的过程中，动作是关键。他在对从婴儿期到青春期的孩子进行细致的描述性研究中发现，抽象推理能力与符号运用能力来自婴儿在探索及应对直接的具体环境时的动作。成长中的儿童，其认知系统在可识别的阶段发生了质的变化：在感知运动阶段，知识来自具体的动作，并且不存在脱离动作产生的经验；到了前运算阶段，知识以图像的形式表征，这一阶段的儿童更具有自主性；到了具体和形式运算阶段，知识以符号的形式表征，儿童开始能够脱离具体体验而进行内部操作。

皮亚杰的研究范围十分广泛，从 20 世纪 20 年代末开始，人们便对他的研究产生了浓厚的兴趣，但是直到 20 世纪 60 年代，皮亚杰的研究才在美国得到广泛的认可。皮亚杰的理论源于法国理性主义的传统，因而一时无法被美国实证主义心理学的传统所接受。特别是在 1920年至1960 年间，行为主义研究在当时的美国心理学中占据主导地位，而皮亚杰的临床研究方法并不能满足行为主义严格的实验标准。而且，皮亚杰更注重理论性而非应用性。他对美国研究者与教育家致力于加快认知发展阶段的行为倾向颇为蔑视，并将这些有计划的改变与发展的研究称作"美国问题"。

皮亚杰最终在美国获得认可，这在很大程度上归功于美国著名的认知心理学家杰罗姆·布鲁纳（Jerome Bruner）。布鲁纳也在同一时期开展了类似的研究。在知识增长的认知发展过程中，布鲁纳发现了可以作为理论指导的科学依据。认知发展阶段理论使得在任何领域设计相关课程成为可能，因此，知识能传授给任何年龄段或任何认知发展阶段的学习者。围绕这一理念，课程设计与教学方面发展出了新的趋势，人们运用认知发展阶段的理论，设计出一系列以体验为基础的教育课程。人们努力将这一理念运用于社会研究等领域中，这种以体验为基础的课程被设置在大学一年级和二年级的课程中，但是，这些课程的大部分开发工作仍然是针对小学和中学学生的科学及数学科目进行的。在认知发展的具体运算阶段，这类课程可以将抽象的科学与数学原理转化为此阶段学习者能够理解的表达形式。很具代表性的是，这种表达采取具体实物的形式，使学习者能在操作与实验中发现其中蕴含的科学原理。教学中的许多实验都来自对皮亚杰早期实验的改良——例如，让孩子们在一个高而细的烧杯和另一个低而粗的烧杯之间来回倒水，从而发现守恒定律。

当我们在合适的氛围里引入这些基于经验的课程时，就如勒温的训练小组一样，人们在学习过程中收到了令人欣喜的效果。在某些情况下，学习更高级的科学和数学原理会变得很困难，可是新课程却能帮助儿童从记忆科学与数学原理的旧方法中解脱出来；而在之前的教学方法中，学生是难以深入学习抽象原理的。例如，以十进制来计数的学习年限越长，学习二进制的计数就会越困难。而在基于皮亚杰思想设计的课程中，学习是个体化、具体化、自我指导的过程；而且，学习是发现知识的过程，而不仅仅是记忆知识本身；儿童可以像小科学家一样进行探索、试验，并得出自己的结论；课堂上充满了由内驱力推动的学习活动带来的能量与热情。这种基于体验的学习课程从两个方面改变了传统的教育模式：首先，它改变了课程内容，带来新的授课方式，为以往被年轻人认为过于先进和复杂的课程提供了新的教学方法；其次，它改变了学习的过程，也就是学生学习这些课程的方式。

尽管这些教学创新在许多方面受到人们的欢迎并最终得以成功实施，但它们依然引起了一些人激烈的反应与批评。当然，其中不乏一些合理的批评，如这种新的学习方式需要新的教学方法。在某些情况下，老师将学习过程掌控得很好，并且最终激发了学生的内在学习动机。但在其他情况下，学习的氛围却有所不同，学生并没有通过倒水的实验掌握守恒定律，而只是学会了来回倒水。在我看来，有些批评毫无根据。有些人将学术能力评估测试分数的下降归咎于新数学课与其他自主课程，他们认为这些课程使得学习过于有趣，因而使得学生缺乏训练有素的基础知识练习。这些争论使我们联想起杜威的进步主义教育运动所引发的争议，以及训练小组曾引发的经验与理论之争。

认知发展观对成人学习产生了间接的、有力的影响。虽然皮亚杰的认知发展阶段理论涉及的年龄段只到青春期，但许多学者证实，在成年阶段也存在认知发展的规律。在方法与概念结构方面，这些学者的方法大多来自皮亚杰的框架。劳伦斯·科尔伯格（Lawrence Kohlberg）对皮亚杰关于道德发展的早期研究进行了拓展（Kurtines & Greif，1974），这是关于此类研究的最早方法之一。科尔伯格的研究始于对小学生的探究，但是，他发现，道德判断的早期阶段通常是在儿童时期完成的，而对于许多成年人来说，道德判断后期阶段的挑战仍摆在他们面前。威廉·佩里（William Perry）在他的杰出著作《大学时代智力和道德发展的形式》（*Forms of Intellectual and Ethical Development in the College Years*）中指出，哈佛大学的学生的知识体系在大学时代的发展过程中也出现了类似的模式，从大学早期的绝对主义、权威主义、非对即错的知识观，经过极端相对主义的阶段，在他们的大学后期向着相对主义个人承诺的更高阶段发展。佩里还发现，并非所有学生在大学期间都能达到较高的发展阶段，对许多人来说，这些阶段的发展挑战会延续到他们以后的生活中。随着自我发展理论的普遍兴起，简·卢文格（Jane Loevinger）计划运用埃里克·埃里克森（Erik Erikson）的心理社会发展理论及其他人的理论将认知发展观与其他理论家提出的认知发展理论（Harvey，Hunt，&

Schroder，1961）整合起来（Loevinger，1976）。简·卢文格的自我发展理论认为，自我的发展包括冲动阶段、自我保护阶段、遵奉阶段、公正阶段、自主阶段、整合阶段这六个阶段，该理论明确将学习与发展视作终身发展的过程。

这些关于成人发展的新概念的影响力如今已经开始显现。由于认识到学习与发展是终身的过程，社会机构和组织有相应的责任来处理他们的事务，使成年人获得有助于他们个人学习和发展的经验。例如，科尔伯格在道德发展方面的一个应用是监狱改革（Hickey & Scharf，1980），他试图在监狱管理中营造一种氛围，即通过在监狱社会中创建一个"公正的社区"来促进犯人向更高道德阶段发展。虽然这种操作可能没有那么引人注目，但它是许多公共和私人组织所需要的，例如，通过改善氛围改变一些人觉得必须采取自我保护和循规蹈矩的方式才能生存，良知、自主与正直的行为并不见得会给人带来多少回报这种想法。

体验学习理论的其他贡献者

杜威、勒温与皮亚杰是体验学习理论的先驱。除此以外，其他理论流派的学者也做出了巨大贡献。这些贡献者包括卡尔·荣格，他的心理分析研究是治疗心理学的主要发源之一；当然还包括埃里克森；还有卡尔·罗杰斯，他提出了"当事人中心疗法"的人本主义观；还包括弗里茨·波尔斯（Fritz Perls），他创立了格式塔疗法；还有亚伯拉罕·马斯洛（Abraham Maslow），他提出了自我实现理论。

治疗心理学从两个重要方面促进了体验学习。首先是适应这一概念，它为情感性体验赋予了重要意义。健康的适应性需要认知和情感过程的有效整合，这一概念几乎是所有形式的心理治疗实践的核心。治疗心理学的另一贡献是，整个生命周期中的社会情感发展概念。埃里克森、罗杰斯和马斯洛的发展模式为成人发展的挑战提供了一幅连贯、清晰的画面，这幅画面与前文讨论的认知模式非常吻合。总体来说，社会情感发展模型与认知发展模型为描绘成人发展过程及挑战，共同提供了一个完整的框架。荣格的理论及其心理类型说代表不同的社会适应方式，他的个体发展理论能更好地帮助我们理解体验学习。

对体验学习理论的第二种贡献来自激进的教育家，特别是巴西教育家和革命家保罗·弗莱雷和伊凡·伊里奇（Ivan Illich），他们猛烈抨击了西方教育，甚至提出"废除学校"的计划，以解决美国当前的社会问题（Freire，1973，1974；Illich，1972）。这些人的核心论点是，教育体系是社会控制的主要媒介，是一种对资本主义阶级歧视制度中的压迫性和保守性的控制。改变这一体系的方法是向人群灌输弗莱雷所说的"批判意识"，即通过平等者之间的对话，积极探索抽象概念的个人经验意义。如果要把教育和学习的观点置于政治光谱中，那么这个观点必须被视为杜威等进步教育家和实验室训练实践者所特有的自由主义、人文主义观点的革命性延伸。因此，这些观点强调了抽象概念和主观个人经验之间的辩证关系在教育／政治冲突中的中心作用。

还有两种更深入的视角有助于阐明学习与知识之间的关系。首先是非常活跃的脑科学研究领域，这些研究试图证明大脑机能与意识之间的关系。与我们的研究目的最紧密相关的就是这条研究路线，它试图确定大脑左右半球的认知功能差异，并对其进行描述（Levy，1980）。这项工作与体验学习理论的相关性在于，与左右脑相关的认知模式直接对应具体的体验学习方法及抽象的认知学习方法之间的区别。因此，科巴利斯（Corballis）在对该领域的文献进行综述后总结道。

> 这样的证据可以支持以下观点：左脑是专门负责抽象或符号表达的，这些符号不需要与它们代表的客体有物理特性上的相似性，而右脑保持着与事物本身同形同构的表达方式（Corballis，1980）。

这些研究表明体验和抽象这两种认识世界的方式是平等的、互补的。这一观点与皮亚杰及其他认知理论家的观点形成了鲜明的对比。以往的理论家认为，具体、以经验为导向的认知形式是低级发展表现，只有抽象的命题推理才代表真正的知识。

对于这一问题的全面探索，需要对哲学文献尤其是形而上学与认识论文献进行研究。在哲学认识论中，科学的理性主义传统占主导地位。但是，从20世纪早期开始，科学理性主义传统就受到了来自杜威、詹姆斯等学者的实用主义，以及迈克尔·波兰尼（Michael Polanyi）和阿尔伯特·爱因斯坦（Albert Einstein）等人的研究的挑战，他们在研究中提出了理性的科学研究的局限性。与之有关的，还有哲学家、形而上学者斯蒂芬·佩珀的研究（Pepper，1966，1942）。佩珀提出了世界假说体系，并在此基础上建立了知识系统的类型学。在这一框架的指导下，我们得以探索学习过程与来源于这个过程的知识系统之间的关系。

图 1-2 总结了为体验学习项目提供指导和方向的七个主题（训练小组、行动研究、民主价值观、实用主义、发展、学习与经验的辩证关系、认识论）。这些主题源于勒温、杜威和皮亚杰的研究，它们为我们理解体验学习的发展过程提供了指南。从勒温及其追随者的研究中，我们了解了训练小组与行动研究的理论与技术。在勒温与教育哲学家杜威的研究中，我们发现了可指导体验学习的民主价值观。杜威的实用主义构成了体验学习的哲学原则，强调个人经验在体验学习中发挥重要作用。体验学习的三种传统观念的共同之处在于，教育的组织原则都强调朝着有目的的生活和自我指导的

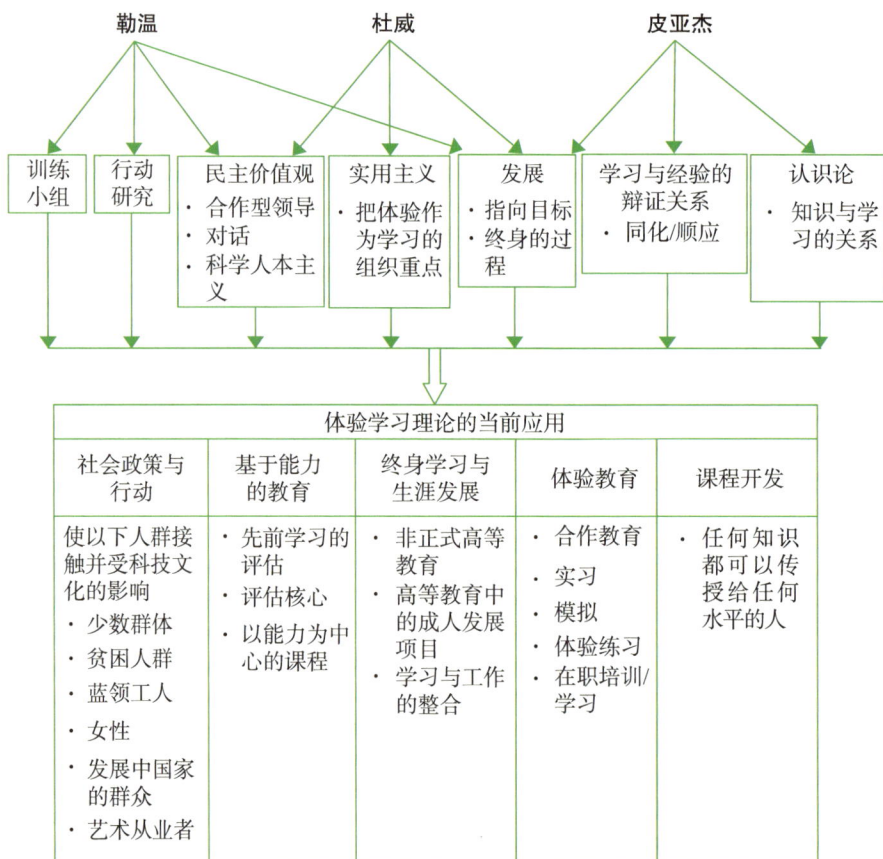

图 1-2　体验学习的三种传统观念

方向发展。皮亚杰对体验学习的独特贡献在于，他将学习过程描述为同化与顺应的辩证统一过程，即将经验同化为概念和将概念顺应于经验之间的辩证关系，以及他在认识论方面的工作——知识的结构与知识习得之间的关系。

这些主题为当前新兴的体验学习理论的应用提出了指导原则。在社会政策和社会行动中，体验学习可以成为建设性努力的基础，以促进那些被排挤在外的少数群体、贫困人群、蓝领工人、女性、发展中国家的群众及艺术从业者，能够接触或影响占主导地位的技术主义或符号主义文化。在以能力为基础的教育中，体验学习为评估先前的学习并设计以能力为基础的课程提供了最合适的理论基础。终身学习和职业发展项目可以从体验学习理论中找到概念准则、指导思想及实用的教育工具。体验学习提出了以多种形式进行体验式教育的原则，帮助人们实现布鲁纳所说的"任何知识都可以教给任何水平的人"。

在这些应用中，很重要的一点是认识到：体验学习并非一系列实践技术，而是一个重塑个人生活与社会机制的项目。对此，威廉·托伯特（Willian Torbert）发表了如下看法。

> 在构建体验学习体系的过程中，我们必须认识到，我们在一步步超越个人的、制度的、认识论上的既定认识，尽管我们深深地抵制这种主动，却仍会一次次重返原点、继续超越。我们也需要认识到，通过生活探索进行组织的艺术——不断探索预先形成的"宇宙"，并与其他人一起不断构建和实施"宇宙"的艺术——至今仍是一种未被公众发现的艺术领域。任何限制体验学习开展的尝试，都会使我们感到孤立、无助或充满挫败感（Torbert，1979）。

杜威、勒温和皮亚杰的体验学习观衍生出了大量新颖的课程模式。尽管这些传统观念只有一段短暂的流行史，却对教育和学习过程产生了深远的影响。这些思想影响了美国乃至世界各地的各级正规教育、公立与私立教育机构，以及不计其数的成人学习者的个人生活。未来，这些理论的应用将面临更大的挑战和机遇。若想成功克服这些挑战，重点在于这些理论之间能够通过互相学习与合作，共同创造出完整、能够指导实践的理论基础。在实际运用中，这些传统理论有不同的表现形式，例如学生实习、商业模拟、行动研究项目、小学的科学探索课程等。尽管这些理论的表现形式不同，但在学习过程的本质上，它们是一致的。而我们接下来要讨论的，是对这一过程的审查。

更新与反思

1. 体验学习理论的奠基人

- - - - - - -

> 如果我能看得更远，那是因为我站在巨人的肩膀上。
>
> ——艾萨克·牛顿（Isaac Newton）

- - - - - - -

第一章主要介绍了体验学习理论的起源，特别强调了杜威、勒温与皮亚杰的研究。在那个时期，他们是该领域的主要学者，引导我开展对体验学习与学习风格的研究。我还介绍了詹姆斯、罗杰斯、弗莱雷、维果茨基和荣格等学者，他们的研究对体验学习理论的发展颇具影响。在这本书出版后，我发现了玛丽·帕克·福莱特的研究，并开始引用她的观点。这些伟大的学者，从不同专业和文化的视角，对我们理解学习与发展产生了深远的影响，并促使我们更好地学习与成长。从 19 世纪末的詹姆斯、杜威与福莱特的时代开始，到 20 世纪末的罗杰斯和弗莱雷的去世（见图 1-1），这些学者们的贡献跨越了一个世纪，他们的影响遍布全世界。荣格的晚年时期，深受印度教、佛教以及道教的影响，他总结出朝着整合化与自性化（individuation）的发展是所有宗教的核心。詹姆斯也研究了东方思想，而他的彻底经验论则成为日本哲学家西田几多郎（Kitaro Nishida，1911）的重要观点。

2. 边缘学者

我最初被这些学者的观念所吸引，并为成功解答一个又一个有关体验学习的困惑感到欣喜。他们的研究打开了我的视野，让我开始思考之前从未想到的东西。后来，当我开始探索他们的研究，我发现了有太多值得为之努力的事物。上述这几位学者，都认为体验学习非常重要，他们还有一个很显著的共同点，就是他们都被我称为边缘学者（liminal scholar），他们都处于所在领域主流话语权的边缘。无论是理论还是方法，他们都与同一时期的主流科学规范背道而驰。直到近年来，他们的思想才再度出现，并开始影响学习、教育与人们的发展。

玛丽·帕克·福莱特就是这样一位学者，在她去世78年后，即2011年，她被国际领导协会（International Leadership Association）授予终身成就奖。她毕业于拉德克利夫学院（Radcliff College），却因为她是女性而不被允许继续读博士学位。她是一位视野开阔的思想者，跨越了各学科与学派的思想，对她的学术同僚发出挑战，主张跳出"学科之盒"来思考。按照她的关系理论，她拒绝将自己划分到任何学派中，她处在"中间领域"，从两个不同的角度汲取见解。例如，当有人将她看作勒温一样的格式塔理论家时，她从格式塔理论及与之相对立的行为主义学派中抽离出来，创造了自己的理论。在她的时代，她还是一位著名的演讲家与作家，福莱特在1933年去世，彼得·德鲁克（Peter Drucker）认为"她逐渐变得微不足道了"。她有关权力的激进周期论（radical circular theory of power），以及在管理与组织中强调合作的观念与人本的思想，与20世纪30年代到40年代所盛行的管理文化格格不入。直到今天，她的奠基作用再次得到肯定，正如沃伦·本尼斯（Warren Bennis）所说："我们今天一切有关领导与组织的作品，都源自玛丽·帕克·福莱特的著作与演讲（Smith，2002）。"

詹姆斯在他的著作《心理学原理》（The Principles of Psychology）中阐述了意识经验，这让他成了主流行为主义以外的学者。他将自己的大部分精力投入"内省研究"中（James，1890）。现在，当代神经科学家重新运用他的意识理念，例如，卡尔·普里布拉姆（Karl Pribram）和罗杰·斯佩里（Roger Sperry）都从詹姆斯的研究中建立了自己的构想。遗传学家弗朗西斯·克里克（Francis Crick）将我们有关意识理解的生物学进展进行了哲学阐述，并将詹姆斯称为哲学导师（Taylor & Wozniak，1996）。詹姆斯探讨了注意力在意识经验中的作用，提出了意动理论，解决了人们在学习过程中应该如何主动利用意识来提升学习效率的困惑，并为之后的元认知与有意体验学习的研究（见第八章的"更新与反思"部分）奠定了基础。与此同时，他也被视为当代双重加工理论模型的奠基人（Evans，2008），这一理论则源于他关于感知和领悟的双重知识概念。

列夫·维果茨基杰出的创作生涯因其38岁时死于肺结核而过早结束，斯蒂芬·图尔明（Stephen Toulmin）称他为心理学界的莫扎特。他之所以被称为莫扎特是因为他从未接受过任何正式的心理学训练，只是年轻时对文学、诗歌和哲学感兴趣。时至今日，他的工作在世界各地的教育领域中都有着巨大的影响力（Tharpe & Gallimore，1988），他关于文化在思想发展中的作用的观点被广泛应用为解放意识形态、社会建构主义和活动理论的基础（Bruner，1986；Holman，Pavlica，& Thorpe，1997）。

这些学者不仅是体验学习的研究者，也是体验学习的实践者。他们将自己有关科学的探讨当作从体验中学习并审视他们自身经验的过程。他们通过细致的觉察，建立完善且具有创造性的理论体系，为人类更好的发展而宣扬他们的理论。我想他们都会认同荣格对自己研究的说法："我已经认识到，研究与理论都指向经验的内在规律。因此，研究不是神秘的事情，也不是个人努力获取荣誉的行为。它是一种持续的努力，它使主观经验变得有意义。这种努力是合理的，因为世界是有秩序的，这样的想法令人愉悦，当我们理解了自然中的有序联系，就会产生令人惊喜的结果。其中一种结果是，部分经验的有序排列会马上打开我们探究、研究和思考的新思路，从而引导我们继续前进。有时候，我所从事的研究并非出于这一目的——取悦他人、说服反对者和怀疑论者、获得声望，以及其他令人不快的原因。判断和行动上的错误只会加深上述积极的信念（Jung，1959）。"

像罗杰斯一样，很多人会拿常规学科研究方法的局限性打趣。罗杰斯说："在受邀参加美国心理学会（American Psychological Association，APA）的研究时，我被要求陈述对自变量-额外变量-因变量这些术语的理论思考。遗憾的是，我觉得这些术语有点不合适。我无法充分解释我的负面反应，也许这是一个非理性的反应，因为这些术语背后的逻辑似乎无懈可击。只是对我而言，这些术语似乎是静态的，它们似乎否认了科学运动的不安、动态、探索和变化的方面……在我看来，这些术语过于强调实验室了，在实验室里，人们进行一项从头开始的实验，一切都在控制之下，而不是一门试图从经验现象中夺取其包含的内在秩序的科学（Rogers，1959）。"

皮亚杰在创立他的理论时，忽略了样本大小、统计检验、实验组和对照组。相反，他专注于观察孩子们，向他们展示精心设计的问题，以了解他们解决问题的过程。与他的导师比奈和其他智力研究人员不同，皮亚杰对孩子们如何得出正确答案的过程更感兴趣。不出所料，他的连续案例研究方法在 1926 年被引入美国心理学界时并没有得到足够的认可。然而，到了 20 世纪 50 年代，随着认知心理学的兴起，特别是杰罗姆·布鲁纳对其方法的大力倡导，才使得皮亚杰的思想和方法在教育领域被广泛接受，并对教育产生重要的影响。

让我深受启发的是，许多学者倡导通过学习改善世界。约翰·杜威和玛丽·帕克·福莱特领导了 20 世纪 20 年代的进步运动，他们的思想主要集中在民主、社会正义、教育以及为需要帮助的人提供支持等方面。

保罗·弗莱雷最初是一名社会活动家，他在社会工作的基础上发展出了自己的理论。他研究巴西的扫盲运动，后来他运用他的理论文化圈的概念，将这一运动拓展到非洲和南美洲的其他国家，他的理论对塑造社会、政治、经济和文化现实提出问题并关注人们采取变革行动的能力。他所指的文化圈更像勒温的训练小组，所有的成员在协调者的帮助下，通过交流积极地创造探究性的话题。然而，与训练小组不同的是，他的目的在于积极塑造参与者所生活的环境，探索自由等主题。1962 年，弗莱雷第一次实践这种方法，他组织 300 位务农者在为期 45 天的训练中学习阅读与写作。他在 1964 年计划建立 20 000 个文化圈，然而，那一年的军事政变却中断了弗莱雷的研究，他本人被囚禁了 70 天之后又被流放到智利（Nyirenda，1996）。

勒温致力于解决社会问题和冲突，这源于他作为一名犹太人在东普鲁士强烈的反犹太文化中被边缘化的成长过程。致力于解决社会问题和冲突的想法贯穿了他的一生，最终他在麻省理工学院创建了群体动力中心，并创立了社区相互关系协会（Commission on Community Interrelations，CCI）。这个协会指导研究者开展了许多行动研究课题，包括康涅狄格州种族委员会与种族、宗教歧视的斗争，也促进了训练小组的产生。在这些项目中，勒温发展了行动研究法，这种研究方法持续产生了巨大的影响力。

勒温经常被当作社会心理学的创始人，但他的影响力大到难以被定义为某个具体领域的创始人。沃伦·本尼斯曾言简意赅地说道："我们都是勒温的追随者。"约翰·蒂鲍特（John Thibaut）曾是勒温在麻省理工学院的助手，他说："其实不难理解他的影响为何如此之大。他拥有一种不可思议的直觉，知道什么问题是重要的，什么样的概念和研究情况是必要的，应当开展研究。另外，尽管他在理论研究领域已经做得很充分，但是他不满足于只达到理论阶段，他会怀着同样的耐心与热情，追求这些理论对人类生活的意义。"然而，矛盾的是，他也是一名边缘型学者，因为他的大部分研究都在主流心理学成就之外。没有任何名校给过他职位（他的著名研究都是在一些较差的条件下完成的），美国心理学会也从未给予过他任何任命（Marrow，1969）。

我对勒温最深的敬意在于，他培养的众多学生与共事的伙伴都成了自己所在领域的佼佼者。由于他发表的研究已经很难找到，所以勒温的影响力更多不是源于此，而是来自和他共事的人们。勒温坚持在发表时把同事的名字写到前面。勒温的一位学生，杰罗姆·弗兰克（Jerome Frank）这样说："任何带给他灵感的想法或困惑，他都会与同事或晚辈分享……研讨会就在他的家中进行，很难区分到底是他的学术思想还是他的人格魅力在发挥影响力，勒温总是不带任何伤害地进行批评指正，他鼓舞身边的每个人去创造……他欣赏每个人，并且非常开放与自由地分享他的观点，哪怕是不成熟的观点，他也会在观念形成初期与大家分享，渴望得到大家的反馈与建议。"

3. 对体验学习的贡献

下面对几位学者在体验学习方面的主要贡献进行总结，重点介绍他们对体验学习理论的贡献和影响（见图 1-3）。后面的章节将会详细介绍他们各自的方法。

威廉·詹姆斯（1841—1910）

在引言部分，我已经介绍过詹姆斯，在众多体验学习的奠基者中，他最早将体验学习理论运用到他的彻底经验论哲学中，运用到我们所知道的感知（具体体验）与领悟（抽象概括）的二元知识理论中（见第三章）。詹姆斯提出的彻底经验论是一种新的现实与心灵哲学，它解决了 19 世纪理性主义与经验主义之间的冲突，使经验中的感觉与思想融为一体。他的纯粹经验观念有助于阐明二元知识理论，即具体体验不受概念解释的影响，而是一种面向当下的经验。

约翰·杜威（John Dewey）
体验式教育

威廉·詹姆斯（William James）
彻底经验主义
双重知识理论

让·皮亚杰（Jean Piaget）
建构主义

库尔特·勒温（Kurt Lewin）
行动研究
训练小组

列夫·维果茨基（Lev Vygotsky）
最近发展区

卡尔·罗杰斯（Carl Rogers）
通过体验的过程实现自我

保罗·弗莱雷（Paulo Freire）
对话式教育

卡尔·荣格（Carl Jung）
从特殊化到一体化的发展①

玛丽·帕克·福莱特（Mary Parker Follett）
学习关系与创造性体验

图 1-3　体验学习理论的奠基人

詹姆斯描述了直接感知具体体验的重要性，并且说明了如何通过其他的学习方式来进行转变，这是我所发现的有关体验式学习循环的首次阐述："当前的即刻体验就是我常说的'纯粹经验'。'纯粹经验'是实际存在的，也是潜在的、客观的，以及主观的。在此时此刻，它是普通的、有些不合格的实体或存在，是简单的'那个'（具体体验）。在当下，它当然是有效的，就在那个地方，我们根据它行事（积极行动），以及回溯到内心状态与意指现实的双重体验中（反思观察）。回溯中最先明确处理'内心状态'，它会保持准确或得到证实（抽象概括）；反过来，这种回溯式体验会得到同样的反应；不断成为过去的即刻体验总是真实的。实际的真相是行动的依据。如果此时世界像蜡烛一样熄灭，那么就会存在绝对而客观的真理，因为这将成为定论，不会有批判，也没有人会提出影响现实的想法（James，1912）。"

约翰·杜威（1859—1952）

与詹姆斯的批评者不同，杜威支持詹姆斯提出的彻底经验论和纯粹经验（Dewey，

---

① 此处指荣格的"人格整体论"。——译者注

1905）。在皮尔斯（Peirce）后来的实用主义哲学发展中，这些观点起到了基础性作用。

在《艺术即经验》（*Art as Experience*）一书中，杜威认同了詹姆斯的双重知识理论：在控制行为的理性与当下的感知之间的张力中，自我与环境之间相互转换。对已发生的事物与未发生的事物之间关系的感知构成了智力的运作……艺术家不断塑造、再塑造，直到对自己所做的事情感到满意为止。当对最后结果感到满意时，艺术家的创作过程才会结束，这种体验不仅来自智慧与外在判断，也来自直接的感知。

杜威于 1896 年在芝加哥大学建立了实验学校，推动进步主义教育运动的发展，由此也开始了他对体验式教育的影响。以下内容摘自《我的教育信条》（*My Pedagogic Creed*），描述了他关于体验学习的核心观点：

（1）教育是经验的不断重构，教育的过程和目标是一回事；

（2）我认为，教育就是生活的过程，而不是为将来的生活做准备；

（3）我认为，那种不是为了实现内心渴望而进行的教育，通常只是真正现实的替代品，并会走向麻木与痛苦；

（4）我认为，兴趣是力量增强的信号和迹象，它代表潜在的能力。在我看来，只有通过不断地发现与赞同儿童的兴趣，成人才能进入儿童的世界，并看到儿童的世界为何而准备。

玛丽·帕克·福莱特（1868—1933）

对福莱特而言，创造力、意志力与力量的关键在于深刻的体验，即杜威所说的"经历"，将自己完全沉浸在每次新的体验中。福莱特说："完整的我、一切成就我的经历、我拥有的每次经验都融入我生命中，我必须给予新的体验……我们完善我们的经历，之后，我们成了经历更丰富的人，展开新的经历，超越旧我，再次赋予自我新的意义（Follett，1924）。"

由于深受格式塔思想的影响，她把所有事物都看作相对的。早在诺伯特·维纳（Norbert Weiner）发现控制论的很多年之前，她就描述了我们是如何通过反应的流动在关系中创造彼此的。通过这种流动的反应转换，我们创造着每一个人。她描述了在这种共同创造中，我们是怎样在体验中共同经历并相互学习与发展的。体验的本质、关系的规则就是相互释放，这就是人类精神实体。刺激与反应的实质是唤起。我们都具有植根于人性的未知且无限的潜力，这种被唤起的潜力，通过一个接一个的行为显现出来。人们之间所有的相互影响，是通过之前意想不到的新形式唤起的，所有没有唤起的交流都应该避免。释放、唤起、因释放而唤起、由唤起而释放，这是宇宙的基本法则……释放人类精神的能量，这是所有人类联系中巨大的潜力。总之，福莱特和荣格、维果茨基、弗莱雷一样，在他们的理论中，都将教育者与学习者的关系放在重要位置（见第七章的"更新与反思"部分）。

库尔特·勒温（1890—1947）

勒温对体验学习的主要贡献在于他提出的实验室训练法、T小组训练法及行动研究法。勒温提出了生活空间这一概念，这一概念甚至可以说是描述经验的最系统的框架，它把人们的主观经验描述成整体的动力场。场理论运用了地形学的数学概念，勒温基于此将生活空间描述为个人在此刻所经历的情境。生活空间是许多动力互相影响的一个场所，里面包含了需求、目标、记忆，以及环境中的事件、障碍与经历。勒温认为，行为是由当前的因果关系产生的，只有此时此刻呈现的力量会影响行为。生活空间这一概念，对体验学习理论中学习空间的概念具有启示意义（见第七章的"更新与反思"部分）。

让·皮亚杰（1896—1980）

皮亚杰的建构主义描述了儿童的认知从简单到复杂的发展过程，他认为思维的发展由辩证冲突而推动，早期经验的获得通过新经验和认知结构中已有经验的同化或顺应过程来完成。他描述了个体认知发展的连续阶段，其阶段大致对应儿童的不同年龄段（见第二章）。我将他的理论整合到体验学习理论中，用来描述学习循环（见图2-3），以此显示在青少年之后的认知发展包括抽象认知结构与经验的整合（见第六章的"更新与反思"部分）。

建构主义认为，学习的过程最好能引导学生自己得出某个主题的信念和观念，这样，他们就能够检验、尝试和整合所学的知识并能够形成新的观念或修正已有的观念。

建构主义对全球范围内不同阶段、不同水平的教育都具有深远的影响（见第三章的"更新与反思"部分）。另外，皮亚杰的发展阶段理论几乎构成了所有成人发展理论的基础（见第六章的"更新与反思"部分）。

列夫·维果茨基（1896—1934）

当讨论体验学习的起源时，人们更多地关注皮亚杰的建构主义，而较少关注社会建构主义的奠基人物——维果茨基（Kayes，2002）。皮亚杰关注的是个体的内在认知发展，而维果茨基更关注关系中个体所处的历史文化与社会背景，强调"文化工具"的作用，以及组织内其他知识更丰富的成员所带来的促进作用。在维果茨基的所有研究中，最使其声名鹊起的概念是最近发展区（Zone of Proximal Development，ZPD）。最近发展区是指一个学习空间，学习者从被知识更丰富者引导进行实践的阶段，提升并转变到能够独立表现的专家阶段。最近发展区的概念以他的内化观点为基础，儿童的言语能力最初在人际关系领域中发展，逐渐转变到个人内在的领域（Vygotsky，1978）。在内化的"中介手段"或文化工具中，最重要的就是语言。

完成这种转变的重要工具被称为"教育支架"。在这种支架中，教育者结合学习者的需要及发展水平对学习进度进行调整。教育支架为学习者逐步构建知识提供了必要的结构与支持。上面提到的学习循环教育模式，给这种支架式教学提供了框架。当教育者与学习者建立起深刻的个人关系时，教育者能够更有技巧地调整或加强学习者与世界相处的模式（见第七章的"更新与反思"部分）。

卡尔·荣格（1875—1961）

卡尔·荣格可以说是最彻底的科学体验学习者，他的大部分理论都来自其个人经历、梦境与无意识象征等强烈的体验。他的自性化概念及其对发展过程的认识，都是他结合自己的"中年危机"经历，在从特异到整合的发展过程中探究出的结果（Staude，1981）。1913年，荣格经历了一场可怕的对抗，在这场与无意识的对抗中，他出现了幻视和幻听。1914年，他运用积极联想的方式，把自己作为实验对象，勇敢地对自己的梦境、象征与联想展开探究和对话。在16年的时光中，他对这一过程进行记录，写成了一系列笔记，并集结为后来荣格所称的《红书》（ *The Red Book* ）。《红书》概述了荣格的自性化概念，书里介绍了荣格自己完成自性化的过程，他将自己早年意识到的两部分人格最终整合到一起。第一人格是生活在传统的 18 世纪、还在上学的男孩，荣格称之为"时代的灵魂"；第二人格对宗教进行了反思，与宇宙及自然保持同频，这被他称为"深度的灵魂"。运用积极联想的方法，他与来自无意识的丰富的意象进行对话，并使它们意识化，从而使人格中的不同部分得以整合。荣格说："如果我以时代的灵魂表达，我一定会说，没有人或事物可以证明我对你所说的内容。对我而言，证明是多余的，因为我没有选择，我必须这样做。我已经认识到，除了时代的灵魂，我还有另一个灵魂存在，它控制着当下一切更深层次的部分。时代的灵魂希望听到用途与价值，而另一个灵魂则迫使我去表达，并超越证明、用途和意义。我带着人类的自豪感，并被时代的灵魂蒙蔽，以至于我长时间让另一个灵魂远离了我。但我认为，深度的灵魂并未远去。在未来，它会比时代的灵魂产生更大的能量，改变一代又一代人。深度的灵魂已经让一切骄傲与傲慢屈从于判断的力量。他带走了我对科学的信仰，剥夺了我在解释与定义事物的过程中获得的乐趣，让这个时代信奉的理想从我心中熄灭。最后，他让我回归到一切最简单的事物中。"

荣格的自性化概念，也就是意识与无意识、内部与外部心理特征、思考与感知等这些对立面整合的过程。它使一个人成为整体，并构成了体验学习发展理论的基础（见第六章与第八章）。

卡尔·罗杰斯（1902—1987）

罗杰斯的研究对于体验学习理论的影响主要包括三个方面。

第一个方面，罗杰斯将体验作为个人整体 机能的核心，重视体验对学习和改变的重要性。在某一个特定时刻，体验的过程具有流动性与灵活性，并与个体内部的评价相区别。它使个体投入当下的体验，努力感知，并让一切复杂的内涵都清晰化。在体验的这一刻，过去有关学习的记忆也会卷入其中（Rogers，1964）。

第二个方面，罗杰斯提出了无条件积极关注、尊重以及心理安全等概念，它们是心理治疗的必要条件，也是促进学习与发展的教育环境所必备的要素。在这样的条件下，个体能够形成自我价值感。他曾说："帮助个体始终对经验开放，其中一个方法就是建立一种关系——在这种关系中，每个个体都是独立的；他所经历的一切都是有价值的，并且有人与他感同身受；他可以自由地体会自己所感受到的一切，同时，他在这样做时不会感受到任何敌意（Rogers，1964）。"

第三个方面，罗杰斯提出的自我实现理论以个人深度体验的能力为基础。小时候，人们会内化所爱之人的价值观，来获得他们的尊重与接纳。人们不信任自己的体验，也不以此作为行为的指导，而是学习其他人的价值观，并将其当成自己的价值观，即便这会与自己的体验产生极大的矛盾。在上述成长环境中，真正的体验会逐渐产生。人们慢慢开始认识到自身的独特之处。一开始，这会有很多困难；渐渐地，人们感受到自身所发生的、所感受的、正经历的反应，并开始通过自身的体验来直接建立准确的认识，并引导自己的行为（见第六章的"更新与反思"部分）。

保罗·弗莱雷（1921—1997）

保罗·弗莱雷对体验学习理论的巨大贡献在于他的平等对话理论。在他看来，如果人们能够以相互尊重与民主的方式相处，我们对其他人的生活体验会有更深刻的认识，我们也会对所处的环境做出贡献，这是实践的真谛。他将这种教育方法与"储蓄教育观"进行了对比。"储蓄教育观"认为，观念储存于人们的头脑中。

弗莱雷建立的对话式学习理论对于我们具有启示意义。他在《对话式学习》（Conversational Learning）一书中介绍了他的对话式学习理论。1994 年，在他去世前最后一次来美国时，我们有幸与他一同工作。在由"成人体验学习委员会""体验学习国际组织"与"美国体验教育协会"共同举办的"国际体验学习大会：一场关于学习的全球交流"（The International Experiential Learning Conference: A Global Conversation about Learning）的会议上，弗莱雷是会议的主要发言人与工作坊主持人。大会的组织部门以对话式学习理论为基础，并以弗莱雷的文化交流小组的形式来组织会议。1500 名参会者被分成 10 ~ 12 人的探究与反思小组，在整个会议期间，小组成员定期与促进者会谈。这样做的目的在于打破惯例，用一种更好的交流方式改变传统会议的"储蓄"模式。在弗莱雷开会时，他与其他参会者的对话和交流为对话式学习理论做出示范。

本章音频导读，
请扫描二维码收听。

第二章

■ ■ ■ ■ ■ ■

体验学习的基本过程

我们不会停止探索，

而探索之旅的终点，

却是曾经出发时的起点，

只是眼中的一切，都已大不相同。

——艾略特，《四首四重奏》（*Four Quartets*）

体验学习理论的学习过程观与行为主义学习理论的经验认识论截然不同，它也不同于大多数传统教育方法所暗含的理性的、唯心主义的认识论。由不同观点发展出的迥然不同的教育方法，在人们的学习、工作与日常活动之间建立起不同的联系，并形成不同的知识创造过程。

体验学习中"体验"二字的由来主要有两方面原因：首先，"体验"一词源于勒温、杜威和皮亚杰的研究成果；其次，将这一过程称为体验学习是为了强调体验在学习过程中的重要作用。与体验学习理论不同，理性主义及其他认知学习理论着重强调抽象符号的习得、操作与回忆，行为主义学习理论否认意识及主观经验在学习过程中可能起的任何作用。需要强调的是，该项研究的目的并非将体验学习理论作为行为主义学习理论、认知学习理论之外的第三种选择，而是借助体验学习理论提出一种能将经验、感知、认知及行为结合在一起的整合式学习观点。在本章中，我们将分别对勒温、杜威和皮亚杰的学习模式进行阐述，找出其中的共通之处，这些共性可以帮助我们对体验学习的实质进行定义。

体验学习过程的三种模型

勒温的行动研究法与实验室训练法

在行动研究法与实验室训练法中，对于学习、改变及成长而言，最佳促进因素是一个整体过程，该过程由人们对即刻体验（here-and-now experience）的感知开始，随后由研究者对数据及经验的观察结果进行收集。接下来，数据分析及其结果将被反馈给体验者，便于他们调整自身行为，在选择中获取新的体验。因此，学习过程可以设想为四阶段的循环模型（见图 2-1），即刻的具体体验是观察与反思的基础，观察内容可以被同化到理论中，推导出新的行为含义。这些行为含义或行为假设将成为行动指南，指导人们创造新的体验。

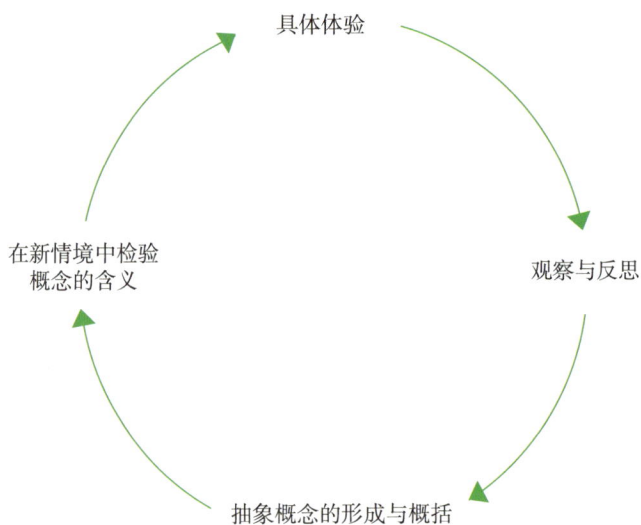

图 2-1　勒温的体验学习模型

这一学习模型有两个方面特别值得注意。一方面，即刻的具体体验可以检验抽象概念。个人的即刻体验是学习的核心，它让抽象概念具有生命、质感及个人意义感，它给人们提供的参考点是具体、公开、可分享的，可以检验人们在学习过程中产生的认识的有效性及具体含义。人们可以抽象地、具体地或将两者结合起来充分地分享经验。

另一方面，反馈过程是行动研究法与实验室训练法的基础。勒温借用电子工程学中的反馈概念来获取有效信息，以描述社会学习与问题解决过程中与期望目标的分离程度。信息反馈既为持续的目标导向行为建立了基础，又有助于评估这种行为的结果。勒温及其追随者认为，大部分个体及组织所开展的学习活动之所以无效，其原因可以归结为缺乏充分的反馈。无效学习来自观察与行为的失衡：个人与组织中存在一种趋势，倾向于强调行为决策，忽略信息收集，或者在数据采集及分析过程中陷入困境。行动研究法与实验室训练法的目的是将两者整合在一起，成为有效的目标导向型学习过程。

杜威的学习模型

杜威提出的学习模型与勒温的模型非常相似，但是，在反馈过程上，杜威更清晰地阐释了学习的可发展性，描述了在学习过程中如何将冲动、感觉，以及源于具体体验的欲望转化成更高层级的目的性行为。

> 目标形成是一个相当复杂的智力活动，它包括：（1）对周围环境的观察；（2）在过去类似情境中形成的知识（即经验），它来自回忆，或拥有更丰富经验的人们给予的信息、建议及警示；（3）判断，它将所观察与所回忆的信息相结合以发现它们的意义。在某种特定的可观察的条件下，行为结果是可预见的。在此基础上，可以将不同于原始冲动的目标与期望转化成行动计划。教育的关键问题在于：相对于渴望而言，行动上的延误，通过观察与判断，才得以做出改变……仅有预见是不够的，即便具有准确的预见性也不够。头脑层面的预期、对结果的看法必须与渴望和冲动相协调，才能获得前进的力量。这样就使原先盲目的行动有了方向，同时也使思想和观念有了动力（Dewey，1938）。

杜威的体验学习模型如图 2-2 所示，我们注意到他对学习的描述与勒温存在相似性，他强调学习是一个辩证统一的过程，体验、概念、观察与行动融合在一起。体验层面的冲动推动观念的形成，观念给予体验层面的冲动以指导。即刻行动的延迟为观察和判断带来的干预提供了至关重要的机会，并且行动对于目标达成来说也是必要的。

通过将这些看似对立却又息息相关的过程结合起来，盲目的冲动得以发展成深度成熟的目标。

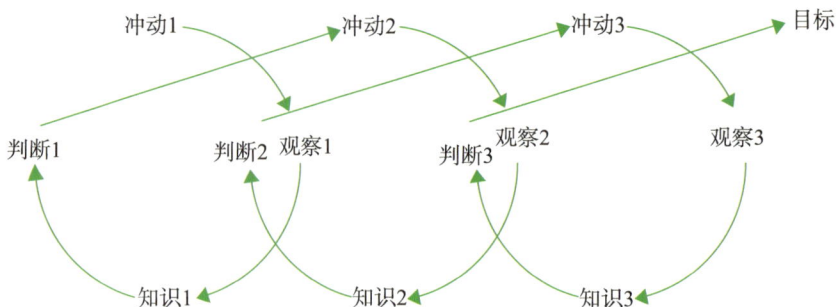

图 2-2　杜威的体验学习模型

皮亚杰的学习与认知发展模型

在皮亚杰看来，体验、概念、反思与行动四个方面构成了成人思维发展的基本点。从婴儿发展到成人，人们经历了从对世界的具体认知到抽象认知的发展，思维方式从活跃的自我中心主义发展到自我反思的内在学习方式。皮亚杰还指出了这是科学知识发展的主要趋势（Piaget，1970）。学习是个人与环境发生交互作用的过程，这与杜威和勒温提出的模式相似。皮亚杰认为，学习的关键在于相互作用的过程，这个过程包括概念图式顺应到体验的过程，以及体验同化到当前概念图式的过程。他还认为，学习或智力适应源于这两个充满张力的过程的平衡。当顺应过程占主导时，我们就会模仿，使自身适应环境现状；当同化过程占主导时，我们就可以抽象地应用概念与表象知识，而无须在现实中具体化。以同化与顺应的转化过程为基础，从具体到抽象、从主动探索到反省认知的连续发展过程中的每个阶段，都包括从过去到新的更高层级的认知发展过程。

皮亚杰的研究确定了人们从出生到 14～16 岁的认知发展的四个主要阶段：第一阶段（0～2 岁），被称为感知运动阶段（sensory-motor stage），孩子的学习方式主要是具体的、活动的。在这一阶段，学习主要通过感觉、触摸和操作来实现，学习以行动为基础，例如，"挖一个洞"。这一阶段可实现的最佳目标是发展目标导向的行为——感知运动阶段表现出的显著变化之一是，从无意识的行为到具有明显目的性的实验性、探索性活动（Flavell，1963）。然而，这时候的孩子仅有少量的图式或理论来同化事物，因此他们最初理解世界的方式通常是顺应。环境在孩子的头脑观念和行动意图的形成上发挥了主要作用，在大量的刺激与反应联结的过程中，学习发生了。

认知发展的第二阶段（2～6岁），被称为前运算阶段（representational stage）。在这个阶段，儿童保留了具体感知的倾向，并且他们开始发展出反思性倾向，并开始将行动内化，将其转化为表象。这一阶段也被称为表征阶段，从本质上来讲，学习主要是语言的学习，我们对事物的观察、头脑中的表象都需要通过语言来表达。这个时期，儿童从所处的即刻体验中解放出来，开始在所感知的世界中自由地玩耍和表达。在本阶段，孩子的主要认知方式发生了改变，他虽然受其采集表象的能力所困，但已经可以开始从不同视角来看待世界。让我们来看一看布鲁纳对于这一阶段的孩子的描述。

接下来，你会在儿童身上发现巨大的发展成就。表象发展了孩子自主的特征，他们的行为具有高度的概括性。3岁孩子的典型特征是注意力容易分散，他们是生活规则的破坏者。他们的行为方式容易受到一系列偶然事件的影响，一会儿关注闪亮的东西，一会儿看看色彩鲜亮的东西，一会儿又被声音响亮的东西吸引了注意力，如此往复。这个阶段的孩子的视觉记忆似乎是高度具体而明确的。让人好奇的是，儿童是某一时刻的产物，他们有着非常丰富的此时此刻的表象，而且很容易受这一情境中某一特征所左右（Bruner，1966）。

在认知发展的第三阶段（7～11岁），抽象符号的能力得到进一步加强。皮亚杰将这个符号化发展的最初阶段称为具体运算阶段（stage of concrete operations）。本阶段的学习涉及分类与关系的逻辑。通过归纳能力的发展，这个阶段的儿童能使自身从即刻体验的世界中独立出来。

具体运算结构就像停车场里那些被占用或正空着的停车位，它们会被使用，但同时也会在主人占用其他停车位时而空出来，成为空余的位置（Flavell，1963）。

在感知运动阶段，儿童的学习风格主要由顺应过程主导；相比而言，在具体运算阶段，儿童的学习风格以同化过程居多。儿童经验的形成有赖于通过某些概念及理论来选择。

认知发展的最后阶段开始于青春期（12～15岁）。在本阶段，青少年的认知发展由具体运算向表征逻辑的符号化过程转化。这一阶段被称作形式运算阶段（stage of formal operations）。这一阶段孩子的反思和抽象能力得到发展，符号化能力使他们能够进行假设演绎推理，提出理论可能的应用方式，通过动手实践来检验理论是否正确。因此，此时其基础的学习方式是聚合的，而表征阶段儿童的学习方式是发散的。

> 我们知道，皮亚杰的形式运算思维与其说是一种明确的行为，不如说是一种一般化倾向，这种倾向外显或内隐地指向问题的解决——指向数据资料的组织整理（综合分析）、变量的离析与控制；指向提出假设，并进行逻辑检验或数据验证（Flavell，1963）。

皮亚杰的认知发展理论简要地阐明了儿童认知的基本发展过程，也塑造了成人的基本学习过程（见图2-3）。

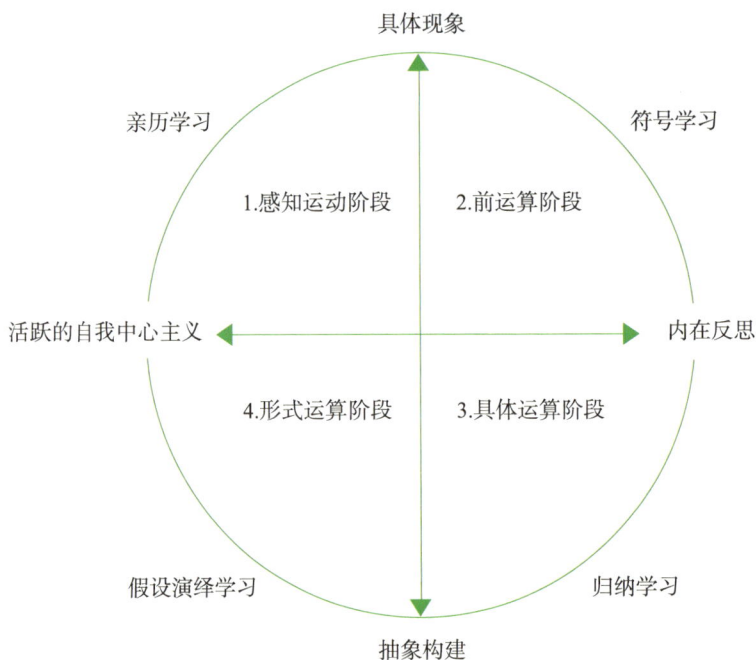

图 2-3　皮亚杰的学习与认知发展模型

体验学习的主要特征

上述学习过程模型有很多相似之处（它们的不同之处将在第三章进行深入阐述）。总体来说，它们为我们理解学习与发展提供了独特的视角，接下来，我将阐述这三种体验学习观的共同特征。

学习是一个过程，而不是结果

体验学习重视学习的过程，这与行为主义注重学习的结果正好相反。这也是体验学习与华生（Watson）、赫尔（Hull）、斯金纳（Skinner）等人创建的行为主义学习理论和传统教育方法的不同之处。相比行为主义理论和传统教育方法，体验学习理论具有不同的哲学与认识论基础。行为主义基于经验主义哲学家洛克（Locke）等人的观点发展而来。这一认识论认为，人们的意识是由基本不变的元素构成的，也就是心理原子说或洛克所说的"简单观念"。这些元素之间的不同组合构成了我们的思考方式。思想是由固定不变的成分构成的，这一观点对主流的学习与教育方法有着深刻的影响，导致后来人们根据学习的结果来给学习下定义的倾向，而不管这些知识是人们积累的事实性知识，还是由环境中的具体刺激引发的行为反应习惯。如果观念是固定不变、彼此分离的，那么我们就可以通过测量个体累积了多少固定不变的观念来了解他的学习情况。

体验学习理论提出了完全不同的假设。它认为，观念不是固定不变的，而是通过体验不断构建与重构的。之前讨论的三种模式都把学习当作一个过程，在这一过程中，认识源于体验，且在体验中得以调整和修正。因为体验是相互作用的，因此没有任何两种思维观念是完全相同的。例如，皮亚杰（Piaget，1970）提出的发生认识论的核心问题就是新知识的创造，每一次理解的发生都是不断构建的结果，是同化与顺应相互作用的产物（见第五章）。学习是一个顿悟的过程，其结果仅能代表过去的记录，而不是以后的知识。

从体验学习的角度来看，用学习的结果来定义学习会扼杀真正的学习。从学习过程的意义来看，体验的结果是人们的观念和习惯得以调整，如果没有做到这一点，就没有完成学习的适应性。说明这一点的最有力例证就是行为主义的著名主张——习惯的强度能够通过其对外部刺激的持久性得以测量。换句话说，我对一个习惯掌握得越好，当不再有奖励时，我对这个行为保持的时间越长。有人认为相较于把学习理解为一个适应过程，将学习视为结果的倾向已经对教育体制产生了负面影响。杰罗姆·布鲁纳在他的著作《教学理论探讨》(Toward a Theory of Instruction)中提出，教育的目的在于促进人们从获取知识的过程中获得探究的能力，而不是记忆知识，认识是一个过程，而非结果。保罗·弗莱雷将把教育视为传播固定内容的倾向称作"储蓄教育观"。

> 教育因此成为一种储备，学生是存放处，教师是存放者。除了互动沟通，教师存放的过程就是学生接收、记忆和重复的过程，这就是教育的储蓄观。此时，学生被允许的活动范围仅限于接收、整理和储存这些存放的内容。虽然他们有机会让自己成为内容的收集者与编排者，但在最终的分析过程中，这种误导机制使得人们失去了创造力和改造力，并最终使他们失去了机会。由于缺乏探究与实践的能力，人不能够成为真正的人。只有经过发明与再创造，通过坚持不懈的、热切期待的、持续的、充满希望的探究，知识才能够产生，人类才能够继续生存在这个世界上，以及与这个世界及万物继续共存(Friere，1974)。

学习是以体验为基础的持续性过程

学习者在体验过程中不断产生知识，所产生的知识也不断接受体验的检验。在对人类意识本质的研究中，威廉·詹姆斯曾惊异地发现：人类的意识是连续的(James，1890)。他问道："某天早晨醒来时，我的意识、思维、感觉、记忆及自我意识怎么会与我在睡觉前是一样的呢？"杜威也拥有相似的观点，即体验的连续性是个体存在的有力证明，这也是学习理论的关键所在。

> 体验的连续性原则意味着，每种体验既能够从过去的经历中产生，也能在将来发生的事情中得到改变……当个体从一种情境来到另一种情境中，他的世界及环境

也会扩大或缩小。他没有因此生活在另一个世界，而是生活在同一个世界的不同部分。他在一种情境下习得的知识技能将成为理解与应对接下来其将要面对的情境的有力工具。只要生命与学习在继续，这一过程就会继续（Dewey，1938）。

尽管我们都认识到詹姆斯与杜威提出的意识体验连续性的意义，也因其带来的预测性与安全感而安心，但有时我们仍然会心存怀疑与不确定。我们如何能使自身意识的连续性、可预测性与这个混乱及不可预测的世界保持一致呢？通过日常活动及交流，我们能够了解问题所在，了解他人的所思所言，从而得知如何应对。然而，我们有时仍会受不可预知的情况、错误的沟通及可怕的误算的影响，而推倒之前的一切。学习正是产生于期望与实际体验的相互作用中。正如黑格尔（Hegel）所言："任何不违背期望的体验都不值得被称为体验。"然而不知为何，我们的体验之网所发生的偏离会神奇地得到修复，虽然第二天会有所不同，但我还是我。

期望与体验的相互作用过去常被看作"非学习"的情形，而这实际上恰好是对学习过程更好的阐释。对连续性与确定性的过分关注，会使个体忽视质疑与不确定性，从而受到死板的教条主义的影响，导致人们不能从新的体验中学习。反之，不断变化的新体验一直动摇着持续的连续性，而不安全感使这种连续感麻木，进而使人们不能采取有效行动。从认识论的视角来看，佩珀表明创造有效知识体系有两个不充分的基础——教条主义与极端怀疑主义（Pepper，1942）。他认为一种暂时主义的态度，或者他称之为部分怀疑主义，是探索与学习的向导（见第五章）。

学习是以体验为基础的持续性过程，这一观点有重要的教育意义。简单来说，它意味着所有的学习都是一种再学习。在设计课程时，把学习者的大脑当作一张我们列举提纲的白纸，这样做多么简单诱人。然而事实并非如此。每个人在进入学习情境时，都或多或少带有关于此次学习的主观想法。每个人都是心理学家、历史学家与物理学家，只是我们的一些理论相较于专家来说更粗糙或不准确。但是，如果我们只关注这些理论的完善性与有效性，那就会错过更关键的部分——受教育者有自己相信的内容，无论这些内容的价值如何，无论在什么情形下，他们都会将其应用在自己的生活中。

作为教育工作者，我们的职责不仅在于传授新的观念，还要处理或修正学习者的旧观念。在许多情况下，排斥新观念是由新观念与旧观念的不一致造成的。如果教育过程能这样开展——通过了解学习者的信念与理论体系，并且检测它们，然后将更完善的观念整合到学习者的知识体系中——那么学习过程将更有促进意义。皮亚杰已经提出了个体掌握新观念的两种机制——整合（integration）与替代（substitution）。一方面，经整合（同化）而形成的观念，将会在人们认知世界的过程中处于高度稳定的地位；另一方面，当观念经替代（顺应）而发生改变时，学习者往往会退回到概念和理解的早期水平，也就是说个体处在双重观念世界中，经替代习得的理论与个体原有的概念体系和价值观不一致。后一种结果使得阿吉里斯（Argyris）和舍恩（Schon）质疑专业教育的有效性。

> 我们认为，人们在学习中的困难与其说是因为新理论本身的难度，不如说是其与人们现有的指导实践的理论相冲突所致。我们将这种行为操作化理论称为"行动理论"（theories-in-use），从而将它与用以描述与证明行为的理论相区分。我们想要了解的是，新行为理论的学习难度是否与原有行动理论的保护机制相关（Argytis & Schon，1974）。

学习的过程需要解决适应世界的不同模式之间存在的辩证冲突

三种体验学习模型描述了处理问题的不同方法，并表明学习是在解决这些矛盾中产生的。勒温的学习模型强调了具体体验与抽象概念、观察与行动之间冲突的辩证关系[①]；杜威强调的是产生观念的冲动与给予期望方向的理性之间冲突的辩证关系；在皮亚杰的理论框架中，他强调观念对外部世界的顺应与体验对现有概念结构的同化是同时发生的两个过程，也是认知发展的动力；在保罗·弗莱雷的研究中，学习与适应的

---

① 本书对辩证关系这一概念的使用颇为谨慎。这一术语由来已久，用法始终不断变化，特别是在某些情况下，其表达的情感和思想内涵可能会给读者带来一些困惑。然而，没有其他术语能更为贴切地表达此处所描述的学习取向之间存在的相互对立和冲突的过程，而两种辩证过程的结果也无法彼此解释，但它们却通过这种冲突的对抗形式得以融合，步入了一个更高阶的过程，涵盖并超越了前两者。这一定义最接近黑格尔对该术语的使用，却并不意味着完全接受黑格尔的认识论。

辩证关系体现在他提出的"实践"（praxis）概念中，即"为改造世界而反思与行动"（Freire，1974）。实践的核心内容是"对世界的命名"，命名的行为在某种意义上是改造的过程；命名也是一种反思，我们选择词汇的同时，也给周围的世界赋予了新的意义。命名的过程通过互相交流完成，这是一个探究与学习的过程，这是弗莱雷针对将教育过程当成银行储蓄而提出的概念。

当我们将对话当作一种人类现象来分析时，我们已经发现了对话的本质——语言。语言使对话成为可能，我们必须有依据地发现它本质性的因素。我们发现语言内部有两个维度——反思与行动，两者相互影响，如果失去了其中一种，哪怕只是失去了一部分，另一种立刻会受到影响。真实的语言同时也是一种实践，因此，运用真实的语言就是在改变世界。

一方面，不真实的语言是不能改变现实的，因为它的构成元素产生了分裂。当语言失去了行动这一维度，反思自然而然就会受到影响，语言就会变成空洞、冗长、偏离主题的"废话"。这样的语言就成了一种无法质疑世界的空话。如果缺乏改变的承诺，仅有言语的反思是没有用的。没有行动，就不会有改变。

另一方面，如果过分强调行动，而忽略反思，人类就会由行动主义所主导。行动主义是指为了行动而行动，否定了真正的实践，交流也变得不可能。分裂带来了非真实的存在，非真实的存在造成了反思的不真实，从而强化了最初的分裂。

人类的存在不会是无声的，也不会由错误的语言所滋养。只有依靠真实的语言，人类才能改变现实。人类存在的过程，就是不断对世界命名并做出改变的过程。一旦世界被命名，世界就会成为问题重现在命名者面前，要求获得新的命名。人类社会不是在无声中创造的，而是通过语言、劳动、行动与反思而建造的。

真实的语言是行动的、实践的，是能够改变世界的，语言不是少数人的特权，而是每个人的权利。总体来说，没有人可以独自决定一个真正的用词，也没有人拥有剥夺他人语言的特权（Freire，1974）。

上述所有模型都表达了同一种观点：学习过程本身充满了张力和冲突。通过不断对抗，学习者形成新的知识、技能、态度与观念。如果学习者要进行有效学习，那么他们需要四种不同的能力——具体体验（CE）的能力、反思观察（RO）的能力、抽象概括（AC）的能力及主动实践（AE）的能力。这意味着：（1）学习者必须不带有任何偏见，能够全然开放地融入新的体验中（CE）；（2）他们必须能够从许多视角来反思与觉察自己的体验（RO）；（3）他们必须能够创造可以将觉察与逻辑顺畅的理论相结合的概念（AC）；（4）他们必须可以运用这些理论来做出决策并解决问题（AE）。然而，这种理想化状态通常是很难实现的。一个人如何能够同时行动和思考？一个人如何能够在体验具体感受时保持理论化的思考？学习者被要求具备的能力是相互对立的，因此学习者必须在具体的学习情境中，不断地选择能够被运用在不同学习情境中的能力。具体而言，学习过程包括两个主要的维度。第一个维度：一端代表对具体事件的体验，另一端代表抽象的概念；第二个维度：一端代表主动性试验，另一端代表反思性观察。因此，在学习的过程中，学习者处在不断的变化中，在行动者与观察者中转换，在具体感受者与一般分析者中转换。

不同的适应模型提出了辩证地解决冲突的不同方式，也决定了学习者最终的学习水平。如果冲突的解决最终通过某一方受到抑制或由另一方主导来实现，那么学习者就会倾向于一种支配模式，并且受这种模式限制。例如，在皮亚杰的模型中，模仿就是顺应主导的结果，游戏则是同化主导的结果。就弗莱雷的模型而言，如果行动模型占主导，就会导致"激进行动主义"；如果反思模型占主导，就会导致"言语表达主义"。

然而，在创造力与个人发展这一高级适应形式中，冲突的解决是通过综合创造来实现的。华莱士（Wallas）在整合、思考、洞察和验证的四阶段模型中，描述了创造的具体过程，其中就包括冲突的解决（Wallas，1926）。布鲁纳在一篇关于创造力的条件的文章中强调过，抽象分离与具体卷入之间存在着这种对立冲突（Bruner，1966a）。在他看来，创造行为产生于分离与整合、激情与稳重之中，同时具有由探索欲支配的自由。在发展的最高阶段，学习与创造的适应性过程产生了将四种适应方式整合的强烈需求。一种方式的发展会促进另一种方式的发展。例如，符号复杂性的提升能够同时促进感知与行动提升的可能。因此，适应方式间的辩证冲突，它们的复杂性与整合性是真正意义上的创造与成长的标志。

学习是适应世界的过程

体验学习不是分子式的教育概念，而是一个整体的概念，它描述了人类适应社会和物理环境的核心过程。这个完整概念与荣格的心理类型说是类似的（Jung，1923）。在此理论中，基本生活导向是在人们适应世界的基本方式之间的张力作用中产生的。学习不是单独的、特殊的人类机能，例如认知或感知。学习包括了整个有机体的全部功能——思考、感受、感知和行动。

这种整体适应观不同于当下行为科学的研究趋势。在 20 世纪初，戈登·奥尔波特（Gordon Allport）提出的"简易专断"的人类行为理论逐渐被忽视，行为科学开始偏离弗洛伊德及其追随者提出的理论，不再认为人类的机能应通过思维、情感、感知等维度的相互作用来理解。研究转向更详细地探索和描述人类适应的特定过程，如知觉、归因、成就动机、认知、记忆等，这些研究成果已经非常丰富。由于进行了高度专门化的研究，我们如今了解到人类行为的大量信息。但是，这些信息太多了，要整合并证实它们几乎是不可能的。任何理论的提出都不是简单的，也不会是专断的。如果我们要在实践中理解人类行为，就必须采取某种方式将这些零散的信息整合起来进行研究。除了要了解我们是如何思考与感受的，我们还必须知道我们的行为是如何受思维与感觉控制的。除了要了解人类特殊机能的实质，体验学习理论还关注人们是如何综合运用这些机能来适应世界的。

学习是人类适应的主要过程。学习的概念通常比教师传授的概念要广泛得多。它发生在所有人类活动的领域，从学校到工厂，从实验室到会议室，从个人人际到广泛社交。它涵盖了整个人生阶段，从童年期到青春期，从中年到老年。它还包含了一些其他适应概念，如创造力、问题解决、决策及态度变化，这些概念更关注适应的某个基本方面。有关创造力的研究关注适应中的发散性因素，这些因素可以是具体的或反思的，例如对模糊的忍耐度等；相反，有关决策的研究更关注聚合性因素，这些因素可以是抽象的或主动的，例如合理评估各种解决方案。

体验学习是一种循环的过程，这在很多特定的适应模式中都有反映。乔治·凯利

（George Kelly）提出了一个非常深刻的观点，他认为有关人类适应的所有形式都像科学探究（Kelly，1995）。这也是所有体验学习模型的共同之处。杜威、勒温和皮亚杰采用不同的方式将科学方法用在他们的学习过程模型中；换句话说，他们采用科学的方法，高度提炼出了人类基本的适应过程中哲学方面和技术方面的精华。这些科学方法阐明了人类所有机能完整融合的方式。

如图 2-4 所示，体验学习在中心圆圈内，而科学研究过程的模型在外圈（Kolb，1978），同时，问题解决过程（Pounds，1965）、决策过程（Simon，1947）、创造过程（Wallas，1926）在两者之间。尽管这些模型都使用了不同的术语，但仍然存在一个很显著的共同点。这个共同点表明，将这些专门化的研究整合到一个一般化适应模型，将体验学习理论所提出的众多学习模型整合在一起，是很有意义的。布鲁纳在教育理

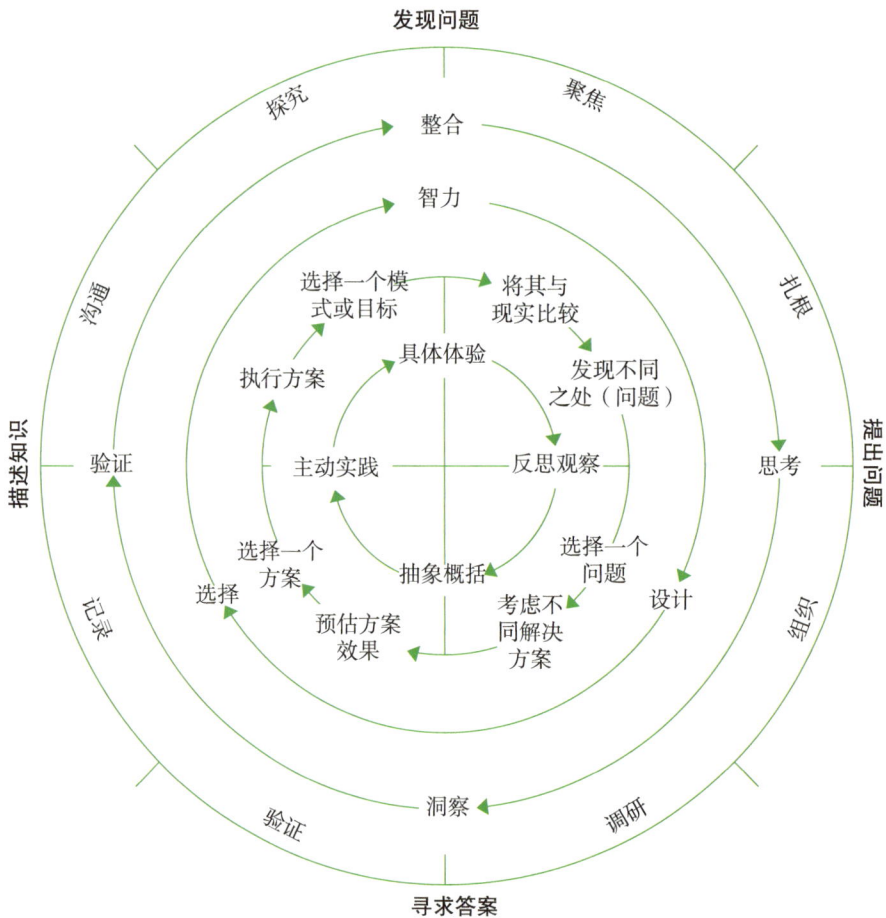

图 2-4　基本适应过程中的相似概念

论方面的研究（Bruner，1966b）展示了这种可能性。他将认知过程、问题解决及学习理论相结合，为教育活动的组织提供了一个丰富而新颖的视角。

当我们把学习看成一个整体适应的过程，就为学校、工作等情境的贯通提供了概念化的桥梁，让人们认识到学习是一个连续的、终身的过程。同时，这也让我们看到了适应和学习活动的共同之处，这些共同之处被称为学习、创造、问题解决、决策和科学研究。从整体上看，学习是一系列适应活动，随着时间与空间的转移不断发生变化。例如，对特定环境或问题的即刻反应不是学习，而是一种表现；同样，我们也不会把对个人生活的适应情况视为学习，而是称之为发展。然而，在体验学习理论中，表现与发展是人们适应环境的连续过程，会随着时间与空间的转移而发生变化。表现是对突发情况的短期适应，学习是对各类情形的长期应对，发展则是对个体总体生活环境的终身适应（见第六章）。

学习是个体与环境之间交互作用的过程

从标题的陈述我们可以了解到，这个观点已经非常明显。但很奇怪的是，在学习研究与教育实践中，这一点似乎被忽略了，取而代之的是学习的个体中心观。毋庸置疑，带有传统教育观的研究者会认为学习是个人化、内在化的过程，只需要教材、教师及教室这些有限的外在环境。与此同时，更广泛的真实世界被各级各类的教育系统排除在外。

在有关学习与发展的心理学研究中，情形也是如此。学习的刺激－反应学说描述了环境刺激与机体反应之间的关系。实际上，在大部分此类研究中，环境刺激都是被实验者操作的自变量，实验者可以决定它对因变量施加怎样的影响。这样的研究方法会产生两种后果：第一种，这会将人与环境的关系看作单向性的关系，过分强调了环境对行为的影响，而忽略了行为对环境的作用；第二种，这样的学习模式本质上是脱离实际的，也就是缺乏埃贡·布伦瑞克（Egon Brunswick）所说的"生态效度"（Brunswick，1943）。在对实验环境的科学控制中，实验情境接近真实情境，这就导致很多有效的实证模型能在人为设置的情境下精确地预测行为，但是不能被广泛应用于自然情境下的被试。这不足为奇，这种学习理论主要应用于《瓦尔登湖第二》（*Walden*

II）（Skinner，1948）所创设的美好社会；解决这一问题的唯一办法就是让世界本身成为实验室，受"真正的实验者"的控制（Elms，1981）。

类似的批评也涉及发展心理学领域，例如对皮亚杰的研究。有人认为他的研究没有考虑环境与文化因素的影响（Cole，1971）。谈到发展心理学，布朗芬布伦纳（Bronfenbrenner，1977）认为：大部分发展心理学研究的是，在尽可能短的时间内，在有陌生人的陌生环境中，关于孩子陌生行为的科学。

然而，在体验学习理论中，人与环境相互作用的关系体现在"体验"这一术语的双重意义上，一部分是主观的，指的是个人的内部状态，如"愉悦的体验"；另一部分是客观的，如"他有 20 年的工作经验"。这两种体验以很复杂的方式相互影响，就像一句谚语所说："他并没有 20 年的经验，但一年的经验重复体验了 20 次。"杜威是这样表述这种关系的。

经验并非简单地在个人内部发生作用。它影响着动机与目标的形成与延续，但这不是全部。每种真正的经验都在某种程度上改变着客观环境，而经验也受到环境的影响。举个例子，在一定程度上，文明与野蛮的区别在于先前的经验改变了客观环境，在这种客观环境下，又产生了后续的经验。道路、交通的快速发展、工具、设备、家具、电力的存在，这些都是例证。如果毁掉当前文明经验的这些外在形式，那么在一定时间内，我们的生活将退回到原始人类的生存状态。

"相互作用"（interaction）一词表明了经验的内部条件与外部条件是同等重要的。任何经验都产生于内部条件与外部条件的相互作用中。总体来说，是它们构成了所谓的环境。

具体而言，个体生活在世界中，这样的表述意味着，他们生活在一系列情境中。并且，当我们说人们生活在这些情境中时，这里所说的"在"与其他情况的"在"含义不同，例如钱"在"口袋里，或者油漆"在"罐子里。这里所说的"在"是指，个体、物体及其他人之间将再次发生相互作用。情境与"交互作用"（transaction）的概念是不可分开的，因为交互作用是在个体与构成他的环境之间发生的，无论他与谁在谈论什么话题或事件，这个内容都会成为环境的一部分。例如，一个人所处的环境可能是其正在读的书，他当时可能处在英格兰或古希腊，或者是虚构的情境中；他所处的环境也可能是他所营造的实验环境。换句话说，环境可以是与个人需求、欲望、动机及能力发生相互作用的任何情境，这种相互作用的过程创造了个人所拥有的体验。即便是个体在建造空中楼阁，在他与其幻想中构造的客体之间也发生着相互影响（Dewey，1938）。

尽管杜威将客观与主观经验的关系称为"相互作用"，但他还是在引述的最后部分，努力表达了这种关系的本质的复杂性。体验学习理论在描述个人与环境的关系时，使用的是"交互作用"一词而非"相互作用"。因为"相互作用"在某种程度上显得过于机械化，体现的是相互独立的部分互相影响但又彼此独立。这就是杜威尝试将"在"这个字赋予特殊含义的原因所在。"交互作用"表达着客观环境与主观体验之间存在着一种彼此流动且相互渗透的关系。它们之间一旦有了联系，就会在本质上发生改变。

勒温也认识到了这种关系的复杂性，但是他在其著名的公式中回避了这一问题。他提出的公式 $B=f(P, E)$ 说明行为（behavior）是个人（person）与环境（environment）的一个函数，但是没有对这种函数的数学本质做出任何说明。这与班杜拉（Bandura，1978）的观点很相似。也就是说，个人特质、环境影响与行为之间是相互决定的，每种因素都在连锁反应中影响着另一种因素。个人与学习环境之间交互影响的概念，在体验学习的实验室训练法中起到了重要的作用。学习看起来并不是对环境变化做出反应这样简单，而是需要身处环境中的学习者面对学习情境进行灵活的创造。

体验学习的本质就是交互影响的过程，学习者试图影响或控制事情的发展，并满足个人需求。在某种程度上，个体学会了展现他们的需求、价值观与行为模式，个体的感知与反应也因此发生了改变。行为在交互影响中流动，行为投入的程度决定了回报的程度（Bradford，1964）。

综上所述，学习是一个灵活的、自我指导的过程，它不仅能够被应用于团体，还能够被运用于日常生活中。

学习是创造知识的过程

为了理解学习的含义，我们必须知道人类知识的本质与形式，以及创造知识的过程。我们已经强调过，在所有复杂程度上，创造的过程都有可能发生，从最高级的科学研究到孩子对玩具的探究。知识是社会阅历与个人才学之间交互影响的产物。正如杜威所说，社会知识是先辈们文化经验的积淀，而个体知识是个人主观生活经验的积累。客观经验与主观经验交互作用产生知识的过程，被称作学习。因此，要理解知识，我们必须理解学习的心理过程；而要理解学习，我们必须理解认识论，了解知识的起源、实质、方法与局限。皮亚杰对这些内容有以下表述。

> 因此，心理学具有重要的地位，它的影响也越来越清晰。原因很简单，如果自然科学解释了人类，人类也会反过来解释自然科学，直到心理学向我们解释这一切。实际上，心理学代表了两种辩证统一又相互对立的科学思维的融合。它具有科学性，科学体系不可能像奥古斯特·孔德（Auguste Comte）所述的那样是线性的；科学体系应该是一个闭环，或者从更广泛的层面来说，它应该是螺旋式的。事实上，客体只能通过主体被认识，同时主体也是通过对客体的身心反应来了解自身的。如果客体不计其数，科学无限多样，那么，主体所具有的全部知识将会把我们带回到心理学，带回到关于主体和主体行为的科学。
>
> 将心理学从认识论中分离出来是不可能的。知识是如何获得的？如何提升的？它是如何被组织或重组的？我们或多或少可以通过提炼发现答案，答案有以下三类：（1）知识来自客观环境；（2）知识由主体独自建立；（3）知识来自主体与客体的多重交互作用——但什么是交互作用，这种交互作用是什么形式？实际上，我们发现，这些认识上的解决方法来自经验论、先验论或多元交互论（Piaget，1978）。

令人惊讶的是，在研究学习与认知的群体中，除了皮亚杰，很少有人认识到学习与知识的紧密联系，也很少有人认识到有必要对这一联系过程进行认识论分析、开展心理学研究。在体验学习的研究与实践过程中，不同认识论的实践影响已经给我留下了深刻的印象。例如，在教学过程中，我发现在帮助学生学习手头的材料时，最重要的是考虑学科内容的本质。发展共情性倾听和教授统计原理需要使用不同的教学方法；同样，我们在团体咨询时经常会遇到交流的障碍以及解决问题的阻力。从根本上说，这都是由于知识和真理的本质假设存在冲突造成的。

为了解决这些实际问题，体验学习理论提供了一个独特的解释视角。它认为，具体体验与抽象概括这两种适应性模型之间的辩证冲突，主动实践与反思观察之间的冲突，这些冲突在不同探究领域中的典型解决方式（见第五章）形成了不同的知识体系。佩珀（Pepper，1942，1966）曾提出一种系统，用以描述社会知识的不同存在形式。佩珀将这一系统的基础称作世界假说，世界假说是相对于形而上学体系提出的，后者界定了从常识到知识的凝练假设和原则。佩珀认为，所有的知识体系都是基于知识与真理本质的不同假设而对一般常识进行的凝练与概括。在这个凝练的过程中，他看到了基本的困境：一方面，虽然常识通常可以用来解释日常经验，但它并不准确；另一方面，凝练后的知识是精确的，但由于基本假定或世界假说不同，它在应用性与一般化上存在局限。因此，常识需要接受知识的修正，而知识需要接受常识的确认，这意味着所有社会知识的诠释都需要在一定程度上保持怀疑主义的态度。

总结：学习的定义

概念界定的方式能使事物看起来更明确。提供学习的操作性定义有助于概括体验学习的特征。对本章进行总结，我们可以得出结论：学习是通过对体验的转换而创造知识的过程[①]。这个定义从体验的角度，强调了学习过程中几个重要的方面。首先它强调了学习与适应的过程，而不是强调学习的内容或结果；其次它强调知识的形成是一个不断转换的过程，处在持续的创造与再造中，而不是简单的获取或传递的实体；再

---

① 由此开始，当我提及对学习过程的描述时，我将对"体验"这一修饰语予以省略。当谈及其他学习理论时，都会被统称为学习理论，不做特殊区分。

次，学习是主客体经验形式之间的转化；最后，如果要理解学习，我们必须知道知识的本质，反之亦然。

更新与反思

1. 学习循环与学习螺旋

- - - - - - -

那些从体验中学习的人常常会让生活陷入巨大的混乱，因为他们往往根据某种表象就将当前的情境确定为与过去相同的情境，而将过去的经历应用于当前，忘记了根本不存在两种完全相同的情境……我所有的一切都是生活塑造的，我所拥有的过去的体验都将融入我的生命——我必须给予新的体验。过去的体验当然不会毫无用处，但它的用处不是经由过去的情境来引导当前的行为。我们必须将我们的一切融入新的体验中，这是一次丰富的经历，也是我们生命进程中的一部分，我们无法再从中带走相同的东西。我们对体验进行整合，之后我们成为更丰富的人，并获得新的体验。我们反复获得新的体验，并一直超越着过去的自己（Mary Paker Follett，1924）。

- - - - - - -

在第二章中，我们以勒温与杜威的理论为例，介绍了体验学习的循环模型。例如，皮亚杰的线性发展模型与学习的循环模式是一致的，只不过学习的循环模式还包含了具体现象与抽象结构之间的辩证统一，以及行动上的自我中心与反思性的内化过程之间的辩证统一。

学习循环及学习风格的概念已经被大家所熟知，也被广泛应用于体验学习理论中。不过，在体验学习理论框架下，人们对这些概念还存在不少困惑与误解。以下的更新部分将会结合学习循环模型来回应这些疑惑（对学习风格概念的回应见第四章的"更新与反思"部分）。

2. 理解学习的循环模型

在当前的众多论述中（Kolb，2013），人们认为体验学习理论是建立在循环结构上的动态学习观，它在解决行动与反思、具体与抽象的双重辩证关系中发生。如前所述，学习是通过对经验的转换而创造知识的过程。知识源于对体验的理解与转换的过程。理解体验是接受信息的过程，转换体验是个体理解信息并对信息做出反应的过程。体验学习理论描述了理解体验的两种辩证方式——具体体验（CE）与抽象概括（AC）；同时还有两种转换经验的辩证方式——反思观察（RO）与主动实践（AE），它们都是对立统一的。真实的学习发生在这四种学习方式之间的张力中。如图 2-5 所示，这个过程被认为是理想的学习循环模型或学习的螺旋式结构，学习者在这个过程中会涉及具体体验（CE），反思观察（RO），抽象概括（AC）及主动实践（AE）。在这样一个环环相扣的过程中，学习者可以敏锐地察觉到学习情境及学习内容。即刻的具体体验是观察和反思的基础，反思的内容可以被同化和提炼成抽象的概念，概念又可以指导行动和实践。它们的具体应用可以在行动中被检验，概念的具体含义也可以指导人们创造新的体验。

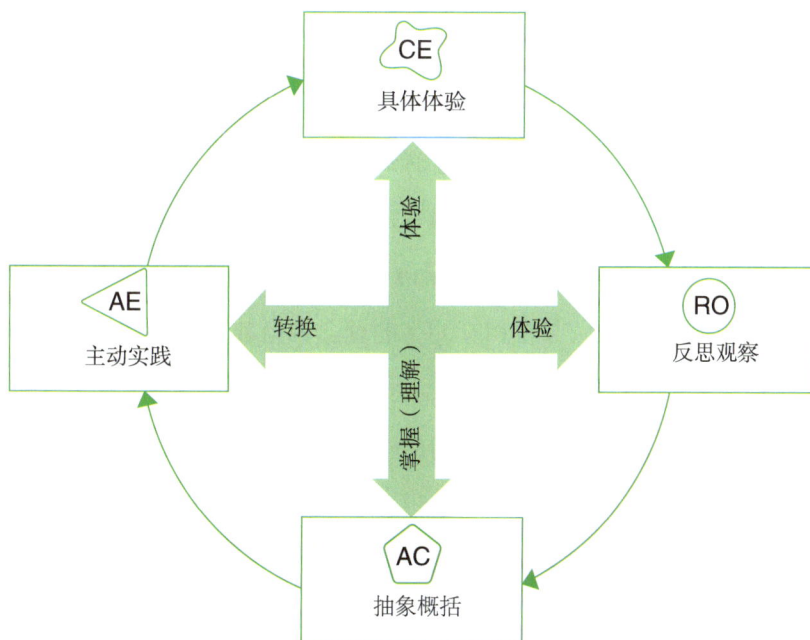

图 2-5 体验学习循环模型

目前，体验学习循环模型已经被广泛应用于许多教育项目的设计与实施中。

对学习循环模型的批评与回应

就个人而言，我认可这一模型的学术性与实用性，但有些人认为它过于简单，认为它不能解决"问题化"体验。雷约·米蒂宁（Reijo Miettinen）谈道："为什么这一模型会在成人教育中如此受欢迎呢？可能是体验学习理念吸引了成年教育者。体验学习融合了自发行动、情绪体验、深入的个人见解及理性的思考与反思。它延续着人本主义的信念，认为每个人都有成长与学习的能力，这对终身学习极其重要。这种积极的思想体系显然对成人教育是很重要的。但是，我担心进行相关成人教育和研究的代价会很高。为了在现实生活中促进变革与学习，我们必须认真分析学习文化和社会条件。这种对个人能力和体验的信念使我们远离对学习文化及社会条件的分析（Miettinen，2000）。"在《成人教育季刊》（*Adult Education Ouarterly*）的一期评论中，编辑们重申了对"实用主义传统中毋庸置疑的体验概念"的担忧："库伯的学习循环模型已经像马斯洛的需要层次理论那样普遍。这不仅是不幸的，而且是限制的，因为它限制了我们看待和理解体验的方式，从而限制了我们在体验中学习的方式（Wilson & Hayes，2002）。"

有时，我也会对学习循环模型的过度简化和应用感到不安。学习循环模型是从丰富的体验学习理论中总结出来的，很多时候我感到不安是因为我的观点表述得还不够充分。其实，这不用《成人教育季刊》的编辑担心。在数千篇公开发表的体验学习理论方面的学术论文中，我发现至少有50篇论文从不同的视角对体验学习理论进行了检验与修正，其中涵盖了广泛的甚至相互冲突的理念视角和理论导向。总体来看，它们对未来体验学习的研究与实践展开了非常有价值的交流。体验学习不是我们提出的第一个关于学习的概念，当然也不会是最后一个。在这些经过深入思考的批评意见的帮助下，我将从自身的角度对这些观点做出回应。

（1）**学习循环模型描述了一种个体学习模式，它忽略了学习的历史、文化及社会情境。**有人认为（Hopkins，1993；Seaman，2008；Reynolds，1997，1998；Michelson，1997，1998，1999；Fenwick，2000，2003）学习循环模型以及体验学习理论过于心理主义与个人化。例如，雷诺兹（Reynolds）认为，体验学习理论是非常个人化的，无论从传统还是人本角度而言，都是如此。心理学的视角往往忽略了社会背景的作用，只重视心理，这意味着没有考虑到社会背景的差异性（Reynolds，1997）。

迈克尔逊（Michelson）从更广泛的历史视角提出了她的观点。

> 体验学习理论的主要内容建立在随着启蒙运动产生的内在主体性上，个人内在意识领域成为探索的"场所"，而这个领域是与外部现实相分离的……再现了内在心理、认知与外部政治和经济环境之间的交互关系。个人内在体验的自主权，是洛克所说的社会契约中权利和自由的根基—— 根据库伯所言，我们"始终从体验中学习"实际上意味着"我们是自由的"并能够"创造自己的命运"（Kolb，1984）。其实，杜威在其论述中已经将个人经验与社会环境的结合表达得很清楚，库伯的体验学习理论也是从此出发的——有关内在体验的研究是伟大的且具有突破意义的，它揭示了个体所具有的新价值和尊严感（Michelson，1999）。

与杜威一样，我建立体验学习理论的目的是为了创造一种学习模式，它可以解释个体学习的过程，并且帮助学习者信任自身的体验，获得学习的自主权。我接受的人格心理学训练让我致力于主张个性化。每个人都是非常独特的，并且我们应该珍惜和展现这种独特，这能够使我们自身和这个世界变得更好。马萨·格雷姆（Martha Graham）对于这一点说得很好："世上存在着一种能量，只能经由你而展现出来，因为它在任何时候都只属于你，这种展现是独一无二的。如果你封锁了它，那么它将不能通过任何其他介质存在而遗失。"个性与个人主义是不同的，后者是一种自我中心主义。在这种个人主义下，个体不是其生存环境的一部分，团体的归属感不会带给他生活方向。相反，社会具有溶解性，会让我们基本的非社会化的自私本质受到教化（Guisinger & Blatt，1994）。

体验学习理论中的个体性与关联性，代表了发展辩证过程中的两极，建立人际关系的能力、社会参与的能力、投入于自身兴趣与表达的能力，这些能力都是在自我认同感的发展过程中形成的。在这一过程中，个体性和关联感也将得到融合与加强（Guisinger & Blatt，1994）。同样，苏珊·库克－格罗伊特（Susanne Cook-Greuter，1999）和大卫·巴坎（David Bakan，1966）也认为，人类需要满足自主（差异性、独立性、掌控力）与和谐（整合、参与、归属）的双重目标。

体验学习理论并非是关于社会和政治因素的论述，但是它对人们在传统的重要理论中所习得的内容、形成的信念产生了影响。我的目的并不在于对传统学习方法施加影响，而且我知道体验学习理论和这些传统方法之间并非"水火不相容"。在体验学习理论的奠基人中，杜威和福莱特是进步主义运动的领导者，弗莱雷一生都在为他的国家的社会公平而奋斗，维果茨基的研究为活动理论和社会建构主义奠定了基础。基于他们的贡献，体验学习理论最终成为文化批判理论，被应用于教育学、后结构主义、社会建构主义等研究领域中。

（2）学习循环模型是建构主义和认知主义。这一说法将学习循环描述成一种将学习者从环境中分离出来的方法。芬威克（Fenwick）认为建构主义是这样一个过程，在这个过程里，学习者对生活体验进行反思，诠释体验并对其进行概括化处理，形成心理结构。这种结构就是知识，它像概念一样被储存在记忆内，并迁移到新的情境中被表现和表达出来。在建构主义的观点中，学习者在他所处的环境中保持基本的自主性。虽然学习者身处周围环境并受其影响，并且随着情境的改变而有所变化，但是学习者追寻的意义仍然存在于他的脑海中，并出现在学习者所处的一个接一个情境中。因此知识是实际存在的，它是学习者与其他行动者和客体交互影响的第三产物，并且存在于学习者的头脑中。经语言或文化实践行使权力的社会关系力量不会被理论化为知识结构的一部分（Fenwick，2000）。

迈克尔逊（Michelson，1997）从建构主义的视角描绘学习循环模型时，似乎忽略了体验学习理论的整体性，认为学习只发生于个人头脑中，她批评道："头脑获取这个世界的信息，并利用这些信息进行学习。我们的身体机能是必要的感知中介与检验工具，而情感与精神并不参与其中。"

建构主义理论源于皮亚杰和维果茨基的研究，他们的观点对体验学习理论产生了巨大的影响。实际上，我对建构主义的观点做了一些修正（见第三章和第六章）。

霍尔曼（Holman）、帕夫利卡（Pavlica）、索普（Thorp）用"认知主义"这种表达来评价学习循环模型，或多或少有一些贬义的意味。不过，批判者与社会建构主义者在第一次看到这些修改时，确实很倾向于这种表达。他们说："库伯的理论与认知学习一派相关，但通常被认为有根本的不同。库伯强调自己的理论源于实用主义和社会行动理论，以此与严谨的皮亚杰式认知观区别开来，但他的理论也可能来自杜威和勒温的理论，同时对这些学者们的研究进行了再次探讨，他将自己的理论建立在大量关于自我和思维本质的认知主义假设之上，因而建立的理论从根本上来说也是认知主义的。"他们提到的"认知主义假设"是指：个体独立于社会、历史、文化背景，表征思维和心理过程可以被孤立地研究。

如此看来，批评者在阅读《体验学习》的过程中，没有注意到本书提及的个人与社会环境的交互关系。格式塔心理学的创始人勒温与玛丽·帕克·福莱特，彻底经验论的提出者詹姆斯，论述相互作用与交互作用之间差异的杜威，他们都持有个人与环境相互结合的观点。他们的观点与皮亚杰相反，皮亚杰认为，不同情境中的个体的发展过程具有普遍的特征（见第六章）。我在前文介绍个人与环境的互相转换关系时，对这个问题进行了总结："在体验学习理论中描述个人与环境的关系时，用'交互作用'比'相互作用'更合适。因为'相互作用'在某种程度上显得过于机械化，体现的是独立部分之间的互相影响但又保留着独立本身，'交互作用'暗含着在客观环境与主观体验之间，存在一种相互流动、彼此渗透的关系，它们一旦有了联系，就都会在本质上发生改变。"玛丽·帕克·福莱特将人际关系称为"循环反应"（circular response），她这样说："通过这样一种循环的反应，我们不断地成就着对方（Follett，1924）。"

（3）体验学习循环将学习过程简化为环环相扣的机械过程，歪曲了学习和体验。
希曼（Seaman，2008）呼吁结束"学习循环时代"，他认为，将体验学习定义为一系列有序的步骤，要么是错误的，要么只代表了一种狭隘的体验式学习。他不建议在不同的体验式实践中建立常规模式，他认为这些常规模式应该被废止。毫无疑问，这种方法多年来一直服务于许多从业者。相反，他反对将体验学习等同于这些模式。其他人也认为学习循环的阶段学说对学习的描述过于简单化（DiCiantis & Kirton，1996；Holman，1997；Smith，2010；Jarvis，1987，1995）。

最初我也是以一种简单的方式对待学习循环，将其作为一个实用的学习工具来组织学习。直到我看到体验学习为学习者带来丰富的经验和学习体验之后，我才开始在体验学习理论奠基人的工作中寻找到关于学习过程的理论解释。学习风格的概念是基于体验学习理论创造的。我们对不同学习风格的观察，实际上也是不同的参与学习循环的方式（Kolb & Kolb，2013a）。从体验中学习的循环实际上是非常复杂的，这是因为体验学习包括辩证而相关的两个维度——通过具体体验和抽象概括来把握体验，通过主动实践和反思观察来转化体验。我首先从勒温、杜威、皮亚杰和弗莱雷的理论中注意到这些维度，并借助荣格的内向与外向转换的辩证统一观和詹姆斯的感知与领悟的辩证统一观，进一步发展了他们的理论（我对这些辩证维度及其与学习过程关系的解释，详见第二章、第三章、第五章、第六章、第八章）。

（4）辩证维度的引入混淆了结构与过程。 霍普金斯（Hopkins，1993）是一位现象学家，在他看来，在阶段模型中引入辩证结构分析是无效的："库伯的理论作为体验过程的形式上的具体化，是经不起现象学推敲的。"他与纳尔逊和格林德（Nelson & Grinder，1985）争辩道："库伯把结构与过程相结合实际上是无效的，因为它没有'解开'两者之间的关系。"米蒂宁（Miettinen，2000）也认为，引入辩证维度对阶段模型并没有帮助："这两个阶段是分开的，库伯没有提出任何可以把两个阶段连接在一起的概念，他一直强调体验化与概念化之间的'辩证张力关系'。但是，他只是在模型中把两者看作各自独立的阶段，并以此来解决这种冲突。这里面肯定没有辩证法。辩证的逻辑应该显示出两个阶段是如何互不可少、彼此关联又相互决定的。"

在我看来，这些辩证对立的存在为体验打开了一个空间，正如詹姆斯的彻底经验论和现象学所介绍的那样，其中包括了经验的各个方面，以及学习循环模型中的所有形式。体验、反思、思考与行动，并不是各自独立的部分，而是在辩证对立中紧密联系在一起，它们在动态的变化中相互影响。这种辩证维度构成了学习风格概念的基础；在形成体验的过程中，当一种或多种学习方式偏好形成，学习习惯也就养成了，这就造成了对体验范围的限制。学习风格量表的编制，就是为了描述各种模式中的整体依存关系。当然，由此也引起了相当多的争议，数据结果的相互依存性将会在第四章的"更新与反思"部分讨论。米蒂宁说："阶段的独立性以及相应的学习方式，都是基于一个事实，那就是这个模式已经证实了学习风格量表的效度。不同的风格假定必然存在不同的适应方式。这样一来，这种假设部分决定了理论模型的方式与内容（Miettinen，2000）。"

辨证双方的冲突有利于解释经验的动态实质（Bassechess，1984，2005），例如在皮亚杰提出的外向建构与内向建构的持续作用过程中，体验被同化到现有概念中与概念顺应当前体验的动态关系，或者是杜威所说的渴望与观念的递进统一构成了目标。这在组织教育活动时可能具有实用性，这种理想化的循环模式开始于具体的体验，随后促使人们进行独立的或共同的反思，将概念和理论带入对其体验的意义的组织与总结中，之后再在新的体验中通过行动来检验结论。然而，身为学习者，我们的体验总是混乱的。有时我们为不可思议的事情而震惊，选择马上行动还是冷静地观察取决于我们的学习习惯。我们的学习风格可能会决定我们从何处开始学习，或者什么样的环境会影响我们的学习过程。学习通常不会产生于一个大的循环中，而是在许多小的循环或部分的循环中进行。在人们产生行动与体验之前，思考与反思会持续一些时间；而在对行动做出总结前，通常也要经历反复的体验与内省。

（5）没有强调反思对于学习和发展的重要性。很多重要的体验学习理论家都把反思作为实现学习与发展转换的主要方式，例如大卫·鲍德（David Boud）（Boud，Keogh，& Walker，1985；Boud & Miller，1996），杰克·麦琪诺（Jack Mezirow，1990，1996），斯蒂芬·布鲁克菲尔德（Stephen Brookfield，1987，1995），还有唐纳德·舍恩（Donald Schon，1983）。但事实上，与提倡反思性实践的理论家不同，在体验学习理论中，反思不是决定学习与发展的唯一因素，它被包含在体验、反思、思考和行动的整体过程中。正如我们所知，直接的具体体验必然会引起反思；脱离体验的反思可能会产生相反的效果，导致学习者脱离所处环境，从而不能得出结论并在实践中进行检验。基根（Kegan，1994）与凯斯（Kayes，2002）认为，如果从批判理论框架来组织反思，那么它可能会引起功能失调。"批判性倾向将使个体对所处的环境产生深入的洞察，这常常会使个体置身于复杂的情境中，但却找不到合适的方法来应对这种复杂的情境。这样一种'释放'可能使人们经历更多的压抑，这使他们没有能力去应对新的更具挑战性的需要（Kayes，2002）。"

福莱特强调了体验、行动与反思之间的紧密联系："我们常常会听到人们谈论对体验的解释，仿佛我们第一次拥有体验，第一次阐释体验，但是拥有体验和阐释体验之间有着紧密但不同的联系。我在那次经历中的行为和我事后对行为的反思，都是我的解释的一部分。我的理解、事后的反思性解释只是体验的一部分（Follett，1924）。"反思需要人们拥有复杂的认知结构、批判性的思维能力，这是学习循环模型中抽象概括的阶段。深入的反思要求人们有丰富与完整的认知结构，能够采用不同的视角和分析的策略。

在体验学习理论中，反思是对体验的内在转换。这一广泛的定义包括几个更具体的反思过程，它会因学习风格与发展水平的不同而发生变化。在库伯的学习风格量表4.0（Kolb & Kolb，2011，2013）中，三种反思型学习风格体现了反思的连续性。想象风格关注的是具体形象的传统转换，它在某种程度上仍然停留在具体感知体验层面。另一种完全不同的是分析风格，这种情况下的反思会对抽象符号进行更系统的分析，这些符号完全独立于体验和环境。在这两种极端的风格之间，反思风格能够使人们在结合表象与符号的过程中探索更深层的意义。

体验学习理论结构包括三个发展阶段——习得、专业化与整合，每个阶段都有不同的反思过程。汉弗莱（Humphrey）对这些过程的描述最为清晰，他把它们称为反思、重构与革新（Humphrey，2009）。

- **反思**（reflection）。初级水平的反思是人们觉察直接体验时所带来的自发性反思。詹姆斯·祖尔在说明体验学习与大脑的关系时，提出了直接感知体验与颞叶皮层中的记忆、想象及情绪相关的观点。

- **重构**（reframing）。杜威对两种反思进行了区分，一种是处在初级水平的自发性反思，另一种是更深刻的思考过程，他称之为批判性反思（Dewey，1933）。批判性反思从专业理论与分析框架出发，对反思性观察进行审视与批判。该框架有助于人们检验这个过程中的假设和结构性问题，从而选择恰当的视角以获得更深入的理解。批判性反思经常与批判性理论（Brookfield，1995，2009）、后结构性或解构性理论（Fook，2002）联系在一起的，这些框架有助于揭示权力操纵与隐藏的社会控制形式。不过，其他学科的探究体系也为创造新的视角提供了可能，比如艺术研究（Dewey，1934a；Rasanen，1997）。

■ **革新**（reform）。在整合阶段，弗莱雷和其他学者常用"反思"来指实践，将批判性反思与整个学习模式结合在一起。在这个过程中，行动在反思中得到改善，反思在行动中不断完善，从而形成"作为结果"的体验。

（6）对于学习而言，"纯粹经验"是不可能的还是必需的。一些理论家对学习循环模式提出了另一种批评，他们认为不存在脱离抽象理论和符号的所谓的具体体验（Holman，1997；Miettinen，2000；Seaman，2008；Michelson，1996；Fenwick，2000，2003）。实际上，当代认知理论家认为所有的知觉都受到认知结构的影响，这一点是不言自明的。同时，辩证对立的具体体验和抽象的概念化认识，总是与体验和概念相关，这也是明确的。詹姆斯把纯粹的体验当作辩证关系中的一极，他这样形容："只有新生的婴儿或处于半醒状态、麻醉状态、生病状态的人会有纯粹的体验，而且这种体验不能用文字描述……纯粹只是一个相对的概念，意味着非言语感知占了相当大的比例。"

在《纯粹经验》（*Pure Experience*）一书中，泰勒（Taylor）和沃兹尼亚克（Wozniak）提出，纯粹经验的概念并不是一贯的西方思维，事实上，西方思想史中的哲学家和心理学家并没有这样激进的经验主义思想。正如评论中所说的那样，让我们暂时放下逻辑思考，而去注意当下的体验，这是极其困难的……然而，我们认为詹姆斯的彻底经验论立场挑战了西方思想史的核心，并揭示了它的局限性（Taylor & Wozniak，1996）。

詹姆斯的彻底经验论帮助我们体会到，学习循环模型的所有学习过程都是由经验构成的——概念流、记忆或想象，从最初的意图来看，都是纯粹的经验。纯粹的具体体验只是经验的一种特殊形式——每时每刻的意识、此时此刻的意识。生活中即刻经验的流动，为之后的反思性思考提供了丰富的素材，以便进行概念化的分类。杜威称其为"即刻经验论"，这与詹姆斯的观点一致，彻底经验论认为，当我们正在经历着什么时，具体事物中蕴含着理智与逻辑矫正的依据和线索。

杜威认为大部分体验都是保守的、习惯性的"经验式体验"，并且需要"卡住"或

"震惊"的经历来引发批判性反思和学习。在一篇文章中，他介绍了自动化反应方面的研究，在这项研究中他发现有意识的自我调节行为非常少，大约有 95% 的行为都是无意识的、自动化的（Baumeister et al.，1998；Baumeister & Sommer，1997；Bargh & Chartrand，1999）。这是对体验学习具有深远意义的重要见解。如杜威等众多理论学者所述，批判性反思在体验学习中占据着重要的位置。从中可知，违背当前信念以及思维习惯的具体"纯粹"经验是必要的，它会在第一时间引发具有反思意义的批判性反思。这也表明，脱离习惯和文化解释的体验有助于人们学习新的事物。希曼进一步阐述道："有证据表明，有意识的反思并没有在体验学习中发挥着基础作用，这和人们普遍认为的观念有所不同，社会实践的研究表明了人们是如何在体验中学习的，而不是在经历之后学习。这些研究让'纯粹经验并不是学习的关键'（Boud et al.，1985）这个观点看起来很怪（Seaman，2008）。"有些学习确实是在经验式体验中完成的，这种学习可能是强化之前得出的结论，或者对先前的观念或行为做出细微的调整。但像克服成瘾这样较大的改变，就需要一个扰乱生活的"冲击"来推动。

深度体验的不同形式

要想去除当前体验中的习惯性判断和偏见，除了"冲击与敬畏"之外，当然也存在其他方式。在深度体验中，有两种有意识的学习实践方式：一种是"聚焦"（focusing），它来自罗杰斯的当事人中心疗法；另一种是"正念"（mindfulness），它来自东方哲学思想和心理学。

聚焦

罗杰斯的非指导性治疗方法强调通过无条件的积极关注来创造安全的心理环境，从而使个体能够觉察并信任自己的内在体验。"当事人感受和意识到他被当作一个独立的个体而受到尊重，他慢慢开始珍视自身的不同方面。更重要的是，当事人开始感受、觉察他身上所发生的一切，包括他的感受、经历以及他做出的回应，而这在一开始是非常困难的。他直接将自身体验作为参考，帮助自己形成准确的概念化认识，并指导自己的行为（Rogers，1964）。"尤金·简德林（Eugene Gendlin）研究了罗杰斯的当事人中心疗法以及其他心理治疗方法中的体验类型，他发现在最初的两节咨询中，对当事人的体验能力的评估能够预测治疗的成功或失败。在预测治疗效果的指标中，体验能力比任何其他指标都具有更强的预测力。简德林称之为"聚焦"，这是一种潜藏在语言、思维和情感之下的体验方式。一旦这种身体感知转化为意识，身体就会发生变化，这种感知上的提升可以被分析与概念化。在《聚焦》（Focusing）一书中，简德林介绍了"六步法"来帮助人们学会这种直接的身体感知。

正念

泰勒和沃兹尼克（Taylor & Wozniak，1996）指出，与西方思想格格不入的詹姆斯的彻底经验论，与东方哲学思想和心理学更契合。例如，日本禅宗哲学家西田几多郎（Nishida，1911，1990）将东方与西方思想结合起来，其中就包括詹姆斯的彻底经验论，詹姆斯将纯粹经验作为他一生研究的核心。然而，詹姆斯提出的纯粹经验论更多是一个哲学概念，而不是一种充分的体验。对西田几多郎而言，纯粹经验完全与生活共存，并且不断累积，使我们认识到真实、完整的人性。他说，"了解事物本身的状态，全然放下自己的认知，顺从当下。我们通常所指的经验总是掺杂了一些认知，而我所指的纯粹经验，没有任何有意识的评判。例如，我们看到某种颜色或听到某个声音，这不仅发生在我们去思考它们的来源之前，也先于我们对颜色和声音的判断。当一个人直接感知他自身的意识时，是不存在主体或客体的，认识与客体已经完全连接在一起。这就是经过修正后，体验呈现出的最好形式（Nishida，1990）。"

正念的实践意义在于，我们克服思维的自动化影响，从而通过完全专注于自身的意识来获得直接而纯粹的经验。近年来，大量关于正念的西方研究方法被发展起来。卡巴金（Kabat-Zinn）建立了一项名为正念减压的医疗项目，他提出，我们当下的体验受到自身的评判的影响，而这些评判源于我们的需求与认知偏差。这种体验已经受到思维与情感习惯的严重干扰，就好像有一个镜头使我们无意识地在感知与被感知之间进行过滤与填色，从而改变并形成了我们的认识。布朗（Browm）和瑞安（Ryan）引用詹姆斯所说的话——与我们应该成为的人相比，我们处于半醒状态。他们补充道："正念抓住了意识的一个特质，清晰、生动地体现了人们当前的经验和功能，它不同于大多数人慢慢形成的习惯性的或自动化的非'觉醒状态'（Brown & Ryan，2003）。"在他们对正念的定义中，正念的概念弹性很大，但都包含了稳定的注意、清晰的觉察、非概念化和无偏见的感知、以实证的态度面向真实的世界，以及鲜明的当下意识这些特征。

3. 学习的螺旋上升过程

学习循环模型不是一个圆圈式结构，而是一个螺旋上升的过程。正如艾略特提醒我们的，我们会再次回到体验中，在连续不断、层层递进的螺旋式学习中不断获得新的认识。正是这样一种学习过程，让我们实现了自身与周围环境之间的交互影响和共同发展。这个过程和吉登斯（Giddens）的结构化理论也是相似的，这一理论描述了社会结构与人类能动性之间的辩证关系，对社会学理论中人的能动性给予了新的重视（Giddens，1984，1991）。吉登斯在《社会的构成》（The Constitution of Society）一书中引用了马克思的一句话"人类创造了历史，但并非随心所欲地创造"，并对马克思所言进行了延伸性思考。自然、社会及历史的作用塑造和改变着我们，同时我们也有能力以螺旋上升的方式通过学习与行动来改变世界。

学习与生命

事实上，体验学习螺旋代表了学习过程研究的制高点，这可以追溯到生命结构本身，甚至在无生命物质系统中也存在。西尔·特奥多尔·库克（Sir Theodore Cook）在他的经典文集中介绍了各类动植物中普遍存在着螺旋上升的进程，他认为螺旋进程是认识生命过程及人类心理机制的关键。在总结部分，他写道："在我们的研究中，这种能量与在阻力下成长的观念似乎一直与螺旋式增长相关。螺旋结构之美在于，它象征着一种永远成长的状态，但从不覆盖相同的位置，因此它不仅阐释着过去，还预示着未来；并且当它要表明已经发生的事物时，它带来的也总是新的发现（Cook，1914）。"这是对学习过程多么精彩的阐述啊！

温贝托·马图拉纳在寻找"什么是生命体的结构"的答案时，发现了学习的螺旋式结构。什么样的组织模式可以代表所有生命体，并且与非生命体相区别呢？他的答案是，所有的生命体结构基本上都是循环的，生命系统是一个闭环的结构，它在保持循环但不失去循环的情况下发生着渐进的变化（Maturana，1970）。因此，他把这种螺旋式结构称为"自生性系统结构"。这意味着自我创造，强调创造过程中自我指导与自我组织的本质。在连续的自我创造的过程中，我们也创造和改变了其他人。系统的闭合制造了一个边界，在这个边界以内，系统有足够的自主性与世界建立联系。弗朗西斯科·瓦雷拉曾说："闭合意味着，你真正塑造着你与世界连接的过程中形成的信息。信息是由有机体的实际活动带来的，或者是由嵌入到世界中的认知体系带来的（Davis，1995）。"

在与同事瓦雷拉的共同努力下，马图拉纳逐渐建立了认知系统理论，他认为认知（即认识的过程）与自生性系统（即生命的发生过程）是相同的（Maturana & Varela，1980，1987）。不过，他们对认知的定义更接近体验学习整体观的定义，而不像普遍定义那样仅把认知当作思考。"这一新的定义比普遍定义含义更广。它包括了知觉、情感和行为——生命的全部过程。人类领域的认知，还包括语言、抽象思考和其他人类意识下的活动。然而，普遍定义并不必然包括这些（Capra，1996）。"实际上，马图拉纳和瓦雷拉认为，这种定义下的认知存在于所有生命有机体中，甚至在没有大脑或神经系统的有机体中也存在。

瑞安和德西（Ryan & Deci，2004）进一步认为："自生是自主性自我的基础。我们试图把对自我的认识带回到生物学视角，承认存在着一种连续体，这个连续体存在于我们自身活跃的特质，以及和我们有同等活跃特质的实体之间，它们同我们共享着生存环境。我们认为，现象自我源于有机体作用的过程。虽然大多数动物都缺乏个体意识，但它们也表现出了积极的行为管理能力。从进化观点来看，这种组织倾向代表了一种深入的结构，这也是人们建立自我意识和自主性的基础结构。"

自生认知的方式是一种学习过程，这在结构耦合的概念中得到了进一步阐释。结构耦合是指有机体在与环境相互作用的过程中会定期更新与重塑自身。环境没有指定或直接指示生物体发生结构变化，因为系统是自我循环和自我维持的，但环境会触发这个过程。这种结构变化带来了有机体之后的行为变化及其所在环境的改变。结构耦合描述了有机体的连续变化过程，因此也描述了有机体学习与发展的过程。图 2-6 展示了这种自生过程，就像一个海螺的生命螺旋结构。这种螺旋结构记录着海螺围绕自身成长的轨迹。这一低等生命展示出的美丽形态以及背后的成长意蕴，让我深受启发。

生命的自我指导特征在非生命的物质结构中也存在。比利时物理学家、化学家伊利亚·普里高津（Ira Prigogene）因发现了物质的耗散结构而获得了诺贝尔奖。耗散结构是一种非稳态结构，它是一种独特的高阶结构。普里高津创造了"混沌与有序"这一概念，并以此作为他著作的标题。当时盛行一种看法，这种耗散结构基于热力学的第二定律，即认为宇宙是"迂回向下的"，并朝着熵值不断增加的方向发展，而普里高津的研究修正了这种认识。耗散结构产生于无序中，并且在消耗周围的无序的同时，保持与提升了他们的秩序与复杂性，这就像

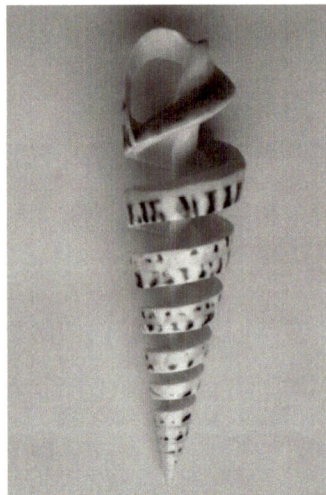

图 2-6　海螺的生命螺旋结构

生命有机体那样。普里高津认为，生命体与非生命体机制的这种相似性，克服了牛顿力学所带来的人与自然的分离。

戴维斯和苏马拉（Davis & Sumara，1997）以及芬威克（Fenwick，2000，2003）在体验学习中引入了芬威克所说的"同时涌现 / 创生主义"的观念。她认为，这一取向可以解释体验学习过程中认知与环境是如何同时发生作用的。戴维斯和苏马拉列举出伽达默尔（Gadamer）的会谈概念（Baker，Jensen，& Kolb，2002）。伽达默尔认为，会谈不是由一段独白而预先决定的，会谈是由会谈过程实现的。考虑到没有特定的路径，伽达默尔认为会谈者由会谈所引导，而非会谈者引导了会谈。这种会谈是一种充满自主能动性的行为。从某种意义上来说，是会谈拥有我们，我们并不拥有会谈。类推到教育中，他们认为，当前学校与大学的界限变得很模糊，因此我们所说的"教"与"学"之间的关系可以被理解为相互明晰、共同发生、无处不在、不断发展的实践活动，这也是我们文化中的自我管理与自我革新努力的核心（Gadamer，1997）。

第二篇

学习与知识的结构

本章音频导读，
请扫描二维码收听。

第三章

学习过程的结构基础

理智的发展过程是一段由直接理解和间接理解交织而成的旋律。其中，直接理解过程被称为感知，间接理解过程被称为领悟。

——约翰·杜威，《我们如何思考》(*How We Think*)

看待一个术语的方式有两种，一是将术语作为一类对象，二是将术语作为对象特有的一组属性或特征。前者被称为术语的外延或延伸，后者被称为内涵或含义。因此"哲学家"一词的外延为"苏格拉底""柏拉图""泰勒斯"等，内涵为"智慧追求者""聪慧"等。术语的内涵说明了它与一类对象对应的原因，而这些对象则组成了它的外延。

——莫里斯·科恩（Morris Cohen）、

欧内斯特·纳格尔（Ernest Nagel），

《逻辑与科学方法入门》

(*Introduction to Logic and Scientific Method*)

第二章所描述的各种学习模型对学习过程的本质提出了发人深省的建议，同时指出了许多重要的问题。例如，人们如何经历学习循环的各个阶段？这一过程是否对每个人都是一样的？解决适应模式之间的辩证冲突的决定因素是什么？学习与发展伴随着哪些结果？要回答这些问题，我们需要详细地审视并系统地阐述体验学习的过程。

在本章中，我们采用基本性的结构方法，即本章的目标是，识别出在学习过程中发挥着决定性作用的本质要素与持久要素，并将它们与那些次要的偶然性要素加以区分。从这个意义上说，结构主义方法试图描绘出"学习机器"在理想条件下运作的蓝图，而不是记录它在不同环境、情绪、文化等条件下的实际功能。为了有效地对学习过程进行结构性分析，我们需要确定三个方面：（1）它的整体结构（holistic structure），在不依赖于模型外部力量的情况下，对学习模型内部组件的相互依赖性加以定义；（2）它的转换过程（transformation process），具体说明结构性组件如何进行自我修复及自我完善；（3）它的自我调节过程（process of self-regulation），描述结构化系统如何保持一致性与完整性（Piaget，1968）。

从某种意义上说，我们已经开始了这种分析，在第二章中，皮亚杰的认知发展的结构维度——现象主义/建构主义与自我中心主义/反思主义——进一步丰富并证实了勒温与杜威所描述的更现象学的、更具描述性的学习模型。本章提出的模型在某些方面可能会偏离皮亚杰的模式设定。皮亚杰认为，这两个维度代表了发展的连续性，其中现象主义与自我中心主义是比建构主义与反思主义更低级的认知形态。在我看来，这两个维度的极点均为等效模式，都可以通过辩证的转换而产生学习的结果。学习沿第三个发展维度继续进行，但第二维度并不意味着一种学习模式对另一种学习模式具有支配地位，而是四种适应模式 ① 的整合。在对体验学习结构进行全面阐述的过程中，我会对我与皮亚杰的观点之间存在的分歧进行深入的研究。

体验学习的过程与结构

上文提到，体验学习的过程可以被描述为一个四阶段的循环，包括四个自适应的学习模型——具体体验、反思观察、抽象概括和主动实践。在此模型中，具体体验–抽象概括与主动实践–反思观察是两个截然不同的维度，每个维度分别代表着两个辩证的、对立的自适应取向。学习过程的结构基础，存在于四个自适应模式的转换以及解决自适应辩证法的过程中。首先，请注意具体–抽象的辩证法是一种理解

---

① 在本书第二章，我对体验学习及其发展模式之间关系的描述涉及这种偏离皮亚杰线性发展思想的情况。我提出了一个综合发展方案，提出形式运算阶段代表着在更高的发展水平上回归到第一阶段的主动定向特征。

（prehension），代表着掌握或拥有世界上各种经验的两种截然不同的、对立的过程。一种依赖于概念解释和符号表征的过程，我称之为领悟（comprehension）；另一种依赖于直接经验的有形的、可感知的过程，我称之为感知（apprehension）。其次，行动－反思的辩证法是一种经验的转换（transformation），代表了转换所掌握的经验或具体表征经验的两种对立的方式。一种通过内部反思来缩小内涵，我称之为意向（intention）；另一种通过积极操纵外部世界来扩大外延的过程，我称之为拓展（extension）。实际上，理解和转换这两个学习的维度可以直接与皮亚杰的表征思维和运算思维概念互为对应。皮亚杰的观点如下。

> 首先，我将思维的两个不同层面区分开来，一个是表征，另一个是运算，它们彼此既可相互补充，又有所不同。表征是对即刻静止状态的模仿。在认知领域，表征功能是第一位的，它是知觉、模仿和心理表象的内化。
>
> 而思维的运算阶段所针对的不是状态，而是从一种状态到另一种状态的转换。例如，它不仅包括转换物体或状态的行动本身，还包括本质上是转换系统的智力运算（Piaget，1970）。

在表征层面，知觉和模仿大致可对应于感知过程，而心理表象则对应于领悟过程。在运算层面，行动大致对应于扩大外延的拓展过程，而智力运算则大致对应于缩小内涵的意向过程。

以上是对结构化视角的简要概述，在第二章中我们提出了学习的定义，即学习是转换经验、产生知识的过程，下面我们进一步丰富该定义。经验的掌握和转换的结合产生了知识（见图3-1）。由于有两种辩证对立的理解形式，而每一种理解又有两种辩证对立的转换方式，因此知识具有以下四种不同的基本形式：（1）通过感知获得并通过意向进行转化的体验，产生了所谓的发散性（divergent）知识；（2）通过领悟获得并通过意向进行转化的体验，形成了同化性（assimilative）知识；（3）通过领悟获得并通过拓展进行转化的体验，产生了聚合性（convergent）知识；（4）通过感知获得并通过拓展转化的体验，产生了顺应性（accommodative）知识。在后面的章节中，我们会看到这些基本的知识形式是发展更高层次知识的基础。

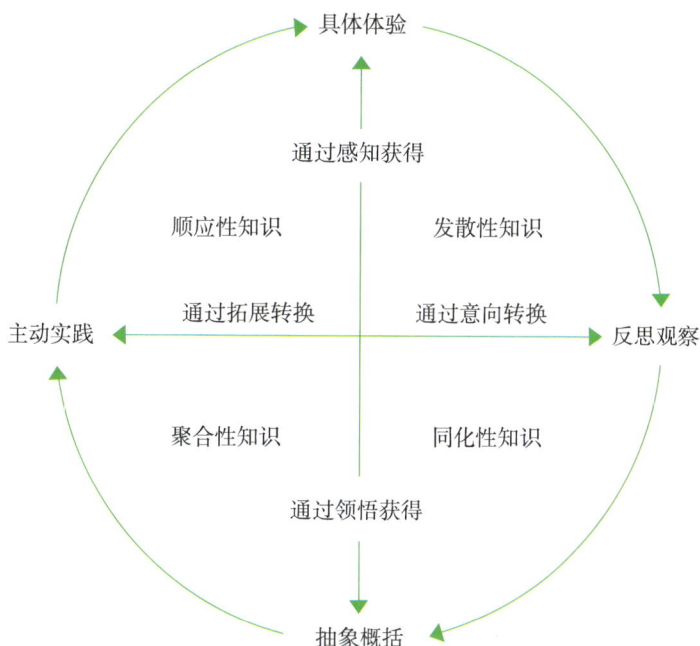

图 3-1 基于体验学习过程的结构维度以及由此产生的基本知识形式

这一部分以学习作为核心，知识既需要对经验的掌握或形象表征，也需要对表征进行转换。仅有形象掌握或运算转换是不够的。对于学习而言，仅有对经验的简单知觉也是不够的，必须对其进行处理。同样，转化过程本身也不能代表学习，因为学习过程必须具有可转化的对象，如某种状态或体验。这与皮亚杰的观点基本一致，只不过皮亚杰更强调转化过程而不是理解过程的作用，而我则致力于给予两者平等的地位（Piaget，1970）。

下面，我们将从哲学、心理学和生理学三个不同的角度分别对学习的理解维度与转换维度的证据进行检验。从这三个领域可以看出，学习过程中的这两个基本维度，其结构与功能是一致的。

理解维度——感知与领悟

经验的获得有两种截然不同的模式。虽然这一点未必显而易见，但只要稍加努力便可轻易证明。请你先暂停阅读，感知一下你周围的环境。在你的周围，你所看到的、听到的、体会到的那些最基本的、可靠的感觉（如颜色、纹理和声音）被我们称为现实。椅子稳固地支撑身体时的支撑感，书和页面的光滑质感，以及周遭混合在一起的声音——所有这些以及很多其他事情，你根本无须经过理性的探讨或分析确认，便可以瞬间知晓。它们只是简单地存在着，这种获得知识的模式被称为感知。然而，正如我在这里尝试的，用语言确切地描述这些知觉确实有点困难。语言就像船舶进入我们现实体验感觉的海洋中，它们承载并塑造了这些感觉，而遗留下的感觉则会从意识中消失。例如，关于"椅子"这一概念，可能只是描述了一个你坐着的地方（你躺在床上、站在书店陈列架前也一样）。这是一种总结当前一系列感觉的便捷方式，尽管它往往积极地阻止你去关注体验中与椅子无关的部分。这个概念同时也忽略了椅子某些其他可能对你很重要的方面，如硬度或吱嘎作响声。

从这个意义上来讲，领悟的概念与认知模式似乎是次要的和武断的。通过领悟，我们在没有空隙的、不可预知的感觉流中引入了秩序，但代价是感觉被塑形（扭曲），并永久地改变了感觉流。领悟型认知的其他属性确立了它在人类社会的主导地位，我们可以跨越时空来传达领悟型体验。如果你放下这本书，从座椅上站起来并离开房间，你对当前情境的感知就会消失得了无痕迹（当然，对于走廊或任何你所在的新情境的感知会取而代之）。但是，你对这种情境的领悟将为自己创造一个永久的模型并传达给其他人。此外，从一定程度上来说，该模型是根据你的感知准确构建的，因此它允许你对这些感知进行预测和重建。例如，尽管你并没有注意光源，也可能不记得台灯的位置，但你还是可以再次找到你坐过的那张舒适的椅子。对于符号理解所带来的沟通、预测和控制的巨大力量来说，失去原始感知经验的细微差别和安全性似乎只是一个很小的代价。然而，正如歌德（Goethe）在《浮士德》（*Faust*）中所言，这是一种代价——理论是灰色的，唯有生命之树长青。

感知与领悟之间的关系是一个经久不衰的哲学问题。关于这些知识形式之间的哲学区别，威廉·詹姆斯给出的诠释也许是最好的。他提出的知识获得和知识理解的概念分别对应于此处的感知与领悟。下述引文描述了詹姆斯对这两种知识的观点。

知识可以大体被分为两种实用的类型：知识获得和知识理解。大多数语言中都有对这种区分的相应表达，例如希腊语中的 γνῶναι 和 εἰδέναι，拉丁语中的 noscere 和 scire，德语中的 kennen 和 wissen，法语中的 connaître 和 savoir。我认识许多人，我们除了在相遇之时会产生交集，我对他们知之甚少；当我看到蓝色时，我知道那种颜色是蓝色；当我品尝梨子时，我知道那是梨子的味道；当我手指划过两厘米时，我知道那段距离是两厘米；当我感到一秒的流逝时，我知道那段时间是一秒；当我专注时，我知道那是专注；当我注意到两件东西存在差异时，我知道那是差异。但是，关于这些事实的内在本质或起源，我却一无所知。我无法把这种获得知识的方式传授给不具备这种认识的人。我无法向一个盲人描述蓝色是什么样子的，无法向一个孩子解释三段论，或者告诉哲学家距离就是距离，而不是其他形式的关系。我最多只能告诉我的朋友们，去特定的地方通过特定的方式体验就可以了。对世界上的所有基本现象、物种分类、物质和精神的简单性质，以及它们之间各种各样的关系，我们只能以无声的方式获悉，而无法对知识加以理解。的确，在我们的大脑中几乎对所有事物都具有一定的认知。我们至少可以对很多事物进行分类，也能说出它们出现的次数。在一般情况下，我们对事情分析得越少，对其关系感知得越少，我们对其了解得也就越少，如此，我们对其的认识就更偏向知识的获得……我们可以通过分散注意力的方式，目光恍惚地盯住一个对象，随心所欲地重新回到对其只有知觉的状态。我们也可以汇集我们的智慧，继续关注、分析和思考，对知识进行理解。我们感知的事物只存在于我们的思想中，我们拥有它或它的概念。但是，当我们开始理解它时，就不仅仅是拥有它了。当我们思考它的各种关系时，我们似乎在头脑中对其进行了某种处理，并用思维进行了操作。"感觉"和"思考"这两个词，讲的是另一个方面。通过感觉，我们开始感知事物，但只有通过思考，我们才能理解它们。感觉是认知的萌芽和起点，思考是长成的大树……通常归为感觉的心理状态是情感，以及由我们的皮肤、肌肉、内脏、眼睛、耳朵、鼻子获得的感觉。在通用术语中，"思维"是指概念和判断（James, 1890）。

伯特兰·罗素（Bertrand Russell）、赫伯特·费格尔（Herbert Feigl）和乔治·爱

德华·摩尔（George Edward Moore）等，也进行过类似的区分。他们描述了两种与感知和领悟过程并行的知识形式——了解（直接和间接形式）的知识和固有的知识（Klemke，1969）。珀金斯（Perkins）区分了从概念形成和理论建构过程（领悟）中获得的知识，以及从被他称为"内部理解"的过程（感知）中获得的知识。对于后一过程，他将其界定为"对体验的理解，包括对体验是什么的认识，以及我们认识到体验是什么"。怀特海（Whitehead）将两种知觉区分为：（1）来自因果效力的知觉，指的是人重视对象的用途（领悟）；（2）来自表征即时性的知觉，也就是人看到色块、听到音谱（感知）。马格里特（Magrite）在《清晰的想法》（*Les Idées Claires*）中似乎也表达了双重知识的理念（见图3-2）。同样，佩珀也曾对概念性的知识以及感觉到的品质加以区分（Pepper，1966）。

图 3-2 马格里特《清晰的想法》

佩珀和费格尔从这两种经验获得形式的区别出发，对一个长久以来的哲学问题——心身问题——提供了解答。费格尔提出，两种认识形式分别对应现象语言和肢体语言的双重语言系统。现象语言指的是经验的感受质量（感知）；肢体语言指的是描述性符号（领悟）。根据神经生理学研究，佩珀和费格尔相信肢体语言和现象语言所指的是相同的事物，即现象语言中的感知对象。费格尔曾这样描述他的身心同一性观点。

> 　　我想澄清和捍卫我的同一性观点，我认为人类有意识地经历的，以及那些我们自信地归属于某些高等动物的直接经验状态，与那些生物的神经过程的某些（很可能是构型）方面是一致的。这一观点，用此前分类学的术语来解释，就是已有的经验（had-in-experience）与（人类）获得经验（knowable by acquaintance）。它和整体行为理论所谓的描述的知识（knowledge by description）客体是相同的。反过来说，它与神经生理学描述的（或者更确切地说，是获得长足进展后将会描述的）中枢神经系统（尤其是在大脑皮层）的处理过程也是一致的。其基本的核心就是双重知识理论（Feigl，1958）。

　　自费格尔于 1958 年发表这段论述后，神经生理学研究取得了很大的进步，这为双重知识理论提供了强有力的新证据。关于感知和领悟这两种掌握现实的模式，它们之间的差异与一项对左右半球大脑皮层特定功能的研究极为相关。这项工作始于 20 世纪 60 年代初罗杰·斯佩里及其同事进行的临床观察和研究（Sperry，Gazzaniga，& Bogen，1969）。他们研究了所谓割裂脑病人的行为。为了降低癫痫发作的频率和严重程度，这些病人接受了胼胝体（corpus callosum）分离手术，胼胝体是连接左右半球大脑皮层的复杂神经纤维束。因此，这些病人具有两个相对正常的大脑半球，可以分别确定它们的功能。在此基础上进行的研究结果表明，大脑的功能与传统和古老智慧所述不符。在此之前，大脑左半球被认为负责所有的认知功能——意识、语言推理、分析能力等；而右半球则被认为是一个无意识的自动装置，相当于备胎，其仅有的功能是将信息负责传输到实际执行的左半球。斯佩里指出，情况并非如此。事实上，右半球在执行某些任务上的功能性比左半球更强，例如绘图所需的视觉建构。

　　我们介绍割裂脑研究是为了说明其结果的戏剧性。由于左半球控制了右侧视野与右手，而右半球控制了左侧视野与左手（见图 3-3），我们可以通过实验操作把问题相关信息只发送到一边大脑或向左右两边大脑发送互相冲突的信息。贝蒂·爱德华兹（Betty Edwards）对两项类似实验的结果进行了如下说明。

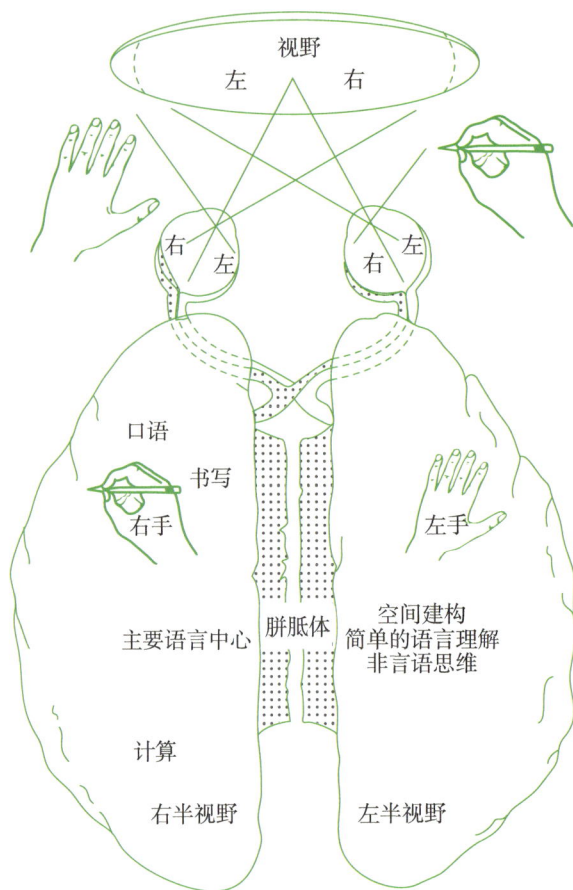

图 3-3 大脑皮层两半球的功能图示

注：右、左视域分别投射到左、右枕叶。右、左半身的控制同样交叉。

几个专门设计的用于测试割裂脑病人的例子，可以说明每个大脑半球感知到的都是独立的知觉现实并具有特殊的处理模式。在其中一项实验中，屏幕上瞬时闪现两张不同的照片，割裂脑病人的眼睛盯住一个中间点，以防双眼同时看两幅图像。然后，每个半球接收不同的画面。屏幕左侧的勺子图像进入了右脑，而屏幕右侧的刀子图像进入了负责语言的左脑。在被提问时，病人给出了不同的回答。如果被要求回答屏幕上闪现了什么，自信而清晰的左半球会使病人说"刀子"。然后，当病人被要求用左手（右脑）伸到帘子后面并且挑出屏幕上闪现的东西时，患者却会从一堆包括勺子和刀子的物体中挑出一把勺子。如果主试要求病人辨认他在帘子后面拿的东西时，病人可能会感到困惑，然后回答说"刀子"。右半球知道答案是错误的，却没有足够的词汇去纠正口齿清晰的左半球，只能在继续对话时让病人微微摇头。这时，负责语言的左半球甚至会疑惑地问出声："我为什么要摇头？"

在另一个证明右脑更擅长空间问题的测试中，一名男病人被要求按照某个设计搭起几块积木。患者用他的右手（左脑）搭建，一次又一次地失败了。在此过程中，他的右脑（左手）一直试图帮忙。但他的右手会推开左手。最后，为了阻拦左手，他只好坐在左手上。当科学家们最后建议他用双手时，空间上更为"聪明"的左手不得不推开空间上"笨拙"的右手，以避免它的干扰（Edwards，1979）。

对割裂脑病人的研究，以及后来对正常被试的进一步研究，证实并详细阐述了这一结论：大脑两半球有两种不同的意识模式，并且各有所长。这两种认识世界的不同模式被我们称作感知和领悟。

在表 3-1 中，爱德华兹对这些研究成果进行了总结（Edwards，1979）。从中可知，左脑模式的功能对应于领悟过程，负责抽象、符号、分析和语言功能。它像数字计算机一样，以线性的连续方式运作。右脑模式的功能对应于感知的过程，负责具体、整体和空间功能。它通过类比与合成的运作方式将事物的相似之处提取出来并加以识别。这些理解世界的不同取向在许多人类活动中都显而易见。例如，在音乐方面，左半球掌控识谱的能力，右半球具有整体模式识别的能力，从而控制了识别、欣赏以及记忆旋律的能力。左半球擅长理解语言交流，右半球擅长非言语性理解，如识别面部表情（Benton，1980）、情感等。本书的目的并非要确定这些功能的解剖位置，因为就目前来看，这在很大程度上仍停留在推测阶段，但是对研究体验学习的双重知识起源论而言，这样的描述与识别颇具意义和价值。

表 3-1　左脑模式和右脑模式的特点比较

左脑模式	右脑模式
言语的：使用词语进行命名、描述、定义	非言语的：意识到什么，但很少用言语来表达
分析的：把事情分成一步一步或把事物分成不同部分	综合的：把事情放到一起组成一个整体

（续表）

左脑模式	右脑模式
符号的：使用标志来代表事物。例如，画一个⊙表示眼睛，用符号＋表示加法	具体的：把事物与当前状态联系起来
抽象的：抽取信息的一小块来代表整个事情	相似的：寻找事情之间的相似之处，理解其中的隐喻关系
时态的：按照时间顺序，依次完成事件。例如，先完成重要事项，再完成次要事项等	非时态的：不具有时间观念
理性的：根据原因和事实得出结论	非理性的：不需要以原因和事实作为基础，愿意推迟判断
数字的：使用数字来计数	空间的：观察事物所在位置，有哪些相关的事物，部分是怎样构成整体的
逻辑的：根据逻辑得出结论；一件事情接着另一件，有逻辑顺序，例如，一个数学定理或一个陈述得很好的论证过程	直觉的：突然顿悟，常常基于不完整的模型、直觉、情绪或图像
线性的：思考的内容是有联系的，一个想法接着另一个，常会得出一个聚合性的结论	整体的：同时看到事情的整体；知觉整个模式和结构，常会得出一个发散性的结论

资料来源：Betty Edwards，*Drawing on the Right Side of the Brain*（Los Angeles: J. P. Tarcher，1979）。

大脑半球优势的研究提供了令人信服的证据，说明存在着两种截然不同、相互平等且辩证对立的认识世界的方式。同样也有类似的心理学研究证明了这一点。在《美国心理学家》（*American Psychologist*）期刊中一篇题为《情感和思考：偏好不需要推测》（*Feeling and Thinking: Preferences Need no Inferences*）的文章中，罗伯特·扎荣茨（Robert Zajonc）总结了从威廉·冯特（Wilhelm Wundt）的早期研究到他自己的研究中的证据，指出情感与思考是两个分离的过程，并进一步主张情感反应是首要因素（Zajonc，1980）。与"情感是认知分析的结果"这一广为接受的心理学说相反，扎荣茨指出，在某些情况下，情感的判断出现在认知分析之前。这些发现指出了我们称之为直觉的这一神秘过程的基础。也就是说，直觉行为是情感判断导向（感知过程），而非认知判断导向。例如，在他的一项实验研究中，他指出在直接识别短时间闪现的新旧刺激之前，被试能够基于情感判断（喜欢／不喜欢）对新旧刺激进行区分。扎荣茨认为，认知判断基于辨别，这是刺激的特定的、可分析的和局部的特征；而情感判断基于偏好，这是刺激更为形态化、模糊和整体的方面。

这里所考虑的区分在于情感系统和认知系统之间的差异，也就是在辨别和偏好之间进行区分。这一区分把我们带回到了冯特和巴特利特（Bartlett）时代，他们提出了整体印象或态度独立存在，不依赖于促成其出现的组成部分的观点。但是，迄今收集到的数据不能回答的一个问题是，情感－内容分离仅仅是分离存储的问题，还是在信息登记和编码时就已经存在分离？情感的快速处理时间可能意味着两个过程在多个结合点上更完全的分离。

这里有必要提到佩维奥（Paivio，1975）提出的图片和文字处理的双重编码假设。首先，佩维奥指出这些类型的内容加工之间存在许多差异，例如，图像的表达作为知觉的同构或类似物（图像元）出现，而言语系统的对应单位是语言部分（语文元）。其次，他还提出，图像信息是以一个同步的和空间上并行的方式组织起来的，而言语信息则是离散的和按序进行的。最后，他提出图像的加工更可能是由右脑负责的，而言语处理是由左脑完成的事情（Zajonc，1980）。

具体的感知过程与领悟过程是相互平等的，这一观点与 20 世纪 40 年代的观点产生了巨大的差异。早期对大脑损伤的研究将具体性作为一个缺陷，认为这是大脑损伤的一个指标（Goldstein，Scheerer，1941）。皮亚杰的研究持中间立场，他认为具体的感知过程标志着年轻的大脑及不成熟的思想。现在，基于大脑半球优势的研究，双重理解过程理论已经获得了高度的认同。这是对整个社会（特别是在教育领域）左派思维占主导地位的尖锐批评的基础（Bogen，1975）。这种掌握经验和理解世界的感知过程模式获得了科学界的尊重，也为长久以来艺术性认知中蕴含的力量提供了证据。

情人们和疯子们都富于纷乱的思想和成形的幻觉，

他们所理会到的永远不是冷静的理智所能充分了解的。

疯子、情人和诗人，都是空想的产儿……

——威廉·莎士比亚（William Shakespeare），

《仲夏夜之梦》（*A Midsummer Night's Dream*）

转换维度——内涵与外延

有关内涵缩小的意向过程和外延扩大的拓展过程起源于逻辑术语，并且主要应用于符号的领悟过程，我选择了意向与拓展来表达学习的基本转换过程，因为它们对掌握经验的感知和领悟模式都适用。双重转换过程的辩证本质与它们在意义创造中的协同作用，长期以来被认为是逻辑研究及标志符号研究——符号语言学领域的基础。符号语言学的两个主要分支——句法和语义——分别对应于符号的内涵形式特征的研究及标志符号的伸展外延，也就是世界上的标志和符号所指向的对象。计算机科学家道格拉斯·霍夫施塔特（Douglas Hofstadter）指出了这两个过程之间的区别及内涵在思维中所起的核心作用。

> 并非对一个人的所有描述都需要依附于一个代表此人名字的中心符号。描述本身可以被制造和修改。我们可以通过描述来创造不存在的人；我们可以合并同一个实体的两个代表性描述；当我们发现同一个描述代表两个事物时，也可以将其一分为二。"描述的演算"是思考的中心，它被认为是内涵的而不是外延的，这意味着描述可以"浮动"，而不是锚固于特定的、已知的对象上。思想的内涵与它的灵活性相连，这让我们有能力设想不同的假设、合并不同的描述或把一种描述切分成很多部分……幻想和事实密切交融在我们的头脑中，这是因为思考能制造和修改复杂的描述，而无须被束缚于真实的事件或事物中（Hofstadter, 1979）。

这里我要提出的是，内涵 / 意向和外延 / 拓展的转化过程不仅可以应用到我们对世界的具体感知中，也可以应用于我们的符号性领悟中。我们学习具体的直接经验的意义是内在地反思它们对我们感觉的前象征影响，以及基于我们所理解的经验采取行动，从而对其进行拓展。以我办公桌上的玫瑰花为例，我有意地转换对玫瑰花的感知，将注意力分散在它的不同方面，留意那素雅的粉红色并非是单一颜色，而是由白色到深玫瑰色的过渡与渐变。我闻着它的芳香，体验回忆之花的绽放。这时，我无法抗拒这种将体验向外转换为行动的冲动，我拿起玫瑰花，放到鼻子前。此时，带刺的花茎扎痛了我的手指，进一步延伸了我对玫瑰花的感知。现在，这个新拓展的感知进一步刺激了我的内部反思和情感。

学习——知识和意义的创造，产生于将思想和体验植根于外部世界的积极拓展过程中，以及对这些体验和思想的特质进行反思的内在过程中。正如叶芝（Yeast）所说："人的灵魂总是向外进入外部世界，向内进入自我内心。这种运动是双向的，因为人的灵魂如果不是悬浮在对立面之间，就不会产生意识。对比越大，意识就越强烈。"

如前所述，内涵/意向和外延/拓展是学习的基本转换过程这一概念，与皮亚杰强调的思维的运算方面相似。皮亚杰把思维运算分为行为动作（外延）和智力运算（内涵）两个方面，前者转换物体或状态，后者内化行为或转换系统（Plaget，1971）。值得注意的是，皮亚杰主要把外延的拓展性转换（个体行为）对应于对世界的具体感知，而内涵的意向性转换（反思抽象）对应于逻辑和数学知识的存储。这也许是因为他注重于儿童发展，我们可以从中观察到随着儿童的成熟，他们的反思能力和抽象思维一同取代了外显行为与具体感知。此外，皮亚杰聚焦在儿童的发展上，倾向于认为通过反思能力与抽象思维实现的转换优于通过外显行为实现的转化。但是，这里存在争议的是，尽管在童年时期，形象化与操作性共同发展。但到了成人时期，这两个方面却相互独立，并产生了理解与转换的四种同等组合（见第六章）。

从这层意义上说，在荣格提出的类型理论中，对于内倾（内涵）和外倾（外延）的概念或许是对转换维度所做的最佳描述。

内倾立场可以被描述为：人在任何情况下都把自己和主观心理过程置于客体和客观过程之上，或者不惜任何代价都不向客体屈服。因此，这样的态度赋予主体比客体更高的地位。其结果是，客体总是处于较低的地位，它是次要的，有时它甚至仅代表一个主体内容的外部客体表征，换言之就是一个想法的具体表现，但这个想法是本质因素；或者它是情感的客体，但情感的体验占据主导地位，而不是客体自己占据主导地位。反过来，外倾立场把主体置于客体之下，因此客体获得支配地位。主体总是次要的，主体过程仅作为客体事件的干扰或多余的附属物而出现。很明显，这些对立的立场会导致两种完全不同的取向：一个是人们从自己设想的角度看待事物，另一个是从客体事件的角度看待事物。

这两种对立的态度表明了两种对立的机制。每个人都拥有这两种心理机制，并以此来展现自身天然的生命律动（Jung，1923）。

在这个最初的设想里，荣格非常重视从认识论的角度看待内倾与外倾。他看到了唯名论（nominalism）与唯实论（realism）哲学辩论之下的心理差异。唯名论认为，一般法则和观念只存在于命名中；唯实论认为，一般法则具有对应的客观事实。荣格则认为，唯名论者和唯实论者的立场均非真理，真理存在于内倾和外倾态度的动态整合中。

每一种关于智力表述的逻辑，无论多么包容，都与生动的、直接的客体印象发生了剥离。任何表述或多或少都是如此。可一旦如此，便丢失了必不可少的外倾性，即与真实客体的关系。因此，我们很难在任何一种态度上找到让人满意的和解方案。可是，人不能总是处在这样的分裂中，即使是心智上也不可以。这不是遥远的哲学问题；而是人与自己、人与世界之间每天重复的问题。这一问题在本质上便存在争议，无法在唯名论与唯实论的讨论中解决。"理智存在"缺乏可触的实体；"真实存在"则缺乏心智。因此，我们需要第三种立场的介入。

在人的内心世界中，思想和事物共同出现，并保持了其中的平衡。如果心灵没有提供存在的价值，思想又意味着什么？如果感觉印象决定并抑制了心灵的力量，客观事物又有何价值？如果我们自己都不是真实的，真实又是什么呢？"灵魂存在"吗？活生生的现实既不专属于客观事物和实际行为，也不是既定思想的专有产物；它来自活生生的心理过程中两者的集合，来自"灵魂存在"。只有通过心灵的特定活动，感性知觉才能达到那样的强度，思想观念才能在现实中释放力量。它们是活生生的现实中不可或缺的两个组成部分（Jung，1923）。

荣格提出，"灵魂存在"是"真实存在"和"理智存在"的辩证统一体。他主张，思想和幻想世界的真实性与外部世界的真实性一样重要，甚至更加重要。他认为，在自身所处的时代，现代科学已经培养了一种态度——否认内心世界的真实性而赞成客观的、可公开确认的外部事件和对象。但是，要用基本辩证法把内倾和外倾联系起来，内部经验就不能仅仅是对外部世界的反映。面对强大社会力量的否认，坚守内部经验的真实性和独立性，成为荣格的核心使命。荣格在寻找所谓的集体无意识，如基本符号或原型。荣格认为，这些原型是积极生活的性情，柏拉图意义上的理念，决定并不断影响我们的思想、情感和行为（Read et al.，1961，1967）。对于荣格而言，个人角色的体验是实现原型所蕴含潜能的过程，这些原型与生俱来，像身体特征一样继承而来。通过在个人生活体验中发展和使用我们的原型，个体就可以意识到其基因潜力，从而达到自性化或自我实现。个人的发展并不是积累人生经验以塑造个性的结果，而是内部主观原型的潜力和外部环境相互作用的结果。

我之所以引用荣格的话，是因为经过几代研究者对内倾和外倾的探索，已经出现了一种概念上的"遗传漂移"（genetic drift），荣格原始的认识论思考和内外倾向之间的辩证关系的概念似乎已经被遗忘。荣格明确地把内倾与外倾看作辩证的独立实体，心理测量学家们则把内倾/外倾作为单一维度来考虑（Eaves & Eysenck，1975）。不过，大多数研究都无法展示出一个单一的内倾或外倾的因素，而这被当作怀疑此概念有效性的证据，而不是促使人们意识到这是由于实际操作而导致的错误（Carrigan，1960）。这些研究显示，内外倾变量之间的组间相关至少需要考虑两个独立的因素。因素之一强调内倾的优势，这似乎与欧洲学者对这个维度的普遍看法不谋而合，他们强调冲动与脆弱的超我对外倾者的控制；另一个因素强调外倾的优势，符合美国把外倾看作善于交际及拥有良好人际关系的观点。尽管这两种构想都反映了内倾和外倾有意义的方面，但我认为它们在荣格强调的基本认识论动力方面是次要的，至少在当前学习研究的目的上是这样。

与内涵/意向和外延/拓展过程相关的另一种心理学观点，是由与荣格同时代的赫尔曼·罗夏（Hermann Rorschach）提出的。这位著名的墨迹投射测验的创造者建立了一个测量被试反应的指标，该指标被称为经验平衡（experience balance）。通过测量由墨水的颜色决定的测试反应的比率，分别对运动反应进行描述（如两个跳舞的女人）。一方面，那些被罗夏标记为外向的（extratensive）人，他们偏好颜色，被认为是向外的取向，因为他们对客观现实——墨迹的色彩刺激敏感；另一方面，对动作的感知没有相应的外部现实，因此需要主观过程的介入。由此得出的结论是，具有优势运动反应的密集主体，被描述为有一个更积极的"内心世界"，较少关注外部的、客观的现实。

尽管罗夏否认他的经验平衡概念与荣格的内外倾概念有任何关系（Rorschach，1951），但这两种观点似乎存在很多共同之处（Bash，1955）。罗夏对客观取向与主观取向的区分与荣格理论的关键点吻合，而罗夏对两种"经验类型"的描述也与荣格对外倾和内倾的界定非常相似。此外，研究表明，外向被试与内向被试之间的某些经验差异对应于假定的或观察到的外倾与内倾之间的差异。内向者比外向者在认知方面更复杂（Bieri & Messerley，1957）；他们更富有想象力，有更积极的幻想生活，并且有更强的运动神经抑制能力（Singer，Wilensky，& Mc Craven，1956）；他们很少怀疑"自我是相当稳定的理解经验的基础"（Palmer & Mann，1956；Singer & Spohn，1954）。

当代杰罗姆·卡根（Jerome Kagan）的研究对内涵/意向与外延/拓展的动态过程提出了更深入的见解。在对儿童认知过程的研究中，他发现了"冲动－反思"维度。他将这一维度界定为"被试提出解决方案，并对这一假设的有效性进行反思的程度"（Kagan & Kogan，1970）。这一观点与欧洲学者关于"内向"的观点非常相似，内向者也非常强调内省、控制冲动和反思等积极技能。卡根使用了几个测试对该维度进行评估，其中最常见的是熟悉图形匹配测验。这个测试要求孩子从 6 个图形中选择一个与给定标准相同的图形。冲动的孩子往往会比善于反思的孩子更快速地对任务做出回答，也会犯更多的错误。卡根发现，从纵向发展而言，从 5 岁至 11 岁，孩子的反思能力随着年龄的增长而增长；但相比较而言，随着时间的变迁，人们的冲动或反思气质相对稳定。也就是说，在冲动－反思维度上，人们保持了在同龄人中的相对位置；对于个人来说，其反思或冲动的倾向普遍存在于不同类型的任务中。卡根还发现，人们会根据环境的需要改变自己的取向。也就是说，当环境鼓励他们多花时间确认答案时，他们便会进行更多的反思。类似研究结果的解释表明，冲动型的人与反思型的人在内心深处的激励动力有所不同。

一个人越害怕犯错误，他就会越谨慎，进而表现出更多的反思。对一个可能不准确的答案毫不在意，很可能是冲动表现的主要决定因素。反思型的人似乎过于担心犯错误，希望不惜一切代价避免错误。冲动型的人对错误似乎毫不担心，因而反应迅速。我们可以回忆一下，冲动的被试在提供"答案"之前，是不会将所有的解决方法考虑一遍的；而且在一系列回忆程序中，他们往往会报告那些没有听到过的词（Kagan & Kogan，1970）。

因此，那些具有外延／拓展转换取向的人主要关注的是最大化的成功，很少会关注失败或错误；那些具有内涵／意向转换取向的人主要关注的是如何避免失败和错误，为了达到这一目的，他们甚至愿意牺牲成功表现的机会。这两种对成功的不同定义，不仅对于理解儿童的行为非常有用，还揭示了成人世界中外倾取向与内倾取向之间的基本矛盾。科学与政府之间或专业人士与学者之间的许多冲突，也源自于这些差异。例如，科学家追寻绝对的真相，避免来自社会对其"不负责任"的指责，而政治家永远在不确定中面临着采取行动的迫切性。对政治家来说，做事比追求理想更加重要。

与感知和领悟的理解模式一样，内涵和外延的转换模式也具有生理学基础的相关证据，虽然目前还是假设性的。对感知模式的控制似乎主要集中在大脑新皮层的左右半球，伯根（Bogen）曾提出转化过程可能会从前到后反映在大脑中："如果操作（外延拓展）相对知觉（内涵意向）在大脑中有个梯度变化，它很可能是从前到后，而不是由左到右。"其他证据表明，内涵和外延的取向与大脑边缘系统有关，主要由副交感神经和交感神经系统的兴奋所引起。交感神经系统被认为在行动准备与应对外部世界中具有广泛的调动功能；而副交感神经系统被认为在不需要和外部世界打交道时，起到对人的保护、维护和放松功能。边缘系统的这两部分，在某种程度上彼此独立但又常常竞争，因此一个人的外延或内涵取向，将是两个系统的即时联合活动的结果。

布罗沃曼等人（Broverman et al.，1968）对这两个系统的药物诱导的唤醒或抑制作用的综述，说明了这两个系统的激活或抑制对学习表现的作用。他们从药物影响表现的文献综述中总结道：能够增加生物体活性（外延导向）水平的物质，要么刺激交感神经系统，要么抑制副交感神经系统的功能，从而增加了人们处理简单的知觉－运动任务的效率，如视力敏锐性或读写速度；但使人们在需要行为抑制与更高级的思维过程的知觉重构任务中表现更差。而有助于抑制交感神经系统功能或刺激副交感神经功能并提高生物体抑制水平（内涵导向）的物质，则产生了相反的模式——使人们在简单任务上表现更差，在复杂任务上表现更好（见表 3-2）。

表 3-2　交感和副交感神经系统的刺激与抑制对简单的知觉 – 运动与
复杂的知觉 – 重构任务表现的影响

	活性增加（外延导向）		抑制增加（内涵导向）	
	刺激交感神经	抑制副交感神经	抑制交感神经	刺激副交感神经
简单知觉 – 运动任务	促进	促进	削弱	削弱
知觉 – 重构任务	削弱	削弱	促进	促进

资料来源：Donald Broverman et al.，Roles of Activation and Inhibition in Sex Differences in Cognitive Abilities，Psychological Review 75（1968）。

　　总而言之，相关证据表明，并不是交感 / 副交感神经系统单独决定了个体的内涵导向或外延导向的经验转换倾向，这些系统是决定某种心理和生理过程的整体模式的主要力量，它控制着一个人的行动或反思倾向。亚瑟·迪克曼（Arthur Diekman）把这两种导向描述为意识的行动模式与意识的接受模式。他对这两个整体导向的组成部分有如下描述。

　　行动模式是围绕操纵环境组织的一种状态。纹状肌肉系统及交感神经系统是主要的生理机制。脑电图（EEG）显示 β 波，基线肌张力增加。这种状态的主要心理表现是焦点关注、基于对象的逻辑、更高的边界知觉、形式特征对感官特征的主导地位，以及更偏好形状和含义，而不是颜色和纹理。行动模式是一种努力的、以实现个人目标为导向的状态，包括营养、防御、获得社会回报，诸如获得各种符号和感官的愉悦，以及避免各式各样的痛苦。

　　相比之下，接受模式是关于摄取环境而不是操纵环境的一种状态。感官 – 知觉系统是主要的机构，而不是肌肉系统，副交感神经功能往往是最突出的。脑电图趋向于 α 波，基线肌张力降低。接受模式的其他特点有弥漫性参与，倒错思维过程，降低边界感知，感官比形式起到更主导的作用（Diekman，1971）。

　　和荣格一样，迪克曼也认为，在人类社会中，相较于反思模式，行动模式已经占据主导地位。明显导向和应对外部环境的生存价值趋于压倒接受模式中知觉和体验的价值。后者往往和婴儿期、被动状态和退化联系在一起。瑜伽的某些形式可以在由副交感神经系统控制的过程（如心跳和呼吸节律）中形成明显的自我控制。目前，人们对如何通过瑜伽与冥想活动以及其他的东方训练如武术，还有西方技术形式如生物反馈，从而发展内向反思功能，以应对由于过分强调外向动作模式及其参与唤醒的交感神经系统而产生的压力和紧张，产生了极大的兴趣（Ornstein，1972）。

总结

本章收集了来自哲学、心理学和生理学领域的证据，它们描述了学习过程的两个基本的结构性维度。第一个是理解维度，包括两种辩证对立的获取和掌握经验的模式：一种是通过对当前具体体验的直接感知，另一种是通过对经验符号表征的间接领悟。第二个是转换维度，包括两种辩证对立的经验转换模式：一种通过向内反思，另一种通过向外行动。

过去人们往往把理解和转换维度混为一谈，合成一个维度。虽然荣格最早发现了外倾对应感情导向，内倾对应思维导向（Bash，1955），但后来，他的研究才把这些分为独立的维度。同样，尽管皮亚杰在认知发展的结构性分析中确实强调了思维的形象与运算方面的差异，但他还是把现象主义/建构主义维度和自我中心/反思运算维度看作整个发展过程中相关的维度。在我看来，很多关于左右脑功能的文献也混淆了两种维度，结果把一些由别处控制的心理功能也归因于左右半球（Ornstein，1972；Diekman，1971）。我在这里采取的立场是，即使在某些情况下这些维度实际上是相关的（如在儿童发展的各个连续阶段），但还是要保持它们在分析上的独立性。

此外，需要注意的重点在于这两个基本维度并不是单一的连续体；与之相反，每一个维度代表了两个相对独立又相互促进的导向之间的辩证对立。感知与领悟分别是掌握经验的独立模式。生理学证据表明，这些功能分布在右侧和左侧大脑半球不同的位置，而胼胝体是其中的整合机制。

同样，意向与拓展是转化经验的独立模式，似乎是由独立而相互关联的副交感神经系统与交感神经系统所控制。最后要说的是，我们坚持认为，感知与领悟作为理解过程，内涵意向和外延拓展作为转换过程，对学习过程的贡献是同等重要的。这不同于皮亚杰的观点，他认为领悟内涵更重要。感知与领悟、内涵与外延之间的关系（在一个比较直觉的感知水平上）深刻地体现在埃舍尔（Escher）的版画《昼与夜》（*Day and Night*）中（见图3-4）。

图 3-4 《昼与夜》

在介绍了体验学习过程的基本底层结构后，我们需要描述在学习过程中这些结构是如何运作的。我们将在第四章探讨学习过程中各种模式的变革，以及个人学习风格的概念。

更新与反思

1. 体验学习与大脑

- - - - - - -

生命给了你一个大脑，

生活赋予它思想。

——杰弗里·尤金尼德斯（Jeffrey Eugenides），

《中性》（*Middlesex*）

- - - - - - -

自 20 世纪 80 年代以来，人们对大脑领域的研究速度之迅猛超越了任何其他领域。当我撰写《体验学习》的时候，用于确定大脑的左右脑不同功能的研究取得了大量激动人心的成果。1981 年，罗杰·斯佩里被授予诺贝尔生理学与医学奖。他与同事于 20 世纪 60 年代进行的研究获得了广泛的宣传与普及。这些研究表明，大脑的左右脑专注于不同的任务。我认为这与威廉·詹姆斯有关认识世界的两种模式（右脑感知与左脑领悟）是相关的（见第三章）。认知神经科学领域已经开始蓬勃发展，它为人们提供了直接观察认知中大脑参与的方法，如功能磁共振成像（fMRI）。关于大脑的加工过程与结构及它们对学习的作用的研究正在急剧扩大。2008 年，有 400 多份神经科学期刊发表了超过 26 500 篇相关文章。美国神经科学学会（The Society for Neuroscience）在 1979 年召开的第一次会议有 1300 个参会者；到 2000 年，有 24 000 人参加。大脑领域的研究无处不在，教育学、法学、管理学、经济学、伦理学等不同学科领域已经开设了相关专业，如神经教育学、神经法律学，等等（Rose & Abi-Rached, 2013）。

詹姆斯的双重知识理论为当代的双重加工研究奠定了基础（Evans, 2008）。fMRI 研究大大增加了我们对双重知识理论的理解。卡尼曼的著作《思考：快与慢》（*Thinking, Fast and Slow*）使得这个理论流行起来。书中把感知称为系统 1，把领悟称为系统 2。博亚兹、罗奇福德和杰克斯（Boyatzis, Rochford, & Jacks, 2014）在一篇有关 fMRI 研究的综述中详细说明了参与双重加工的两个大脑网络——任务积极网络（Take Positive Network, TPN）与默认模式网络（Default Mode Network, DMN）。与詹姆斯的理论一致，任务积极网络与默认模式网络间存在一种辩证关系。任务积极网络的神经活动抑制默认模式网络的活动，反之亦然。任务积极网络对解决问题、集中注意力、决策与行动控制（系统 2）都重要；而默认模式网络在情绪控制、社会认知、道德决策、创造性及对新想法的开放性方面很重要（系统 1）。

有关大脑研究的宏观层面主要有三种解释角度：（1）左右脑之间的区分是一个横向的角度；（2）上 / 下（描述了爬行脑、边缘系统和大脑皮层）；（3）从前到后。伊格尔顿（Eagleton, 2011）的一篇论文结合了横向的角度及上 / 下的角度来描绘大脑学习循环的地图。左边缘叶通过探究感觉和体验（CE），左侧皮层用于反思观察和批判性思维（RO），右侧皮层用于横向思维和抽象分析（AC），右边缘叶用于采取行动和解决问题（AE）。其中，詹姆斯·祖尔的角度主要是从前到后，他认为，大脑皮层最引人注目的功能划分线是躯体感觉与初级运动之间的边界。它把大脑皮层分成前半部分和后半部分（Zull，2002）。

2. 学习循环与大脑功能之间的联系

在凯斯西储大学的 40 年学术生涯中，我最大的乐趣之一是与詹姆斯·祖尔的合作。1994 年他建立校级教学与教育创新中心（UCITE）时，我任职于他的顾问委员会，我和他在组织行为系共同教授了很多年学习与发展的博士课程。我很珍惜我们关于学习与教育的交谈。他对教学的极大热情及他对生物学研究的巨大热情，凝聚在他的两本伟大的著作《改变大脑的艺术》（*The Art of Changing the Brain*）与《从大脑到思想》（*From Brain to Mind*）中。他的目的是要了解怎样才能用神经科学的术语来理解皮亚杰关于学习的建构主义概念。他的基本观点是，知识存在于大脑皮层的神经元网络中，而这个网络是通过学习体验来建构的。用建构主义的术语来说，学习是建立在每个个体的神经元结构之上的过程，每位学习者都是独特的，也将独特地诠释自己的经验。从体验中学习将带来神经元、突触和神经元网络的调整、生长和修剪。因此，学习可从生理上改变大脑，教育是改变大脑的艺术。

祖尔看到了学习循环与创建神经网络的神经系统结构之间的相似性。如图 3-5 所示，感觉皮层产生具体体验，反思观察涉及颞叶整合皮层，新的抽象概念产生于额叶整合皮层，主动实践涉及大脑的运动皮层。换句话说，学习循环来自大脑的结构（Zull，2002；2011）。祖尔承认大脑功能的复杂性，他认为，大脑的这些区域高度且不排他地参与到学习循环的各种模式中。它们各自的功能——感觉（sensing，CE）、记忆（remembering，RO）、理论化（theorizing，AC）以及行动（acting，AE），被他称为学习的四大支柱。

祖尔曾描述了一个认知神经科学的实验。实验显示，猴子可以辨别猫和狗。更重要的是，在此过程中，它们遵循学习循环的顺序，就像他在支柱脑区理论中所预测的那样：感觉（知觉猫和狗图像的主要方面），记忆（把知觉到的图像和记忆中的印象进行比较），理论化（从知觉到的图像确定猫或狗的特征），使用特定的行动来检测判断

（狗按红色按钮，猫按绿色按钮）（Zull，2012）。

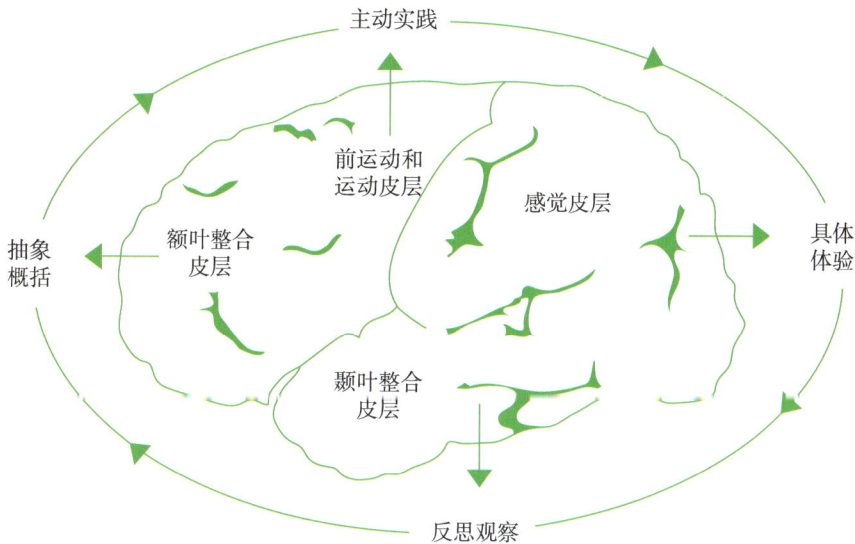

图 3-5　体验学习循环和大脑皮层区域

资料来源：Stylus Publishing，Zull，2002。

具体体验与感觉——感觉皮层

感觉皮层通过感官从外界接收信息。祖尔描述了它是如何运作的："在具体的经验中，来自外界的信息与我们身体的物理信息通过感觉器官进入大脑……然后它被并行传送到情感监测器（杏仁核）和各感官的皮层特定区域。如果杏仁核确认经验是危险的，那么它会引发躯体本能的动作（战斗或逃跑）……这是极端反应。通常情况下，经验的情绪和认知内容都被发送到皮层，由顶叶及颞叶的整合皮层进行处理（Zull，2002）。"这种平行轨迹意味着，不安全的和危险的环境可能会分散注意力，使人们的注意力难以集中，并且不能充分地利用经验的全部细节。同时，这也有助于我们更好地理解詹姆斯的纯粹经验概念，以及为何经验会被文化的诠释及记忆中以往的经验所蒙蔽（见第二章的"更新与反思"部分）。通过感官传入的直接经验在到达思维的额叶皮层前，已在一个或另一个轨道上被立即识别和解释。

祖尔认为淹没了所有的感觉的"感觉－甜美"的真实体验对学习是最有益的。"我们更愿意信任来自经验本身的感觉输入。我怀疑这种由我们对'真实事物'产生的感觉体验所带来的信心与信任，对我们的杏仁核有镇静的作用。而一个平静的杏仁核意味着更清晰的思维（Zull，2002）。"教师应该做更多的展示而少讲述。

反思观察与记忆——颞叶整合皮层

颞叶整合皮层整合了感觉信息并创建图像和意义。它参与记忆的形成与回忆，使人们能够识别物体；它还参与到语言理解和空间关系中。祖尔对反思研究的伟大贡献之一是，他强调了记忆的重要性。在第二章"更新与反思"部分介绍的初级水平的反思中，体验被整合到记忆中，并产生了意义，例如命名一个人是通过整合名字的声音与可视化图像实现的。人们的这种记忆通过分布在大脑皮层的神经元网络而延伸，神经元网络与关于此人的其他记忆及我们对这些记忆的感情一起动态地生长、连接并衰减。这种可塑性导致记忆随着时间不断修改。形成记忆的最重要的部分是它与情感的联系。若要持久，记忆必须经由神经元通路连接情感结构，如杏仁核、伏隔核与下丘脑。情感引起了注意力，如果我们不关注某种体验，就不会感觉到它。丰富的经历更令人难忘，如改变、惊喜及调动所有感官的经历。我们不记得某个人的名字，是因为一开始就没有形成记忆，或者是因为回忆的神经元连接十分微弱。

抽象概括与理论化——额叶整合皮层

额叶整合皮层使用短时记忆来选择、规划、解决问题，并做出决策。它通过判断和评估来指导大脑的其余部分与身体的动作。它通过抽象概括、处理概念和图像来超越现有的知识，并进行创造及选择新的行动。

这种整合是一种创造性的、积极的，而非反思性的过程。"这意味着我们可以在任何时候改变我们的目的。我们可以改变思考的理由、思维的内容。我们可以抛弃具体的事实和观点，用其他内容来取代。我们可以选择我们想要思考什么，我们要解决什么问题，并在我们的头脑中实现它们。我们可以识别构成我们思想的元素，当我们朝着一个具体的目标迈进的时候，可以在我们的心理地图中将它们随意移动。我们可以抛弃任何不为我们所用的东西，并添加那些有用的。这一切都是自由的！这一切都是可选择的！就是这一切，使得创造性整合具有创造性（Zull，2011）。"

额叶整合皮层使用工作记忆区来组织一系列的运动，从而使人们完成目标。工作记忆区从后整合皮层选择与计划的行动相关的记忆与事实，并把它们组织成一系列能够解决问题的动作。当受到刺激的时候，大脑皮层中的某个独特的神经元网络活动会被激活；当刺激结束的时候，激活的状态仍然会持续一小会儿，以便大脑能够"记住"受到的刺激。如果有另一个刺激产生，那么原来激活的状态就会被中断，这使得短时记忆不稳且容量受限。因此，工作记忆需要工作并集中注意避免分心。

祖尔强调，情感通过伏隔核的多巴胺奖励系统驱动额叶皮层，但与这些功能最相关的是智力。关于学习与问题解决，情感与认知机制起到同样重要的作用，并受我们的愿望和需求驱动。他特别强调主人翁精神对自发的、有目的的行动至关重要。

主动实践与行动——运动皮层

祖尔关于学习循环的另一个见解是强调行动对学习的重要性。学习循环以行动结束，并把大脑内部的加工过程与世界重新联系起来。这一过程创造了新的体验，并开启了新的循环。他称此为"伟大的转变"，即把感官体验转化为行动体验。这一转变发生在两个方面：一方面是直接从感觉皮层到运动皮层，另一方面是按学习循环从后（反思）到前（思维）整合皮层。

没有认知活动介入的简单反射、刺激和反应是直接的通路。更复杂的活动是探索和模仿。探索是感觉与行动之间的持续合作，例如眼睛通过不断移动来进行探索。模仿是在行动上重复感觉信息，例如孩子通过重复妈妈的话来学习语言。参与模仿的神经元被称为镜像神经元。镜像神经元通过动作来配合观察，它位于负责语言的布洛卡区。实际上，体验与行动之间的直接递归循环，可以帮助人们掌握技能而不太需要认知辅助（见图3-6）。胡佛、詹巴迪斯塔和贝尔金（Hoover, Giambatista, & Belkin, 2012）将这一循环称为"替代性观察体验学习"，他们认为它减轻了直接体验学习的认知需求，因此可以作为从直接体验中学习的先导。例如，在独自完成某项任务之前，先对他人的表现进行观察。

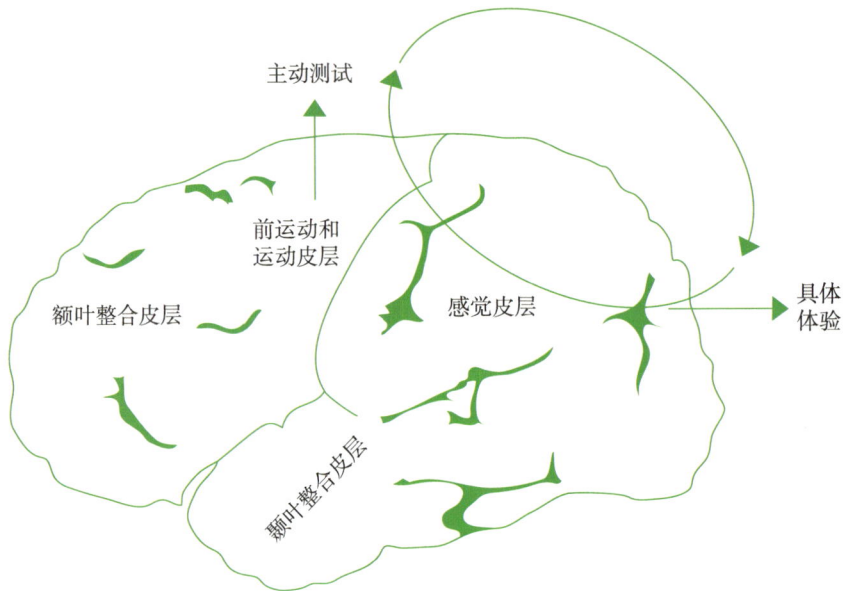

图 3-6　探索 / 模仿的学习循环

围绕学习循环的较长路线参与了反思与先前的记忆，到达运动皮层，在这里引发了发挥协调作用的自动肌肉收缩，从而产生运动。这些运动执行了从额叶整合皮层产生的计划与目标，包括通过口语和文字生产语言的行动。

元认知与前扣带回

祖尔在他的《从大脑到思想》一书的最后向我们介绍了前扣带回。这种结构似乎是大脑皮层的一个新的进化特点，它包含了纺锤形神经元，这些神经元连接着大脑的不同部位，为感觉与运动皮层及情绪中心提供整合功能。它不仅与情绪的自我控制和应对环境改变的自适应有关，似乎还积极参与到自我意识与自我反思的思维过程中。这种执行性的元认知功能，其核心是自我调节、审慎学习及学习如何学习（见第八章的"更新与反思"部分）。

有关自我的元认知能力对情境记忆的功能至关重要，托尔文（Tulving，1983，2005）称之为自主（自知）意识。他认为，个体只有通过对自我详细的描述，才能自主回忆过去的个人事件，并在心理上具体化为在主观未来的存在。目前不知道哪部分额叶对自我意识特别关键，很可能是最前面的区域（Wheeler，Stuss，& Tulving，

1997）。情境记忆包括一些语义记忆，不同于语义记忆本身，它在回忆事件的时候包括了自我参与的具体情境和时间；而语义记忆只登记、存储并使用脱离语境的事实，并没有指明事件发生的时间。

情境记忆对体验学习尤为重要，它通过重新体验并在头脑中重返过去来完成记忆。其实质在于一种主观的感觉，在当前的体验中，个体重新体验过去生活中发生过的事情，现在的经历仿佛与最初的经历是一样的（Wheeling，Stuss，& Tulving，1997）。对个人经历的回忆构成了未来计划和行动的基础。威廉·詹姆斯认为，记忆像是一种直接的感觉，它的对象泛着温暖和亲密感，这是那些只有单纯概念的对象从未拥有过的（James，1890）。一方面，大多数教育侧重于语义记忆，使得个人很难在情境中运用这样的事实和想法。例如，回想统计学课堂的场景可能是努力观看黑板上的公式以保持清醒。另一方面，体验式教育和情境式学习（Lave & Wenger，1991）会着重于将统计运用到个人研究的相关项目上。这种情境记忆涉及关于在未来的研究中应用这些概念的想法。

詹姆斯·祖尔论教育

对于教育者和学习者来说，祖尔的著作具有深刻的含义，为我们提供了许多启示。这里是一些与体验学习相关的建议。

- 均衡地运用四种学习模式，发挥大脑相关部分的作用，增加深度学习的机会。
- 学习循环的四种模式提供了四次记忆的机会。它是元认知的，其产生的情境记忆对将来有意识的学习迁移非常重要。
- 情绪影响思维多于思维影响情绪。积极情绪（快乐）促进学习。
- 当我们学习的时候，大脑正在发生变化。从神经元网络这一先验知识的外在形式开始，不断进行神经元网络的建设。
- 学习如何学习应是教育的重点。
- 从具体的实例开始通常比从抽象的原则开始更好。教育者或许已经达到了抽象原则所处的阶段，而学习者可能还并未达到。
- 要小心，工作记忆的容量是有限的，不要超负荷使用。一头被硬塞信息，只会使信息从另一头被挤出来。

■ 始终要激发学习者的积极反应。给予学习者一个能接受失败的安全环境将会有助于激发学习者的积极反应。

3. 我的大脑让我这么做

我本科学习哲学时，哲学家们指责试图解决身心二元论问题的人犯了小矮人谬误（the homunculus fallacy，又称笛卡尔剧场），这个时候我总是会发笑。小矮人存在于大脑中，观察从感官上获得的信息，解释它，决定人们该做什么，并控制其行为。小矮人取代了笛卡尔的松果腺，成了灵魂之所在，并充当心灵及其主观品质和意向状态的代理作用，这是一个纯粹的外在概念。愚蠢的想法、庸俗的例子与深刻的哲学问题并行不悖，让我觉得哲学很有趣。我惊奇地发现，神经科学使用了"皮层小矮人"这一术语，它非常真实地描述了感觉皮层和运动皮层的解剖学划分（见图3-7），构成了体验学习模拟/探索循环的生物学基础。

图 3-7　皮层小矮人

实际上，物理学家似乎已经赢得了胜利。人们普遍认为，思想是一种物理现象，思想就是大脑。虽然如此，但是距离证实这一观点还相差甚远。丹尼尔·丹尼特（Daniel Dennett）是《意识的解释》（*Consciousness Explained*）一书的作者，作为"思想即大脑"的积极倡导者，他承认自己正处在通向这一目标的过程中。史蒂芬·杰伊·古尔德（Stephen Jay Gould）认为，整合心灵与大脑现象的还原论一定会失败，其中有两个原因：首先，在复杂的系统中出现新的解释规则，这些规则是由各组成部分之间的非线性或非加性的相互作用产生的，它们在原则上不能从单独考虑的部分属性中被发现；其次，偶然性或独特的历史事件的重要性日益增加，这些事件在原则上不能被预测，但在它们出现后仍然能够获得真实的解释（Could，2003）。卡拉·汉纳福德（Carla Hannaford）认为，学习是一个整体过程，牵一发而动全身，"但我们忽略了思想最基本、最神秘的方面——学习、思考、创造性和智力并不是大脑独有的，而是整个身体的过程。感觉、运动、情绪和大脑的综合功能立足于身体。与思想相关的人文素质永远无法独立于身体而存在（Hannaford，1995）。"

祖尔与大多数人一样，认为大脑即思想，甚至精神也是身体的，一个物理的大脑意味着一个物理的思想，意义本身就是依附于身体的（Zull，2000）。我的观点是，大脑和思想代表两个领域的论述，两种不同的观点，对于不同的目的都有帮助，合在一起能同时增强双方的观点。大脑涉及生理、神经元、受体和神经递质。思想涉及意图、想法、信仰、情感和欲望。具有讽刺意味的是，神经科学越来越多地谈论意识和思想，而不是去除它们。我完全支持神经科学家更深入地、更全面地了解大脑。他们对于思想的身体属性的热切信念将会在他们通往目标的道路上很好地发挥作用。我相信，人类有能力应对任何发现。在消化这些发现的同时，人类关于思想和精神的论述仍然存在并蓬勃发展。我们看到了祖尔关于物理大脑的谦卑论述，它启发了我们对如何学习和教育的理解。

但愿永远如此！各个学科都有办法提升自己学科的话语权，并延伸到专长之外的领域，同时不贬低其他学科领域的专长。温和的社会科学家的"物理嫉妒"导致他们寻求具有神经科学外衣的正当性。普通人对大脑图像印象深刻，认为创伤后应激障碍（Post Traumatic Stress Disorder，PTSD）是"真正"的疾病，仅仅因为在 fMRI 中它会使大脑变亮。不管是或不是，PTSD 对于那些日常生活中必须面对它的人来说，是非常真实的体验。有些人（如瑞安和德西）担忧神经科学的流行会否认选择与自由意志——我的大脑让我这么做的。"自我感觉只是某种行为背后的'假象'，而人脑就像一个有意识的代理人，促使人们表演、决策和使用小工具。这样的解释遍布当今流行的神经心理学领域，在哲学上引起了很多争论。第一，在此描述中，大脑取代了哲学小矮人；第二，该逻辑是，如果大脑参与，它便是最终的、最相关的原因。尽管大脑本身可以通过社交活动的刺激而采取行动……通过心理上的解释和说明来调节，也可以通过意识和积极的反思来改变（Ryan & Deci，2004）。"

彻底经验论者认为，万物都是在经验中开始与终结的。从这个角度看，在生活体验中，两种论述会被整合到一起。作为人类，在我们的日常生活中，两种论述相互竞争试图来解释我们正在经历的事情。杜威把生活体验称为"直接经验论"，并认同詹姆斯的彻底经验论所说的："在体验过的具体事情中，包含了理智和逻辑修正的所有根据和线索（James，1905）。"具身体验学习与自生系统论的创造者弗朗西斯科·瓦雷拉赞同道："心灵科学的唯一方法是，接受铁一般的事实——经验领域在本体论上是不可还原的。它就是它本身。解释领域也是不可还原的，它就是它本身。我不能离开解释。这里的观点是，这两种事物不只是作为宇宙大柜子上的两个独立抽屉共存，实际上，它们是相互影响的。我是一个头脑非常固执的观察员，对我面前的事物十分尊重；我面前的事物，同时包括物质的因果解释和我自己的体验。两者皆有（Davis，1995）。"

在生活体验中，用思想的话语（如知觉、信仰、思维、感情和意图）来解释我们的经验是最自然的。然而，把神经科学的见解与生活体验进行整合可以改变我们的生活。卡罗尔·德维克（Carol Dweck）研究学龄儿童对大脑和智力的常识理解。她发现了两种不同的观点：其中一种被称为固定型观点，该观点认为人的智慧是固定的；另一种被称为成长型观点，该观点认为人可以改变，并可以成为更好的学习者。她与研究小组一起从事的一项神经科学研究发现，讲授有关大脑神经具有可塑性的神经科学可以提高学生的学业成绩。针对 7 年级学生的 8 节 25 分钟的课程，重点在于传达学生有责任通过学习在大脑中形成新的连接，这样的学习改变了大脑（Blackwell，

Trzesniewski，& Dweck，2007）。结果发现，这一做法提高了课堂学习的积极性；相反，对照组的成绩下降了。同样，古德、阿伦森和因兹利奇（Good，Aronson，& Inzlicht，2003）发现，类似的成长型学习干预可以提高青少年的学业成绩，阿伦森、弗雷德和古德（Aronson，Fried，& Good，2002）发现此类学习可以提高大学生的分数。神经可塑性教育我们，思想塑造大脑不亚于大脑塑造思想。

本章音频导读，
请扫描二维码收听。

第四章

■ ■ ■ ■ ■ ■ ■

学习的个体性与学习风格

我们生活在复杂的外部条件下，更为复杂的个体心理倾向使得我们的心理活动很难不受干扰。外部环境与内部倾向，经常鼓励一种机制而抑制另一种机制。由此，受鼓励的机制自然会占有优势地位。如果这种情况一直保持，那么就会产生一种类型，被称为习惯性倾向，这种机制的优势地位就会随之变为永久；当然，另外一种机制并不会被完全抑制，仍然是思维活动的一部分。因此，不可能产生一种纯粹的机制，使得一个人完全被一种机制控制，而另一种机制完全不起作用。典型态度通常只是表明某种机制具有相对优势。

——卡尔·荣格，《心理类型》（*Psychological Types*）

第三章描述的学习过程的结构模型较为复杂，能够产生精细度与复杂度迥异的、丰富多样的学习过程。该模型可以帮助我们理解感知与领悟的独立结构状态。内涵与外延的转化过程也是如此。此外，同内涵与外延一样，感知与领悟之间也是辩证相关的，将它们结合起来可以产生更高层次的学习水平。因此，任意时刻的学习过程都可能受控于一种学习过程或是多种学习过程交互作用的结果。随着时间的推移，对学习过程的控制会由一种学习结构转向另一种学习结构。因此，学习的结构模型可以被视作一件乐器，而学习过程则是一篇乐谱，这份乐谱描述了随着时间的推移乐器上演奏出的音符所具有的连续性与组合方式。一份乐谱的旋律和主题形成了独特的个人模式，我们将其称为学习风格。

有关人类个性的科学研究

我之所以使用上述类比，是为了说明人们的学习过程并非千篇一律。相反，控制学习的生理结构似乎引发了个体独特的适应过程，其中某些适应取向比其他更显著。从进化论的视角来看，人类学习过程的可变性与个性是很合理的。

人类的个性是人类物种的一种正向的适应性调整。假如存在适者生存的进化压力，这些压力不仅作用于个人，也作用于人类整体。生存不能依靠整齐划一的超人种族的进化，而必须形成合作的、珍视个性且善于利用个性的人类社区（Levy，1980）。

早在心理学成为公认的研究领域之前，人们就试图理解人类个性的木质，并描绘个体差异的维度。例如，2 世纪的灵知派（gnostic）哲学家将人类的可变性分为 3 个维度：精神（思维取向）、灵魂（感觉取向）与实质（感知取向）。18 世纪的诗人兼哲学家弗里德里希·席勒（Fredrich Schiller）把人分为天真和多愁善感两类，对应于实在论和理念论的哲学导向。在 19 世纪，尼采（Nietzsche）创立了阿波罗（Apollonian）和狄俄倪索斯（酒神式）（Dionysian）分类法。在 1923 年，荣格将上述理论同其他关于个性的研究方法整合在一起，创作了《心理类型》，该书被认为是最重要的个体差异研究著作之一。如今，心理学中充斥着各类个体差异测量方法——关于特质、价值观、动机、态度和认知方式等（Tyler，1978）。

有关人类个性的科学研究带来了一些基木的两难问题。与自然科学不同，人文科学既重视发现普遍规律，也重视对个案的理解。例如在化学领域，研究者往往会剔除不符合普遍规律的样本。杂质或污染物通常被看作是需要被排除的变量。而在人文科学中，每个样本都是独立的个体，其独特性与个性都是非常重要的。因此我们不仅重视研究行为的普遍规律，也重视这些规律在个体身上的意义与应用。因此，对个体差异进行科学研究的基本困境是，如何在建立普遍性的规律与分类的同时，公平地对待所有个体的独特性。

在这方面，描述心理类型或个性的理论受到诸多非议。心理分类理论，如心理类型，太容易导致刻板印象，因而轻视了人类的复杂度，最终否定了个性而不是刻画其特征。此外，类型理论对个体的描述往往具有静态和固定的内涵，为人类的变化与发展提供了宿命论的观点。有些观点经常会演变成自我实现的预言，就像根据个体差异"追踪"学生的共同教育策略一样，这很可能会强化他们的个体差异。类型理论的另一个问题是理想化倾向，倾向于描述纯粹的类型，但问题是根本不存在代表纯粹类型的个人。因此，我们面临着一个问题，我们描述和试图研究的是一个理想的轮廓，而不是实实在在的人。

这些关于类型理论的问题来自它们的认识论基础。与许多科学理论一样，类型理论往往以形式主义的认识论根源隐喻（root metaphor）为基础（关于根源隐喻在认识论中的作用的进一步阐述，详见第五章）。在形式主义认识论中，形式或类型是终极现实，而个体只不过是普适形式或类型的不完美的表现形式。因此类型理论很容易出现上述问题。我们还会采用另一种认识论的根源隐喻来理解个性，它就是语境论。在语境论中，人被置于新出现的历史事件语境中加以考察，在这个过程中，人和事件都是被塑造出来的。就像杜威说的："个人不再是一个特殊的、对整体而言毫无意义的零件，而是一个主体，是自我，是一个有欲望、有思考、有抱负的独特中心（Dewey，1958）。"

语境论世界观对人类个性的研究意味着心理类型或风格并非固定特质而是稳定状态。这些状态在个体中的稳定性与持久性不仅来自人类固定的基因品质或特征，也不仅来自对外部环境的稳定的、固定的需求，相反，它来自个人与其所处环境之间的一种交易模式。利昂娜·泰勒（Leona Tyler）将这种交易模式称为可能性加工结构（possibility-processing structures）。

我们可以用可能性加工结构这个通用词汇来涵盖所有与感知、活动和学习情境的选择和控制相关的概念。任何人都只能同时或连续地使感官、神经系统和肌肉为其完成一小部分动作。只能响应一小部分能量的持续刺激。如果一个人需要时刻注意到所有的刺激与响应，他的生活会变得复杂且混乱得难以忍受。大多数情况下，人可以恰好地采取行动，而不需要做出无数选择，这是因为他建立了自动处理大多数信息的方法。用计算机术语来讲，人的行为是被"编程"好的。很多编程对于所有人或大多数人来说都是一样的；这在很大程度上是由特定的文化和亚文化的结构所强加的。另外还有一些则因人而异，这些就是心理个体性的基础（Tyler，1978）。

可能性加工结构的概念认为，个人选择是决策过程中最重要的部分。我们对各种新事件可能性的处理方式，限制了我们所看到的选择和决策。而我们做出的选择和决策，在某种程度上决定了我们的经历，而这些经历又影响了我们未来的选择。因此，人们通过选择他们所经历的实际情况来创造自我。用泰勒的话来说，某种程度上我们是自我编程的。人类的个性源于我们的选择及其后果所创造的模式或"程序"。

从可能性加工结构看学习风格

复杂的学习结构导致了个体化与独特的可能性加工结构或称学习风格的涌现。人们用经验选择来自我编程，通过不同程度的感知或领悟来理解现实。与之类似地，他们会通过外延拓展或内涵意向来转换理解。这种以体验为条件的自我编程决定了学习者在四种学习过程模式之间的倾向性，即具体体验、反思观察、抽象概括和主动实践。

为了说明学习过程的多样性和复杂性，让我们仔细观察一下这些过程在台球比赛和训练中是如何展开的。台球运动员，不论是新手还是专家，在比赛中都会采用多种学习策略。在某些策略中，我们可以非常清晰地看到学习的四种基本形式：C△E——外延转换领悟；A△E——外延转换感知；A△I——内涵转换感知；C△I——内涵转换领悟。另外，我们还可以看到这些基本元素形式之间更高级的组合形式——如A△I△C，感知通过内涵转换之后与领悟相结合。

- C△E——**外延转换领悟**。这是台球比赛中一种非常常见的学习策略。这里，球员运用一个抽象模型或理论来预测当球被球杆击中时，球会如何移动，从而预测母球的路线，将目标球击入袋中。球员会回忆基本物理知识，如入射角等于反射角，也会在球台上实际测量所需的角度。这种策略强调学习过程中的抽象概括和主动实践模式。

- A△E——**外延转换感知**。这是另一种常见方法。这种学习策略不依赖于母球和目标球如何移动的理论模型，而是关注球在球台上的具体位置，此时球员依赖的是对情境的整体直觉。这种情况下，球员经常在击球前做出细微调整。这种调整不是基于理论计算，而是对这个位置"感觉良好"。此处具体体验和主动实践是主要的学习模式。

- A△I——内涵转换感知。台球是动态博弈类游戏，通过内涵转换的学习不太明显。感知的内涵转换既可以是观察对手或伙伴击球，又或者是反思自己击球的轨迹。球员可以通过具体的方式来学习，或者建立模型，或者从别人的方法中获得启示，又或者重复自己上一杆时的动作。这种策略依靠反思观察和具体体验。

- C△I——内涵转换领悟。领悟的内涵转换是一种基于抽象概括和反思观察的归纳性建模过程。例如，一个球员可能会试着将自己与他人的各种尝试通过观察整理成相应法则，来理解如何击出"侧旋"球。

以上所有学习策略，就单种策略而言都是不完善的。虽然这四种基本学习模式都能独立完成某些学习目标，但它们组合起来可以形成水平更高的、适应性更强的学习形式。例如，如果我通过C△I建立自己的侧旋理论，并对理论的衍生假设在实践中加以检验（C△E），我就建立了一种检验自己的归纳过程的方法。这种方法利用了四种学习过程模式中的三种：反思观察、抽象概括和主动实践（I△C△E）。同样，如果我把关于侧旋效果的假设（C△E）和我对情景的具体感觉（A△E）结合起来，对如何把侧旋传达给球的抽象概念就会被转换成适当的肢体和知觉行为，我就会更相信自己关于侧旋的假设已经经受了考验，也就是说我确实按计划击中了球（C△E△A）。因此，这些拥有同样理解或转换模式的学习策略的两两组合，产生了比基本形式更高水平的学习。这种二阶学习不仅包括了一些目标导向行为，例如从理论中形成假设或从特定体验中积累观察，还包括检验目标导向行为实施充分性的过程。这个二阶的反馈回路，刺激了两种基本学习模式的共同学习特征的发展。因此，在刚才引用的例子中，感知和领悟通过外延的连接使得外延学习技能更为成熟。当感知/外延（A△E）和感知/内涵（A△I）结合时，也会产生类似的结果。也就是说，当我放松击球（A△E），然后认真观察它的走向（A△I），我对情境的觉察会变得更加成熟，水平更高（E△A△I）。

四种基本学习形式的结合产生了更高水平的学习，四种学习过程模式也得到了强调和发展。在此，四种基本学习策略的专业成果被整合到一个统一的适应过程中。台球运动员观察他/她周围发生的一切（A△I），把这些整合成理论（I△C），然后形成假设，并在行动中进行检验（C△E），从而产生了新的事件和经验（E△A）。任何新的观察都可以被用来修正理论和调整行动，因此产生了逐步适应比赛需求的更高级的适应性过程。

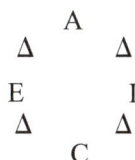

$$
\begin{array}{ccc}
 & A & \\
\triangle & & \triangle \\
E & & I \\
\triangle & & \triangle \\
 & C &
\end{array}
$$

如果你分析自己的台球学习方法，或者花时间观察当地台球馆的球员，我认为你会发现只有少数人会进行高级学习。有的人直接就打，懒得去仔细观察球路，除非球落袋。其他人看起来花很多时间分析和测量，但打起来又有点犹豫。这样看来，人们有着独特的学习风格或策略。然而，即使人们有着独特的学习风格，非常依赖某种基本的学习策略，他们在学习过程中仍然会采用其他基本形式，并且把它们和自己的偏好相结合形成二阶或三阶的学习过程。

个人的学习风格很复杂，不易分解，我们分析学习个体性的通用模式时需要留心这一点。或许关于认知方式的研究的最大贡献，就是记录了认知过程的多样性和复杂性及其在行为中的表现。多样性有以下三个重要方面。

- **在认知功能的任一理论维度中都可识别出稳定的子类型**。例如，认知的复杂性/简单性维度可以进一步细分为至少三种子类型：用变量少或变量多来判断事件的倾向；在特定维度上做出精确或粗略区分的倾向；偏好秩序结构还是容忍模糊混乱的倾向（Vannoy，1965）。

- **认知范围会发生变化**。认知功能会随着人们关注的内容领域（即所谓的认知领域）不同而发生变化，因此，一个人可能在人际交往中表现出具体性而在工作中表现出抽象性（Stabell，1973），不同国家的幼儿对于人的分析与分类也并不相同（Signell，1966）。

- **文化体验在认知功能发展和表达中意义重大**。莱索（Lessor）指出，美国不同种族的思考方式存在一致性差异（Lessor，1976）；威特金（Witkin）研究了不同文化间的整体功能和抽象功能的差异（Witkin，1976）；布鲁纳等人发现了不同文化间认知发展的速度和方向的差异（Bruner et al., 1966）。虽然这些证据不足以得出如下结论，但正如迈克尔·科尔（Michael Cole）所言："认知上的文化差异似乎更多地存在于认知过程所应用的情境中，而不是某个文化群体具有而另一个群体不具备的认知过程（Cole, 1971）。"科尔发现非洲克佩列（Kpelle）部落的人善于估算大米的重量但不善于测量距离。与之类似地，沃伯（Wober）发现在体感测试中尼日利亚人所表现出的分析能力比美国人强，但视觉分析能力较差（Wober, 1967）。

我们对学习风格的研究从探究广义的学习取向差异开始的，并通过一个名为学习风格量表的自我报告测试对人们侧重于哪种学习过程模式进行测量。由此，我们更清晰地了解四种基本学习形式及其所对应的行为模式。以这些模式作为学习的个体性的粗略分类，我们将会在第五章中对这些学习风格与知识结构之间的关系加以分析，并在第六章中继续深入地探讨高层次学习及学习与发展之间的关系。

个体学习风格评估：学习风格量表

为了评估个人的学习取向，我们创建了学习风格量表。该量表的开发遵循四个设计目标。

第一，测试要接近学习环境。也就是说，它需要被测试者解决抽象－具体以及行动－反思这两种倾向之间的对立矛盾。在技术测试方面，我们寻找的测试是标准化的，可以用来比较不同个体对给定学习模式如抽象概括的侧重程度，并允许比较个体内部对四种学习模式的侧重程度。例如，在个体的学习模式中，与其他三种学习模式相比，他们是否更加强调抽象概括。

第二，量表选择了自我描述格式，因为可能性加工结构的概念在很大程度上依赖于有意识的选择和决策。与能力测试相比，自我形象描述也许更能决定行为选择与决策。

第三，该量表的设计初衷是希望证明，对学习风格的测量可以预测行为，这种预测在某种程度上与体验学习理论的预测一致，而且是有效的。

最后，出于实用的考虑。测试应当简洁明了，因此在研究之外，也可以作为一种与被测试者讨论学习过程的手段，对他们的学习风格给予反馈。

测试的最终形式是一份含有九个项目的自我描述问卷。每一项都要求被测试者按照最能描述其学习风格的方式对四个词语进行排序。每个词语对应四种学习风格中的一种——具体体验（感受）、反思观察（观察）、抽象概括（思考）、主动实践（行动）。学习风格量表测量一个人相对侧重于四种学习过程模式中的哪一种——具体体验（CE），反思观察（RO），抽象概括（AC）和主动实践（AE）；并通过两项组合分数，来测量抽象与具体（AC-CE）和行动与反思（AE-RO）的相对倾向。对四种基本学习模式的定义如下。

- **具体体验取向注重直接参与，强调以个人方式处理当前情况**。重视感受而非思考；关注当前现实的独特性和复杂性，而非理论和总结；用一种直觉的、艺术的方法而非系统的、科学的方法来处理问题。具有具体体验取向的人，乐于并善于与他人相处。他们经常能够凭直觉做出正确决策，善于处理无序的复杂事态。具有这类倾向的人重视与人相关的价值观，注重实际参与，对生活持开放态度。

- **反思观察取向注重仔细观察和客观描述，并以此来理解观点和情况**。重视理解而非实用；关注真实事件的发生过程而非解决方法；强调反思而非行动。具有反思取向的人，喜欢直观地理解情况和观点，善于发掘深层含义。他们擅长通过不同视角观察事物，并能理解不同的观点。他们喜欢依靠自己的想法和感受来形成观点。具有这类倾向的人崇尚客观与深思熟虑的判断。

- **抽象概括取向注重逻辑、观点和概念**。强调思考而非感受；重视通过建立通用的理论来理解特定领域，而非直观地理解；用科学的而非艺术的方法来处理问题。具有抽象概括取向的人，乐于并善于系统规划、处理抽象符号和量化分析。这种导向的人崇尚精确性、观念分析的严谨性和纪律性，欣赏简洁概念体系散发的美感。

- **主动实践取向注重主动影响他人和改变环境**。强调实际应用而非反思性理解；关注实用的解决方法而非绝对真理；注重行动而非观察。以主动实践为导向的人，乐于并善于把事情做好。他们愿意为了完成目标而冒险。他们重视对身边环境施加影响，希望看到结果。

学习风格量表的分数常模是在 1933 个样本中建立的，这些样本的年龄分布从 18 岁到 60 岁，包括不同的职业和性别。常模与学习风格量表的信度及效度数据已经有详细的论述（Kolb，1976，1981）。从下面的学习风格量表档案样本和被测试者的自我描述可以看出，这份量表产生了哪种自我评价类型。第一份档案来自一位 20 岁女性社会工作者，她即将完成社会工作研究生学习（见图 4-1）。她在具体体验和主动实践维度分值较高，这不仅反映在下述自我分析的内容摘录中，还反映在带有强烈情感的写作方式里。

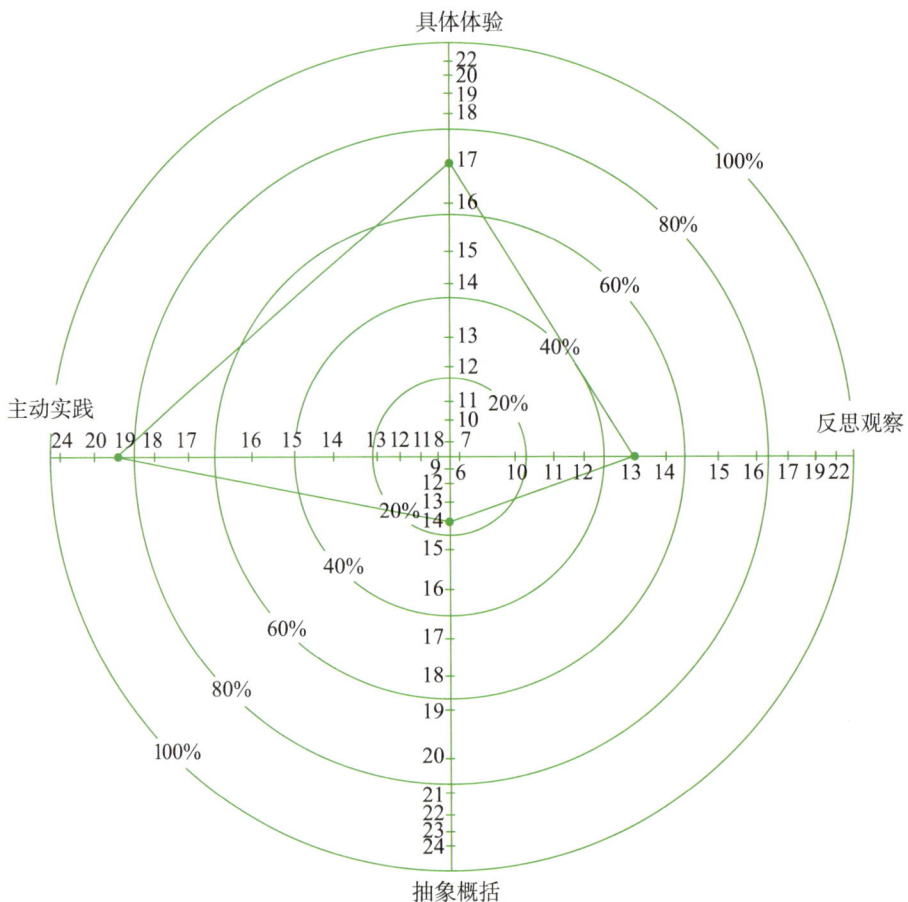

图 4-1 学习风格档案示例——女性社会工作者

学习风格的练习与任务对我影响很大,迫使我反思自己学习和解决问题的模式。很显然,这些模式或多或少代表了我的生活模式和态度。过去,我虽然注意到了自己处理某些问题的方法,但这份作业将之前的问题都整合到了一起,这还真有点可怕……(她描述了最近选择公寓的经历)。

那些都是细节。我可以回想起很多其他例子,我学习和解决问题的方式几乎完全一样。事实上,下课刚二十分钟,我就在写这篇论文,这是因为刚发下来那篇论文分数很低,这就是直接结果。如果我只是坐下来分析低分这件事,我就会非常沮丧。我必须做点什么来解决它,所以我马上回家坐下来写出一篇好的论文证明我可以做得更好。

总体过程很清晰:当我开始对问题感到焦虑时,唯一能找到的缓解焦虑的方法就是马上行动,尽快"解决"这个问题;坐下来思考和分析会很难,而且还很痛苦。当问题触及我的内心时,不管是感情困扰还是橱窗里的一双好看的鞋子,我都会立即采取具体行动;我能很快适应。

前面提到我在找公寓,就像我大多数犯错误时的情况一样,我的脑中仿佛有人在低声提醒我、警告我。但我对此却无动于衷。就仿佛我的行为是不由自主的、不可避免的;我感觉自己失去了控制。

我意识到自己解决问题的过程并不总是破坏性的。我的直觉通常很好,经常能够根据以往经验做出正确决定。事实上,这种不由自主的感觉也曾经带给我很多美好而又激动人心的经历,我一点儿也不后悔。但让我害怕的是,很显然我缺乏用其他途径来解决问题的能力。

我最担心我的这种顺应型方式(参见后文"基本学习风格的特点"部分)会对工作产生影响。面对服务对象,我倾向于不进行全面分析就鼓吹行动化的选择或方案;我不愿看到对方难过,所以我希望去帮助他们。我总是试图放慢节奏,检查再检查,考虑各种选择。另外,我的行动直觉多次及时救助了服务对象,而我的那些更具反思性的同事们却还在文件上浪费时间。

我还担心这种方式会对我的人生规划产生影响。我在大学换过专业,最近还换过职业,但都没有经过反复思考和仔细分析。同样,好处是年纪轻轻就有了丰富的阅历；从未感觉人生停滞不前或是无聊透顶。但结果是，直到现在，我都未能在任何领域完全发挥出自己的潜能。我现在正在努力摆脱这个怪圈。我现在正集中精力在社工学习和实践上。我试图感受有始有终的快乐。但这并不容易。我总是想像跳蚤那样跳来跳去。

为这篇论文整理思绪的过程，对我来说意义非凡。我花了一个小时才完成。对大多数人来讲这可能不算什么，但对我来讲，能够在一个小时的时间里专注于静心反思、整理想法已经是一个小小的奇迹了！我必须承认，这种感觉很好。

第二个例子则截然不同，来自一位 32 岁的工商管理硕士学生（见图 4-2）。他在抽象概括和反思观察方面取得了高分，在自我描述中则表现得较为正式与学术化。此外，

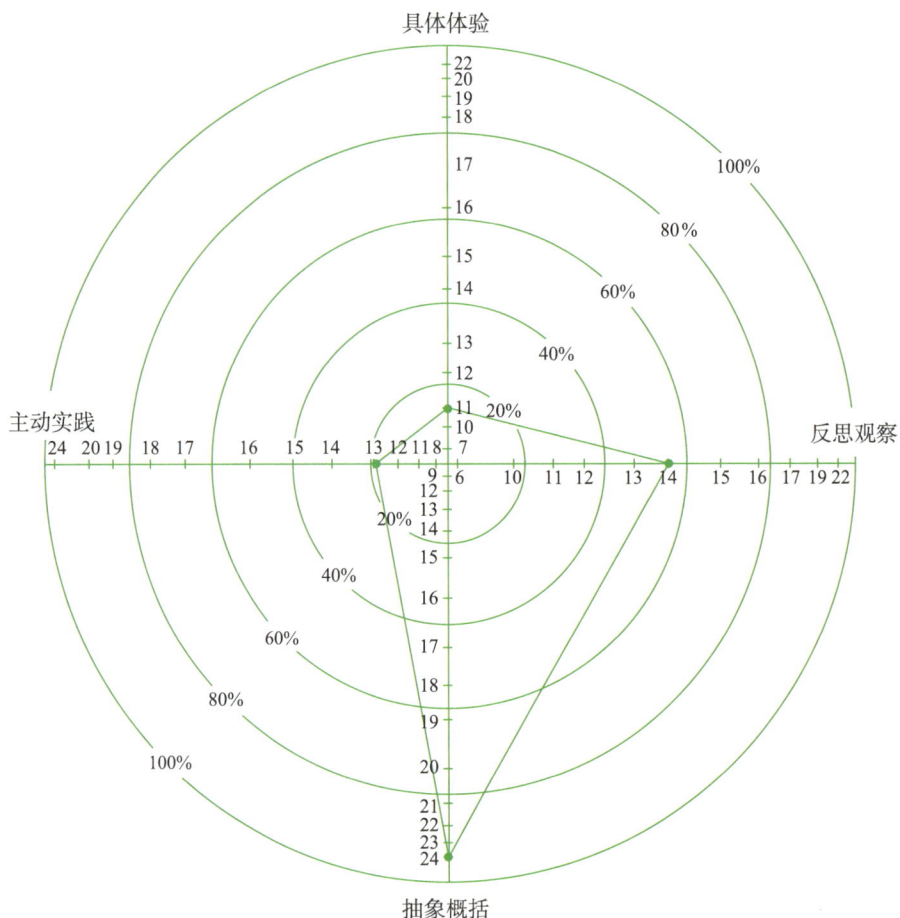

图 4-2　学习风格档案示例——男性工商管理硕士生

他描述了自己在完成学习风格量表的组织行为课程时，以及在对体验学习方法进行评估和学习时所遇到的困难。这个案例戏剧性地展现了学习风格对学习过程的强大影响，同时也提醒我们并非人人都喜欢体验学习方法。

　　他们这些同化者（指侧重于同化型学习风格的人）经常会感到沮丧，他们从练习和模拟这些非结构化的"发现"方法中收获甚微。作为极端的同化者，我也在体验学习方法和课程内容中感受到了挫败感。本篇论文会简要描述我的学习风格，回顾课程中的经历，讲述我的感受，以及对这些经历和感受的理智反应，另外还概述了我未来的行动计划。

　　既然学习是建立在过往经验和学习上的动态循环过程，那么，有必要介绍一下我的背景，这样才好理解我在学习风格上的偏好。学习风格量表非常清晰地识别了我的同化型倾向。具体体验和主动实践分数都在 20% 的内圈，反思观察处于中等水平，而抽象概括的分数则处于最外圈。这个结果与我所受到的正规教育和职业经历相符。通常，数学家和经济学家都是同化型，他们利用理论模型来描述现实。而我在这些领域中所取得的学位反映了我对这种学习风格的擅长和熟悉。库伯认为组织机构中的研究和规划部门的成员属于同化型。在开始 MBA 学习前，我曾在类似的岗位上有过两年的工作经历，离职时担任某学院的校务研究与规划副主任。

　　选择组织行为学课程时，我预料到了困难，但没想到我的价值观会遭到全面冲击。这篇文章的主体内容，描述了事件的相关细节与我当时的反应。在描述具体情况前，我先要阐述一下我是如何理解学习的具体性和主动性的。基本上，我主张拓展定义，使其包括主动的、具体的心智活动，而非被动的、含糊的活动。例如，主动倾听中的多数活跃部分都是脑力活动，而非体力活动。同样，对我而言，在阅读小说时的主动参与性要比一般的体育运动更高。我将学习看作均衡的，而非象牙塔式的学习，因此必须打破经济学家所谓的"实体化谬误"。生活中的理智和情感都可以是具体和主动的。

　　与同学、教师和课本在一起，让我感到孤立、戒备和沮丧。在第一次小组讨论时，我表达了对体验学习的厌恶。我注意到，它似乎与普通科学或教育理论相悖。

在普通科学或教育理论中，人类知识的发展需要建立在他人的工作或成就之上，而不是以自我为中心地假设个人能够复制以往的天才作为。我说明自己的观点，是希望大家在接下来的讨论中可以正确地理解我。但不知不觉间，我陷入了与阿吉里斯那所谓"双循环学习"的缠斗之中。我当即表达了自己的观点，并质疑游戏规则。

有些小组成员反应迅速而尖锐。诸如"读书无用"和"书本对经商无用，要从实践中学习"这样的回应，让我倍感吃惊。我来自一所几乎完全以智力活动为中心的机构，但我却惊讶地发现，来自相似学校的学生们却持有反智态度。

小组长对这次讨论的记录是，"我们的一位成员说他更喜欢被动学习，就读过使用体验学习方法的学校，但并不喜欢"。整个小组的反应都让人意外。我觉得自己被误解了，十分尴尬，我想要捍卫自己的观点，和小组长解释清楚。但在那之后，我感到自己被孤立了，我开始怀疑自己为什么要进商学院。

第二次小组讨论时，一些小组成员讨论了学习风格量表。其中一位成员质疑量表的有效性与实际意义。我也表达了自己对归纳和推理的观点，认为很难建立单一维度的指标。另一位小组成员却说，"我根本听不懂他在说什么"，随后大家一阵窃笑。这让我的自尊和感情再次受到了伤害。

在休息室里，我看到在学习风格量表网格上的学生分布情况，这进一步证实了我的孤立感。我看到有4位同学是极端同化型，8位是接近中心的同化型，10位是聚合型，12位是发散型，还有20位是顺应型。我们小组的四位成员共同讨论了同化学习的利弊，质疑我们的管理目标相对于学习定向的现实性，并将学习风格量表与我们的专业和计算机编程联系起来。我感到小组中形成了一种集体归属感。更特别的是，我还与一位律师拥有共同的愿景。

这项活动确实让我进行了结构化的自我反思。对我而言，人在受到压力或感到被孤立时，需要寻找同类以获得安全感。此外，这段经历促使我向读者了解更多信息。在上一篇文章中，我介绍了学习风格量表网格上各个学术专业的分布情况，满足了我对该量表实际应用方面的好奇。

学习结构的证据

在第三章中提到的学习结构模型假定学习过程具有两个基本维度，每一个维度都从各自的辩证立场上描述了基本的适应过程。理解维度提出了相对的感知与领悟过程，感知过程是具体体验导向的，领悟过程是抽象概括导向的。转换维度提出了内涵与外延过程，内涵过程是反思观察导向的，外延过程是主动实践导向。前面我们强调过，这些维度在理论上并非是一元的，一个维度的高分并不意味着对立维度的低分；相反，它们是辩证对立的，意味着对立导向的高阶综合可以使对立导向高度发展。如果将这种推理应用到学习风格量表上，我们可以预测出抽象概括与具体体验之间存在中等程度（但并不完美）的负相关，主动实践与反思观察之间也存在着类似的负相关。其他相关度应该接近于零。在一份 807 人参与的量表测试中，量表分数的组间相关也说明了这一点（Kolb，1976）。CE 和 AC 呈负相关（−0.57，$p<0.001$），RO 和 AE 呈负相关（−0.50，$p<0.001$）；由于样本容量大，因此其他相关度虽然较低但依然显著（CE 与 RO 为 0.13，RO 与 AC 为 −0.19，AC 与 AE 为 −0.12，AE 与 CE 为 −0.02）。除最后一项外，其余指标均达到显著水平（$p<0.001$）。从组间相关结果来看，我们认为应该加入两个组合分数来测量抽象 − 具体维度（AE-CE）以及行动 − 反思维度（AE-RO）。抽象 − 具体维度与 CE 的相关度为 −0.85，与 AC 的相关度为 0.90。行动 − 反思维度与 AE 的相关度为 0.85，与 RO 的相关度为 −0.84。后续研究的样本相对有限，且针对特殊的群体，但得出的结果与此类似。一项针对大学生在大学期间学习风格的变化的纵向研究，检验了学习风格量表与基于皮亚杰、科尔伯格、卢文格和佩里的发展理论的常见认知发展量表之间的相关度。对这些量表的组间相关进行分析发现，具体 − 抽象维度与这些测量具有相关性，而反思 − 行动维度则没有。在这些大学生身上，用来测量其认知发展的学习与发展维度并未反映出反思 − 行动维度的变化。后者与入学年龄同样无关，说明这两个维度是各自独立的（Mentkowski & Strait，1983）。

对这些相关性的假设进行更严格的检验，需要控制学习风格量表强制排序引起的内置负相关，还需要用外部标准来对量表进行检验。在塞尔托和兰姆（Certo & Lamb，1979）的研究中，他们随机产生了 1000 份学习风格量表答案并统计了分数的组间相关性，然后利用这些数据来控制学习风格量表强制排序方式引起的"偏差"。这些相关结果可测量学习风格量表内置负相关性的程度。如果用这些相关度取代传统的零点作为零假设来检查差异的显著性，就可以在检验 AC 与 CE 和 AE 与 RO 的负相关假设时，部分排除强制排序的影响。如此，用麦克尼马尔公式（McNemar，1957）在 807 名被试样本中获得的实证相关度与塞尔托和兰姆在研究中获得的随机相关度加以对比，可以看到 AC-CE 和 AE-RO 的相关度均显著低于随机相关（随机 AC-CE=-0.26，实证 =-0.57，$p<0.001$；随机 AE-RO=-0.35，实证 =-0.50，$p<0.001$）。

对这些负相关的外部检验来自吉朋（Gypen，1980）的一项研究。他研究了职业社工与工程师在工作中对四种学习模式的偏好程度，并与他们 4 ~ 6 个月前的学习风格量表分数相关联。每种学习模式都在一个七分制量表上独立评分，在对学习模式进行描述时尽可能地使社会期望偏差最小化。表 4-1 显示了被试的学习风格量表分数与他们对当前工作的自我评价间的相关度。这些结果有力地支持了具体体验与抽象概括之间的负相关，对主动实践与反思观察的负相关的支持较弱。吉朋的研究和"校正"后的学习风格量表分数的内部相关，都对体验学习的双极性提供了实证支持，与学习风格量表使用的强制排序方法并无关联。

表 4-1 学习风格量表分数和职业学习倾向评分之间的皮尔逊相关系数（$N=58$）

学习风格量表	当前工作中的学习导向			
	具体体验	反思观察	抽象概括	主动实践
具体体验（CE）	0.49	-0.17	-0.37	0.08
	$p<0.001$	n.s.	$p<0.01$	n.s.
反思观察（RO）	0.03	0.22	0.12	-0.34
	n.s.	$p<0.05$	n.s.	$p<0.01$
抽象概括（AC）	-0.30	-0.04	0.27	-0.09
	$p<0.05$	n.s.	$p<0.05$	n.s.
主动实践（AE）	0.01	-0.09	-0.06	0.37
	n.s.	n.s.	n.s.	$p<0.01$
抽象-具体（AC-CE）	-0.42	0.06	0.36	-0.07
	$p<0.001$	n.s.	$p<0.003$	n.s.
行动-反思（AE-RO）	-0.02	-0.18	-0.07	0.43
	n.s.	$p<0.08$	n.s.	$p<0.001$

尽管这些数据不能证明学习结构模型的有效性，但它们显示出一种分析式的探索，可以用学习风格量表来分析学习结构模型提出的四种基本认知形式（见图 3-1）。出于分析的目的，我们将抽象－具体（AC-CE）和行动－反思（AE-RO）维度看作负相关的一个维度，可以建立一个学习空间的二维导图，该图可用于根据实际体验对四种基本认知形式的差异进行描述：聚合、发散、同化和顺应。在此过程中，我将把第三维度留到第六章中去描述发展过程与通过行动－反思和抽象－具体的辩证综合而形成的高级认知形式。

AC 和 CE 分数及 AE 和 RO 分数并非完全负相关，偶尔会出现另外两种类型的学习风格量表分数：AC 和 CE 上的最高分数，或 AE 和 RO 上的最高分数。这些所谓的"混合"类型，从我们所掌握的零散数据来看，很像是那些依赖于二阶和三阶学习的人。因此，通过整合式的学习体验，这些人形成了辩证对立的学习风格。该观点的一部分理论支持来自丽塔·威瑟斯比（Rita Weathersby）在戈达德学院对成人学习者进行的研究（Weathersby，1977）。重点在于，由于量表的强制排序方式排除了综合反应，因此学习风格量表只能测量基本认知取向的差异。

基本学习风格的特点

在使用二维学习风格地图时，我们发现了维持个体的学习风格模式的连贯性的主要因素在于学习过程的底层结构。随着时间的推移，个体逐步发展出了独有的可能性处理结构，因此，理解和转换维度之间的辩证关系会以一种特有的方式得到解决。遗传、独特的过往经历和当前环境的需要，使得大多数人形成的学习风格会侧重于某些学习能力。通过在家庭、学校和工作中的社会化体验，我们最终会采用独特的方式来解决行动与反思、直觉与分析之间的冲突，从而导致了对四种基本认知形式的依赖，这四种基本认知形式为：发散，依赖内涵转换感知；同化，依赖内涵转换领悟；聚合，依赖外延转换领悟；顺应，依赖外延转换感知。

有些人的思维擅长将分散的事实同化为连贯的理论，但他们不会或不喜欢从理论中推导出假设。另外一些人是逻辑天才，但不善于动手实践。数学家强调抽象概念，而诗人更崇尚具体体验。管理者重视想法的行动应用，而博物学家重视观察能力。每个人都以独特的方式发展出自己的学习风格，各有所长。这种独特的学习风格的存在证据，可以在卡根和科根的研究（Kagan & Kogan，1970）中找到。与皮亚杰的观点一致，他们发现，随着年龄的增长，人们总体上倾向于更具分析性与反思性，但个体差异性在群体中的排名一直非常稳定。对内倾/外倾的测量也呈现出了相似的结果。几项纵向研究表明，从童年期至老年期，内倾/外倾是最稳定的人格特征之一。尽管老年人普遍会趋向内倾，但研究表明，该项特征的相对排名在人的一生中都很稳定（Rubin，1981）。因此，相对于同龄人来说，人们的学习或认知风格是稳定而连贯的。以下是基于学习风格量表得分模式的研究和临床观察，对四种基本学习风格的特征进行了描述。

- **聚合型学习风格主要依靠抽象概括和主动实践的学习能力。** 聚合型（converger）学习者的最大优势在于解决问题、做出决策并把想法应用到实际中。这种学习风格被称为聚合型，是因为这种类型的人在一道题只有一个正确答案的传统智力测试中表现最好（Torrealba，1972；Kolb，1976）。在这种学习风格中，知识经过整理，通过假设推理被集中到特定的问题上。利亚姆·赫德森（Liam Hudson）对这种学习风格的研究（采用非学习风格量表测量）显示，聚合型学习者不善于表达情绪。他们喜欢处理技术工作和问题，而不是处理社交和人际关系问题。

- **发散型学习风格与聚合型学习风格相反，重视具体体验和反思观察。** 这种方式最强大的力量在于其富有想象力，以及对意义和价值的觉察感知。发散型（diverger）学习者的主要适应能力在于，从许多角度来看待具体情境，把多种关系整理成有意义的"格式塔"。这种适应方式重视观察而非行动。这种方式被称为发散型，是因为在需要想出替代方案及其潜在影响的情况下，比如"头脑风暴"环节，这类学习风格的人表现更好。发散型学习者对人感兴趣，富有想象力，易受感情主导。

- **同化型学习风格主要的学习能力是抽象概括和反思观察。** 同化型（assimilator）学习者最擅长归纳推理和建立理论模型，把不同的观察结果同化为综合的解释（Grochow，1973 年）。与聚合型学习者类似，这种人对他人的关注较少，更关注想法与抽象概念。不过，他们并不重视观点的实用价值，他们更注重理论的逻辑合理性与精确性。

■ **顺应型学习风格与同化型学习风格相反，重视具体体验和主动实践。**顺应型（accommodator）学习者最擅长做事、实施计划、完成任务和获得新的体验。这种适应方式重视寻找机会、适度冒险和实际行动。这种方式被称为顺应型，是因为它最适合需要通过即时自我调节来适应环境不断发生变化的场合。当理论或计划与现实不符时，顺应型学习者最有可能放弃计划或理论（与之相反的同化型学习者，最可能忽略或重新检验事实）。顺应型学习者倾向于用直觉试错的方式去解决问题（Grochow，1973），严重依赖他人获取信息而非依靠自我的分析能力（Stabell，1973）。顺应型学习者善于与人相处，但有时被认为缺乏耐心和"爱出风头"。

与四种学习风格相关的行为模式表现在各种行为层次上，从人格类型到特定任务导向的技能与行为。下面我们会从荣格的人格类型、专业化教育、职业生涯、当前职位角色和适应能力这五个层次来分析这些模式。

人格类型与学习风格

我们在前文已经说明并阐述了体验学习理论在某种程度上借鉴了荣格的人格类型理论。现在我们要具体分析荣格的人格类型与四种基本学习风格之间的关系。荣格在人格类型理论中，建立了一套完整的框架来描述人类适应过程的差异。他首先区分了倾向外部世界和倾向内部世界的人——也就是外倾型与内倾型；然后他识别出四种适应机能——其中两种机能描述了不同知觉、感知和直觉的替代方式，另外两种机能则描述了对世界、思维和感觉做出判断的其他方式。他认为，人的个性是在与社会环境的互动中发展的，而环境对这些机能有不同的偏好。他把这种有偏向的适应看作社会需要专业技能的结果，以此提供文化生存与发展必需的细分专业角色。荣格认为，社会发展需要专业的心理倾向，与人们为实现个人目标而发展和表达所有心理功能的需要之间存在着根本冲突。在他的自性化概念中，人们通过发展和重申非表达的以及非主导的功能实现个人的完整性，而这些功能将会与主导的专业取向整合到一起，形成一个流动的、整体的适应过程。他对专业类型和个体发展之间的冲突做了如下描述。

> 自然的、本能的过程，与自然界其他事物一样，遵循阻力最小原则。有的人在这方面有天赋，有的人在其他方面有天赋；又或者，在适应童年早期环境时，有的人更需要约束和反思，有的人更需要同情和参与，这主要依据父母的特质和其他因素。由此，人们的某种偏好被自动塑造，从而产生不同的类型。就每个人而言，作为相对稳定的个体，拥有所有基本的心理机能，从完美适应的角度来看，人们必然想要同等地发展这些心理机能。不同心理适应方式的存在，必然是有原因的：很显然，一种是不够的，例如，仅有纯粹的思考或纯粹的感觉，客体似乎只能被部分地了解。通过一种片面的（典型）态度得到的心理适应会存在缺陷，并在生命过程中积累；从该缺陷中会产生一种适应性混乱，迫使主体向着补偿行为发展（Jung，1923）。

因此，荣格对类型或风格的概括与本文中所提出的类型一致——一种基本但不完整的适应形式，可以与其他基本类型整合发展成为一个流动的、完整的适应过程。

荣格的心理类型学包括四对辩证对立的适应倾向：（1）通过内倾或外倾与世界建立联系的模式；（2）知觉或判断的决策模式；（3）感觉或直觉的知觉喜好；（4）思考或情感的判断喜好。表 4-2 描述了这些相反的倾向。

表 4-2　荣格的心理类型

与外界相互作用的模式	E 外倾型	I 内倾型
	关注外部世界的人和物	关注内部世界的想法或情感
决策模式	J 判断型	P 知觉型
	注重做出决策和问题解决的顺序	注重收集信息和获取尽可能多的数据
知觉模式	S 感觉型	N 直觉型
	注重感知、事实、细节和具体事件	注重可能性、想象、意义和整体看待事物
判断模式	T 思维型	F 情感型
	注重分析、逻辑和理性的使用	注重人的价值、朋友关系的建立，主要依据信念和喜好决策

如第三章所述，荣格的内倾概念和体验学习的反思观察之间、外倾概念和主动实

践之间存在一定的对应关系。另外，具体体验和感知过程，与感觉知觉以及情感判断都存在着明显的联系。抽象概括和领悟过程，与直觉知觉以及思考判断有关。知觉和判断类型作为二阶偏好，难以预测，例如，如果我偏好知觉，我可以通过感觉或直觉来完成。迈尔斯－布里格斯（Myers-Briggs）说过："实际上，对于判断或知觉的偏好是选择过程的副产品，这种选择关乎于在这两种过程中最喜欢哪一种（喜欢直觉型胜于感觉型，还是喜欢思维型胜于情感型），这种偏好会影响一个人的一生（Myers，1962）。"

迈尔斯－布里格斯类型指标（Myers-Briggs Type Indicator，MBTI）是一种被广泛使用的自陈量表，可用评估人们的荣格类型倾向（Myers，1962）。个体的 MBTI 分数与学习风格量表分数相关，可以用来实证荣格人格类型与学习风格之间的相关性。不过，需要小心使用这些数据。首先，学习风格量表和 MBTI 量表是基于自我分析和报告的量表。因此，两份量表的被试是否同意我们对荣格概念和体验学习理论的相似度的预测，难以知晓；我们并非在检验他们的实际行为，而是加以推断。其次，目前尚不清楚 MBTI 能够在多大程度上反映荣格的类型学说。事实上，MBTI 的外倾－内倾项目似乎非常支持之前美国人提到的概念——外倾意味着喜欢社交和善于处理人际关系，内倾意味着害羞和不善社交。

表 4-3 中报告了三项研究数据，这些数据来自不同研究者对不同群体的研究——肯特州立大学的本科生（Taylor，1973），威斯康星大学的研究生（Wynne，1975）和教育管理者（McBer 公司，个人通信）。表 4-3 的数据虽倾向于支持我们的假设，但并非所有组别都一致，高度相关的主要是抽象－具体和思维－情感、行动－反思和外倾－内倾之间的关系。

表 4-3　学习风格量表分数与迈尔斯－布里格斯类型指标的相关

| | 组 | n | 学习风格量表得分 | | | | | |
			具体体验（CE）	反思观察（RO）	抽象概括（AC）	主动实践（AE）	抽象－具体（AC-CE）	行动－反思（AE-RO）
迈尔斯－布里格斯类型指标 MBTI[a]								
外倾－内倾	本科生	135	0.06	0.06	0.03	−0.18c	−0.01	−0.13
	研究生	74	0.08	0.34d	0.03	−0.27c	—	—

（续表）

组		n	学习风格量表得分					
			具体体验（CE）	反思观察（RO）	抽象概括（AC）	主动实践（AE）	抽象-具体（AC-CE）	行动-反思（AE-RO）
感觉-直觉	本科生	135	-0.25[d]	-0.07	0.23[d]	-0.20[c]	0.29[d]	0.09
	研究生	74	-0.02	-0.15	0.19	-0.12	—	—
思维-情感	本科生	135	0.34[d]	-0.02	-0.25[d]	0.05	-0.35[d]	0.04
	研究生	74	0.08	-0.17	0.00	-0.01	—	—
判断-知觉	本科生	135	-0.06	0.11	-0.11	-0.13	-0.02	-0.16
	研究生	74	0.01	-0.12	0.06	-0.05	—	—
迈尔斯-布里格斯类型指标 MBTI[b]								
外倾	教育管理者	46	-0.13	-0.27	0.28	—	0.25	-0.16
内倾	教育管理者	46	0.18	0.36[c]	-0.35[c]	—	-0.20	-0.33[c]
感觉	教育管理者	46	—	0.12	-0.26	-0.11	-0.19	-0.13
直觉	教育管理者	46	—	—	0.20	—	0.14	—
思维	教育管理者	46	-0.31[c]	—	0.22	-0.16	0.30[c]	-0.16
情感	教育管理者	46	0.39[d]	—	-0.34[c]	0.12	-0.42[d]	0.11
判断	教育管理者	46	-0.22	—	—	—	0.14	—
知觉	教育管理者	46	0.19	—	—	—	—	—

[a] MBTI 变量的高分显示，所列的第二个模型占主导地位（例如，思维/情感上的高分显示情感占主导地位）。缺失的相关性是由于缺失数据所致。

[b] 这些 MBTI 变量的分数受限于单一的类型，并且无法和成对类型相比较。缺失的相关性是由于缺失数据所致。

[c] $p<0.05$。

[d] $p<0.01$，双侧检验。

资料来源：Kent State, Taylor, 1973; U. of Wisc. Wynne, 1976; education administrators, McBer and Company personal communication。

在对 220 名管理者和研究生做的更为系统的研究中，马杰里森和路易斯（Margerison & Lewis，1979）用典型相关技术研究了学习风格量表和 MBTI 分数之间的关系。他们发现，两套量表分数之间存在着 0.45 的显著相关（$p<0.01$）。把心理类型标绘在二维学习风格量表的学习空间图上，荣格的心理类型和学习风格的关系就变得很清楚，这和我们的预测一致（见图 4-3）：感觉型对应顺应型学习风格，直觉型对应同化型学习风格，情感型对应发散型学习风格，而思考型对应聚合型学习风格。

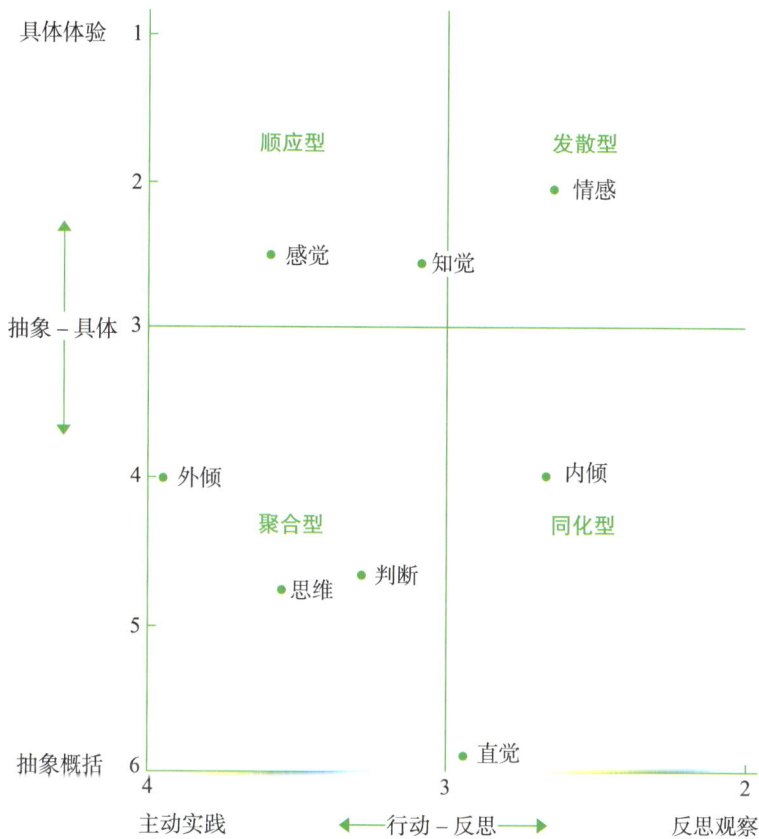

图 4-3　学习风格与荣格心理类型的关系

资料来源：C. J. Margerison and R. G. Lewis，*How Work Preferences Relate to Learning Styles*（Bedfordshire，England: Cranfield School of Management，1979）。

关于内倾和外倾，马杰里森和路易斯的结论如下。

很显然，外倾型的人把自己描述为主动学习者。这不奇怪，因为外倾型的人喜欢融入其他环境与人相处。反过来，内倾型的人比意料中更善于思考。然而，值得注意的是，外倾型的人和内倾型的人都明显地喜欢那些既不太具体也不过分超脱的学习情境。虽然存在一定方差，但我们的样本明确表明，内倾型的人和外倾型的人在这方面并无太大差异。真正的区别在于，他们对于主动型和反思型角色的偏好（Margerison & Lewis，1979）。

他们还发现，判断与抽象概括相关，感知与具体体验相关，但与行动或反思无关。

综上所述，这些研究表明，在荣格的人格类型中，顺应型学习风格与外倾感觉型主导的人格类型相关。迈尔斯对这种人格类型的描述和我们对顺应型学习取向的描述出奇地相似。

> 这个组合形成了顺应型实在论者，他在任何情况下都能够友好地接受和利用事实。他理解这些事实，因为他比其他类型的人更关注事实，印象也更深刻。他知道发生了什么，谁想要什么，谁不想要，通常他还知道为什么；而且，他接纳这些事实。他处理事情毫不费力，也从不做无用的抵抗。
>
> 通常，他也能让别人适应。作为感知型的人，他寻求令人满意的方案，而不是用"应该"或"必须"把自己的意志强加于人。通常人们很喜欢他，愿意考虑他认为"可行"的折中方案。他公正、开明、通常很有耐心、容易相处、对人（包括自己）很宽容。他热爱生活，鲜少发怒，因此他可能很善于缓和紧张的局势，团结冲突的各方……
>
> 作为实在论者，他更多地从第一手经验学习而不是在书本中学习，擅长工作而不是考试，在熟悉的领域中效率更高；但不易接受新的想法、理论和可能性，因为直觉是他的弱项（Myers，1962）。

发散型学习风格与内倾情感型主导的人格类型相关。这里，迈尔斯对这种人格类型的描述也同样与我们对发散型学习取向的描述相符。

> 内倾情感型和外倾情感型同样感情丰富，但处理感情的方法不同。他在乎的东西更少，但感情更深。他内心火热（像一件有着皮毛衬里的外套）。同样温暖但不明显；冷漠时可能根本看不出来。他同样忠于自己的职责和义务。他在选择自己的终极价值观时不太参考别人的意见。他坚持自己的价值观。他不愿谈论内心的忠诚和理想，但这些是他的生活准则。
>
> 他的外部人格主要来自次要过程，可能是感觉型（S）或直觉型（N），知觉也

一样。他宽容、开明、善解人意、愿意变通和适应（但当内心坚守的价值观受到威胁时，他寸步不让）。除了工作以外，他不愿出风头。他喜欢与理解自己价值观和目标的人交往。

　　他在自己认同的工作上表现出色，对工作的热情使他更加努力。他希望自己的工作能对自己重视的事物有所贡献，或许是人类的知识、幸福或健康，又或者是某种产品的改进或某项事业的推进。不论工资多高，他需要工资以外的意义。在有感情投入的事情上他追求完美，为自我实现而工作时幸福感最强，他能力很强，可能精于文学、艺术、科学或心理学（Myers，1962）。

　　同化型学习风格与内倾直觉型主导的人格类型相关。迈尔斯对这种人格类型的描述和我们对同化型学习取向的描述类似，但更实际。

　　内倾直觉型的人在想法、原则和思维体系方面是杰出的创新者。他信任自己对事物之间的真实关系和事物本质的直觉，不受权威和大众的影响。他自信可以"移山填海"——很多情况下他真的做到了。在此过程中，他会像渴望推动自己一样推动或反对别人。难题只会给他激励，不可能的任务也只不过是需要多一点时间。

　　他的外部人格是判断，主要来自次要过程，思维型（T）或情感型（F）。因此他用判断型人格的决心、毅力和坚定目标来坚持自己的新颖直觉。他希望能将自己的想法付诸实际，并愿意为此坚持到底（Myers，1962）。

　　聚合型学习风格与外倾思维型主导的人格类型相关。迈尔斯对这种人格类型的描述和聚合型学习取向非常一致。

　　外倾思维型的人通过思考来处理所有事情。他非常尊重客观的事实、深思熟虑的计划和有序的效率。他客观、批判地分析问题，很难被理性以外的事物说服。他提前把事实、情况和操作考虑清楚，按计划系统地实现自己精心制定的目标。他相信每个人的行为都应该有逻辑，并尽可能按逻辑行事。

他以自己的世界观制订行事准则。任何处事方式的改变，都需要有意识地改变自己的准则。

他工作投入，乐于做一名高级的管理人员。他喜欢做出决断并发号施令。他憎恶混乱、低效、半途而废和所有漫无目的、无效的事情。他会是一位干脆利落的管理者，对于该被解雇的员工毫不留情（Myers，1962）。

专业化教育

教育的主要功能是塑造学生对学习的态度和学习风格取向、灌输积极的学习态度和对知识的渴望，以及发展有效的学习技能。早期的教育经验塑造了个体的学习风格，我们被教导该如何学习。尽管早期教育主要是通识教育，但专业化教育在高中就已经开始了，并在大学阶段得以深入发展，这是特定领域社会知识的专门化过程。因此，我们希望看到人们的学习风格与他们在教育专业或学科中接受的早期培训之间的关系。

通过比较人们的学习风格量表分数和大学专业，可以发现学习风格的差异。我们在样本报告中列出了专业管理者的平均学习风格量表分数，只有那些回答人数超过 10 人的专业才被包括在内（见图 4-4）。当我们调查这些对管理有着共同专业承诺的人时，发现他们在学习风格上的某些差异可以用大学早期的专业化教育来解释。商贸专业的学生倾向于顺应型学习风格；工程师一般落在聚合型象限；历史学、英语、政治学和心理学专业都是发散型学习风格；数学、经济学、社会学和化学专业是同化型学习风格；物理专业则非常抽象，处于聚合型和同化型象限之间。

在解释这些数据时，有几点需要注意：第一，要记住样本中的所有人都是管理人员或准管理人员；另外，大多数样本拥有研究生学历或是在读研究生。这两个因素导致他们的学习风格比一般人群更为行动和抽象（总体样本的 AC-CE 和 AE-RO 平均分为 4.5 和 2.9）。职业、高等教育和本科专业的相互作用产生了独特的学习风格。例如，非工业物理学家可能比样本中的物理学家更具反思性。第二，对于本科专业的描述非常粗略。工程学或心理学有很多分支，各个学校的商贸专业也大相径庭。

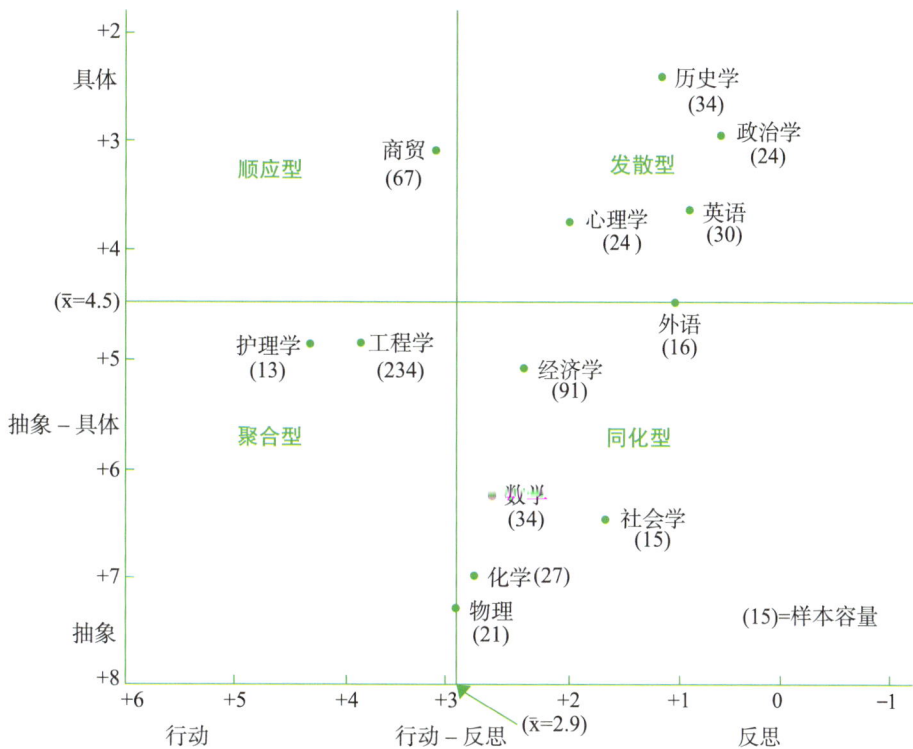

图 4-4　LSI 中不同大学专业的行动 – 反思和抽象 – 具体平均分数

利亚姆·赫德森对聚合型学习风格和发散型学习风格的研究认为，艺术专业的学生属于发散型，自然科学专业的学生属于聚合型，社会科学专业的学生介于两者之间（Hudson，1966）。为了检验赫德森的结论，我们把数据分为三组：（1）人文艺术（文学、外语、教育/文科、哲学、历史学和其他图 4-4 没提到的专业，如音乐，n = 137）；（2）社会科学（心理学、社会学/人类学、商贸、经济学、政治学，n = 169）；（3）自然科学（工程学、物理、化学、数学和其他理科，如地理，n = 277）。赫德森的预测是艺术类偏向具体反思，自然科学偏向抽象行动，而社会科学介于两者之间。六个学习风格量表的三组平均分如表 4-4 所示。除了社会科学和自然科学在行动 – 反思维度并没有显著差异外，所有差异都非常显著，与他的预测一致。

图 4-4 中的数据的另一个显著特点是，基础学科专业比商贸和工程学专业的管理者在学习风格上更具反思性。正如我们会在之后更深入讨论的那样（见第七章），传统的大学通识教育环境具有高度反思性，也同样重视培养学生的反思能力。因此，从学习

到工作的转变应该包含从反思型学习风格到行动型学习风格的转变。

表 4-4　人文艺术、社会科学和自然科学专业的学习风格量表分数

	具体体验（CE）		反思观察（RO）		抽象概括（AC）		主动实践（AE）		抽象–具体（AC-CE）		行动–反思（AE-RO）	
	平均分	标准差	平均分	标准差	平均分	标准差	平均分	标准差	平均分	标准差	平均分	标准差
A. 人文艺术	15.41		14.20		16.69		15.11		+1.31		+0.96	
n=137		3.26		3.35		3.68		3.37		6.18		5.95
B. 社会科学	14.26		12.75		18.05		16.09		+3.86		+3.31	
n=169		3.35		3.68		3.67		3.43		6.23		6.37
C. 自然科学	13.32		12.70		18.98		16.53		+5.64		+3.83	
n=277		3.16		3.17		3.57		3.35		5.83		5.69

1. 组间显著性的 T 检验（单侧检验，只显示 $p<0.01$）。

2. 人文艺术与自然科学，所有差异性都显著；$p<0.005$。

3. 人文艺术与社会科学，具体体验（CE），$p<0.005$；反思观察（RO），$p<0.0005$；抽象概括（AC），$p<0.005$；主动实践（AE），$p<0.01$；抽象–具体（AC-CE），$p<0.0005$；行动–反思（AE-RO），$p<0.0005$。

4. 自然科学与社会科学，具体体验（CE），$p<0.005$；反思观察（RO），差异不显著；抽象概括（AC），$p<0.005$；主动实践（AE），$p<0.10$；抽象–具体（AC-CE），$p<0.005$；行动–反思（AE-RO），差异不显著。

以上数据表明，大学教育是影响学习风格发展的主要因素。这究竟是由于人受专业的影响，还是专业对人的选择，目前还是一个悬而未决的问题。最有可能的是，两者都在起作用——人们选择适合自己学习风格的专业，同时也进一步被自己的专业塑造。如果专业的常态化学习风格与个人的学习风格不同，人们会改变自己的学习风格或从事其他行业。

职业生涯

塑造学习风格的第三股力量是职业生涯的选择。一个人的职业生涯选择，不仅将他置于专业化的学习环境中，还使他投身于各种专业问题，例如社会服务工作需要顺应型取向的专业发展。另外，同事作为参照群体，他们往往有着同样的职业心态、共同的价值观和职业操守。职业取向对学习风格的塑造，来自在职业训练中形成的习惯，以及更为直接的职业竞争带来的压力（见第七章）。例如工程领域需要细致、科学、客观地对待问题。护理专业可能需要热情地关爱病人。管理型职业倾向于决策和务实。

我们收集并比较了不同职业组别的学习风格量表分数。虽然这些研究并未对职业进行代表性取样，因此不能确切地描述某种职业的全体情况，但它们仍然合理地描绘了不同职业的学习风格取向特征。研究结果如图 4-5 所示。从图中可以得出的第一个结论是：这些职业一般持行动而非反思的学习取向。教育、护理和农业推广等社会科学专业，主要由以顺应型学习风格为主的人构成。会计、工程、医学和管理等科学技术专业，主要由以聚合型学习风格为主的人构成。但是，这些职业也有较大的差异。

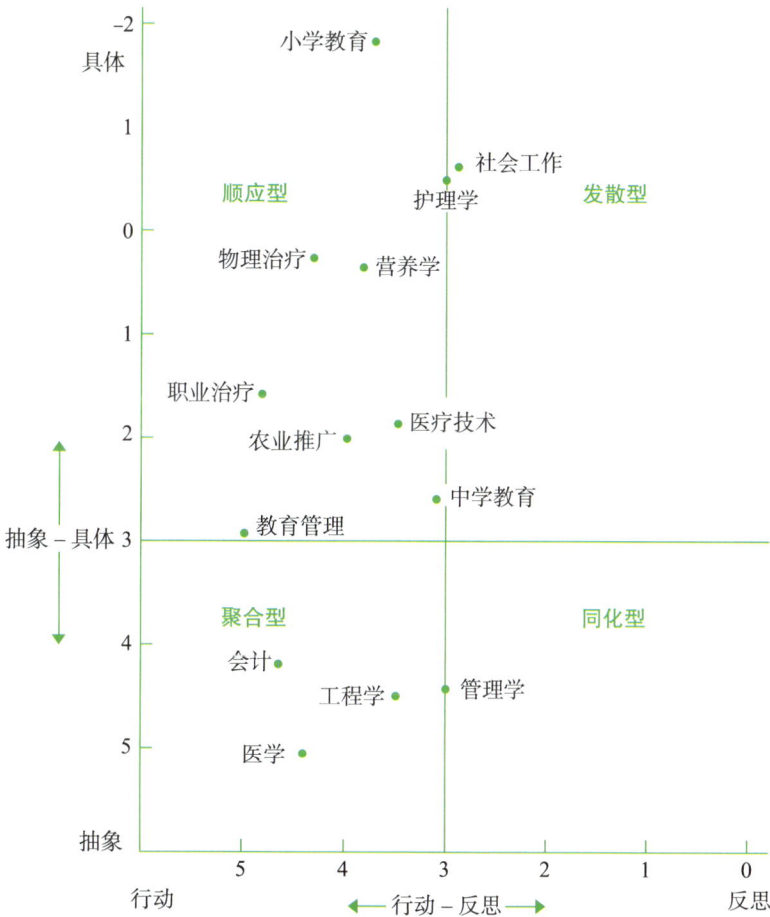

图 4-5　不同职业群体的学习风格分数

资料来源：Medicine: Practitioners，46% of sample convergers，Wunderlich and Gjerde，1978. Students，56% of sample convergers，Plovnick，1974. Nursing: 70% of sample diverger or accommodator，Christensen and Bugg，1979. 62% of sample diverger or accommodator，Bennet，1978. Social work and engineering，Sims，1980. Agricultural extension，44% accommodators，Pigg，1978. Accounting，Clark et al.，1977. Management，educational administration，secondary education，elementary education，Kolb，1976. Occupational therapy，physical therapy，dietitians，and medical technicians，Bennet，1978。

例如在医学领域，约有一半的从业者和学生属于聚合型（Plovnick，1974；Wunderlich & Gjerde，1978），但某些专业，如职业治疗，从业者的取向通常是顺应型。社会工作者与护理工作者显然是与抽象相对的具体型，但主要落在发散型和顺应型象限（Sims，1980；Christensen & Bugg，1979）。在下一节中，我们将会看到，特定的职业角色可以通过部分偏差来解释。

当前职位角色

影响学习风格的第四个因素是个人当前的职位角色。一份工作的任务要求及由此带来的压力往往会改变一个人的适应取向。普通管理职位要求顺应型学习风格，例如在不确定的紧急情况下，有完成任务、做出决策的强烈愿望；与人事相关的职位（如咨询和人事管理）要求发散型学习风格，需要与他人建立关系、进行有效沟通；与信息相关的职位（如计划和研究工作）要求同化型学习风格，需要收集数据、分析数据，并建立概念模型。技术职位（如实验室设计和生产）要求聚合型学习风格，需要技术和解决问题的技能。

从一家公司中的不同职位管理人员的学习风格变化，可以看出不同工作要求所带来的差异（Weisner，1971）。我们从一家美国公司的五个职能部门中各选取了大约 20 位管理人员。下述是我们对五个职能部门按工作性质所假设的学习风格特征。

（1）**市场营销**（$n=20$）。这个部门中的大部分成员，以前都是销售员，他们采取非量化的、"直觉"的工作方式。这种满足客户需求的实用型销售倾向，应该是顺应型学习风格。

（2）**研究**（$n=22$）。这个部门的工作一半是开创性研究项目，另一半是应用性研究项目。重点在于基础研究。研究人员应该是同化型学习风格最显著的群体。

（3）**人事**（$n=20$）。这个部门有两项主要功能，解释人事政策和鼓励部门间的互动，减少冲突和纠纷。他们的工作方式"以人为本"，所以这些员工应该是发散型学习风格主导。

（4）**工程**（$n=18$）。这个部门主要是面向生产的设计工程师。尽管他们的学习风格不如研究部门的学习风格抽象，但是他们是最倾向于聚合型学习风格的群体，代表思考与行动之间的桥梁。

（5）金融（$n=20$）。这个部门偏向使用计算机和信息系统。因为信息系统设计的数学任务导向，金融人员的抽象程度很高。他们在企业中的主要角色应该带来行动导向。因此，金融部门的人员应该是聚合型学习风格。

图 4-6 展示了五个职能部门的行动 – 反思（AE-RO）和抽象 – 具体（AC-CE）平均得分。除了金融部门外，结果与上述预测一致。金融部门行动分数比预想低，因此落在同化型和聚合型象限之间。学习风格量表清晰地区分了同一公司内部不同职位的管理人员的学习风格特征。

职位需求与学习风格相关的进一步证据来自医疗行业。普罗维尼克（Plovnick，1974，1975）研究了毕业班医学生的学习风格与专业选择的关系。他假设，强调研究和教学的学术工作对同化型学生的吸引力远超过其他类型，而需要频繁地与病患打交道的实践取向的专业会吸引行动型学生。此外，他预计附属专业实践工作（如心脏病

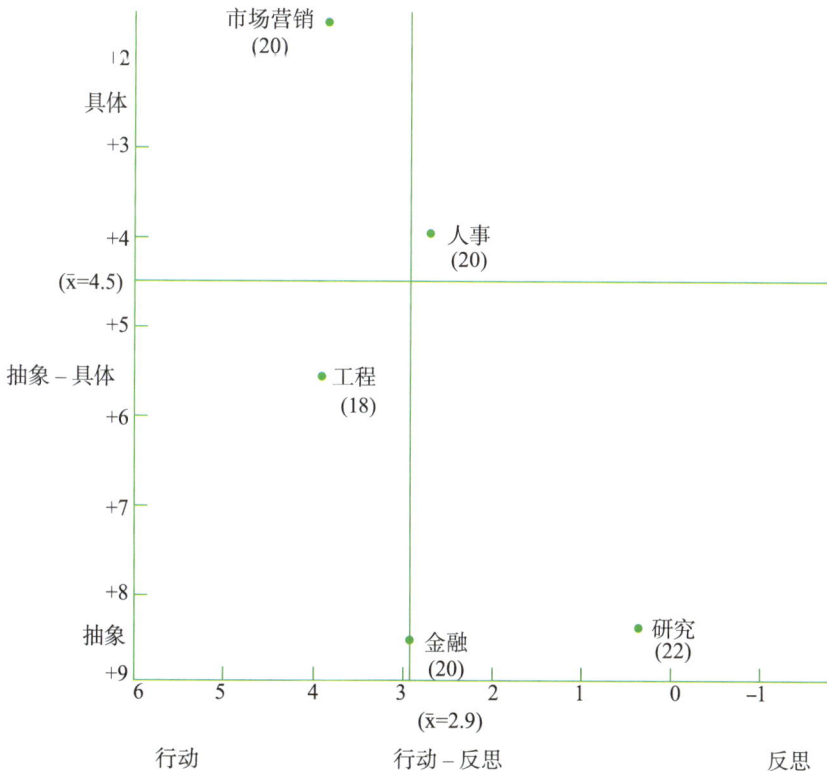

图 4-6 LSI 中按组织职能划分的行动 – 反思和抽象 – 具体平均分数

学），具有更"科学"的取向，将吸引更多的聚合型学生；而初级护理或家庭医疗需要对病人有更多的社会情感方面的关注，会更吸引顺应型学生；精神病学具有人本主义取向，需要执业医师具有保守和善于反思的特质，该工作被认为对发散型学生有吸引力。如图 4-7 所示，这些预测都得到了证实。

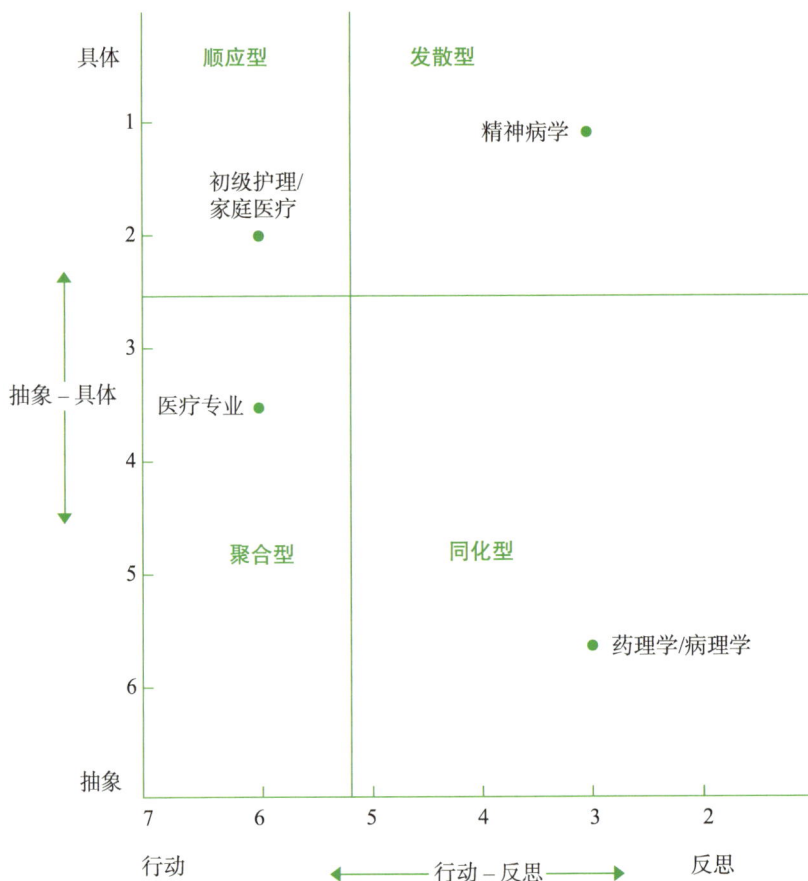

图 4-7 学习风格与医学专业毕业生职业选择的关系

资料来源：Adapted from Mark Plovnick, Primary Career Choices and Medical Student Learning Styles, Journal of Medical Education, 50, September 1975。

西姆斯（Sims，1981）对社会工作者和工程专业职位角色要求的研究发现，社会工作行政人员主要是顺应型学习风格，而直接服务人员则有着不同的学习风格。不过，他在维修工程师、技术经理、总经理这三种主要职位角色之间并未发现差异，尽管他确实发现这三种职位对实际学习风格的要求存在显著差异。

适应能力

塑造学习风格的第五个最特殊、直接的力量是：人们当前正在处理的特定任务或问题。我们面临的每一项任务都需要一组相应的技能来有效应对。任务需求与个人技能的有效匹配，产生了适应能力（adaptive competence），这一概念代表了提升业绩的新方法——人－职匹配。过去的方法是通过评估一般能力来进行人事测评和选拔，虽然曾被大力推广，但结局惨淡（Tyler，1978）。能力倾向测量方法的基本问题在于能力倾向太过笼统，与给定工作中的具体任务无关，导致能力倾向测量的结果和业绩之间的相关度很低。此外，能力倾向测量和任务常常不匹配，也就是说，他们没有在同等条件下测量个人和任务需求。适应能力评估方法则注重个人的技能储备，因为它们和特定的工作需求有关。

我们将基本学习风格看作通用适应能力，也就是说，更高水平的启发式学习促进了特定技能的发展，这些技能有助于人们有效地完成各种任务（见第六章）。通用适应能力与涉及某种学习风格的具体能力、专业工程师和社会工作者的自我评估能力、两种学习风格之间关系的研究，都与学习风格量表的 AC-CE 和 AE-RO 维度相关。虽然这种自我评估方法在准确评估一个人在特定情况下的能力水平方面的作用有限，但它可以用来评估能力之间的关系模式，这也是本项研究的目的。我们把学习风格量表得分与能力自评的相关性标绘在二维的学习空间中（见图 4-8）。例如，"亲自参与"能力与抽象－具体的相关系数为 -0.25，与行动－反思的相关度系数 +0.10，处于学习风格空间的顺应型象限。该项研究的结果是，对能力列表进行了修订和扩充，并以社会工作专业和工程专业毕业生为样本进行了第二项研究（见图 4-9）。在对这些数据进行进一步的因子分析和提炼后，形成了一个所谓的"能力圈"，描述了特定能力在二维空间中按照它们与学习风格的通用适应能力之间的关系而反映出的排布情况（见图 4-10）。

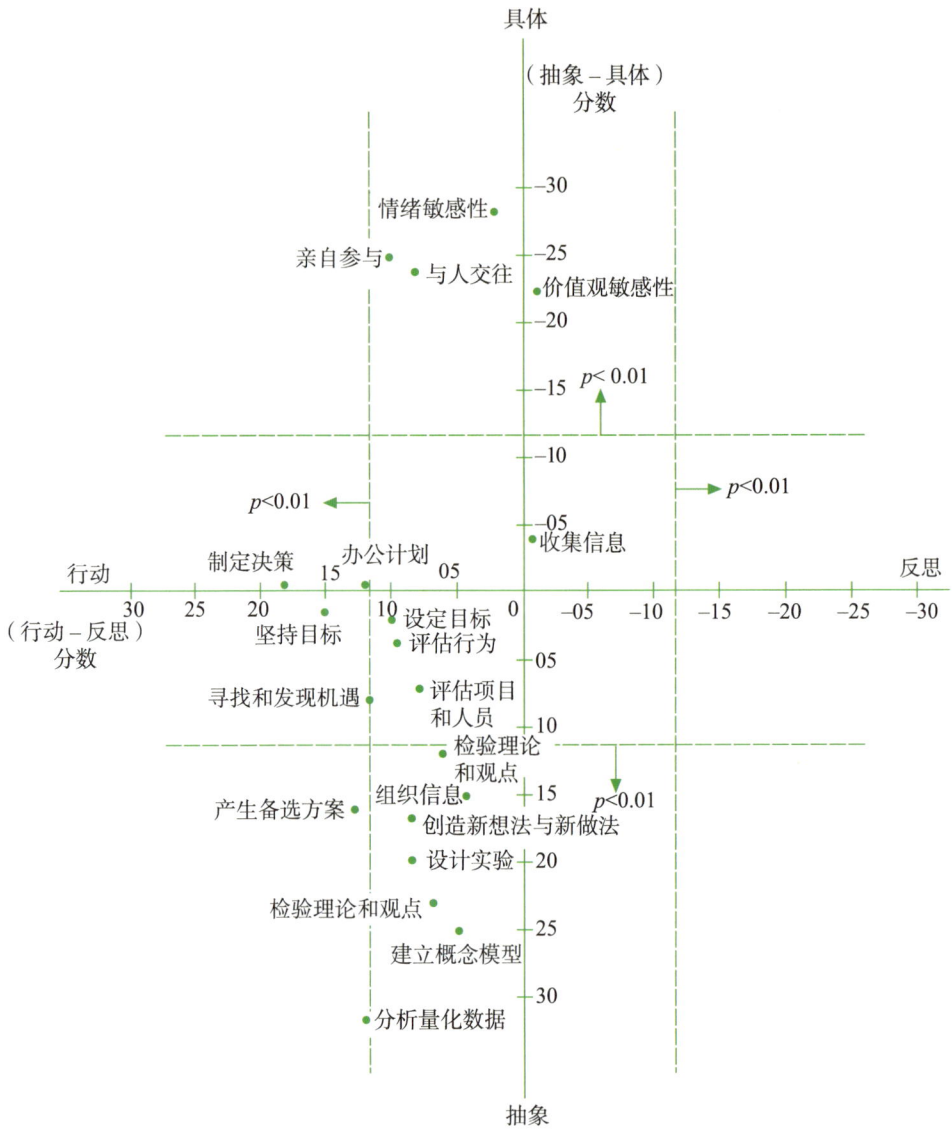

图4-8 工作能力与学习风格的相关性（社会工作及工程毕业生；*N*=420）

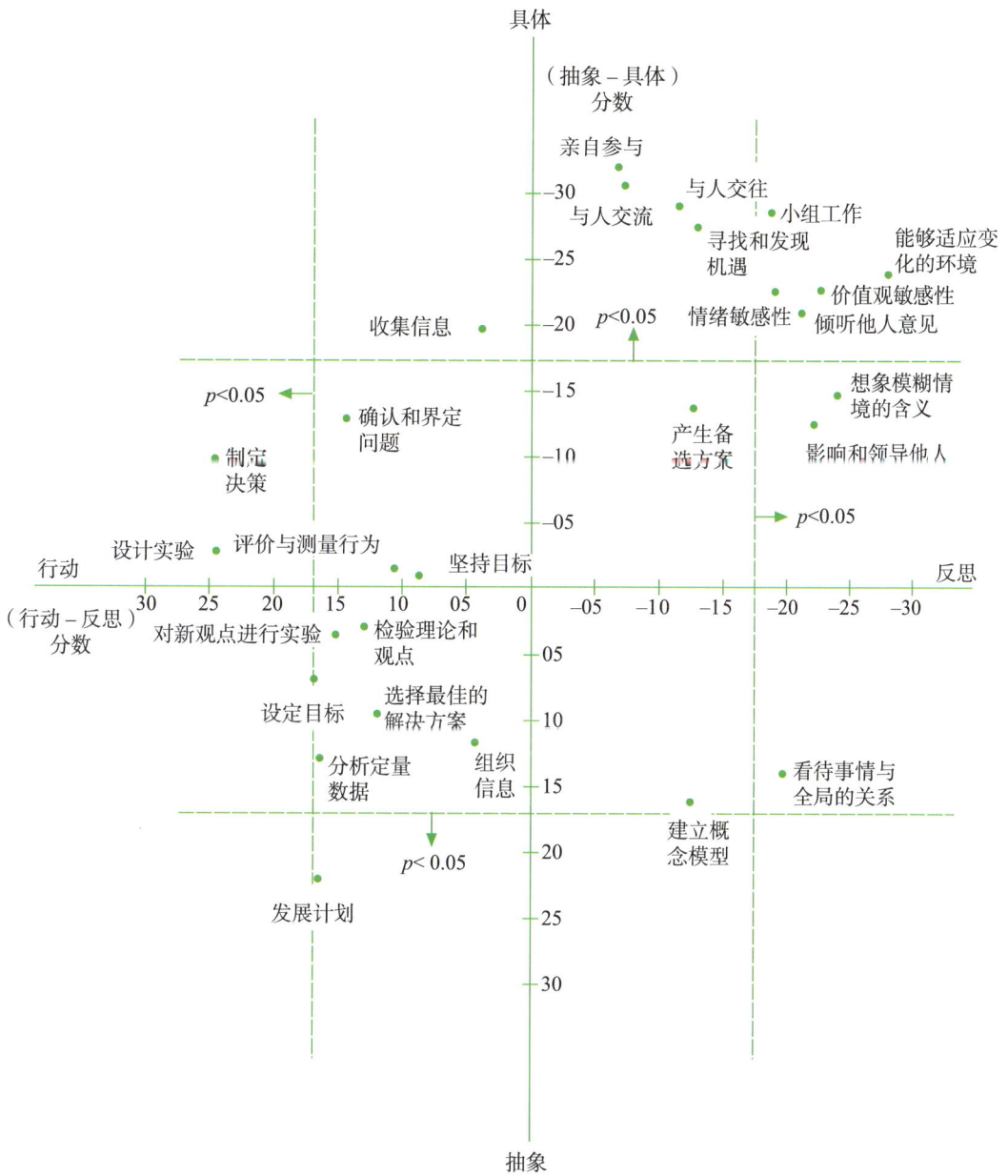

图 4-9　工作能力与学习风格的相关性（社会工作及工程毕业生；N=59）

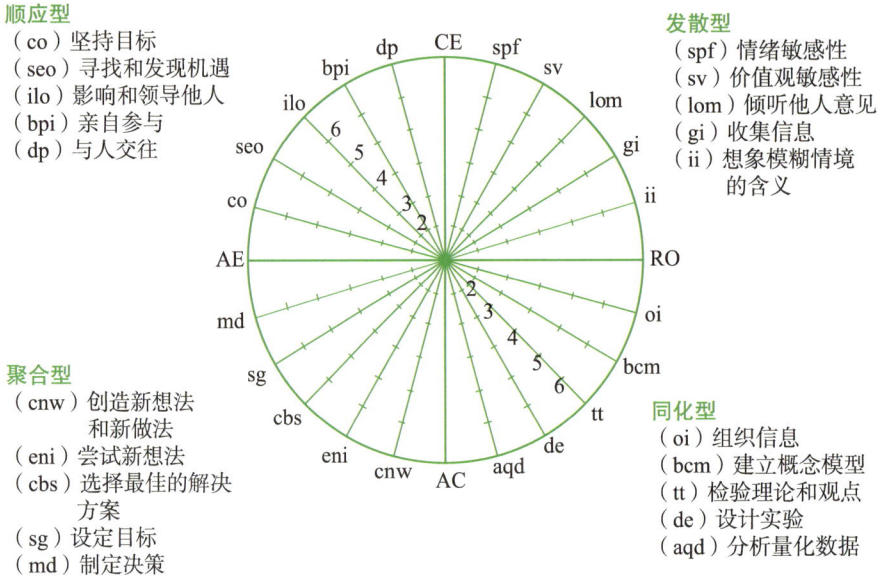

图 4-10　能力圈，显示出与学习风格相关的适应能力

顺应型学习风格包含了一系列可被称为行动技能（acting skills）的能力，包括坚持目标、寻找和发现机遇、影响和领导他人、亲自参与和与人交往；发散型学习风格与价值技能（valuing skills）有关，包括情绪敏感性、价值观敏感性、倾听他人意见、收集信息和想象模糊情境的含义；同化型学习风格与思维技能（thinking competencies）有关，包括组织信息、建立概念模型、检验理论和观点、设计实验和分析量化数据；聚合型学习风格与决策技能（decision skills）有关，包括创造新想法和新做法、尝试新想法、选择最佳的解决方案、设定目标和制定决策。因为这些适应能力被定义为个人技能与任务需求的结合，因此我们可以合理地得出结论，需要特定技能的任务会在某种程度上影响与这些技能相关的学习风格的表达。

总结

本章通过引入学习风格这一概念，描述了学习的个体差异。我们把学习风格当作可能性加工结构，而非固定的人格特质，它来自个体对灵活的人类学习基本结构的独特编程。这些可能性加工结构被视为适应性状态或取向，在与世界的持续交互作用中趋于稳定。例如，我的行动取向使我在行动任务中表现出色，我因此获得奖励，于是我会选择更多行动任务，并进一步提高了我的行动技能，等等。

我们研究了人们与外部世界互动的五个层次，它们塑造了基本学习风格：顺应型、发散型、同化型和聚合型。例如，我此刻的学习风格是由我的内倾情感型的性格倾向，我在本科时期学习的心理学、哲学和宗教专业，我的职业学术生涯使命，我目前作为一名教授的工作需求，以及我正从事的特定任务——写作此书共同塑造的。因此，我的学习风格显然属于反思型，而且当下正向同化型发展，尽管我的职业角色中的其他任务，例如教学和学生辅导，可能会使我倾向发散型。图 4-11 总结了影响学习风格的

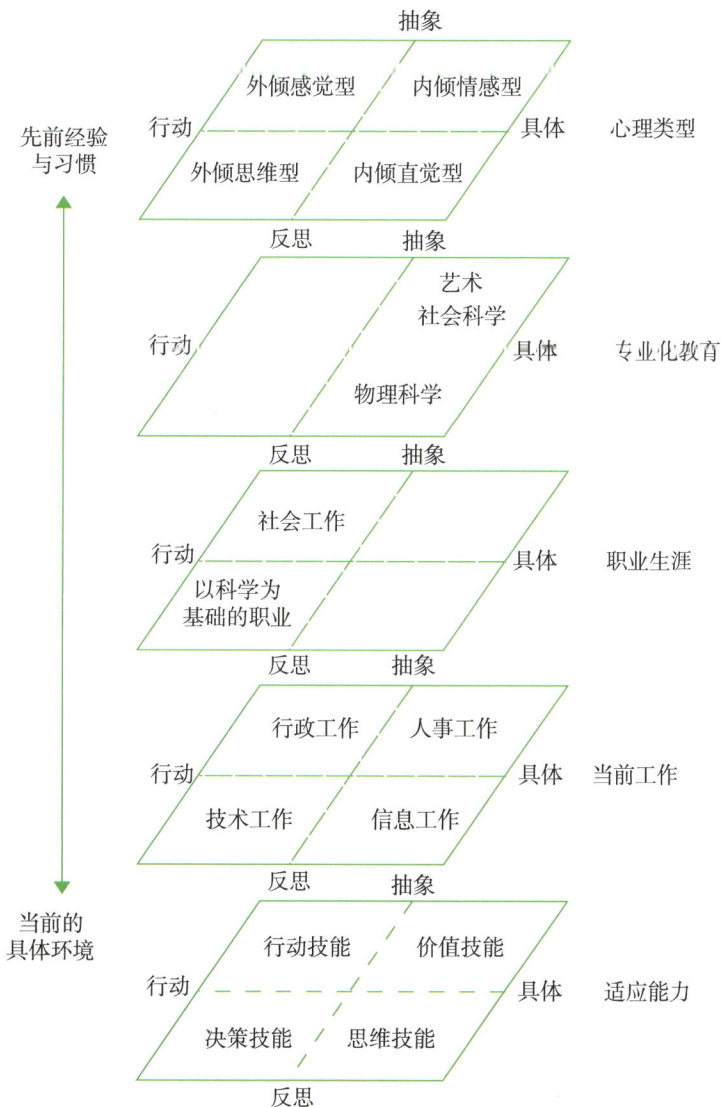

图 4-11　塑造学习风格的因素

五个层面的力量。一方面，我们过去的基本经验及思维行为习惯、我们的基本性格倾向和所接受的教育，几乎在任何情境下，这些因素对我们的行为都会产生适度且普遍的影响；另一方面，我们的职业选择、目前的工作和面临的具体任务对环境的要求也越来越具体。在某种程度上，这些力量对于我们采取的学习风格会产生更强烈的具体影响。

总之，当你从本文中所提出的二维视角来研究学习风格时，我们可以把个人当前的学习风格状态描述成抽象-具体和行动-反思学习空间上的某个点。这个点的位置——例如，在表格的中央或者位于某个角上——是由上述因素的总体影响决定的。但该描述只是总结了基本学习取向之间的实质性差异。要充分评估个人的学习方法，我们需要理解其在第三维度上，也就是在发展维度上的位置。我将在第 6 章中对该维度加以解释。但在描述体验学习的发展理论之前，我们先在第 5 章来考察知识的本质，以及它是如何从体验学习中产生的，正如我们所见，个人学习和发展的方式是由个人与不同的社会知识系统的相互转换决定的。

更新与反思

1. 个体、自体与学习风格

把自体（self）看作是一个统一体，是所有人与生俱来的迫切需要。无论这个幻想破灭了多少次，破灭时有多么剧烈，它总会再次恢复。法官居高临下，仔细端详凶手的脸，这一刻他在自己的灵魂深处想象着凶手的所有情绪、潜力和可能性，听到自己像凶手一样说话，而下一刻他又是一个完整不可分割的法官，匆匆回到有教养的自体外壳里，继续履行职责，宣判凶手死刑……然而，现实中，每一个自体，都远远不是一个统一体，而是极度多元化的世界，是群星璀璨的天空，是形式的混沌，状态和阶段的混沌，同样也是遗传和潜力的混沌。就像每个人都必须吃饭和呼吸一样，我们也必须把混沌看作统一体，把自我（ego）说成单面的、明显独立的现象。即使我们之中最出色的人，也有这样的妄想。

——赫尔曼·黑塞（Herman Hesse），《荒原狼》（Steppenwolf）

因陀罗网的每个结点上都有一颗反射光芒的宝珠，每颗宝珠又包含一张网，永无穷尽。每个结点的宝珠都只作为其他宝珠的反射而存在，因此没有自我本性。然而，为了支持其他宝珠，它也是独立实体。每一颗宝珠与所有宝珠都只存在于它们之间的相互关系之中。

——《华严经》（Avatamsaka Sutra）中的因陀罗网隐喻

克鲁克洪（Kluckholm）和穆雷（Murray）描述了人类行为的三种不同秩序，"每个人都有与任何人相似的部分。每个人都有与其他一部分人相似的部分。每个人都有与众不同之处（Kluckholm & Murray，1948）。"个体性是体验学习理论的关键概念。学习风格是个体性的一个方面，也是个体间无穷无尽差异中的一种。在体验学习理论中，学习风格不是不变的特质，而是动态的特征，它描述了自我如何加工经验。每一个个体都是体验的中心，理解并转换体验，从而创造出一种持续的体验，其中包括一种独特的自体感觉。

2. 东西方的自我观

长期以来，西方心理学对是否存在统一的自体一直争论不休。早期研究把联合统一的自体视作强烈的自我象征，而自体一致性的缺乏则是神经症的标志（Block，1961）。受后现代社会建构主义的影响，现代研究往往表明复杂的自体分化具有灵活性，是现代生活复杂需求的健康"缓冲区"（Linville，1982，1985，1987）。阿克里沃（Akrivou，2009）使用了林维尔（Linville）的自体复杂性测量及成人发展高级阶段（见第六章的"更新与反思"部分）的两种测量方法：自体－理想一致性和自体整合过程。她发现，自体复杂性与这两个与自体整合相关的量表的结果呈正相关；这表明自体复杂性对个人达到更高阶的同一性整合非常重要，也表现在体验学习理论所描述的自体整合这一建构主义概念中。从专业化到整合化的发展，是渐进的和连续的。在这一过程中，个体细微地区分自体范畴、概念和其他事物在意义层级系统中的排序。

林奇和莱恩（Lynch & Ryan，2014）研究了在美国、中国和俄罗斯三国文化中作为幸福预测指标的自我一致性和真实性。在分别对三个国家的研究中发现，这两者都与幸福相关。真实性，被定义为"忠于自己"、真诚的生活，遵循个体的价值观和信念。

研究发现，真实性比自我一致性能更好地预测幸福。

卡尼曼和里斯（Kahneman & Riis，2005）对这类研究的方法论提出了质疑。他们在对快乐和幸福生活的研究中发现，体验式自我和记忆 / 思考式自我的测量是存在差异的。前面引用的研究及大多数心理学对自我的研究都基于记忆 / 思考式自我，参与者完成利克特量表评分或其他关于他们如何看待自己的描述。将有关自我的抽象概念与瞬间的实时体验进行比较："一个人的一生可以被描述为一连串的瞬间，而这是不切实际的。一种常见的估算是，这些心理呈现的瞬间可能会持续 3 秒，这表明人们在清醒的一天中会体验到约 2 万个瞬间，在拥有 70 年寿命的人生中会有将近 5 亿个瞬间。每个瞬间都被赋予了丰富的多维描述……这些瞬间都发生了什么？答案很简单：除了极少数之外，它们都只是消失了。每一个瞬间的体验式自我几乎都没有时间存在……不同于体验式自我，记忆式自我是相对稳定和持久的。作为人类生存条件的基本事实，记忆来自经验，是被保存的内容，在思考生活的时候，唯一可以被采用的角度就是记忆式自我。"接着，他们谈到，对经验的回忆受到大量认知错觉的影响，这个过程常常出错。例如，一项关于休假的研究发现，回忆的快乐和实际体验的快乐之间存在着巨大差异。回忆的快乐预示着重复假期的渴望。在另一项研究中，人们预测他们在自己生日的时候会更快乐，而实际上快乐的体验与其他日子并没有本质的差别。

某些东方的自我概念将自我看作一种"错觉"，这种"错觉"是由看似连续的离散瞬间体验产生的。在西方的某些观点中，"刹那"的意识被看作连续的自我。在以上描述的体验式自我中，经验被描述为一串不连续的刹那体验，估计比 3 秒短得多，在 1/500 秒到 1/75 秒之间。分辨力（discernment）存在于每一个体验刹那，它将客体与关注客体的自我，从二元意识中识别出来。

在体验式自我的各个瞬间之间，有一个缺口，在这个缺口中，没有自我意识，也没有与正在体验的事物分离的感觉……他们的意思是，佛法完全不受过往模式的影响。它自由而来，带着习惯性思维的自由感觉……这种无条件的佛法被称为涅槃（nirvana），字面意思是"灭绝"。这并不意味着所有经验真的灭绝了，它只是牢牢抓住了人是永恒的自我这一信念（Hayward，1998）。

自我或"意识流"的连续性，被归因于粗糙的普通关注。通过冥想练习，人们可以锐化注意力从而意识到涅槃的背景。无我不是要达到一种自己当前状态以外的心理状态，也不是一个"高等存在状态"，它是个体的普通自我中最根本、且永远存在的一面，由于无知和困惑，自我连续性的信念被掩盖了，因此知识和洞见可以揭示自我连续性。无我不是一种对自我毫无感觉的状态。相反，它不把自我看作坚固的、永久的状态，而是看作茫茫背景中不断闪现的瞬间。在背景中逐步认同，而不是以永恒自我的错觉作为参照物，这为个人生活带来了和谐、明晰、智慧和能量（Hayward，1998）。

3. 体验学习与自我

在体验学习理论中，自我是动态的、发展的，朝着一贯的同一性和整合性发展。自我受到有机体自我实现内驱力的驱动，是从体验中学习的动态的、连续的过程，为个体选择了一条独特的发展道路。卡尔·罗杰斯这样介绍他的理论体系："值得注意的是，这个理论体系假定的唯一动机是基本的自我实现趋势，它是一个完整的有机体，也只有作为完整的有机体，才会表现出这种趋势。在这个理论体系中没有同源性能量，也没有其他能量或行动的来源。例如，自我在我们的理论中是一个重要的结构，但自我不'做'任何事情。它只是有机体一般趋势的一种表达，个体通过这种方式维持和提高自己（Rogers，1959）。"

通过与社会和关系背景的互相转换，这种螺旋上升式的学习循环发展出了自我的个体性。每一种学习循环模型都形成了自我走向整合的一个方面（见图4-12）。每个人通过不断强化和放大的过程，形成了自我的独特形态（见第七章）。

卡尼曼对体验式自我和记忆/思考式自我的识别，与体验学习理论的双重知识概念相一致（见第三章）。体验式自我基于直接的、以当前为导向的具体体验，由离散的经验瞬间、无我的空间——佛教思想的涅槃背景——组成。在此，我看到了詹姆斯的纯粹经验概念和涅槃背景的相似性。正如杜威强调的那样，直接的自我体验瞬间会在一定程度上受到个人历史、文化和环境的影响（见第二章的"更新与反思"部分）。思考式自我是通过对具体体验的记忆构建的，这些经验通过认知解释被赋予了意义。虽然记忆式自我是对直接体验式自我的表现，不可避免地带有偏见，但它仍然是我们进

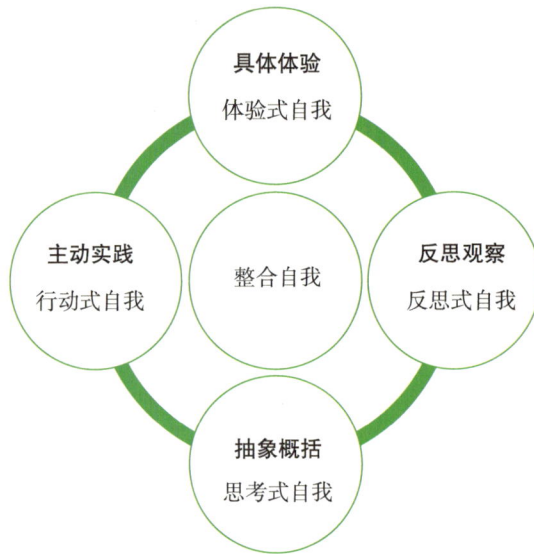

图 4-12 体验学习理论的自我

行很多人生选择和决策的基础。记忆式自我是从众多情境记忆的案例中被构建起来的（见第三章的"更新与反思"部分）。学习循环的正念过程，可以提升人们的思考式自我和体验式自我之间的一致性。

　　很多研究体验学习的学者，包括杰克·麦琪诺（Mezirow，1990）、斯蒂芬·布鲁克菲尔德（Stephen Brookfield，1987）和大卫·鲍德（Boud，Keogh，& Walker，1985）都把反思式自我看作通向自我整合的途径。其他人则通过行动式自我来强调自我整合。理查德·博亚兹（Richard Boyatzis）的"意图改变理论"（Boyatzi，2008）、德西与莱恩的"自我决定论"（Deci & Ryan，1995，2004），以及基根（Kegan，1994）与巴克斯特–马戈尔达（Baxter-Magolda，2007，2008）的自我主导理论（self-authorship），都把全部精力放在能动的自我实现上。对于罗杰斯（Rogers，1961，1964）和简德林（Gendlin，1962，1978）而言，通向整合的路径在于体验式自我。对于科尔伯格（Kohlberg，1981，1984，1987）来说，正是反思式自我将发展引向整合。

　　因此，体验学习理论中的自我被视作是由执行性元自我完成的分化与整合的持续过程；其一致性和整体性也因个体及其寿命存在差异而有所不同。米德（Mead，1934）在自我衍生过程中提出了元自我（meta-self）的概念，以此作为对产生于个人生命中与他人共同经历的瞬间的"一般化他人"（generalized other）的回应。这个整合过程本身就是"主体我"与"客体我"之间的内部对话。鲍尔（Power，2007）在《临床心理学杂志》（*Journal of Clinical Psychology*）中，引用了葡萄牙作家费尔南多·佩索阿（Fernando Pessoa）的观点："我的灵魂是一个隐形的交响乐团；我不知道它由哪些乐器组成，不知道我内心的喧嚣和撞击是怎样的丝弦迸发和锣鼓喧天。我听到的只是交响乐（Pessoa，2007）。"他把自我比喻成一个交响乐团，用这个例子来描述这种动态的分化和整合，"当交响乐团的不同部分一起和谐演奏时，所有的体验就是一个综合的整体……事实上，当交响乐团的一个或多个部分无声或缺席时，也能产生相同的整合体验，这是显而易见的。另外，如果交响乐团的不同部分之间无法协调，例如，不同的部分演奏不同的曲调，会产生不和谐的分裂感（Pessoa，2007）。"

4. 学习风格

我创建了学习风格量表来描述个体自我的"可能性加工结构"（用泰勒的术语）（见本章）的独特方式，并以个体对具体体验（CE）、反思观察（RO）、抽象概括（AC）和主动实践（AE）这四种不同学习模式的喜好为基础，阐述了在学习循环中如何实现螺旋式上升。由此，它关注的是个体如何从经验中学习有关的个体性方面。作为一个动态的、整体的学习风格概念，它描述了人类的独特性——不仅审视了不同个体的独特风格的规范化描述，还具体描绘了在整体模型中不同个体风格的轮廓。

最初的学习风格量表（LSI-1）于1969年创建，是麻省理工学院开发的项目，该项目还催生出了第一本以体验学习为基础的管理类教材（Kolb，Rubin，& McIntyre，1971）。在过去的45年中，总共发行了6个版本的学习风格量表。多年来，我们一直努力地与其他感兴趣的研究人员公开分享有关该量表的信息、评分和技术特点。他们的研究成果有助于量表的不断改进。

我创造了"学习风格"（learning style）这一术语来描述个体差异，并把它们与当时流行的认知风格研究区分开来。正如前文所描述的，我试图把学习风格从经验中区分出来，因为学习风格不是固定的特质，而是发生在持续学习过程中的动态状态。出于这个原因，学习风格量表采取了迫选的形式，要求个人从学习循环的四种模式中排列出自己相对的选择偏好。这与更常见的规范或自由选择形式不同，例如被广泛使用的李克特量表，其评定的是独立维度上的绝对偏好。

学习风格量表的迫选形式是由体验学习理论本身及该测量工具的首要目的所决定的。体验学习理论是一个整体的、动态的和辩证的学习理论。因为它是整体的，组成体验学习循环的四种模式被认为是相互依存的。为了应对具体的学习情境，学习必须包括解决这些学习模式中的创造性张力。由于两个学习维度——AC 和 CE、AE 和 RO——是辩证相关的，所以个体选择了一个极点就意味着不选择另一个极点。因此，为了使学习风格的评估过程在生态上有效，学习风格评估过程要求在选择个人偏好的学习方法时，需要一个类似的解决冲突的过程。此外，学习风格量表并不是一个标准参照测验，因此它不适合以选择、安置、工作分配或选择性待遇为目的的预测行为。其中也包括不能使用学习风格量表来给学习者分配不同的教育待遇，这一过程有时被称为"追踪"。基于单一分数的分类意味着模式化，与强调个体独特性的体验学习哲学背道而驰。"当被以简单的、直接的和开放的预期方式来使用时，学习风格量表通常会提供有价值的自我检查和讨论，从而确认了个体学习方法的独特性、复杂性和多变性。使用学习风格量表的危险在于，人们易把学习风格认定为固定特质，从而使学习风格成为用于将个体及其学习目标分类的刻板行为（Kolb，1981a）。"

与学习者最为相关的信息是个体的内部差异，也就是其对四种学习模式的相对偏好，而并非个体间的比较。用迫选的形式对四种模式之间的相对偏好进行排名，是提供这些信息最直接的方式。虽然有时被试报告称会在做排序时出现选择困难；但他们也报告说，从学习风格量表得到的反馈比使用规范的李克特量表带来了更多的洞见。这是因为在等级评定量表中，社会期望反应偏差未能定义明确的学习风格；也就是说，个体可能会觉得自己喜欢所有的学习模式。哈兰德（Harland，2002）的研究发现也支持了这一观点，即从迫选测验形式中得到的反馈意见，比从规范版本量表中得到的反馈更准确、更有价值，且更有效。

当然，学习风格量表采用迫选的方式也使得它成了迫选测量工具标准及其他问题的辩论中心。有关这些问题的详细分析，请参阅库伯的《学习风格量表指南》（*Learning Style Inventory Guidebook*）（Kolb & Kolb，2013a）。

库伯学习风格量表 4.0

本章中报告的研究，都是基于库伯学习风格量表的第一版（Kolb，1971）。最新版的库伯学习风格量表 4.0（KLSI-4.0）（Kolb & Kolb，2011），是自 1999 年以来对 KLSI 的第一次重大修订，也是自 1971 年发布原始学习风格量表以来的第三次修订。它以世界各地学者多年的研究，以及数千名受访者的数据为基础。KLSI-4.0 保持了 KLSI-3.1 的高阶信度，同时提供了更高的内部效度。KLSI-4.0 的分数与 KLSI-3.1 的分数高度相关，从而保持了该测量工具多年来显示的外部效度。《库伯学习风格量表第四版指南》（*Kolb Learning Style Inventory 4 Guidebook*）综述了《体验学习》出版以来对 KLSI 的效度研究。

经验和临床研究的数据表明，顺应、同化、聚合与发散这四种最基本的学习风格，可以被进一步细分成九种风格（见图 4-13），从而可以更好地定义个人学习风格的独特模式，并减少旧式四种分类风格中由边缘案例引发的不确定性（Eickmann，Kolb，& Kolb，2004; Kolb & Kolb，2005; Boyatzis & Mainemelis，2000）。根据使用者的反馈，我们首先关注到第五种"平衡"风格，它描述了分数位于学习风格网格中心的使用者。后来我们发现，分数位于网格边界线的个体也有其独特的风格。例如，"体验"风格被确定位于顺应和发散方式之间。其中四种方式强调四种学习风格——体验（CE）、反思（RO）、思考（AC）和行动（AE）的其中一种（Abbey，Hunt，& Weiser，1985; Hunt，1987）；另外四种学习风格的代表类型强调了两种学习模式，一种来自理解维度，另一种来自体验学习理论模型的转换维度，包括想象（CE 和 RO）、分析（AC 和 RO）、决策（AC 和 AE）和发起（CE 和 AE）；最后的方式类型中和了学习循环的所有四种模式——平衡（CE、RO、AC 和 AE）（Mainemelis，Boyatzis，& Kolb，2002）。

KLSI-4.0 把学习风格类型的解析度从 4 像素改成 9 像素，引入了这 9 种风格类型。学习风格类型可以系统地被安排在一个由抽象概括－具体体验和主动实践－反思观察定义的二维学习空间中。图 4-13 描绘了这一空间，并用风筝的形状对每种方式进行了区分。

具体体验（CE）

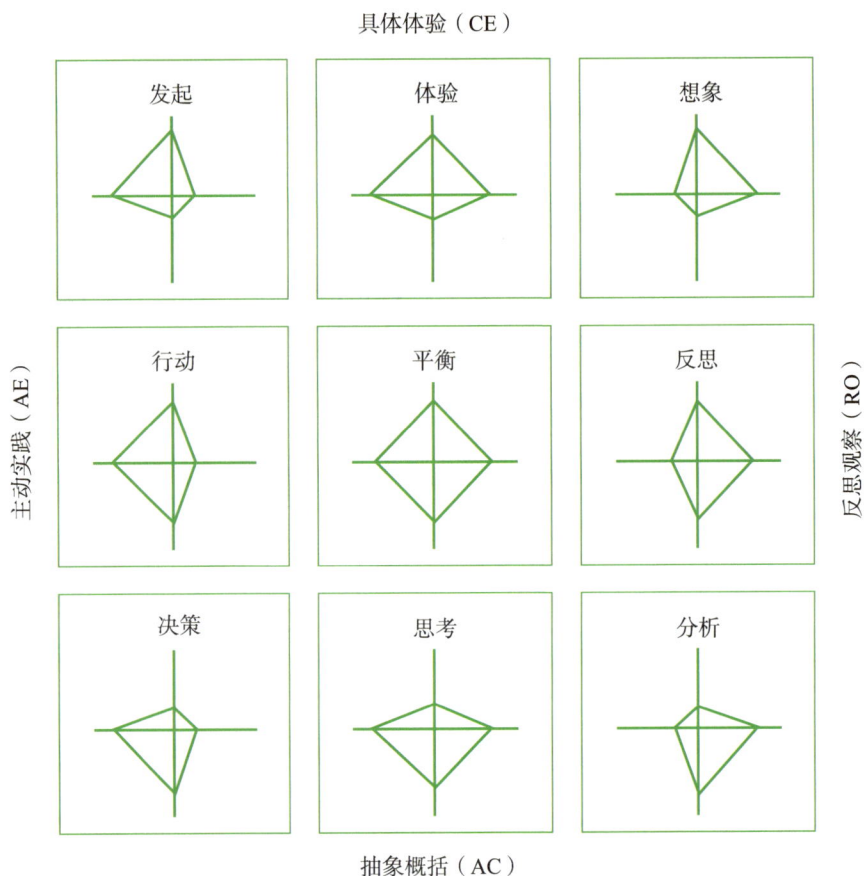

主动实践（AE）

反思观察（RO）

抽象概括（AC）

图 4-13　KLSI-4.0 的九种学习风格

（1）**发起风格**。发起风格的特点是通过发起行动来处理体验和应对情境。它涉及主动实践和具体体验。

（2）**体验风格**。体验风格的特点是从深入参与的经验中寻找意义。在依靠具体体验的同时，还平衡了主动实践和反思观察。

（3）**想象风格**。想象风格的特点是通过对体验的观察和反思来想象各种可能性。它结合了具体体验和反思观察的学习步骤。

（4）**反思风格**。反思风格的特点是通过持续的反思将体验和想法联系起来。它在依靠反思观察的同时，还平衡了具体体验和抽象概括。

（5）**分析风格**。分析风格的特点是通过反思来整合并进行系统化思考。它结合了反思观察和抽象概括。

（6）**思考风格**。思考风格的特点是自律地参与抽象和逻辑推理过程。它在依靠抽象概括的同时，平衡了主动实践和反思观察。

（7）**决策风格**。决策风格的特点是使用理论和模型来决定问题的解决方案和行动过程。它结合了抽象概括和主动实践。

（8）**行动风格**。行动风格的特点是具有由目标引导行动的强烈动机，将人和任务整合起来。它在依靠主动实践的同时，平衡了具体体验和抽象概括。

（9）**平衡风格**。平衡风格的典型特点是其适应能力强：能权衡行动与反思、体验与思考之间的利弊。它平衡了具体体验、抽象概括、主动实践和反思观察。

这9种KLSI-4.0的学习风格通过进一步强调学习过程中的四种辩证关系，重新界定了体验学习循环。抽象概括 – 具体体验和主动实践 – 反思观察的主要辩证，以及同化 – 顺应和聚合 – 发散的组合辩证，代表了以平衡为中心的八阶段学习循环。《库伯学习风格量表第四版指南》中报告了计算这些组合辩证的连续得分的公式（Kolb & Kolb，2013）。

发起风格对行动学习具有强烈的偏好（顺应），而分析风格对反思概念学习有强烈的偏好（同化）。同化和顺应的概念是皮亚杰对智力加以定义的核心，即调整概念以适应外部世界（顺应）和将外部世界的观察结果适应现有概念（同化）的过程之间的平衡（Piaget，1952）。这一指标常被用于验证学习适应性（Sharma & Kolb，2010）（见第六章），并且被其他研究者在过往的研究中使用过（Wierstra & de Jong，2002; Allinson & Hayes，1996）。

想象风格偏好对经验和观点的开放性选择（发散），而决策风格则偏好终结行为的单个最佳选择（聚合）。聚合和发散的概念起源于吉尔福德（Guiford，1988）的智力模型结构，它们是创造性过程中的核心辩证。这一辩证概念已被格默尔（Gemmell，2012）和库伯（Kolb，1983）用于体验学习理论的研究。

一些研究使用抽象 – 具体和行动 – 反思的连续平衡分数来评估平衡的学习风格得分（Mainemelis，Boyatzis，& Kolb，2002; Sharma & Kolb，2010）。这些变量以标准对照组的第50百分位为中心进行校正，然后计算 AC-CE 和 AE-RO 的分数的绝对值。图 4-14 描述了这一扩大的学习循环，说明了个人的独特风格如何代表了其在学习循环中的偏好。

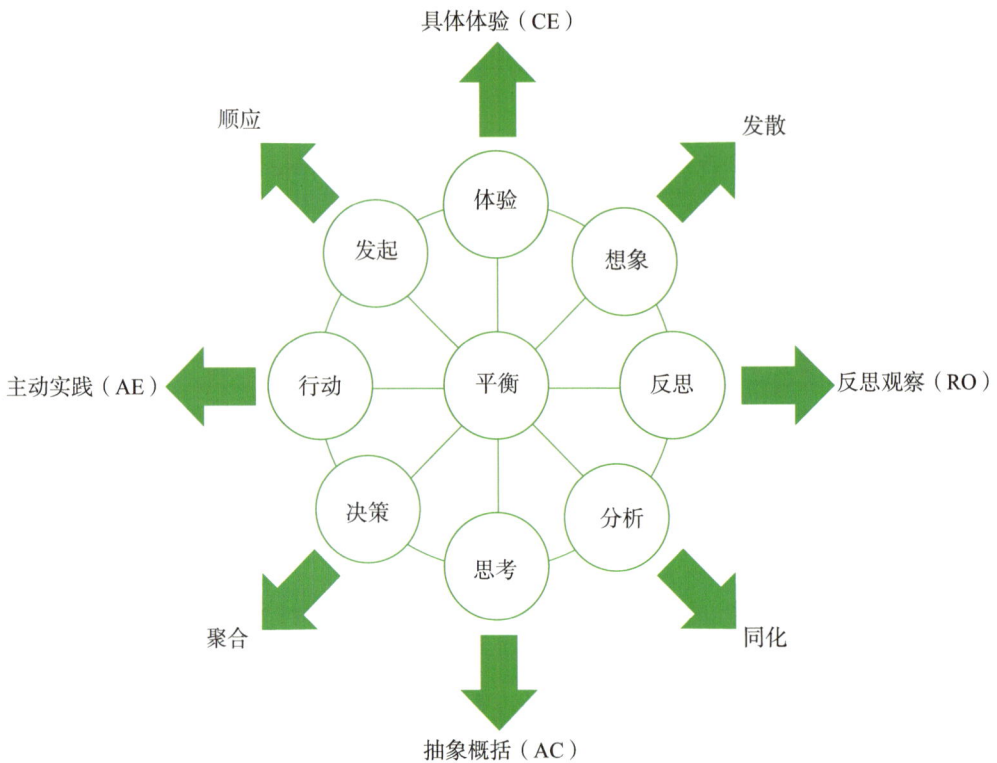

图 4-14　学习循环的九种学习风格和四种辩证关系

学习灵活性

学习风格的另一个重要方面是学习灵活性，即个体的学习风格适应学习情境的需求的程度。正如我们前面所见，学习风格不是一个固定的人格特质，而更像是由经验和选择塑造的学习习惯。它可以是自动的、无意识的适应模式，也可以被有意识地修正和改变。学习风格的稳定性来自个体与学习情境相互作用的一贯模式。这一过程被称为加强——我们对新情境的学习风格体现了我们所看见的选择和决策范围，而我们所做的选择和决策会影响我们即将经历的下一个情境，这个情境会进一步影响未来的选择。因此，学习风格是一种专业化的适应模式，这种模式会通过不断选择能够成功运用一种学习风格的情境得到加强。

专业化的学习风格只代表了个人对四种学习循环模式中的某一种或两种个别偏好，

其有效性受限于需要这些优势的学习情境。学习灵活性意味着一个更全面而复杂的学习发展过程。上述学习风格描述了个人通常喜欢采用的学习方式。很多人觉得他们自己的学习风格准确地描述了他们大部分时间的学习方式。他们在学习方法上始终如一。然而，其他人则报告说，他们往往会根据自己正在学习的内容或所在的情境改变学习方式。例如，他们可能会说，自己在课堂上使用一种方式，而在与朋友和家人在一起时使用另一种方式。他们是灵活的学习者。

　　KLSI-4.0 在整合适应性风格量表（ASI）的同时，还包括了对学习灵活性的评估。第八章将描述 ASI 的创建，其目的是评估个人从体验学习理论发展模型的专业化阶段发展到整合阶段时的综合复杂性水平（见图 6-3）。这项工具通过测量个体如何改变自己的学习风格来应对不同的情境需求，从而评估其适应的灵活性。它的理论基础是，如果人们在应对不同情境的学习需求时表现出系统的变化性，就可以推断出人们更高水平的整合发展，因为系统性的变化意味着用于指导行为的更高阶决策规则和元认知过程（Kolb & Kolb，2009）。

　　许多研究者已经找到证据来支持学习灵活性和整合发展之间的联系。早期研究（见第八章）发现，ASI 的适应灵活性与卢文格的句子完成测验中的自我发展水平具有高度正相关（Kolb & Wolfe，1981）。适应灵活性水平更高的个体被认为在目前的生活情境中，具有更好的自我指导及灵活性，他们对人际关系有较高水平的辨别能力，他们用更多的构想来描述自己的生活结构。此外，尽管他们的生活更加复杂，但在生活中经历的冲突和压力较少。对学习灵活性的后续研究，验证和重复了其中的一些结论。珀尔马特（Perlmutter，1990）对 51 名医学专业人士进行研究，发现卢文格的自我发展测验和适应灵活性之间具有显著相关。汤普森（Thompson，1999）对来自不同领域的50 名专业人员进行抽样调查，发现自我指导的学习者比非自我指导的学习者，具有更高水平的适应灵活性。

　　梅内梅利斯、博亚兹和库伯（Mainemelis，Boyatzis，& Kolb，2002）所做的另一项研究，考察了库伯学习风格量表（Kolb，1999，2005）所测得的学习风格和 ASI 所测得的适应灵活性之间的关系。该研究验证了这一假设：对辩证对立的学习模式有相同偏好的学习者，能够更好地将他们的学习偏好整合到灵活的学习过程中。该研究提出，平衡的学习风格（如按照总体平均值校正后的抽象 – 具体和行动 – 反思的辩证的绝对值）和学习灵活性有关。换句话说，个体在抽象 – 具体和行动 – 反思的辩证关系上平衡程度越高，就越能表现出学习的灵活性。研究发现，这一假设在抽象 – 具体的辩证关系中得到支持；而在行动 – 反思的辩证关系上则没有发现显著的结果。

阿克里沃（Akrivou，2008）通过她的整合发展量表（Integrative Development Scale，IDS）发现了学习灵活性与整合发展之间的关系。她通过确定描述成人发育整合阶段的项目创建了这个量表，这些项目在卢文格（Loevinger，1966、1976、1998）、罗杰斯（Rogers，1961）、佩里（Perry，1970）、基根（Kegan，1982、1994）和库伯（Kolb，1984、1988、1991）等人的著作中都有定义。贝尔（Bell，2005）全面回顾了 ASI 的研究，报告了其他结构效度的证据，但建议有必要对原始测量工具进行修订，并且创建新的适应灵活性测量工具。

夏尔马和库伯（Sharma & Kolb，2010）修改了 ASI 以适应 KLSI 的迫选形式，并根据肯德尔（Kendall）的 W 统计创建了学习灵活性指数（Learning Flexibility Index，LFI）。通过测试 6 个关于基则网中 LFI 所在位置的假设，他们展示了 LFI 测量的结构效度。LFI 与年龄及受教育程度呈负相关。女性与从事具体职业工作的人，往往更灵活。具有同化型学习风格的个体，往往不够灵活。LFI 和阿克里沃的整合发展量表呈正相关，重复了她先前的研究结果。男性、年长者、受过高等教育的人，以及那些在抽象和形而上学领域颇具专长的个体，在学习风格上更偏向同化型，且学习灵活性更低。研究结果表明，正是同化型学习风格中抽象和反思的特征取向导致了思维僵化。由于在正规教育系统中，同化方式是最受青睐以及发展得最好的，可能有人会提出疑问，这种抽象的方法是否产生了学习僵化的意外负面后果呢？以牺牲情境学习为代价强调概念学习，可能会导致教条化地坚持某一观点，而不是在具体体验中进行测试，这就是怀特海所说的"误置具体性谬误"（the fallacy of misplaced concreteness）。情境性学习方法，如体验学习（Kolb，1984）和情境学习（Lave & Wenger，1991）在教育中可以帮助培养整合型学生，因为他们对情境和抽象概念同样敏感。不过，由此产生的一个相关问题是：教育中的专业学习优先于综合学习。学科专业化和最适合学习的学习风格很可能会产生更高水平的专业技能。梅内梅利斯等人也发现，与平衡学习风格相比，专业学习风格更能促进与专业相关的学习技能的发展（Mainemelis et al，2002）。

沐恩（Moon，2008）使用新的 KLSI-4.0 学习适应性指数对金融服务行业的销售人员的业绩进行研究，结果发现学习灵活性影响了按月销售量计算的销售成绩。格默尔（Gemmell，2012）对 172 位技术创业者进行了研究，他们是所在公司的创始人或首席执行官。格默尔考察了他们的 KLSI 和 LFI-4.0 的分数与他们公司的创新和业绩之间的关系。结果如图 4-15 所示，研究发现，行动－反思学习风格（AE-RO）与实践和行动之间存在正相关关系，这反过来又影响了创新和业绩。具有高度学习灵活性的企业家，需要更长时间来做出关键的战略决策；然而，在这样的过程中，他们的创新性更强。技术创业者是灵活的学习者，尽管环境压力巨大，但他们会利用更多的时间来考虑其他的备选方案，并进行反思，最终会聚于一个解决方案，进而采取行动。

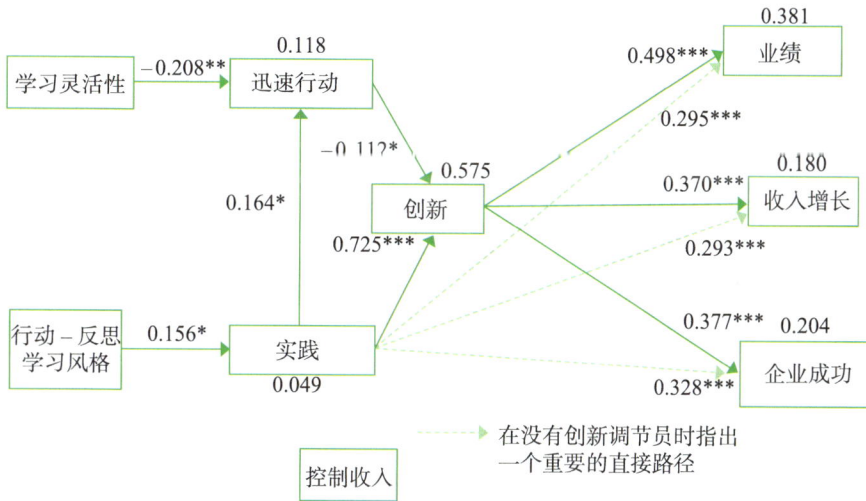

图 4-15　企业家的学习风格和学习灵活性对创新和业绩的影响

学习的灵活性表明，学习过程正朝着更全面和更复杂的方向发展。根据荣格的理论，成人发展从专门的适应方式转向全面整合的方式，因此，学习灵活性的发展被视为从专业化转向整合化。整合学习是一个过程，其中四种学习模式之间的创造性张力会对情境需要做出回应。学习灵活性是指使用四种学习模式的能力，个体能使用四种学习模式中的任意一种并在学习循环中自由移动，以学习情境为基础修改自己的学习取向。体验、反思、思考及行动，每一种模式都为学习任务的深化和丰富提供了有价值的观点，从而丰富了人们的知识结构。

学习灵活性可被视为在学习过程中穿越学习空间的每一个区域。在学习循环里，能够灵活地从一种学习模式切换到另一种学习模式，这对有效学习来说非常重要。学习灵活性可以帮助我们进出学习空间区域，充分地利用每一种学习风格的优势。学习灵活性拓宽了学习的舒适区，并使我们能够在学习空间的多个区域自如和有效地运作，促进深度学习和发展。除了能够测量个体学习方法的灵活性，KLSI-4.0还提供了可以移动到不同的学习情境中的学习空间指示，以及他们的备份学习风格（back-up learning styles）。图 4-16 显示了一个灵活性得分较低的体验式学习者（深绿色背景）的发起（淡绿色背景）和平衡的备份学习风格（左图），以及灵活性得分较高的发起式学习者的体验、想象、平衡、反思和思考的备份学习风格（右图）。灵活性高的人往往表现出更多的备份学习风格，因此在学习循环内移动的能力更强。

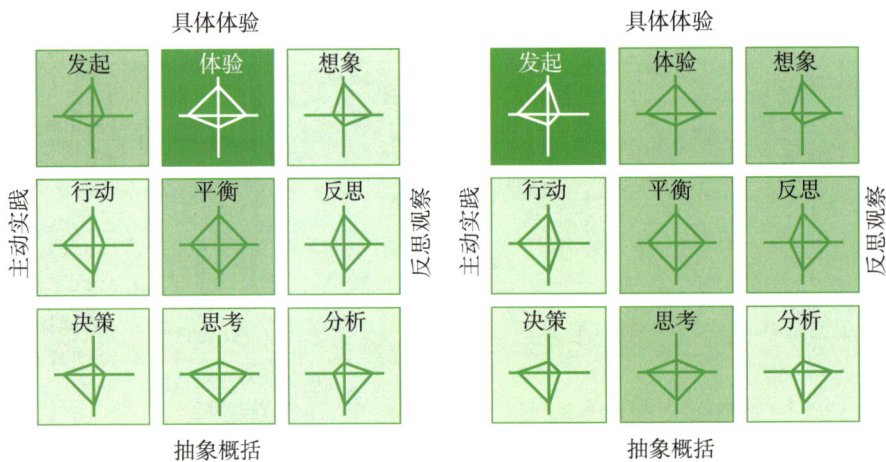

图 4-16 灵活性低和灵活性高的备份学习风格

第五章

知识的结构

> 经验不是将人类和自然隔开的面纱，而是不断深入自然本质的一种手段。
>
> ——约翰·杜威

如果不审视在文化层面积累的知识及其本质和形式，也不去考察个体学习者对该知识的贡献及分享这些知识的过程，那么对人类学习的任何解释都将是不完整的。个体的学习风格由社会知识结构塑造，并通过个体的创造性行为形成。知识是由无数的个体所建构的。要充分理解学习，我们必须理解人类知识的本质和形式，理解知识的创造与再创造过程。皮亚杰在 1970 年出版的《发生认识论》(*Genetic Epistemology*) 一书的结论中，描述了学习和知识创造的三种方式及它们与体验学习的关系。

这几个例子可以阐明，为什么我认为发生认识论的主要问题在于解释知识发展中新知识的创建。经验论者 (empiricist) 认为，"发现"对发现它的人而言是新的内容，但事实上这个发现已经存在于外部现实中，因此并没有构建出新的现实。先天论者 (nativist) 或先验论者 (apriorist) 坚信，知识的形式是主体内部预先决定的，因此，严格来说，也不存在任何新奇之处。与此相反，对发生认识论者 (epistemologist) 而言，知识来自连续的建构，每一次理解，都多多少少含有创造的意味；在发展过程中，从一个阶段到下一个阶段的演变，总是以外部世界和主体思想中前所未有的新结构的生成为特征 (Piaget, 1970)。

自古希腊哲学家以来，西方哲学便存在认识论之争，经验论者、先验论者（理性主义者）和发生认识论者（互动主义者）表达了不同的关于知识习得的观点。

17世纪，人们认为只有通过理性分析和内省才可以获得知识。笛卡尔（Descartes）、斯宾诺莎（Spinoza）和莱布尼茨（Leibnitz）等理性主义哲学家提出了一个论点，他们认为真理是通过使用逻辑和推理工具发现的。观念是真实的，是经验世界的反映。由于经验只是理想形式的反映，因此心灵中的理想形式为我们的生活经验赋予了意义。正如笛卡尔所说。

> （上帝）制定了大自然中的这些法则，就像一个国王制定了他的王国里的法律。如果我们动脑筋思考，没有一条法则是不能被理解的。它们都是我们头脑里与生俱来的，就像一个国王，如果有足够的权力，会把他的法律铭刻在臣民心上（Frankfurt，1977）。

18世纪产生了理性主义的对立面——经验主义。洛克、霍布斯（Hobbes）等经验主义哲学家认为，要在我们累积的对外部世界的感官印象的联系中去寻找知识。大脑是一块白板，记录着这些被累积的感官印象，但除了识别"实质"的能力以外，其自身没有任何贡献。真理要在对世界的细心观察中去寻找，这一概念在18世纪引起了科学调查的蓬勃发展。

19世纪，伊曼努尔·康德（Immanuel Kant）的批判理性主义（critical idealism）是理性主义和经验主义立场的综合，他是第一位互动主义认识论者。康德认为，大脑具有能够解释经验的先验能力，尤其是定位时间和空间形式的能力，以及理解秩序和统一性的能力。因此，几何和逻辑定律被看作经验以外之物，对解读经验是必不可少的。批判理性主义中的真理，是心灵的形式与感官觉察到的物质事实之间相互作用的产物。

感知与领悟——双重知识论

简要回顾认识论哲学的发展史，足以明确体验学习理论对"如何获得知识"这一问题所做出的贡献。只要我们对体验学习循环（见图3-1）稍加反思就会发现，单独把理性主义或经验主义哲学作为体验学习的认识论基础都具有局限性。正如我们在第三章中所见，体验学习建立在双重知识论之上：经验主义者认为，具体体验通过直接的感知过程把握现实；理性主义者认为，抽象概括通过抽象概念化的中介过程把握现实。因此，我们的选项只剩下皮亚杰的互动论立场。

然而，体验学习理论中的互动认识论与皮亚杰的发生认识论中的互动论，有显著差异。正如有人提出的那样，皮亚杰的互动论是明显的理性主义互动论。例如，请思考皮亚杰是如何解释数学公式始终能够预测随后的实证发现的。

> 数学与物理现实之间的和谐，不能以实证主义的方式被简单地视为一种语言与其指定对象的对应关系。相反，它是人类运算与客观算子（operator）之间的对应，是特殊算子（即身和心组成的人）与自然中存在的不同层次的无数算子之间的和谐。由此，我们拥有了非凡的证据，证明莱布尼茨想象的"单子之间没有窗户"这种预先建立的和谐。我们所知道的生物适应性就是最美的例子（Piaget，1970a）。

当然，我们也可以把"生物适应"的过程替换成"把他的法律铭刻在臣民心上"。按照皮亚杰的说法，心灵的"运算"与前文引用的笛卡尔的"与生俱来的法则"几乎如出一辙。他们都认为，心灵的力量与现实的结构直接相关。这种理性主义导向体现在皮亚杰的知识创造理论的行动立场中。对他来说，感觉和知觉只是认识的起点，正是通过行动（尤其是内化的行为或思考）对这些感觉进行组织和转换，创造了知识。对皮亚杰而言，知识是构建现实的行为逐步转换的内化过程——一种绝对理性主义的互动主义，其中感觉（或来自感知的认知）是次要的。

体验学习理论的互动主义把来自感知的认知与来自领悟的认知放在了平等的位置上，产生了一个更强的互动主义立场，即真正的交互作用论，认为知识从这两种认知形式之间的辩证关系中产生。这种辩证关系，不是认为论题及其对立立场只存在逻辑矛盾的康德式辩证，而是黑格尔式辩证，即认为矛盾和冲突是经过论题及其对立立场在逻辑和情感的相互对立的信念中产生的。

为了更好地理解这种辩证关系的本质，我们来研究一下构成这一辩证关系的两种对立认识过程的本质。一方面，通过感知来认识事物的过程强调此时此地。它仅存在于连续展开的、具有无限深度的当下，其中的事件与即刻的关系模式中的系统性有关（Jung，1960）。因此它是无时间性的——既是瞬息的，也是永恒的，海因茨·沃纳（Heinz Werner）称之为相术（physiognomic）的动态知觉形式（见第六章）。另一方面，从本质上讲，领悟记录着过去，并指向未来。线性时间概念是领悟的基础，也是所有因果概念的基础。正如休谟（Hume）指出的，大脑不能仅靠经验（感知）来了解事物之间的因果关系。我们通过感知学习到的是，事件 B 紧随事件 A，但却没有任何感觉印象表明事件 A 导致了事件 B。因果关系的判断基于我们通过领悟对事件 A 和事件 B 进行的推理过程。

在知识创造过程中，这两种认识形式之间的相互作用可以用物理学中困难的循环论证问题来说明，例如，速度是用时间来定义的，时间是用速度来衡量的。在经典力学中，速度和时间是同等的，因为速度被定义为行进距离和时间之间的关系。然而，在相对论力学中，速度是更基本的，因为它具有最大速度（光速）。这一提法导致爱因斯坦在 1928 年和皮亚杰会晤的时候便问道，从心理学的角度来看，是否存在一种与时间无关且更为基本（较早获得）的速度感。皮亚杰和他的同事发现，速度是一个基于知觉（感知）的更基本的概念，而时间是一个更具推论性、更复杂的结构（基于领悟）（Piaget，1971）。在实验中，他们让孩子们对一个移动的对象进行描述，该物体会从九根垂直杆后面通过。70% ~ 80% 的被试报告称，当该物体从垂直杆后面经过时运动会加速。皮亚杰得出的结论是，人们用眼睛观察移动对象时，会受到垂直杆部分的阻碍，对垂直杆具有瞬间凝视，从而形成了移动对象速度更快的印象。因此，对速度的感知似乎建立在追随运动对象的肌肉伸展上；而对时间的领悟，发展得更晚，也更复杂。因此，物理学上的时空方程式，在心理意义上植根于通过感知认识速度和通过领悟认识时间的辩证关系中。

通过感知认识事物与通过领悟认识事物的第二个区别是，感知是通过欣赏（appreciation）转换内涵和外延的登记过程，而领悟是通过批判（criticism）转换内涵和外延的解释过程。迈克尔·波兰尼在对显性形式（基于领悟的知识）和隐性知识（基于感知的知识）进行比较时，描述了这种差异。

哪里有批判，哪里被批判的就是显性形式的论断……逻辑推理的过程是最严谨的人类思维形式，也最可能遭受严厉的批评和无数次的逐步排查。事实论断和逻辑外延也会经过批判性检查，虽然对它们的检验不会达到同样的形式化程度。

在这个意义上，隐性知识不是批判性的……系统的批判只适用于可以一遍又一遍验证的显性形式。因此，我们不能把术语"批判的"和"非批判的"用在任何隐性思维过程本身，正如我们无法用"批判的"或"非批判的"来形容跳高或跳舞。隐性行为由其他标准判断，因此被视为非批判性行为（Polanyi，1958）。

领悟知识的显性形式的持久特性，使其可以在不同的时间和环境下被分析、批判和重新排列。正是通过这些批判性活动，领悟知识网络能够被提炼、详述和整合。然而，任何试图对通过感知获得的知识进行批判的尝试，只会破坏这种知识。批判需要反思、分析和客观的立场，以便使之远离此时此地的经验。实际上，对此时此地的经验的批判，会取代以往的直接感知。这个事实可以通过我的个人经验来说明，我是一个狂热的高尔夫球爱好者，在走进草坪推球入洞时，我注意到球与球洞之间的距离、山坡的坡度、草的长度和弯度、草地的干湿程度，以及其他相关因素。我尝试不加分析地处理这些因素，因为当我的大脑被击球的解析公式（如草地潮湿时要更用力击球）主导时，推杆总是会出错。更好的办法是对整个情境（情境由我之前注意到的相关方面的领悟所决定）加以评估，在这个情境里，我、推杆、球、草地和球洞是作为整体被体验的（Polanyi，1966）。

人们对批判过程和批判方法可谈论的方面有很多，事实上，大多数学术方法的创立都基于此过程，但人们对欣赏过程的认识和了解却很少。因此，我们需要详细描述欣赏的特点。首先，欣赏与知觉和注意过程关系密切。欣赏主要指人们关注自己的体验和感兴趣的方面。我们只会注意到现实中那些让我们感兴趣的方面，这些方面吸引了我们的注意力。兴趣是精神生活的基本事实，是最基本的评价行为，它是我们经验的选择器。欣赏既包括我们感知的世界，也包括我们对感知世界的兴趣。这样的关注深化和拓展了感知体验。维科斯（Vickers）和扎荣茨提出，这种欣赏性感知的出现先于对事实的判断（见第三章），换言之，偏好先于推理。

即使是基本的歧视性判断"这个"就是"那个"，也不仅仅是发现事实，而是一种同化某个注意对象的决策，是把一些接触到的东西划归到我们已经学过的类别中的过程。这种划分无关对错，这样做对于同化这类事物就方便得多（Vickers，1968）。

其次，欣赏是一个评价的过程。欣赏感知到的瞬间，是对价值观和事实的判断。

欣赏行为所做的价值判断并不比现实判断少，价值体系和现实体系明确区分却又不可分离。因为，事实只有在通过参照某种价值观进行判断时才有意义，而价值判断只有考虑到事实形态时才有意义。因此需要一个词来概括两者，为此我提出"欣赏"一词，一个尚未被科学使用的词，在日常语境（如对情境的欣赏）中意味着对价值观和事实的综合判断（Vickers，1968）。

欣赏感知到的现实是价值的源泉。大多数成熟的价值判断是价值观和事实的结合。然而，正是价值观的情感核心为人们提供动力，并赋予价值观以选择和引导行为的力量。

最后，欣赏是一个确认的过程。与基于怀疑和疑问的批判不同，欣赏基于信仰、信任和信念（Polanyi，1958）。要欣赏感知到的现实就要去接受它。而这种伴随着确认感的接受，深化了体验的完整性和丰富性。这种确认的行为，构成了发展批判性领悟的基础。波兰尼发表了如下观点。

现在我们必须再次承认信念是一切知识的源泉。隐性认同和智慧激情、语言风格和文化遗产的共享、加入志同道合者的联盟，正是这些冲动塑造了我们关于事物本质的看法，而我们要依赖这些看法来理解事物。然而，无论具有多么强烈的批判性或创新性，人们的智慧都无法脱离这样一个信念框架运作（Polanyi，1958）。

因此，欣赏性感知和批判性领悟从本质上来说是不同的认识过程。对直接经验的欣赏是注意、评价和确认的过程，而对符号的批判性领悟是基于客观性（这需要对注意的先验控制，如双盲控制实验）、冷静分析和怀疑的过程。正如我们所看到的，知识和真理并非来自一种优于另一种的认识模式，而是来自两种模式激烈的平等对抗。

通过感知认识事物与通过领悟认识事物的第三个区别对于我们理解体验学习过程中的知识本质最为关键。对经验的感知是个人的主观过程，不为他人所知，除非通过交流，在他人描述的直接经验中获得领悟。而领悟是客观的社会过程，就像恩格斯（Engels）说的那样，是一种文化工具。由此可见，有两种知识存在：一种是个人知识，它结合了我们对经验的直接感知，以及用来解释经验、指导行为的社会化领悟；另一种是社会知识，它是独立的、社会和文化传播的文字、符号和图像，完全基于领悟。正如杜威所指出的，后者是人类个体主观生活经验被教化之后的客观积累。

人们普遍认为，我们所说的社会知识独立于个人经验之外。提到知识，我们就会想到书籍、计算机程序等，它们组成了一个连贯的图书馆或系统。然而，社会知识不能独立于认知者而存在，它必须在认知者的个人经验中持续再创造，无论这些经验是来自与自然和社会世界的具体互动，还是来自符号和语言媒介。尤其是符号和文字，我们经常产生知识独立存在于书面作品或数学符号这样的错觉。要理解这些符号和文字，需要认知者使用理解和转换过程，从而产生个人知识和意义。例如，当我读到天文学中"黑洞"就像浴缸排水时形成的巨大漩涡时，我可以根据洗澡时的具体体验，自己创造一些关于黑洞是什么样子的知识（如地心引力吸引物体）。然而，这与那些理解了狭义相对论、引力导致空间弯曲等概念的科学家们对于黑洞知识的了解大相径庭。因此，个人知识是交互作用的结果，是语法（社会知识，如浴缸图像或形式相对论）结构或形式的外部表征与个人知识体系发展过程中形成的内部表征之间转换的结果。

感知和领悟的辩证关系

没有内容的思想是空洞的，

没有概念的直觉是盲目的。

——伊曼努尔·康德

感知与领悟之间的动态关系是知识创造过程的核心。查尔斯·谢灵顿（Charles Sharrington）爵士有句名言，心灵就是"一个魔法织布机，数千个闪亮的梭子来回编织着一个逐渐消失的图案，尽管它时刻消散，但却总是一副有意义的图案……"正常的人类意识是两种经验模式的结合，形成了一块连续的经验织物，其中经纱代表了感知的经验，它与代表领悟的纬纱紧紧编织在一起。正如织物的样式由经纬纱的相互关系支配一样，人类的知识也由感知和领悟编织而成。康德在对这种相互依存的关系进行论述时，将这种关系的本质表述为：对领悟的确认来自感知（没有内容的思想是空洞的），而对感知的选择源自领悟的指导（没有概念的直觉是盲目的）。

感知与领悟之间相互依存

直接的感知经验，是有效领悟事实和价值观的来源。领悟的事实基础最终是按照领悟与感觉经验的关系来判断的。领悟的价值观则按照直接情感的效用来评价。爱因斯坦曾这样描述感知与领悟之间的关系。

> 大多数时候，我们思考时并不需要使用符号或文字，并且这个过程在很大程度上是无意识的，这一点毋庸置疑。否则，为什么有时候我们会自然而然地对某些经验产生"疑惑"呢？这种"疑惑"是在经验与我们早已固化于心的世界观产生冲突时发生的。每当发生猛烈和彻底的冲突时，它就会用一种坚决的方式反作用于我们的观念。从某种程度而言，观念世界的发展源于对"疑惑"的不断逃离。
>
> 我一方面看到了感觉经验的完备，另一方面看到了概念和命题的完备。概念与概念之间、命题与命题之间及概念与命题之间的关系，本质上都具有逻辑性。只有当概念与命题之间建立某种联系时，逻辑思考才会出现，而且需要遵循严格规定的逻辑原则。概念和命题只有通过与感觉经验的联系，才能获得"意义"，即"内容"。后者与前者的联系纯粹是直觉性的，本身并不具有逻辑性。这种关系，即直觉联系的确定程度，是有保证的，没有什么可以将空洞幻想和科学"事实"区分开来（Schilpp，1949）。

物理学家大卫·博姆（David Bohm）更直接地说："所有的知识都是抽象的结构，然而对其有效性的最终测试，是在与世界进行接触的过程中完成的。在这一过程中，我们会直接感知这个世界（Bohm，1965）。"

领悟引导我们选择经验，并将我们的注意力引向那些已被理解的相关经验。领悟不仅代表着已被理解的部分经验事实的次要过程。通过更强大的、更深刻的方式，批判性领悟的过程还能够选择和重塑已被感知的经验。领悟的力量让我们发现了人们看待世界的全新方式，即皮亚杰早先提到的思想与物理现实之间的联系（Dewey，1958）。在参考了威廉·詹姆斯的观点之后，杜威描述了领悟相对于直接感知的力量。

如果事物的内在性质受到重视，并被看作是知识的对象，那么就不可能有真正的科学。它的完整性及内在含义，使得它不能被用来说明或暗示什么。

威廉·詹姆斯说过："大多数人都是理性秩序的理想原型，事物之间的目的联系和美学联系……还有逻辑和数学联系。人们最初以为，最有希望的当然是那些富有情感的关系，最单调的和最没有前景的是数学关系。但数学的应用历史是稳步推进的成功史，而丰富感情的应用历史却相对贫乏和失败。以那些人们最感兴趣的现象为例……所有的结果都是贫乏的。随意用情感上更有道德意味和艺术感的名称来称呼自然界的事物，这样的命名不会给自然事物带来任何变化……但是，当你赋予它们数学和力学名称，并且一直以这种方式称呼它们时，这样描述速度，那样描述路程，一切都改变了……当你用名称对它们进行归类时，'事物'也意识到了这样的变化。"

对于这些富于想象的句子的合理解释是，如果仅从词语上看待事物，将最真实的知识的对象，以及最真实的存在方式看作最终目的，那么，科学就无法进步。我们拥有和欣赏某些事物，却可能对它们知之甚少。认识事物意味着放弃将它们作为宝贵的财产，不管多么珍贵，都愿意放弃所有权，去获取我们所不知道的。要获得数以倍增的、安全的结果，必须放弃当前的结果，仅把它们简化为指示性与暗示性的手段（John Dewey quoting William James，1958）。

辩证、怀疑和确定性

感知与领悟之间的关系是黑格尔式的辩证关系，虽然无论哪种过程的结果都不能完全用另一种进行解释，但这两种相反的过程都向着一个包含和超越它们的更高真理融合。然而，这一融合的实现过程有些神秘。也就是说，它不能单独用逻辑上的领悟来解释。因此，知识的发展，以及关于我们自身和周围世界的观念的不断改进，都处在动态的发展过程中，着眼未来，这种动态发展过程充满了令人惊讶的经验和见解。回溯过往，它又使人们先前对现实本质的热切信念显得过于简单和武断。作为参与知识创造过程的学习者，我们要么教条式地拥抱当前的信念，要么当被我们视为如钻石般永恒的真理像细沙一样从指间流走时，我们又感受到彻底怀疑论的威胁。部分怀疑论立场，正如佩里所谓的信奉相对主义（Perry，1970），是坦率面对辩证过程中的固有冲突时必需的态度，但这也是难以保持的。知识发展所面临的最大挑战是令人舒适的教条主义——通过真理性陈述或寻求真理的方法来获取不容置疑的自信，这种自信带给人安全感——甚至是彻底怀疑论下的影子教条主义（因为彻底怀疑就是要教条式地断言一切皆不可知）。

我们的原始祖先倾向于教条式的感知，坚信即时的感觉和感情，这是对待知识的一种实证方法，表现在万物有灵的世界观和具体科学中（Levi Strauss，1969）。在柏拉图的《斐德罗篇》（*Phaedrus*）中，发明了书写的埃及神托特和因这项发明惩戒了托特的神王哈姆斯，他们之间的对话很好地刻画了古人对领悟的不信任。

> 你的这一发明将会导致学习者变得健忘，因为他们不会再用他们的记忆。他们将信任外部的文字而不是自己的记忆。你发明的不是记忆的工具，而是回忆的工具。你给予门徒的并非真理，而仅仅是真理的表象。他们将成为很多事件的聆听者，却再也学不到任何东西。他们似乎无所不知，事实上却一无所知。他们将成为令人讨厌的伙伴，看似智慧，却虚有其表（Sagan，1977）。

然而，现代趋势是欣然接纳知识的领悟过程，同时审慎地看待主观经验。行为主义理论和方法长期在美国心理学界占据主导地位，它们均以逻辑实证主义的认识论为哲学基础，而在表述上也都最清晰、最极致地体现了对领悟的依赖。在现代物理学出现之前，一股颠覆经典物理学体系的热潮出现了，实证主义者断言所有的知识最终都必须基于经验或逻辑数据。通过这种方式，最为教条的实证主义者否认了主观经验（感知）的存在，除非它们已经被观察者按逻辑和科学规范（领悟）证实。

为了回应实证主义者对领悟的教条式信念，波兰尼对感知提出了同样的教条式信念，以正面迎战现代分析力量的霸权。

> 我研究了认知行为中隐性系数的作用，指出大脑如何在任何时刻都遵循其自身设定的一套标准。并且，我对这种建立真理的方式或明或暗地给予了认可。这样的认可与它所认可的行为同属一类，因此也被归类为有意识的非批判性陈述。
>
> 这种对教条主义的接纳，看起来令人震惊，但它只不过是人类批判能力大大增强的必然结果。这些能力增强了我们的思维能力，使我们的大脑具有自我超越能力，我们永远无法摆脱它。我们从伊甸园的树上摘下第二个苹果，永久地损害了我们对于善恶的认识，我们必须学会在新的分析能力那耀眼的光芒中认识这些品质。人类第二次被剥夺了纯真，并且被驱逐出另一个花园，无论如何，那都只是一个愚人天堂。我们天真地相信，通过客观的有效标准，我们可以摆脱所有个人责任——但我们的批判能力已经打破了这种希望。我们突然变得赤身裸体，甚至可以试着厚颜无耻地在虚无主义声明里，标榜自己的赤裸。但现代人的无道德行为并不稳定。如今，他（现代人）的道德激情在客观主义的伪装下死灰复燃，科学主义的弥诺陶洛斯（希腊神话中的牛头怪）诞生了（Polanyi, 1958）。

因此，我们可以得出如下结论，对知识创造的正确态度既不是感知或领悟的教条主义，也不是彻底的怀疑论，而是部分怀疑的态度，其中领悟知识是暂时的，需要用感知来检验，反之亦然。个人知识与社会知识间的关键区别在于，感知作为认识的一种方式存在于个人知识中。应该明确的是，个人知识的感知部分能够防止我们丧失独特的个人身份认同，以免被吞噬在日趋计算机化的社会知识体系的指令反馈回路中。因为我们仍然可以从我们自己的经验中学习，面对社会知识系统的抽象符号，我们能够用自己的研究和个人经验来严格检验这些符号，我们仍然是自由的。当我们知道可以自由地规划自己的命运时，这个选择相信的过程就是我们的感受。

社会知识的结构：世界假说

因为所有的社会知识都是通过学习而获得的，所以我们有理由认为社会知识结构与学习过程结构之间存在一些同构现象。某些知识系统似乎在很大程度上依靠领悟得来，而其他知识系统则依靠感知来建构。有的知识将被导向外延和实际应用，另一些知识则被导向内涵和基本理解。哲学家斯蒂芬·佩珀在其开创性著作《世界假说》（*World Hypotheses*）中，提出了一个用来描述知识结构的框架，这一知识结构基于基本的形而上学假设或"根源隐喻"系统，并从常识中发展精细的知识。

常识和专业知识、不负责任的认知安全和不完全安全的认知责任之间的紧张关系，是知识情境的内部动力。常识中很多细节的不确定性、自相矛盾、缺乏依据，驱使着思维寻求确定性、一致性和依据性。思维在数学、科学和哲学的批判和提炼知识的过程中找到了这些，却意外地发现这些往往会被稀释成随意定义、指向性解读及试探性假设。如此认真负责的认知，其最高成就竟如此稀薄和空洞，人们对此感到惊讶，思维为它的定义寻找实质内容，为指向性解读寻找意义，为不确定的假设寻找支持。负责任的认知是真挚品德的结果，却是没有安全感的。但它将何去何从？实际上，它确实又回到了常识，那个它看不起的、不确定的和不负责任的源头。但一般来说，它这样做并非心甘情愿。在用来自常识的、丰富混乱的意义填满空洞的定义、指向性解读和假设后，它通常转过头去，对所做的一切视而不见，教条式地肯定了它投入概念中的常识意义的不证自明和确定性。然后它假装自己有着稳固的基础，即不证自明原则或不容置疑的事实。但是，如果我们对教条主义的批判是正确的话，那么这种不证自明和不容置疑的安全就会被证实是可疑的。尽管这听起来有些奇怪，但除非公开承认它的重要性和安全性的实际来源就是未经批判的常识，否则批判性知识如同被悬于真空之中。至此循环才完整。常识不断地要求对精细知识的负责任加以批判，而精细知识也迟早需要常识支持的安全感（Pepper，1942）。

根源隐喻来自常识经验，并被哲学家用来解释世界。每种主流哲学都会将一种根源隐喻进行认知提炼，使其变为一组紧密结合的范畴，并声称其有效性是经过证明的。有关认识论的文献里包含了七八个这样的线索或根源隐喻，但佩珀认为，只有四个具有相对充分的精确性（符合事实的准确程度）和广泛性（覆盖所有已知事实的程度）的理论，才可以被称为世界假说。

第一个世界假说，佩珀称之为形式论（formism）（又称实在论），其根源隐喻是物体和事件之间可观察到的相似性。第二个世界假说是机械论（mechanism）（又称自然主义或唯物主义），其根源隐喻是机器。第三个世界假说是语境论（contextualism）（又称实用主义），其根源隐喻是不断变化的历史事件。第四个世界假说是机体论（organicism）（又称绝对唯心主义），其根源隐喻是和谐统一的实现。没有哪个世界假说会以纯粹的形式反映在任何哲学家的作品中，因为大多数哲学家在使用世界假说时都会带有一些折中主义。然而，为了便于理解，我们可以说形式论起源于苏格拉底、柏拉图和亚里士多德的经典著作；机械论起源于德谟克利特（Democritus）、卢克莱修（Lucretius）和伽利略（Galileo）的著作；语境论则更为现代，起源于杜威、詹姆斯、皮尔斯和米德的作品；机体论主要从黑格尔和罗伊斯（Royce）的作品中发展而来。

在佩珀对四大世界假说之间的相互关系进行的分析中，他的世界假说系统与学习过程结构之间的同构关系表现得更为明显。形式论和机械论，这两个世界假说是现代科学的基础，本质上主要是分析性的，其中的元素和因素是派生出任何综合体的基本事实。另外，语境论和机体论是综合性的，其中基本事实是上下文语境和综合系统，对成分的分析是从综合整体衍生而来的。在分析性和综合性世界假说的内部，都存在对离散和整合研究策略的进一步分化。形式论和语境论在脉络上都是离散的，逐一解释事实，彼此之间没有系统的联系。实际上，形式论和语境论都认为世界是不确定的、不可预测的。机体论和机械论在脉络上都是整合的，它们相信在一个整合的世界秩序里，不确定性只是知识匮乏的一种反映。因为它们寻求完整的、确定的解释，整合性世界假说（机体论和机械论）的优势在于精确性和可预测性；它们的弱点是缺乏适用性，从而无法获得万物一体的整合的解释。另外，离散性世界假说（形式论和语境论）的精确性很差，对很多事件提供了多种可能的解释，但具有很强的适用性，因为它们的解释范围并不受限于任何整合性规则。

图 5-1 展示了佩珀的世界假说系统和学习过程结构维度的叠加。分析的世界观强调通过领悟获得知识；综合的世界观重视通过感知获得知识。离散的哲学强调外延转换，即发现和解释外部世界的规律和事件；整合的哲学强调内涵转换，即寻求根本原则和综合意义。

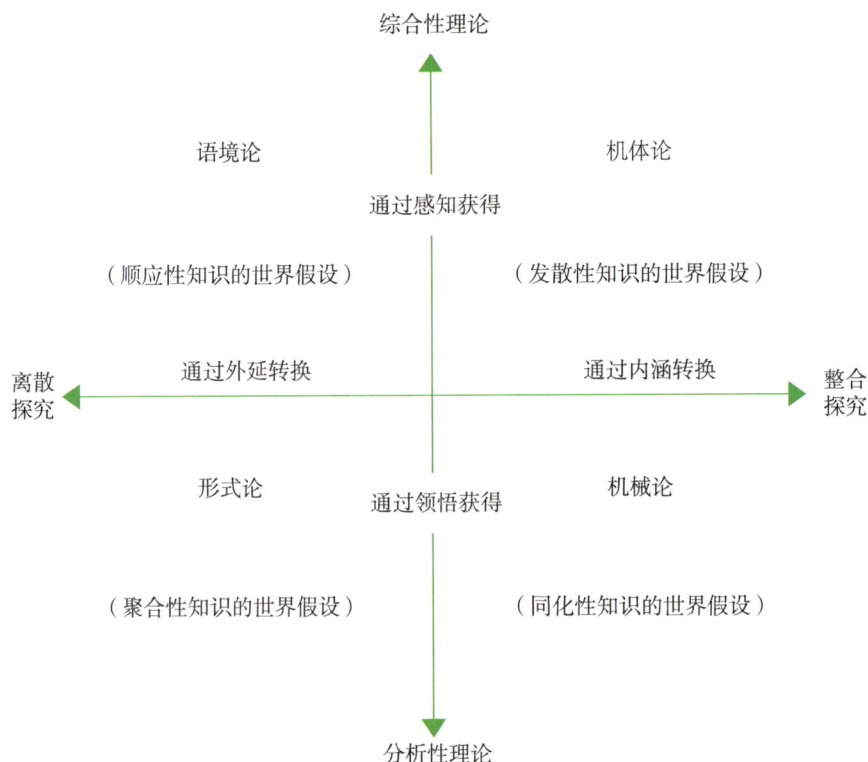

图 5-1　佩珀的世界假说系统和学习过程结构

形式论和机械论——基于领悟的分析性世界假说

现代科学研究主要建立在形式论和机械论的形而上学基础上。现代版本的形式论、实在论，融入了许多机械论的特征，例如，强调空间 / 时间的位置，使得这两个根源隐喻难以区分。伯特（Burtt）通过阐述这两个世界假说之间的相互关系，说明了这两者是如何成为法律概念的核心的。

从本质上来说，这个概念（法则）在"形式"的形式论概念上和机械部件之间的"常规相互关系"的机械论概念上，都保留了一些至关重要的东西。我想不出任何形式论或机械论的形而上学观点能使任何现代思想看起来完全有说服力，因为它们并未利用现代科学的特征，而这些特征正是以这种方式将早期的形式主义与机械主义综合起来（Burtt，1943）。

另一个重要意义在于，这两个分析性世界假说分别基于形式论的发散性和机械论的整合性，支持不同的探究模式。机械论作为一种整合的策略更适用于物理科学和数学领域的基础研究，而形式论的发散性特质更适用于自然科学和以自然科学为基础的专业探究，其中实际情况的需求往往比整体化框架更重要。尽管形式论的发散性会因为对单一事实有多种解释而造成精确性方面的困难，但从实际的角度来看，这种多样性也为解决问题提供了灵活性。

形式论关于相似性的根源隐喻基于对类似事情的常识性知觉。正是依靠这个根源隐喻，才创建了基于相似性的分类系统，例如，元素周期表或生物门分类。它也是判断模型、地图和数学关系的有效性的基础——也就是说，所研究的实体与符号性领悟具有相似性。因此，形式论真理理论在于对应性；描述的真实性在于它与所指对象的对应程度。

现代形式论者的研究策略有时也被称为科学实证主义，着重强调对具体存在的评价，也就是在逻辑与科学常规方法的控制下报告的感官经验。从这层意义上来说，即使是坚决否认任何形而上学基础的逻辑实证主义，也是基于形式主义的，因为科学家根据他们的感觉经验做出的类似判断是实证主义主张的信心基础。现代形式主义探究中的知识是在科学家能够就现象在时间和空间中的可靠性和准确性达成一致时创造出来的——回答"何时"和"何地"等探究问题。辛格（Singer，1959）追溯这种时空个性化的柏拉图式起源，并把这种实证主义方法与理性主义的莱布尼茨方法进行了比较。

至于（实证主义）传统，它至少可以追溯到柏拉图，在《蒂迈欧篇》（*Timaeus*）中，他将空间定义为"纯粹物质"，即具有个体化的一般品质（可以区分该物体与另一个几乎完全相似的物体）。从柏拉图时代开始，我们可以看到一段壮观的时空个体化历史。至于实际的制裁，我们的法院承认"细节描述鉴定"建立的证据和"通过时空坐标个体化"建立的证据之间的最重要差异。前者的莱布尼茨式鉴定方式正是我们当前使用的"警察身份识别"方法的基础。通过对细节的充分细化，贝蒂荣测量法可以对某人属于哪一类人进行无限精细地描述。但是，假设对被告的"鉴定"与关于罪犯的描述一致；如果他能找到"不在场证据"，那他还可以在被告席上留多久？坚持同一人不能同时出现在两个地方，承认无论他们多相像都是两个人，法律的权威就以压倒性的力量支持了康德而否定了莱布尼茨（Singer，1959）。

在形式论中，知识的基本单位是经验一致性和自然法则。重点是对可观察经验的分析、测量和分类，以及决定可观察类别间关系的经验一致性——也就是自然法则——尽量减少对公众经验无法直接获得的推论性结构或过程的依赖。

作为一个世界假说，机械论不太相信感觉经验的表象，更相信把表象和现实分开进行分析的理性主义原则。机械论的根源隐喻是机器，机械论把世界当作一台机器来分析以提炼知识。这个分析的核心是主要和次要特征之间的区别。主要特征是那些对描述机器功能非常重要的特征。传统的主要特征包括大小、形状、坚固性、质量和数量。例如，杠杆的主要特征是长度、支点的位置，以及施加在两端的重量。次要特征则是杠杆的其他特性，例如，它的颜色及构成材料，这些特性对解释其功能来说并不重要。正如机械论的经典奠基人之一德谟克利特所说："颜色是约定俗成的，甜是约定俗成的，苦是约定俗成的，现实中只有原子和真空。"机械论分析包含六个步骤或类别。

（1）在时间和空间上的位置领域的详细说明（机械论认为，一切事物都存在于某处，不像古典形式主义所认为的：形式独立于具体的时空而存在）。

（2）识别主要特征。

（3）描述管理主要特征的法则。

（4）描述次要特征。

（5）联系次要特征和主要特征的原则。

（6）次要特征之间的规律与法则。

不过，机械论的真理观在某种程度上是存在问题的。正如佩珀所指出的，主要特征只能由次要特征推论而来。换言之，它们必须通过领悟获得。

> 所有直接的证据似乎都是次要特征的本质（所有最终的主要品质，例如，电子的属性和宇宙磁场，都超出直接感知的范围甚远）。此外，这个证据似乎与有机体的活动相关，特别是与那些据说能够直接意识到证据的有机体的活动有关。因此，对每个有机体而言，所有直接的证据都是私人化的。由此可见，外部世界的知识必须具有象征性和推理性。因此，在一个成熟的机制里，所有主要特征和主要范畴都不是证据，推论才是，或者你也可以将其称为猜测（Pepper，1942）。

因此，恰当的机械论真理观在于主要特征与次要特征之间的相关性，佩珀将其称为真理的因果调节理论：对机器的认识，能否让人们在进行因果调节时预知对次要特征的影响？

机械论中知识的基本单元是构成世界的主要特征或结构。因此，结构主义是机械论的一个现代变体。模型构建是典型的机械论探究方法，旨在回答基本的探究问题：什么是真实的？什么是现实的基本结构？例如，对DNA分子结构的发现。

我们必须敬畏现代科学的成果，并因此信赖基于形式论和机械论的科学探究方法。这些代表了人类领悟能力的最高级形式。颇具讽刺意味的是，科学探究最伟大的成就可能正是对其自身局限性的发现。在科学史上，被广泛接受的有关现实本质的观点不断地被推翻，并被更加包罗万象也更具质疑性的观点取代。今天，在开明的科学探究中很少存在教条，因为科学领悟系统的基础假设已受到前沿科学发现的挑战。在爱因斯坦的时空理论中，非欧几何的发明及随后的验证推翻了19世纪的科学原理和它们的基础，即"不言自明"的康德式先验形式。随后的一些发现也引发了对外部永恒客体独立于观察者这一观点的质疑。光到底是波还是粒子，取决于测量方式。"靴绊"

（bootstrap）理论主张，原子核内的亚原子粒子不能独立存在，因为它们的性质是由相邻粒子决定的，反之亦然。因此，只有当科学家将原子核中的粒子击出原子核时，它们才能成为实体而存在。著名的海森堡不确定性原则表明，人们无法准确测量一个微粒的位置和动量。用海森堡的话来讲："我们观察到的不是自然本身，而是暴露在我们提问方法中的自然。"

在逻辑的形式系统中也有相应的限制性和不确定性。1931 年，库尔特·哥德尔（Kurt Gödel）证明，包括基本运算在内的相容形式系统都无法通过自己的推理原则来证明自身的相容性。这条定理说明了领悟作为一种认知方式的局限性。从哥德尔定理中我们得出结论，要判断任何复杂形式系统的逻辑相容性，我们必须走出这个系统。在谈及形式系统的不确定性时，即涉及隐性意义的特点时，波兰尼发表了如下观点。

因此，讲一门语言就是要我们遵守一种双重不确定性，这源于我们既依赖于它的形式主义，又依赖于我们自己不断地重新考虑这种形式主义对我们经验的影响。由于所有知识归根结底都是隐性的，我们永远不能讲清楚我们知道的一切。同样，鉴于意义的隐性特点，我们永远无法完全了解我们的话语中所隐含的内容（Polanyi，1958）。

语境论和机体论——基于感知的综合性世界假说

我们了解到基于领悟的知识结构存在局限性，这无疑促进了基于感知的综合世界假说的发展。约翰·杜威在《经验与自然》一书中提出，早期的科学理智主义教条将原初经验从自然中非自然地剥离出来，使得自然变得冷漠和死气沉沉，也使得人类与他们自己的主观经验、希望、梦想、恐惧和悲伤变得隔绝和疏离。

理智主义的假设与原初经验的事实相反。因为事物不仅是要被认识的对象，更是要被对待、使用、遵循、依赖、享受和忍受的对象，后者甚至更为重要。事物在被认知之前先被拥有……当理智经验及其材料被看作是原发性的，经验与自然的联系也就被切断了（Dewey，1958）。

不过，基于综合世界假说的社会知识系统的运作也有着不利的条件，因为它们必须用来自领悟的社会语言表达来自感知的理解。当语言、数学的线性和数字化描述被用来形容感知经验的整体、相似语境时，其结果看起来往往极为复杂和抽象。然而，语境论和机体论已经证明了它们在人类价值和实际事务中的强大力量——分析性世界理论在这些领域中的影响则较为薄弱。例如，佩珀发表了如下观点。

我们可以指出，机械论的根源隐喻来自未经批判的外部常识领域，因此在这个领域的机械论解释中并无类似的拓展，但在价值观常识领域的机械论解释中，这一拓展相当多。机体论的解释几乎与之相似，只是顺序相反。而且，几代人以来，机械论尤其适合科学家，而机体论则适合艺术家和宗教人士。此外，机械论在批判性研究中出现的内部困难在价值观领域似乎更加尖锐。反之，机体论的内部困难似乎在外部事实领域也特别尖锐（Pepper，1942）。

与机械论和形式论一样，综合性世界假说的语境论和机体论也倾向于结合在一起。

它们紧密联系在一起，几乎可以被称为相同的理论，只不过一个具有发散性，另一个具有整合性。实用主义经常被称为非绝对的绝对理念论。并且，作为第一个近似描述，这是可以被接受的。正如杜威在《艺术即经验》一书中所说的，如果再稍微强调一下整合，就会产生语境－机体折中论。如同罗伊斯理论的特点，在机体论中少强调最终整合。罗伊斯甚至认为自己或多或少是个实用主义取向的理想主义者（Pepper，1942）。

语境论方法与商业、政治和社会专业等实际事务的关系密切，而机体论方法强调的是绝对价值和理想，更贴合人文、艺术和社会科学。

机体论的根源隐喻就是伯特所谓的"和谐统一体"。这一隐喻源于生物有机体自我实现的过程。机体世界观的核心问题是生长与发展，重点关注现实中实现理想的过程。这些过程经常被认为是分化与更高层次的整合过程。这是一个向绝对发展的目的论过程，而不是自然选择中生物学原理提到的进化过程，这个进化过程更接近于语境论的开放式发展进程。发展的机体论观点是现代人本主义发展心理学——尤以亚伯拉罕·马斯洛的自我实现理论最为出名——的基础，从某种程度来说，这是一种更为发散的、具有情境性和进化性的形式，是认知和成人发展研究的基础。虽然黑格尔的目的论向"绝对"发展的过程受到了广泛的质疑，但许多历史分析还是或多或少地以机体论世界假说为基础。对现代的机体论者而言，黑格尔的发展观是教条式的、非必要的进程，是从最大限度的分化到最终整合的辩证过程。

后来的机体论者认为，黑格尔是正确的，认知的终极组织里所有的矛盾都会消失，这种趋势不可避免。黑格尔正确地观察到片段之间的关联引向其他片段，它们之间产生了矛盾，并且需要一致的解决方案。黑格尔认为，这些关联对那些与已知事实特别不协调的相关特性具有某种特别的吸引力，他的这一想法是正确的。正是天王星轨道的偏差——那些不符合牛顿定律的异常数据，引起了天文学者的特别关注，从而导致了海王星的发现。在所有这些事情中，黑格尔都是对的。但他在机体论发展道路方面却因异想天开、随心所欲和顽固僵化的错误描绘，给有机程序招致了不应有的嘲笑（Pepper，1942）。

机体论的真理观具有内在一致性，源自于发展的终点——"绝对"——这是一个有机的整体，包含了一个完全决定性的秩序中的一切。因此，命题的真实性在于其在一个有机整体中的包容性、确定性和组织性程度，这个整体是一个相互依存的系统，其中各元素之间都相互关联。有关机体真理的描述与机械论中的主要特征结构有一定的相似性，但机械论强调的是结构，而机体论强调的是形成确定秩序的过程。

机体论探究的基本问题是终极价值之一：事物为何如此。机械论依赖于符号和语言的外延功能，而机体论倾向于依靠图像和语言的内涵方面来描述由实体引发的感知

（外观）。德威特（DeWitt）认为，机体概念具有五个特征：它们是整体的、视觉感知的、组织美观的、整齐化的，以及基于功能的。

> 总而言之，（这些特点）强调了机体概念与日常经验的关系。例如，平行线相交于无限远处，看得见的日出日落，地球是平坦的（至少其曲率并无实际意义）。在这些宇宙的经验中，原因和结果具有直接的顺序关系，没有直接目标作为动机，行动就不会发生，其对象显然也是有限的。这就是包括了几乎所有日常经验的宇宙，但其代表的经验范围又是非常有限的——你可以认为统计谬误也被包括在内，即发生的频率是其中一个重要指标（DeWitt，1957）。

最后一个世界假说是语境论。虽然佩珀在其1942年出版的书中及之后出版的《概念与质量》（*Concept and Quality*）一书中对这四个系统中的每一个都一视同仁，但他将经过改良的语境论（他称这个新的世界假说为"选择主义"）视为现有世界中最充分的假说。与其他三个世界假说相比，语境论（选择主义）的优点在于它用开放的思维和开阔的视野整合了事实与价值观——这是一种新兴的、略为乐观的方式，毫无方法或工具的教条，只有对人性的承诺。语境论的根源隐喻是历史事件——不是过去的历史事件，而是正发生在眼前的事件——在不断发展和创造未来的语境行为。作为一个综合性的世界假说，语境论关注的是经历了所有复杂性的具体事件。语境论中的唯一不变量就是变化。现实不断地被创造和再创造。因此，形式论的永久形式或机械论的结构，在语境论者的世界观中无法存在。对此，怀特海如此表述："因此，宇宙的未来，尽管受其过去的内在性制约，但它的完全确定，却要等待全新个体在某一特定时刻和场合的自发性，那是它们形成的时节（Whitehead，1933）。"

语境论热衷于探究当前经历的事件的特点和结构，因此它与现象学有关。勒温（Lewin，1951）把人的生活空间看作一个动力场，其中的行为是由与历史无关的因果关系决定的（如记忆只存在于某个时刻，却决定着行为），这是基于语境论的重要例子。在这个真理观中，语境论者从当前事件开始，以真理操作论展开探究。探究的基本问题是如何行动或思考。如果行动可行，那么行动为真，也就是说，它们可以达到期望的最终经验状态。如果其假说能深入探究事物的内部本质，那么它就是正确的。这样，假说就由经验得到了本质上的证实。但是，在纯粹的语境论中，假说的真实性无法洞察自然本质，因为自然是不断形成和变化的，假说只是一个控制自然的工具。它并不会按照对应论的方式反映自然，也不会按照具有内在一致性的机体论提出的方式，实现自然各部分的真正整合（Pepper，1942）。

小结

表 5-1 总结了语境论、形式论、机械论和机体论这四种世界假说的特点，与之相对应的最佳发展探究领域分别是社会性行业、人文和社会科学、科学基础专业、自然科学和数学。佩珀的形而上学的分析意义在于，识别知识改进的基本探索结构。这些来自常识的简单隐喻，揭示了各个知识系统的根本假设。这一分类为盘根错节、快速发展的社会知识丛林带来了秩序。该系统最好在语境论框架中被处理，可以用于验证一系列假设，并将其作为对特定语境中的知识结构进行检测的有效工具。我们现在所做的就是致力于这样的分析。

表 5-1　知识结构（世界假说）类型及相应的探究领域

世界假说	语境论	形式论	机械论	机体论
根源隐喻	变化的历史事件	相似性	机器	和谐统一体
探究策略	离散综合	离散分析	整合分析	整合综合
现代哲学形式	实用主义、现象学	实在论、科学实证主义（实证论）	机械论、自然主义、结构主义	理念论、绝对唯心主义
真理观	操作主义——可使用性、查证、定性确认	对应性	因果调节——结构和次要品质的相关	一致性——包容性、确定性、组织性
基本探究问题	如何	何时、何地	什么	为什么
知识的基本结构	事件	自然法则、实证一致	结构：位置和法则管理；基本质量	过程
描绘知识的主要方法	行为	事件	符号	图像
主导性探究领域	社会性行业	科学基础专业	自然科学和数学	人文与社会科学

社会知识是有活力的探究系统——知识结构与探究领域之间的关系

知识并不单独存在于书本、数学公式或哲学体系里；它需要积极主动的学习者与这些符号进行互动、解释和阐述。因此，社会知识的完整结构必须包括有活力的探究系统，学习的亚文化在如何创造有效的社会知识方面具有相似的规范和价值观。虽然每个术语表达的维度都有差别，但学术学科、专业和职业是同质的文化。我们有不同的语言（方言）。有严格定义成员资格和相应入会仪式的界限。有不同的规范和价值观，特别是关于真理的本质及如何寻求真理。权力和权威的模式不同，取得地位的标准也不同。我们有着不同的亲密关系标准及相应的表达方式。文化差异则体现在着装风格（实验服和制服、西装、胡须和蓝色牛仔裤）、家具（木制或钢制桌子、室内装饰、功能性严谨或"创造性混乱"）、建筑风格和时空的利用上。最重要的是，这些变化的模式不是随机的，而是对于其成员具有重要的意义和完整性。每一个学科或专业都有历史延续性，在大多数情况下，都有历史使命感。

从最广泛的意义上来讲，大学的中心任务是学习，学习者不仅包括那些选修导论课程的学生，也包括那些在实验室、图书馆或工作室工作的高级研究人员。在不同学科的文化差异中，学习风格、思考方式和知识创造方式的不同，往往是大家关注的焦点。不同学习风格的差异主要表现在学科的主要任务、所需技术和核心产出（学术生产力的标准、教学方法、研究方法、记录和描述知识的方法），以及其他文化差异模式（也表现在师生人口统计学特征、个性和能力、价值观和群体规范方面）。例如，安东尼·比格兰（Anthony Biglan）就曾发现了影响部门事务和组织的重要变量（Biglan，1973b）。在软科学领域（社会专业和人文／社会科学），教师之间的互动少于硬科学领域（基于科学的专业和自然科学／数学）；而在硬科学领域，这种互动和研究产出是紧密相关的。硬科学领域的学者较少发表手稿，更多的是发表期刊文章。软科学领域的重点是教学，而硬科学领域的重点是研究。应用领域（以社会和科学为基础的专业）的教师比基础领域（人文／社会科学，自然科学／数学）的教师表现出更多的社交性。他们的研究目标更容易受到包括外部机构在内的其他人的影响，尽管在研究兴趣方面，他们的表现不如基础领域的同事，但他们比基础领域的同事发表了更多技术报告，因为基础领域的教师的研究兴趣并没有反映在其花费在研究领域的时间上。

在回顾其他关于学科差异的研究时，我们意外地发现，针对学科和院系的比较研究相对较少。原因在于所有跨文化研究都会遇到的共同困难——切入点问题和视角问题。学术亚文化的相对封闭性使数据难以获得，并难以选择一个公正的视角对数据加以解释。根据一个探究系统的基本规则去分析另一个探究系统，会引发误解和冲突，并且会进一步限制数据的获取。

不过，从学习的角度研究学科为克服这些困难带来了一线希望。特别是当学习并未被限定在行为矫正这样狭隘的心理学层面，而是被定义为像获取知识这样更广阔的视角时，更是如此。这样，切入点问题也得到了解决，因为每个学科都致力于学习和探究，并且已经形成了至少是适度有效的学习风格。从学习过程的视角来看，学习学科知识带来了双重回报——一个是更精确的认识论，从而有利于详述真理的多样性及其相互关系；另一个是关于"人们如何通过不同的形式获取知识"的更为深入的心理学理解。卡尔·伯雷特（Carl Bereiter）和默文·弗里德曼（Mervin Freedman）曾谈到这些回报。

> 我们完全有理由认为，如果把这些类型的测试应用到不同领域的学生身上，很快就可以发现明显超越事实的事物。例如，我们应该能够通过实证的方法确定生物学领域的分类学家和语言学领域的相应学者是否有相似的特殊才能。并且，有很多比较的结果难以预见。不同的记忆能力在哪些领域可以蓬勃发展？适应的灵活性在某些领域比其他领域更常见吗？例如，从心理学的视角来看，对这些能力的测量是与更高的心理过程的结构或功能紧密联系的；而在哲学领域，学科和逻辑及认知理论紧密联系，所以连接这两者的经验数据不会像大量相关数据一样，长期停留在过渡状态（Bereiter & Freedman，1962）。

令人惊讶的是，除了皮亚杰在遗传认识论方面的开创性研究之外，过去几乎没有人试图获得这些回报。

从上述角度来看，已完成的研究反而更集中在学科的外围规范上，而不是管理

学习和探究的关键规范上。有研究者探讨了政治 / 社会态度与价值观（Bereiter &
Freedman，1962）、个性模式（Roe，1956）、志向和目标（Davis，1965）、性别分布和
其他人口统计变量（Feldman，1974）及社会互动（Biglan，1973b；Hall，1969）的关
系。这些研究偏好无疑反映了这样一个事实：心理学研究迄今为止主要关心的是人类
行为和发展的社会 / 情感方面。对认知 / 智力因素的关注已经完全被一般智力概念覆
盖。因此，大多数关于学科智力差异的早期研究只对学习哪个学科的学生更聪明感兴
趣（Wolfe，1954；Terman & Oden，1947）。

　　本节所探讨的假设是，因为学习被广泛地认为是一种适应，是各个学科和专业的
核心任务，所以在探究领域中的文化差异，将以一种与学习过程的结构和知识的结构
相一致的方式被组织起来。如果我们从已经确定的四个领域——社会专业、基于科学
的专业、人文 / 社会科学和自然科学 / 数学——来考察学科，显而易见，在这四大领
域中，构成有效知识的内容迥然不同。我们能在知识的报告方式（如数值或逻辑符号、
文字或图像）、探究方法（如案例研究、实验检验、逻辑分析）及评估标准（如实用价
值与统计显著性）等方面，明显看出这些差异。图 5-2 说明了学习过程结构、知识结构
及探究领域结构之间的特定关系。在前面的章节中，我们已经阐述了知识结构和学习
过程结构之间的关系，还从分析中看到了关于知识和学习与生命探究系统的关系的建
议。通过感知获得的综合知识结构，与定性的人文领域研究相关；通过领悟获得的分
析知识结构，与定量的科学领域研究相关；通过外延获得的发散知识结构，与专业和
应用科学相关；通过内涵获得的整合知识结构与基础学科相关。

学术领域的结构

　　在第四章中，我们曾考察了本科修读管理学专业的实际管理者和正在攻读管理学
专业的研究生的学习风格之间的差异。体验学习理论为我们提供了一个有用的框架来
描述学科探究规范的差异（见图 4-4）。虽然这些人有着共同的职业，但他们的学习风
格的差异与他们的本科教育经历是紧密相关的。这与图 5-2 中概述的预测相吻合，显
示了由个人学习风格所测得的学习结构与大学专业领域的选择之间存在联系。工商管
理专业的本科生往往有顺应型的学习风格；一般而言，工程师具有聚合型的学习风格；

学习过程结构

感知
（CE）

顺应　　发散

外延　　　　　　　　内涵
（AE）　　　　　　　（RO）

聚合　　同化

领悟
（AC）

知识结构

综合的

语境论　　机体论

离散性　　　　　　　整合性

形式论　　机械论

分析的

探究领域结构

定性的、人文的

社会专业　　人文
　　　　　社会科学

应用的　　　　　　　基础的

基于科学的　　自然科学
专业　　　　专业和数学

定量的、科学的

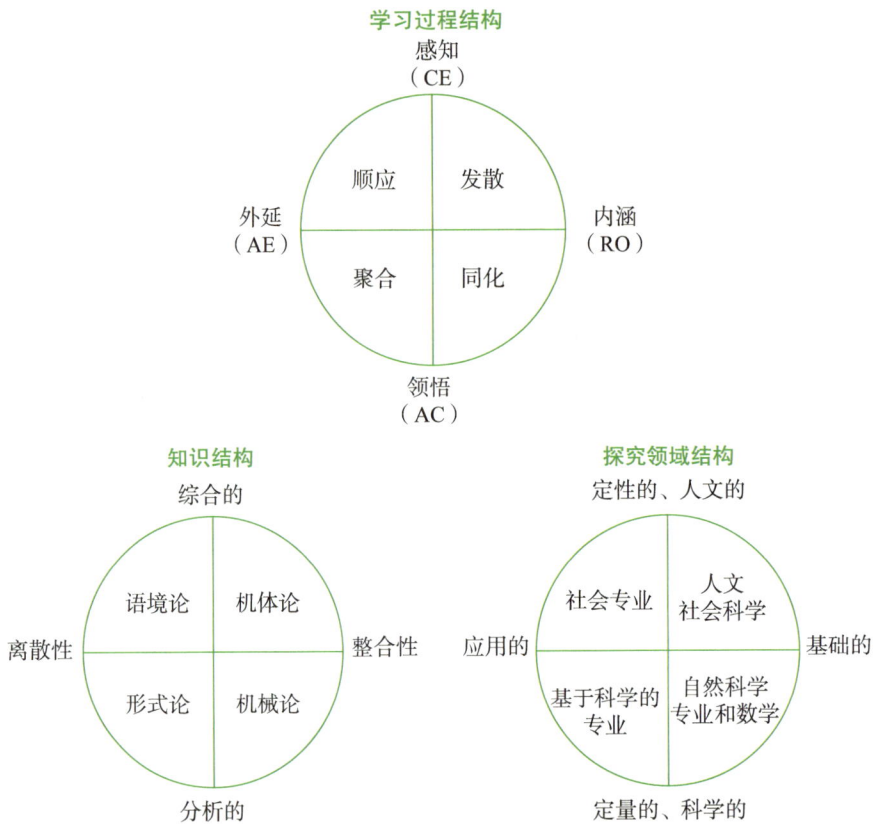

图 5-2　学习过程结构、知识结构及探究领域结构之间的关系

历史、英语、政治学和心理学专业的学生都有发散型的学习风格；数学、化学专业的学生和经济学、社会学专业的学生一样，都有同化型的学习风格；物理学专业非常抽象，落在了聚合与同化象限之间。这些数据表明，本科教育是塑造个人的学习风格的主要因素，这一塑造过程是通过选择学科来完成的，或者是通过学习该学科来完成的，抑或是两者皆有。

现在，我们来研究一下其他人如何看待学科之间的差异，并探究这些认知与学习和知识的结构是否一致。安东尼·比格兰（Biglan，1973a）在对伊利诺伊大学（University of Illinois）和一所小型西方学院的教职工的研究中使用的方法，非常适合回答这些问题。他使用多维量表分析技术，分析了学者们对不同学科主题内容相似性的判断的潜在结构。该程序需要教职工在没有任何分组标记的情况下，根据相似性对主题内容进行分组。通过因子分析，相似的分组将被标注到一个 n 维空间里，n 由拟合优度（goodness of fit）和各维度的可解释性来确定。比格兰发现，硬科学－软科学、基础性－应用性这两个维度可涵盖伊利诺伊大学数据中的绝大部分变量。当伊利诺伊大学的学术领域被标注到这个二维空间时（见图 5-3），我们看到比格兰的数据模式与图 5-2 中描述的知识与学习的结构颇为相似。商科（假设相当于会计和金融）是顺应型的学习风格和语境论的知识结构；工科符合聚合型学习风格和形式论的知识结构；物理学、数学和化学与同化型学习风格和机械论的知识结构相关；人文领域——历史学、政治学、英语和心理学主要落入发散、机体论象限；语言学（如英语、德语、俄语）、经济学和社会学在比格兰的研究中更多的是发散型的学习风格，而并非图 4-4 中所显示的同化型的学习风格。比格兰达在报告中称，小型大学数据中的学术领域关系的模式和伊利诺伊大学的相关数据非常相似。

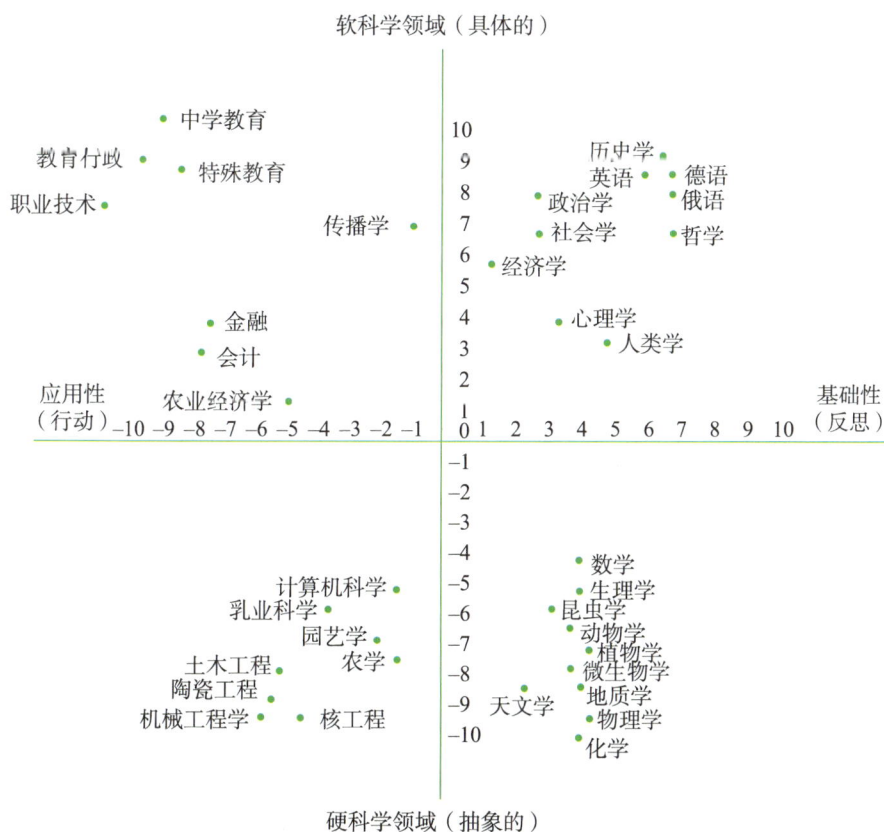

图 5-3　伊利诺伊大学 36 个学术专业的相似性

资料来源：Adapted from A. Biglan, "The Characteristics of Subject Matter in Different Academic Areas," *Journal of Applied Psychology*, 57（1973）。

这两项研究表明，体验学习理论的两个基本维度——抽象－具体和行动－反思，是划分学科的两个主要维度。不过，我们还需要更广泛的数据来证明这个结论，目前从单一职业和一些学术领域中得来的学习风格数据，样本量较小。而且，比格兰的研究仅限于这两所大学，这里的差异可以归因于这些学术部门的具体特点。

为了寻找一个更广泛且具有代表性的样本，研究者对 1969 年卡内基高等教育委员会研究美国大学时收集的样本数据进行了检验。这些数据包括来自 158 所院校的 32 963 份研究生问卷和来自 303 所院校的 60 028 份教职工问卷。通过使用费尔德曼（Feldman）数据报告的表格，为 45 个研究过程中确定的学术领域生成了抽象－具体和行动－反思这两个维度的特别指数。抽象－具体指数是基于研究生对"数学或人文科学的本科背景对他们目前的学习领域的重要性"这两个问题的回答。关于数学和人文科学的问题呈现出高度负相关（－0.78）。这个指数是用回答"强烈同意人文科学或数学非常重要"的研究生在所有学生中所占的百分比来计算的：

$$\frac{数学非常重要\% + (100 - 人文科学非常重要\%)}{2}$$

因此，这里的高指数得分表明，对该领域而言，数学背景很重要，而人文科学背景并不重要。

行动－反思指数使用了在特定领域中愿意从事有偿的企业和政府咨询的教职工所占的百分比数据。这似乎是行动和应用取向领域调查问卷的最佳指数。正如费尔德曼所言："咨询不仅可以增加收入来源，还可以间接检验一个学科的'实力'，也就是说，一门学科有机会在学术环境之外应用其知识并发挥其影响力（Feldman，1974）。"图 5-4 显示了以这些指数为基础对学术领域进行分组的情况。

这些指数显示的学术领域关系模式与比格兰关于管理型学习风格的数据高度一致。研究结果显示，人们广泛认同学术领域中的文化差异以单一维度为主，学术界由此被分为科学和艺术两大阵营（Snow，1963；Hudson，1966）。现在，我们通过增加行动－反思这个维度，使得它更为有效和丰富。当学术领域被标注在这样的二维空间时，就产生了四种学科类型。在抽象－反思象限中，聚集了自然科学和数学；抽象－行动象限包括了以科学为基础的专业，其中最引人注目的是工程领域；具体－行动象限涵盖了所谓的社会类专业，如教育学、社会工作和法律；具体－反思象限则包括了人文科学和社会科学。

具体（人文重要）

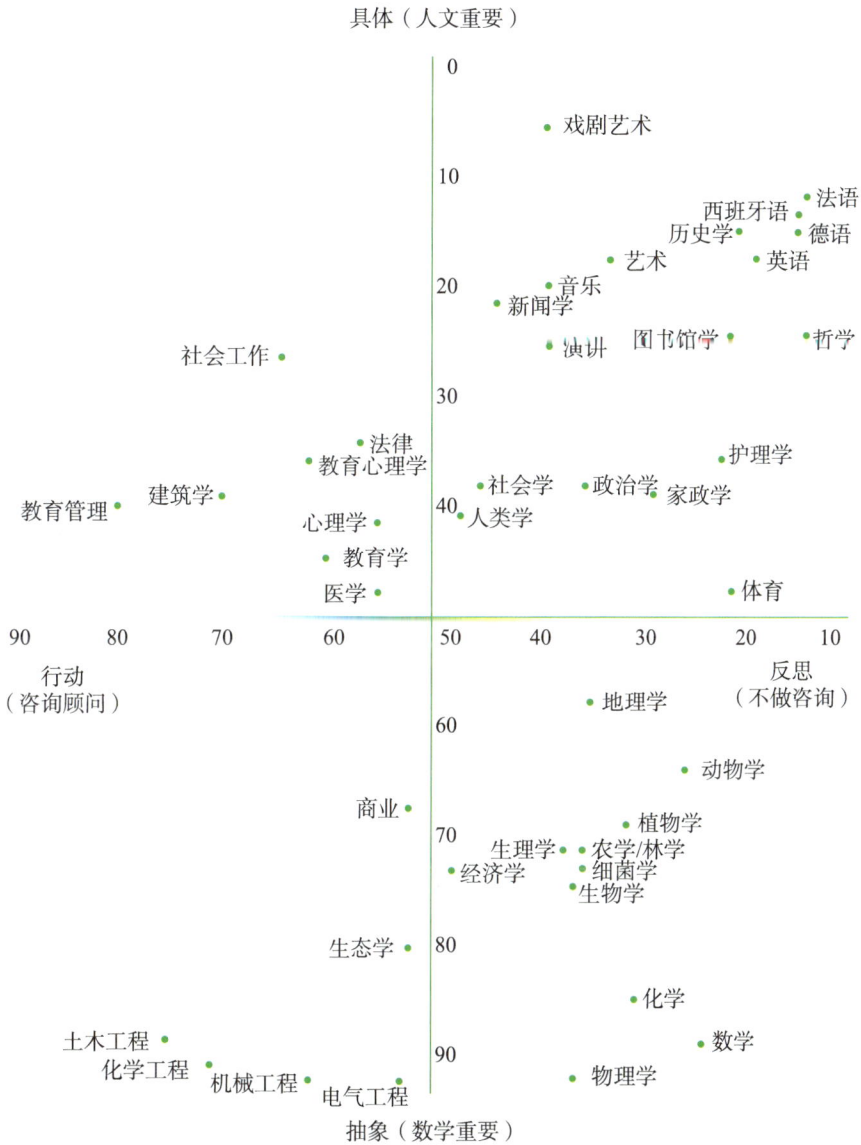

图 5-4　抽象－具体和行动－反思的学术领域导向

某些领域的边界并不清晰，在体验学习理论的这两个维度上似乎有相当大的差异。一些专业（特别是管理、医学和建筑学）本身就具有跨学科的特点，包括不同学习风格的专业。医学既需要为人类服务，又强调科学知识。建筑学需要艺术和工程方面的卓越知识。管理则要在行动决策时整合定量和定性的分析。一些社会科学，特别是心理学、社会学和经济学，在其基本探究范式上可能存在较大差异。临床心理学强调发散的学习技能，实验心理学强调聚合技能，工业和教育心理学强调实际的、顺应的技能。社会学可以是高度抽象化和理论化的（如帕森斯的结构功能主义）或具体和行动的（如现象学和民族方法学）。有的经济学系注重聚合的技能，强调在公共政策上使用经济模型；有的则偏重发散的技能，强调经济学史和经济哲学。事实上，每一个领域都会在不同的维度上表现出差异，例如，在特定院系内，系与系之间，从本科生到研究生水平，等等。我们分析的目的并不是要"框住"这些领域，而是要为每个领域的学习、知识和探究确定一个通用结构模型，这有助于在任何特定教育或工作环境下描述学习/探究过程的差异。

职业结构和职业发展

学习是一个终身的过程，知识可能产生于大学里，也可能产生于工作中，所以我们有理由猜测知识/学习结构和职业生涯结构之间存在相似性。第四章用数据表明了职业生涯中的学习风格（见图4-5）和工作（见图4-6和图4-7）之间的关系，从而支持了这一论点。但是，在安妮·罗伊（Anne Roe）制定的职业分类体系中，我们可以看到更系统化的关系。在其所著的《职业心理学》（*The Psychology of Occupations*）一书中，她建立了一个二维模型，定义了八个普通的职业类别，每个类别又有六个发展水平。这八个职业类别及其生涯发展路径如下：

（1）服务（从客房服务员到心理治疗师）；

（2）商业联系（从小贩到创办人）；

（3）组织（从邮递员到总裁）；

（4）技术（从劳工到发明家）；

（5）户外（从劳工到专家）；

（6）科学（从助手到科学家）；

（7）大众文化（从业务员到学者）；

（8）艺术和娱乐（从舞台工作人员到艺术家）。

通过对这些领域的人群特征的回顾研究，她指出：

　　除一个特例之外，相邻小组比不相邻小组的关系更紧密。在组 4、组 5 和组 6 中，每一个职业类别都与其他两个职业类别的相关程度大致相同。组 5 在组 4 和组 6 之间，与这两者有密切的关系。以这种方式来安排各组职业，是因为组 4 和组 3、组 6 和组 7 的关系如此紧密，而组 5 与其他任何一个组的关系都要疏远一些。这种安排应该可以被看作是圆形的，即组 8 同时和组 7 及组 1 相关（Roe，1956）。

　　在后来的著作中，她提出在圆形的排列中，组 1、组 2、组 3、组 7 和组 8 被归为以人为本的职业领域，而组 4、组 5 和组 6 并不是以人为本的，因此，这种"有序的、逆时针的分组排列就站不住脚了（Roe，1957）。"这些评论把她的职业分类导向了体验学习理论的二维框架之中。图 5-5 显示了罗伊的职业分类圈和体验学习理论主

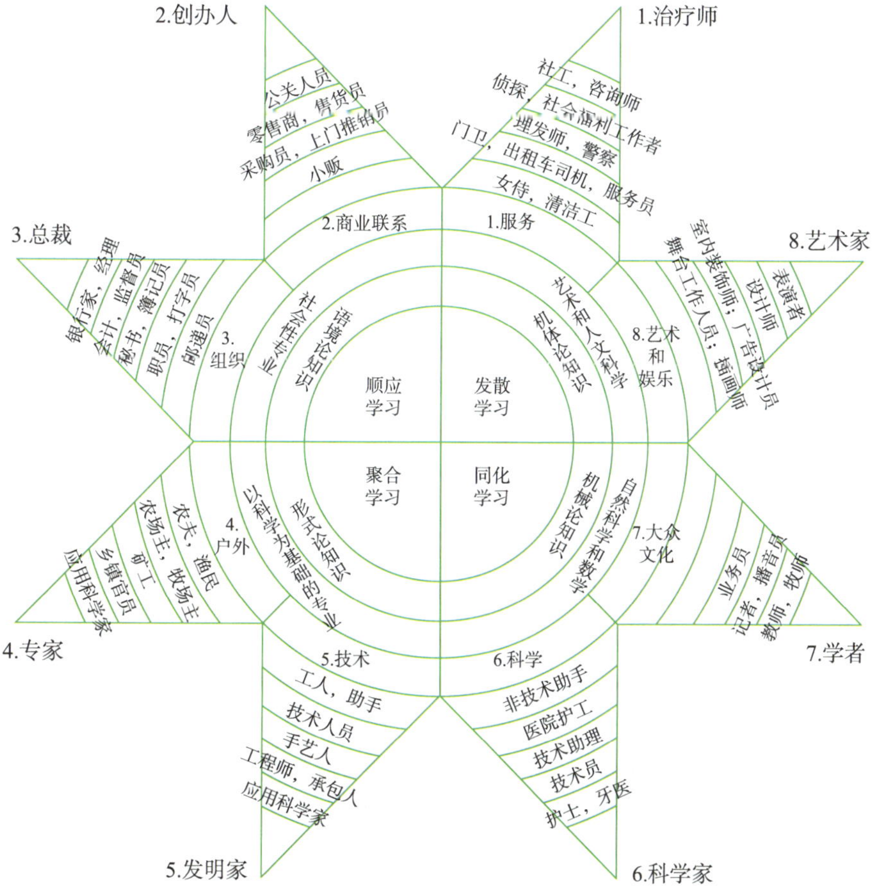

图 5-5　职业结构与学习知识结构、探究领域之间的关系

张的学习、知识和探究领域的结构之间的一致性（此处组 4 和组 5 的顺序有所颠倒，因为我认同罗伊对户外类别错位的考虑，在体验学习理论中，组 4（技术）应该更为抽象）。

在图 5-5 中，每个类别上升的六层金字塔分别代表了每种职业生涯的发展水平。按照罗伊的定义，各层的责任感、能力和技能是逐渐上升的。在这个框架内，高层次的工作需要更多的复杂性和更灵活的应变能力（见第八章），以应对更大的责任外延。雅克（Jacques）认为，这个外延可以用他提出的自由裁量权的时间跨度在工作中进行测量，并且非常可靠。正如他所定义的。

> 一个人在执行系统中的地位越高，他工作的时间框架就越长……工作量的多少可以简单而直接地通过某一角色完成其承担的最长目标任务所需要的时间来测量，即自由裁量权的时间跨度（Jacques，1979）。

因此，在这八种职业中，层次最高的工作，如科学家、发明家和艺术家，他们自由裁量权的时间跨度是终身的，而越低层次的工作在时间（和空间）上越受限制。

图 5-5 可以作为回顾本章漫长的论证过程的重点。它显示了学习结构、社会知识结构、有活力的探究（学术领域）与工作（职业）系统之间的关系。这里已经指出这些结构之间的同构性植根于学习的结构中，尤其是植根于认识世界的感知方式和领悟方式的整合中。社会知识是一种文化工具，只在使用者的个人知识中才能发挥作用。在感知经验的独特个体中存在拓展、塑造和验证社会知识的创造性力量。同时，这样的社会知识又是无价的，它引导人们选择个人生活领域和外部世界领域的经验，当人们积极地选择那些有利于探索和拓展边界的经验时，该领域就会不断地扩大。我们已经看到，学习这场冒险之旅的成功高度依赖于正确的态度——一种部分怀疑的态度，每个认识的行为都要稳定航行在欣赏性感知和批判性领悟中。这条航线就是发展之路。

更新与反思

- - - - - - -

有人说，哲学观决定了一个人的气质，这是有道理的。对某些比喻的偏好，可以事关一个人的气质；但有关气质的比喻，所导致的分歧比你想象的多得多……

我们总是忘记要回到基础。

我们总是忘记要把问号写得更深。

——路德维希·维特根斯坦（Ludwig Wittgenstein），

《文化与价值》（*Culture and Value*）

我们看到的不是事物本身，而是我们自己。

——安娜伊思·宁（Anias Nin）

- - - - - - -

在本章中，我描述了威廉·詹姆斯的双重知识理论。该理论认为，欣赏性感知和批判性理解之间是辩证关系。直接经验和抽象思维领域的对立统一，使得知识不再是一个静态的事物，而是一个动态的认识过程，其中抽象的社会知识不断地在个体的个人知识中被创造和再创造。书面文字显而易见的确定性，则在整个历史中不断地通过阅读者的经验加以判断和评估。

体验学习理论认为，学习的定义是通过经验的转换创造知识，这意味着，学习过程、通过它创造的知识的性质，以及创造知识的学科和职业等学习空间之间是同构关系（见图 5-2）。图 4-11 中描述的学习风格和教育专业化、职业生涯、具体工作和适应能力之间的关系，提供了一个同构的例子。第五章通过斯蒂芬·佩珀和迈克尔·波兰尼的研究，进一步探讨了这些关系。

1. 知识创造的螺旋

体验学习螺旋和知识创造螺旋存在相似性。体验学习循环通过体验、反思、思考和行动的反复叠加，从而为另一个循环创造新的体验，这是一个螺旋。与之相似，知识创造也是发生在个人知识和客观社会知识之间的螺旋过程。被维果茨基称为文化

"工具"的社会知识具有明确的抽象概念和过程，它是从个人知识中被创造出来的，并反过来转化为个人和他人的主观知识体验，从而推动社会知识的进一步创造和修正。

体验学习理论的知识创造过程受到波兰尼的隐性知识和显性知识概念的影响，与之相对应的是体验学习理论中的个人知识和社会知识概念。波兰尼认为，显性知识下面的隐性知识更为基础，是一切知识赖以存在的基础。我们所知道的远比我们所能表达的更多，正因如此，仅靠语言和数据无法使知识显性化。人类的每一个创造都始于对具体体验的欣赏性感知，其中大部分属于超越显性命名和交流以外的内隐维度。经验被塑造、命名、重命名，形成了可与他人分享的"想法"，形成了社会知识，并且继续由个人知识加以完善。

在体验学习理论有关知识创造的早期研究中，人们对知识创造过程中个人和社会知识的螺旋过程进行了阐述。卡尔森（Carlsson）、基恩（Keane）和马丁（Martin）使用体验学习理论的学习循环框架，分析了一家大型消费类产品公司的研发团队的双周报告。他们发现，成功的团队具有通过体验学习循环螺旋上升的工作程序。如果偏离了这一工作程序，项目就会错过某些阶段，或者被卡在某个阶段，所以表现出来的问题值得管理层关注（Carlsson et al.，1976）。

20世纪90年代中期，野中和竹内（Nonaka & Takeuchi，1995）引入了一个类似的知识创造螺旋。他们采用了波兰尼的认识隐性/显性维度，在日本企业内创造了一个四阶段知识创造模型来描述四种模式的知识转化过程。第一个阶段，社会化，通过具体体验的分享实现隐性知识到隐性知识的转化。第二个阶段，外显化，通过对话和反思把隐性知识用文字和图像表达出来，在他人身上引发同样的过程，从而将隐性知识转化为显性知识。第三个阶段，组合化，显性知识到显性知识的转化，即系统化，也就是应用显性知识和信息进行组织传递。第四个阶段，内隐化，是做中学的过程，在实际应用中直接体验显性知识，从而把显性知识转换回个人的隐性知识。该模型描述了持续的学习螺旋，它需要组织化的学习过程来启动和维持。

该模型再次更新后（Nonaka，Toyama，& Konno，2000），被纳入西田几多郎的场域（日语里为"ba"）概念（Nonaka & Konno，1998）。这里的场域概念大致相当于体验学习理论中的学习空间（见第七章的"更新与反思"部分）。他们主张，知识的创造、共享和使用需要一个场域，他们把场域看作人们会面和知识创造互动所需的时间和空间。他们对应于四种知识创造循环模式分别描述了四种类型的学习空间：（1）组织场域，个体能够与他人分享和共情的体验化场所；（2）对话场域，个体之间能够共享心智模型，用概念阐述隐性知识的场所；（3）系统化场域，能够将显性知识转化为书面形式，以便与更大的群体进行交流的场所；（4）练习场域，在其中，显性知识转化为行动，重建个体的隐性知识部分。

2. 个人特征与认知途径

显性知识起源于隐性知识的观念与斯蒂芬·佩珀的想法较为相似，即认识的提炼方式总是以常识为基础。批判性知识始终悬在真空之中，除非公开承认未经批判的常识在实际中的重要性，同时它也是安全性的来源，尽管这有些奇怪。至此，循环结束。常识需要不断地对精炼的知识进行负责任的批判，而精炼的知识迟早需要常识为其安全性提供支持（Pepper，1942）。基于常识的根源隐喻为事实和事件提供可信的解释，佩珀确定了四个独立的形而上学世界观：形式论基于相似性的根源隐喻，是分析和发散的；机械论基于机器的根源隐喻，是分析和整合的；语境论基于历史事件的根源隐喻，是综合和离散的；机体论基于发展有生命的有机体的根源隐喻，是综合和整合的。

自《体验学习》第 1 版出版后，佩珀对哲学体系框架的描述始终是众多研究的基础。这项工作正好支持了这样一种看法：佩珀的四种形而上学世界观中的哲学偏好和探究偏好，深深植根于个人的隐性知识中。最为有趣的是对个人知识在知识创造中的作用的检验，这也创造并验证了个体所拥有的四种世界观（形式论、机械论、语境论和机体论）（Germer，Efran，& Overton，1982；Johnson，Germer，Efran，& Overton，1988；Harris，Fontana，& Dowds，1977；Super & Harkness，2003）。在佩珀的四种世界观的基础上，舒伯和哈克尼斯（Super & Harkness，2003）研究开发了儿童行为问卷（CBQ），支持了图 5-1 所示的世界假说和学习结构之间的同构关系。他们在图 5-1 中的对角线上发现了形式论和机体论（–0.51）、机械论和语境论（–0.58）之间较大的负相关，而相邻的两种方式之间的相关性很小且不显著。约翰逊等人（Johnson et al.，1988）也为同构现象提供了同样的支持，他们发现 LSI 抽象 – 具体（AC-CE）量表和机体论－机械论在机体论－机械论范式量表（OMPI）上的显著负相关，在很大程度上是由具体体验（CE）和机体论的强相关性引起的。

应用这些测量方法的研究还有很多。例如，吉莫等人（Germer et al.，1982）开发了 OMPI 评估个人对佩珀的两个世界假说（机体论和机械论）的偏好。OMPI 是一个迫选式量表，在一些项目上要求个人从机械论或机体论两者中选择自己偏爱的一方。这些项目既涵盖了哲学问题，如本体论、认识论、人性观、分析与因果、变化、动态和方法论，也涵盖了普通人的实际问题，如婚姻关系、育儿、职业、法律和其他人际关系。不过，我们之前描述的主要是关于形式论与机体论、机械论与语境论的对比，不清楚为什么 OMPI 的创造者选择了这两个世界假说来对比。此外，佩珀把形式论、机械论、语境论和机体论四者进行了线性排列。佩珀（Pepper，1942）曾表示，形式论和机体论之间的对立特别严重，也就是说，OMPI 似乎把分析（抽象）的世界观与综合（具体）的世界观对立起来了，因为相邻的形式论－机械论和机体论－机械论似乎相互融合。约翰逊等人（Johnson et al.，1988）发现，世界假说量表（WHS）（Harris，Fontana，& Dowds，1977）中的形式论和机械论都与 OMPI 中的机械论相关，而 WHS 中的机体论和语境论与 OMPI 中的机体论相关。

约翰逊等人在 OMPI 的效度研究中，还发现了这两个世界假说与不同的人格特征有关。机体论者以不断变化的整体模式看待现实，他们想象力丰富、具有审美情趣、复杂多变。他们的认知方式往往是流动的、变化的、具有创造力的、不墨守成规、积极参与、充满想象，他们在人际交往中积极主动、独立自主。机械论者把现实看成是稳定的、孤立的元素，他们脚踏实地、缺乏艺术感、心思简单、容易预测。他们的认知方式往往有序、传统、一致、客观和现实，在人际交往中是被动的、依赖的和反应性的。最后，他们得出结论："简言之，人们的人格反映了他们的整体哲学观（Johnson et al.，1988）。"

同样，他们也发现了世界观、理论取向和实践之间的关系。他们研究了社会生物学家、行为主义者、人格理论家和人类发展论者这四组科学家，并发现他们在 OMPI 上表现出来的哲学偏好与他们的理论偏好（主要表现在书面报告分析、期刊出版物和专题发言上）相关。例如，他们发现，辩证导向的人类发展论者认可机体论的世界观，而行为主义者主张 OMPI 的机械论哲学世界观。

约翰逊等人（Johnson et al., 1989）研究了四种不同的职业群体。他们发现，在酒店管理教育者中，在 OMPI 的机体论上得高分者，重视理论多于事实，重视选择多于客观因果，重视非还原论多于物质论；机械论教育者，则恰恰相反。美国的"开端计划"中的雇员和托儿所工作人员，倾向于机体论，他们在教学中更重视整体而非解决问题。一组有着艺术职业兴趣的心理学教师和心理学研究生，他们在机体论上得分较高。在第四组中，机体论导向的心理治疗师对在心理治疗中使用音乐的态度更为积极。

哈里斯等人（Harris et al., 1977）研发了 WHS 来测量佩珀的四个世界假说。他们发现，世界假说相容的朋友对彼此之间的关系更加满意；不相容的朋友则称他们有较少的共同点，不太可能保持朋友关系，也不希望在学术项目上合作。同样，如果心理治疗师基于与患者相容的世界假说，患者就会更积极地接受治疗。

3. 知识结构与学科学习空间

除了上文描述的学习结构和知识结构之间的结构性对应以外，表 5-1 中的内容表示这一结构性相似也延伸到了学科、职业和其他领域。在学习空间或场域中，学习和知识创造被滋养和促进，每个领域都以自己独特的文化来完成这项工作。在《学术部落与学术领地》（*Academic Tribes and Territories*）一书中，托尼·比彻（Tony Becher）在第 5 章知识框架的结构中调查和对比了 12 个学科领域的研究规范和实践，包括生物学、化学、经济学、工程学、地理学、历史、法律、数学、现代语言学、药学、物理学和社会学，深入探讨了这些学科文化的差异（Becher, 1989）。比彻认为，知识是学术生活的主要产物，知识本身的性质塑造了我们，即使它可能并未完全决定学术界的工作模式（Becher, 1990）。对应图 5-1 中的四组探索领域，他分别描述了四大领域的传统、禁忌、范围和隐性认识方式。在纯科学中，知识是原子式的、累积的，关注共性，其文化可以被描述为激烈的竞争、具有群体性、政治组织化、任务导向、发表速度快等。在人文学科中，知识是反复的、整体的、有机的，关注细节和解释，其文化表现为个人主义、多元、结构松散、人际导向，发表速度慢。在技术学科中，知识的目的性强、务实，关注通过产品和技术来掌控外部世界，其文化被描述为创业、国际化、角色导向的，受职业价值调节，著作的作用被专利取代。在应用社会科学中，知识是功能性的、功利的，关注通过协议和程序提高专业实践，文化上是外向型、权力导向、地位不稳，普遍热衷提供咨询，其中咨询多于发表（Becher，1994）。

在后续分析中，比彻将他的分析拓展到了学科亚文化、学科分支或专业的研究中。在许多情况下，这些子学科打破了学科的整体性，与学科研究规范背道而驰："即使是在学科的中心，还是有一些子学科存在无政府主义倾向，它们与其他学科中心的子学科的关系比与自身的子学科的关系更密切（Becher，1990）。"不过，这些专业可以促进与其他学科的交流和互动，分享它们的研究规范，并且可以作为新思想和方法的温床。目前已经有大量关于学科内子专业之间的学习风格存在的差异的研究支持了比彻的分析。例如，普罗维尼克（Plovnick，1975，1980）研究了医学院高年级学生的学习风格差异，发现家庭医生及初级保健通常是顺应型和发散型学生选择的专业，聚合型学生更多选择内科，同化型学生往往选择学术研究和病理学。同样，卢发现商学院里主修会计、财务和市场营销的学生也存在学习风格差异（Loo，2002a，2002b）。

路德维希·胡贝尔（Ludwig Huber）同意比彻关于知识结构影响学科结构的观点，但他认为学科文化在社会结构中的影响更为深入，基于布迪厄（Bourdieu）的学术惯性概念之上的社会再生产过程，由于它与政治派别、社会阶层、私人生活喜好等密切相关，不能完全归因于认识论差异（Huber，1990）。

布迪厄把学术惯性定义为：持久的、可转换的身心状态系统，已经被结构化的结构经预处理变为向结构化发展的结构，即作为引发和组织实践的原则，不需要有意预设目标或完成操作的指令，就可以客观地适应结果（Bourdieu，1990）。获得学术惯性的实践，既有持久的"结构化结构"，即游戏规则；也有生成性、向结构化发展的结构，即游戏策略，引发结构内的创造性和创新性。经学术惯性塑造的实践，大部分用于实用、意会层面，缺乏有意识的反思。例如，耶霍尔姆（Gerholm）认为，虽然隐性知识几乎不可能在研究生教育中获得，但获得隐性知识在学术界是成功的关键。因此这些领域的成功，有利于那些伴随学术惯性获得的文化资本、知识储备、参照体系和一种使人们做出正确判断的能力（Gerholm，1990）。

学术惯性的概念在范围上更具包容性，包括了生活方式、价值观和处事风格，而其倾向则与学习风格的概念相似。惯性赋予实践一种特定的方式或风格。通过研究惯性的取向，我们可以将某些人确定为冒险家和小心谨慎者、大胆鲁莽者和胆小怕事者、有条不紊者和笨手笨脚者。个体不只是简单地顺应外部约束和机会。不论他们是随机应变、把握机遇，还是错失良机，都有迹可循（Swartz，2002）。

惯性实践及所涉及的学术领域，是学习和知识创造的深层螺旋的一部分，它超越了个体，进入社会结构层次。"发生于特定的领域，然后进入其他领域，落在特定位置，人们以某种方式掌握了游戏规则，从做中学，就像孩子学习母语一样吸收、生成模式。即一种不需要知道规则或自觉遵守这些规则的实践能力。因此，起作用的是领域（被制度化的社会历史结构）和惯性（吸收了同一段历史的学者的状态）之间存在的一种对应关系——而不是决定性——它们彼此促进和构建，如此循环往复（Huber，1990）。"

4. 体验学习的知识结构

《体验学习》为佩珀在《世界假说》中定义的知识结构的应用提供了一个有趣的案例。首先，我对自己由隐性到显性的知识创造螺旋过程进行了反思。我第一次阅读《世界假说》时，还是诺克斯学院（Knox College）的一名本科生，我当时立即被其整体世界观框架吸引，该框架定义了不同的知识结构和学科局限。我在伯纳德·卢默（Bernard Loomer）主持的名为"个人重建"的研讨会上读到了这本书，他是一位过程神学家，同时也是芝加哥大学神学院院长的访问学者。他谴责教条，强调人类认识世界奥秘的局限性。对我影响特别大的是一篇题为《我的大象》（*My Elephant*）的论文作业。他通过盲人摸象的故事来比喻我们对世界的有限看法，他要求我们对自己体验和思考的"大象"进行描述。在写论文的时候，我强烈地意识到在我热爱的哲学、戏剧和心理学等领域中，存在着一种社会化的推拉牵扯。在我的主修专业心理学中，我也陷入了行为主义和人格理论之间的内心斗争。时至今日，我仍然只能意会的是，如何理解整体模型对我的深深吸引，以及我对其专业视角挥之不去的怀疑。我的直觉是，这根植于我在中西部的一个农场小镇的蓝领式成长经历，在那里，谦逊是一种美德，除了少数几个被视为享有盛誉且国际化的局外人，镇上极少有受人敬仰的专业人士。

《世界假说》没有解决这些问题，但给了我一个理解这些问题的视角。

因此，25年后，当我在体验学习中发现另一种整体世界观时，我再次因发现了那本书感到高兴。他对知识的结构性分析如此完美地映射到体验学习理论的学习结构中，这使我确信，自己正在做一些重要的事情。这也让我对如何着手研究有了一个整体看法。佩珀认为，他的世界理论应保持纯粹和内部结构确证上的一致性，但在实践应用中却应不拘一格。因此，坚持在世界理论中排除折中主义，同时建议合理利用折中主义估计世界理论的结果。由于这四个世界假说理论都很充分，它们中的任何一个都不能用来评价其他理论。因此，我们的一般立场是寻求理论上的理性清晰和实践上的合理折中。在实践中，我们应该寻求合理而非理性，并且在这些问题上寻求每个相对完备的世界假说理论做出的判断。这些关于真理的理论都毫不退让。尽管如此，本次调查给这个主题提供了一个概念，这比任何其他方式（所提供）的信息都更丰富、更有益于保持平衡的状态（Pepper，1942）。

无论如何，在我开始写作《体验学习》的时候，以我对形式论、机械论、语境论和机体论这四个世界假说的信赖，我并未想过要有一个明确的计划来使用"合理的折中主义"，但在写作的过程中它逐渐变得明确。在写第一章和第二章时，我并没有意识到明确遵循了语境论的方法，但回想起来却正是如此。在写第三章时，我明确地意识到我采用了机械论的方法，对学习过程的基础进行了结构性分析，并在第五章中分析了知识结构。第四章将个体类型理论的典型形式论基础与我的学习风格情景论方法进行了对比。第七章的建构结合了形式论和机械论，尽管这一点不太明显，机械论通常也被称为逻辑实用主义。关于发展的论述，第六章和第八章不可避免地以机体论或理念论世界观为基础。

当我读了对本书的批评意见后，担心书中采用佩珀的"后理性折中主义"可能会把读者搞糊涂。米耶蒂宁对我使用多重根源隐喻和整体方法的折中感到十分不安。"库伯说他希望通过体验学习理论提出一个整体的综合学习视角……该方法和程序可以被称为折中。库伯统一了术语和概念，将它们从历史背景中剥离出来，使它们服务于他自己所呈现的动机。如此一来，背景和动机迥异、概念也不相容的理论家，都可以作为体验学习的创始人和'支持者'……我们只能由此得出结论，库伯的动机并不仅仅是批判性评估或跨学科，而是尝试构建一组'具有吸引力'的想法，主张将其作为我们这个时代社会问题的解决方案，并证实其学习风格量表的实用性（Miettinen，2000）。"接着，米耶蒂宁错误地认为，我的折中做法和佩珀相反。他引用了佩珀的一段文章辩称，综合不同世界假说优势的折中方法并不适于建立一个恰当的世界假说。但佩珀所指的是创造一个可以和他的四个充分的世界假说竞争的恰当世界假说，而不是在实践中提倡"合理折中主义"的世界假说的应用。

其他人更尖锐地提出，我打破了或忽视了他们特定的认识论偏好，并采纳了另一种他们特别反感的偏好。狂热的现象学家理查德·霍普金斯（Richard Hopkins）在《大卫·库伯的学习机器》（David Kolb's Learning Machine）一文中写道："奇怪的是，在一本结合经验和学习，并借鉴了各种哲学观点的书中，却很少提到主要的经验世界哲学（Hopkins，1993）。"他认为，本书"最终被结构主义的还原法重重压垮了（Hopkins，1993）。"他引用了本书第三章开头的一段话，即"我们采用基本性的结构方法"，他将其作为自己论点的证据，说明本书是基于结构主义、机械主义的方法。但是，他在引用中省去了"在本章中"（见第三章）这几个字，并忽略了下一段的一句话："在第二章中，皮亚杰认知发展的结构维度——现象主义 - 建构主义和自我中心主义 - 反思主义，进一步丰富并证实了勒温和杜威所描述的更现象学的、更具描述性的学习模型。"

与之相似的，加纳（Garner）认为，我的工作是以形式论者的认识论为基础的，他引用了本书第四章的一个段落，我在其中提出，类型理论往往以形式主义的认识论根源隐喻为基础。他忽视了这段话后面的一句："我们还会采用另一种认识论的根源隐喻来理解个性，它就是语境论。"作为一位公开承认的荣格机体论者（或其所谓的理想主义者），加纳说："荣格的类型学是库伯的学习风格发展的主要基础（Garner，2000）。"但事实并非如此。他指出，库伯认为他的作品基于语境论者的立场，同时相信他能够将自己的作品与荣格的理想主义者立场直接联系起来。将这两种相互矛盾的认识论放在一起，这种做法本身就是非常有问题的，必须格外谨慎地看待两者之间的联系（Garner，2000）。

从上面的例子中，我可以得出结论，发展超出既定体制和学科边界的跨学科整合学说困难重重。正如其他人指出的，跨学科的工作可能不会被任何一方接受。克里斯托弗·卡耶（Christopher Kayes）在对体验学习理论的反对者进行综述和批评时，用体验学习理论的多元范式方法检验了他们的观点。争论的焦点在于，由于体验学习理论没有强大的体制地位，因此它缺乏为编纂知识做出贡献所必需的机构影响力，因此体验学习理论无力推动任何专业的发展（Kayes，2002）。他的回答强调了多学科方法的价值。他认为，体验学习理论缺乏足够强大的体制地位来影响学术进步的批评意见，也许是因为专业上的目光短浅，认为学习研究仅限于具有普遍共识的知识体系。如果对管理学习的研究旨在提高在学校的学习，那么它可以将体验学习理论作为指导。如果最好的学习系统产生多样性，那么最好的办法是扩大，而不是缩小其所涵盖的领域。另一种方法是来自格尔茨（Geertz，1983）的"模糊类型"观点，学者们吸纳了多个学科，体验学习理论——其人文主义观念、实用主义目标、科学论证和跨学科基础——为这种模糊提供了一个清晰的实例（Kayes，2002）。

上文表明我们对认识论世界观深挚和热烈的坚持，以至于我们对来自其他世界观的挑战异常警觉，用佩珀的话说，有时甚至是种"敌视"。虽然佩珀坚持他的四个世界假说是独立且差不多同样充分的，能够就任何事实和事件给出可靠诠释，但不同世界观的追随者之间的对话可能很困难。因为它们基于不同的根源隐喻，提出的问题不同，对圆满答案的标准也不同。然而，我仍然坚持我的整体多学科观点。由此产生的学术对话，包括误解在内，对我们所有人都有启发。我觉得自己与佩珀存在某些共通之处，佩珀在回应《世界假说》的批评者时说道："无论这个根源隐喻理论本身是不是世界理论，又或者是前述世界理论中伪装中立的一个，这几乎足以说明根源隐喻理论无论作为什么世界理论都会受到指责（Pepper，1942）。"

第三篇

学习与发展

第六章

■ ■ ■ ■ ■ ■

体验学习的发展理论

自然的过程就是使统一的事物分裂，使分裂的事物统一。

——歌德

学习具有一种不容忽视的特质，它需要坚定的信念和积极主动的精神，并且需要不断向前发展。学习受到学习者对现实的好奇心和对未来期望的驱动。约翰·杜威认为，体验学习循环并不是一个简单的循环，而是一个螺旋上升的过程。在这个螺旋上升的过程中，每一次体验都充满了发展的可能性，这种发展既可能是盲目的冲动，也可能是关乎人生目的的选择（见第二章）。杜威将体验学习的发展比喻为军队的行进。

> 体验过程中每一次停顿，都是一次总结先前行为结果的经验的机会。除非这个行为是完全变化无常的，或者是纯粹的例行公事，否则每一次行为过程本身就承载了已被提取或保存的意义。正如军队向前行进时，在对所有已经取得的成果进行定期巩固的同时，必须思考下一步的行动目标。如果移动速度太快，就会远离物资供应基地（定期积累的意义），并且这种体验是混乱、贫乏及令人困惑的。如果我们在了解了纯粹的意义之后还是无所事事，那么体验就会变得毫无意义（Dewey, 1934）。

因此，学习的过程伴随着个体的发展。这种有关学习与发展关系的观念有别于一些传统理念。传统理念通常认为学习和发展是两个相对独立的过程。智力测验取向及经典皮亚杰论者认为，学习是一个不积极参与发展的从属过程，即学习必须利用个体

204

本章音频导读，
请扫描二维码收听。

发展的成果，但是这种学习并不会改变发展的过程。例如，在智力测验中，发展被认为是学习的先决条件，而在学习更为复杂的科目前，学生的心理功能必须成熟。与之相似地，对皮亚杰而言，正是发展形成了学习的上层结构。皮亚杰的研究一直受到一种潜在假设的指引，即认知发展阶段的顺序是由内部动力和逻辑演变而来的，很少受到环境变化的影响。一些被誉为"新皮亚杰派"的研究者（Bruner et al.，1966）开展的研究对这一假设提出了质疑。因为跨文化研究表明，学生在特定年龄的认知发展水平会受到西方式学校教育的强烈影响。

个体与环境交互作用中的学习与发展

虽然体验学习的发展观并不否认生物成熟和发展结果（即调节思想与行为的持久认知结构）的客观事实，但体验学习的发展观主要关注内部特质与外部环境之间、个体知识与社会知识之间的交互作用。在体验学习过程中，发展的可能性得以形成与实现。这种学习是一种社会化的过程。因此，个体发展的过程是由社会知识的文化系统塑造的。

维果茨基对这个观点进行了最好的诠释。他使用"最近发展区"这一概念解释为什么学习能够塑造发展的过程。最近发展区是指儿童的实际发展水平（独立解决问题时所达到的水平）和潜在发展水平（借助成年人指导或与更有能力的同伴共同解决问题时所达到的水平）之间的差距（Cole et al.，1978）。通过模仿、与他人交流、与环境互动等体验，个体内部的发展潜能不断得以发挥和实践，直至其最后内化为独立的发展成果。因此，学习变成了一种促进人类发展的工具，它通过具有生物潜能的个体与具有符号、工具和其他文化属性的社会之间的互动而产生。人类尽其所能地用人为刺激创造文化，以促进自身的发展。维果茨基关于文化工具如何形成发展的观点，在很大程度上受到了弗里德里希·恩格斯（Friedrich Engels）的影响。恩格斯将文化创造的工具视为人类改造自然（即生产）的具体象征。正如维果茨基表达的以下看法。

我们所采用的方法中的基本原理直接源于恩格斯，他为了理解人类历史，对自然主义取向和辩证主义取向进行了比较。恩格斯认为，历史上对自然主义的分析表明了这样一种假设，即只有自然才能影响人类，也只有自然环境才能决定历史的发展。辩证法承认自然对人类的影响，但与此同时，断言人类反过来也会影响自然，并且通过自然的变化为自己的生存创造新的自然条件。

恩格斯认为，所有刺激反应的方法都是不充分的，他将其归因于自然主义的历史分析法。两者都把人类的行为和历史之间的关系看作单向的反应。然而，我和我的合作者却相信，人类的行为最终完成了"对自然的改造"，而这应归功于工具的使用（Cole et al., 1978）。

主动适应是人类学习的突出特征。个体通过辅助的文化刺激和社会知识积极地改变个体认知，并最终使主动适应成为可能。例如，通过语言的内化而获得的符号工具，允许我们对即将面临的生活情境进行期待、计划，并做出反应。随着文化工具的改变，人类发展的过程也会改变（如家庭电话的广泛使用）（Papaert, 1980）。从这个意义上来说，人类发展的规律和局限性将永远不被人所知，因为人类的本性始终体现于个体与其所处文化的交互作用中。

若要在学习过程中实现发展，个体需要应对和解决体验学习内部固有的辩证冲突。这个过程被保罗·弗莱雷描述为实践，即通过对话来促进人们对世界的反思并促使人们行动，从而改变世界。德尼斯·高里特（Denis Goulet）在弗莱雷所著的《批判意识教育》（*Education for Critical Consciousness*）一书的序言中写了如下内容。

保罗·弗莱雷的主要观点是，一个人只能知道其所沉浸的自然、文化和历史现实存在"问题"。在他看来，"质疑"是把普通个体与对整个事实进行符号编码的任务联系在一起，这些符号能够产生批判性意识，促进个体改变其与自然和社会力量之间的关系。这种群体性的反思练习推动了所有人积极地参与到与那些承载了改变社会的历史使命的人们的对话中。只有如此，人们才能成为历史的主体，而非客体（Freire, 1973）。

发展中的分化与整合

在学习的对立矛盾中，人类的发展进程表现出越来越多的功能分化和层级整合的特征。在所有与认知发展和成人发展有关的理论中，功能分化和层级整合的概念都非常重要。心理发展的这一原理基于人们对进化和发展的生物学观察，这些观察表明，随着一个人向上进化，身体的分化和整合越来越多，特别是在神经系统的进化中。

分化包含两个方面：一个是结构的复杂性增加；另一个是各部分之间的相互依赖性减弱。学习和发展的过程就是对经验的分类和行为的种类进行提炼、区分和精细加工的过程，同时增强了已经分化的各部分功能之间的独立性。在婴儿的情绪发展中可以看到与分化有关的例子。在对幼儿的早期观察研究中，凯瑟琳·布里奇斯（Katherine Bridges）描述了婴儿情绪的日益分化——从未分化的激动状态发展到能够基本区分沮丧和开心，进而能够区分恐惧、厌恶、焦虑、嫉妒、开心，以及对父母的情感等精细情绪谱（Bridges，1932）（见图6-1）。

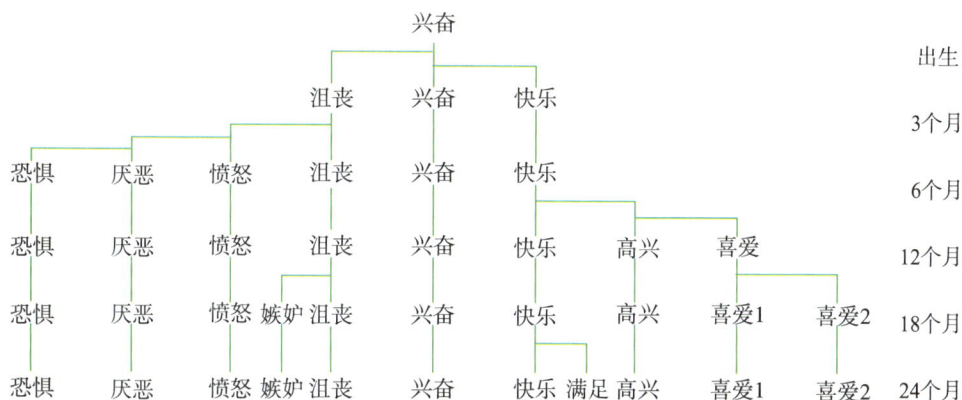

图6-1   婴儿的情绪分化

注：喜爱1指对成年人的喜爱，喜爱2指对儿童的喜爱。

资料来源：Katherine Bridges, "Emotional Development in Early Infancy," *Child Development*, 3 (1932).

层级整合是有机体在机能上对由不断分化而产生的复杂化和分散化所做出的反应。层级整合是多层次的。第一层级是简单的固定规则，它以绝对化的方式组织不同的经验。例如，经验被分为好与坏。稍高的层级上出现了替代性解释规则，其允许对情境进行不同的解释。通过运用简单可能性判断，判断事物绝对正确或错误的观念在某种程度上变得更加灵活。例如，在 A 情境中，这个规则是正确的；但是在 B 情境中，可能另外一种规则才是正确的。于是，在一个更高的层级上，比简单可能性判断更为复杂的规则形成了，并被用来决定对经验的判断。这些规则更为"内化"，它们并非对过去经验或外部刺激的一成不变的应用。整合的最高层级中添加了另一个规则系统，它形成了可以产生复杂关系的结构。在该层级上，对经验的组织和整合具有极大的灵活性，它使得通过开发复杂的现实替代结构来应对变化及环境不确定性成为可能。斯克罗德、德赖弗和施特罗伊夫特（Scroder，Driver，& Streufert，1967）对层级整合的四个层级进行了描述（见图 6-2）。

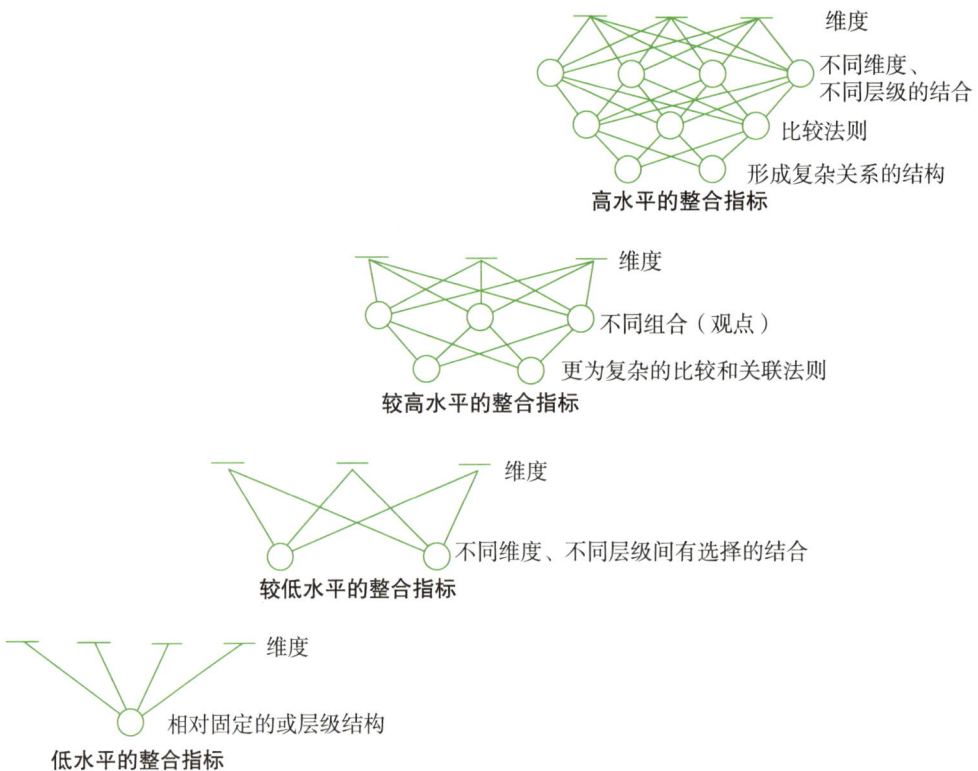

维度
不同维度、不同层级的结合
比较法则
形成复杂关系的结构
高水平的整合指标

维度
不同组合（观点）
更为复杂的比较和关联法则
较高水平的整合指标

维度
不同维度、不同层级间有选择的结合
较低水平的整合指标

维度
相对固定的或层级结构
低水平的整合指标

图 6-2　层级整合的水平

资料来源：H. M. Schroder, M. J. Driver, and S. Streufert, *Human Information Processing* (New York: Holt, Rinehart & Winston, 1967)。

　　通过层级整合，个体通过创建包括概念、情感、行为和观察在内的高级图式来保持完整性。这些图式组织并控制了下层分化的概念、情感、行动和观察的活动。在之前关于婴儿情绪分化的例子中，成长中的婴儿逐渐形成了较高水平的情感，并控制这些精细的情感应用于不同的人和不同的情境，从而为自己的体验带来连续性和意义。最初，个体对于经验的个体性和一致性的体验来源于其出生时对于世界的未分化的观念。慢慢地，这种观念需要逐步被一种综合的、具有组织化的努力所取代。事实上，发展带来的好处是无法估量的——我们不断对周围的世界增加有意识的觉察，控制也越来越复杂。勒温认为，整合滞后于分化，整合和分化组成了发展的循环系统，这个系统在由分化所主导的阶段和由层级组合所主导的阶段间交替发展，这一描述和先前杜威提出的行进中的军队的比喻如出一辙。

直线发展与多线性发展

体验学习的发展观认为，发展是一个多线性的过程，这个观点和受皮亚杰观点驱动的成人发展理论存在显著不同。在皮亚杰理论体系中，有关认知和成人发展的理论将发展过程描述为单线性的，控制行为的结构朝着不断分化及层级整合不断增加的方向发展。这一点在诸多学者的观点中均有体现，如皮亚杰的认知发展理论（Flavell，1963），卢文格的自我发展理论（Loevinger，1976），科尔伯格的道德发展理论（Kohlberg，1969），佩里的道德和智力发展阶段理论（Perry，1970），哈维、亨特和斯克罗德的概念化系统取向（Harvey，Hunt，& Schroeder，1961），亨特的教育领域衍生工具（Hunt，1974），斯克罗德等人（Schroder et al.，1967）与哈维（Harvey，1966）的人格理论。虽然体验学习理论承认发展在整体上存在线性趋势，即从浑然一体和缺少分化的状态，到不断分化、清晰和层级整合的状态，但是，体验学习理论区别于皮亚杰理论中只有线性发展的观点。这种差异体现在四个方面。

第一，体验学习理论认为，发展过程存在个体差异性。在皮亚杰的理论体系中，个性只体现在沿着单一发展尺度向科学理性的内在逻辑发展的差异化进程中，即个体的不同只是因为他们处于不同的发展阶段。但在体验学习中，个性不仅体现在不同的发展阶段中，而且也体现在个人发展的特定学习风格的发展过程中。在这一点上，体验学习理论与亨氏·沃纳（Heinz Werner）的格式塔发展方式相一致。

直向进化法则在本质上就是发展的单线性表现。但是，同其他相对立的观点一样，由统一发展规则代表的理想的线性序列，与实际的多线性发展模式并不冲突……正如生物进化中已经发现的那样，我们必须承认个体在心理上的单线性发展和多线性发展共存。特别是对于人类的行为，这种两极化为研究行为的发展开辟了新的途径。也就是说，我们不仅要研究普遍的顺序，还要探索个体的变化性。也就是说，我们要把发展视为具体化的一个分支过程（Werner，1948）。

第二，体验学习认为，发展在本质上是个体知识与社会知识交互作用的产物。因为个体的发展状态是在个体经验与社会知识所存在的特殊系统间交互作用的产物，所以，把发展的状态视为如皮亚杰认为的纯粹个体的特征是不合理的。人类所发现的认知结构很可能具有社会知识系统的特征，因此，我们发现接受西方文化教育的儿童比接受非西方文化教育的儿童，在发展上与皮亚杰的发展阶段表现得更为一致（Bruner et al.，1966）。这是一个重要的假设，因为它表明发展的路径可能如同社会知识存在许多体系一样，也是多种多样的。大卫·弗里德曼（David Feldman）已经充分地发展了这一观点，他提出了一个发展的连续统一体概念，其范围从皮亚杰研究的智力共性（如客体永久性）到特定文化独有的认知技能，再到基于学科的知识系统，最后则是个体通过与具体或独特的环境相互作用而发展出的独特能力。弗里德曼认为，其中一些独特的发展成就被认为是具有创造性的，能被反馈到社会知识体系中，也许最终会发展为学科、文化，甚至在世界范围内普及。

第三，对特殊发展路径的强调是与皮亚杰理论的第三个区别。对皮亚杰而言，所有的发展都是认知的发展。体验学习理论描述了四个发展维度——情感复杂性、知觉复杂性、符号复杂性和行为复杂性。这四个发展维度在学习的整体适应过程中相互关联。对不同发展路径的认识，有助于解释皮亚杰的理论体系中某些异常的发展现象。沃纳举了这样一个例子，即现象感知的事例。在知觉的情感模式中，知觉和感觉融合在一起的情感模式（如一片阴沉的景色）是幼儿的特征，但是在成年艺术家身上似乎也得到了高度的发展。

> 人类和无生命的物体在最基本的特性上没有差异。基于此，现象感知可以说是认识世界的早期发展形式。但是，在美国文化中，现象感知逐渐被逻辑、现实主义和技术的概念所取代。这一事实引发了一些矛盾的问题，例如，什么样的遗传标准具有成年人的审美经验？在人类不断推进的逻辑发展过程中，它是否属于一种被遗留下来的原始经验，而且只在人们偶尔消遣的时候才被想起？这样的推论似乎并不合理。这些问题似乎把人类的成熟过程错误地看成一个简单的发展过程，而不是个体多样化的发展过程，即所有的发展都符合理论和普遍发展概念。尽管现象感知是一种很原始的知觉方式，但它在某些个体（如艺术家）身上的发展却毫不逊色于"几何技术"感知和逻辑推理（Werner，1948）。

在执行官身上高度发展的直觉和行为技能也存在类似的问题（Mintzberg，1973），它们在结构上类似于儿童不断试错的学习过程。

另一个例子是特纳（Turner，1973）提出的自我中心思维。在自我中心思维中，为了将一般认知原则具体化，个体必须在社会知识和具体认知个体之间建立联系。这个详细阐述的过程需要综合考虑情感因素和认知因素。虽然皮亚杰的认知发展理论阐述了概念的获得独立于具体体验，但是他并没有具体说明概念重新作用于个体经验的过程。用皮亚杰的话来说，在他的发展理论中，同化最终优先于顺应。

第四，最后一点差异在于上述观点对于实践的启示。正如第一章中指出的，在1958年美国著名的伍兹霍尔教育会议上，布鲁纳介绍了皮亚杰的理论，自此，皮亚杰的理论对美国教育产生了深远影响。这次会议从国家层面及教育学角度对美国的卫星发射做出了回应。在这次会议上，皮亚杰的理论对于突出和合理化科学技术在教育中的主导地位提供了理想的框架。为了能在与苏联的科技竞赛中取得优势，教育界欣然接受了科学思维的认知方式。在美国联邦政府的慷慨援助下，教育机构被改造成了科研机构，这的确带来了科学的繁荣发展，但其他的思维方式，如艺术的情感表达、哲学和宗教形而上学式的思辨，以及人文教育的综合理想等，都在萎缩衰退。体验学习理论并没有否认科学研究的固有价值和已经取得的成就，体验学习的多线性发展观认为，只有科学和技术的发展是不够的。体验学习反对"其他研究形式必须服从于科学"的观念，反对"通过调查得到的结论就能揭示事物应有的面目"。人文学科的作用是帮助我们理解和应对技术变革，而不是塑造其发展方向。个体和文化发展的正确道路应当在情感、知觉、符号、和行为知识系统间的平等探究中找寻，其理智的发展方向源于人们从这些观点之间的冲突和对话中产生对人类未来的综合判断。

体验学习的发展观

学习塑造发展过程的方式可以通过四种学习模式体现的整合复杂性的程度来描述。这四种学习模式包括：（1）具体体验中的情感复杂性产生了较高水平的情感；（2）反思性观察中的知觉复杂性产生了较高水平的观察；（3）抽象概括中的符号复杂性产生了较高水平的观念；（4）主动实践中的行为复杂性产生了较高水平的行动。图 6-3 展示了体验学习的发展模型。发展的四个维度被描绘为一个圆锥体的形状。底部表示发展的较低阶段，顶部表示发展的较高阶段，这四个维度呈现出高度整合的趋势。每个维度上的发展都经历了从嵌入、防御、依赖和反应，到自我实现、独立自主、积极行动和自我指导的过程。在发展中，个体应对外部环境和个体经验的方式变得越来越复杂、越来越具有相对性，四种基本学习形式之间的对立冲突也得到了较高水平的整合。在发展的早期，四个维度之间各自的发展相对独立。例如，儿童和年轻人能够发展出高度复杂的抽象能力，并在情感上保持天真。在发展的最高层级，对于学习的适当投入和创造性产生了对四种适应性模式进行整合的强烈需求。一种模式的发展会促进另一种模式的发展。例如，符号复杂性的增加能够促进知觉和行为发展的可能性。因此，复杂性和对四种模式之间对立冲突的整合，代表了真正意义上的创造和成长。

人类发展的过程可以被分为三个广泛的成熟发展阶段：习得、专业化和整合。所谓"成熟发展阶段"，指的是在当代西方文化的一般条件下，发展成就得以实现的大致时间顺序。实际的发展进程可能会依据个体与其所处的文化体验的不同而有所差异。尽管圆锥体的三层结构简单勾勒了发展进程，但任何单一的生命进程中的实际成长过程都可能通过从一个阶段到另一个阶段的连续振荡进行循环往复。因此，个体可能在

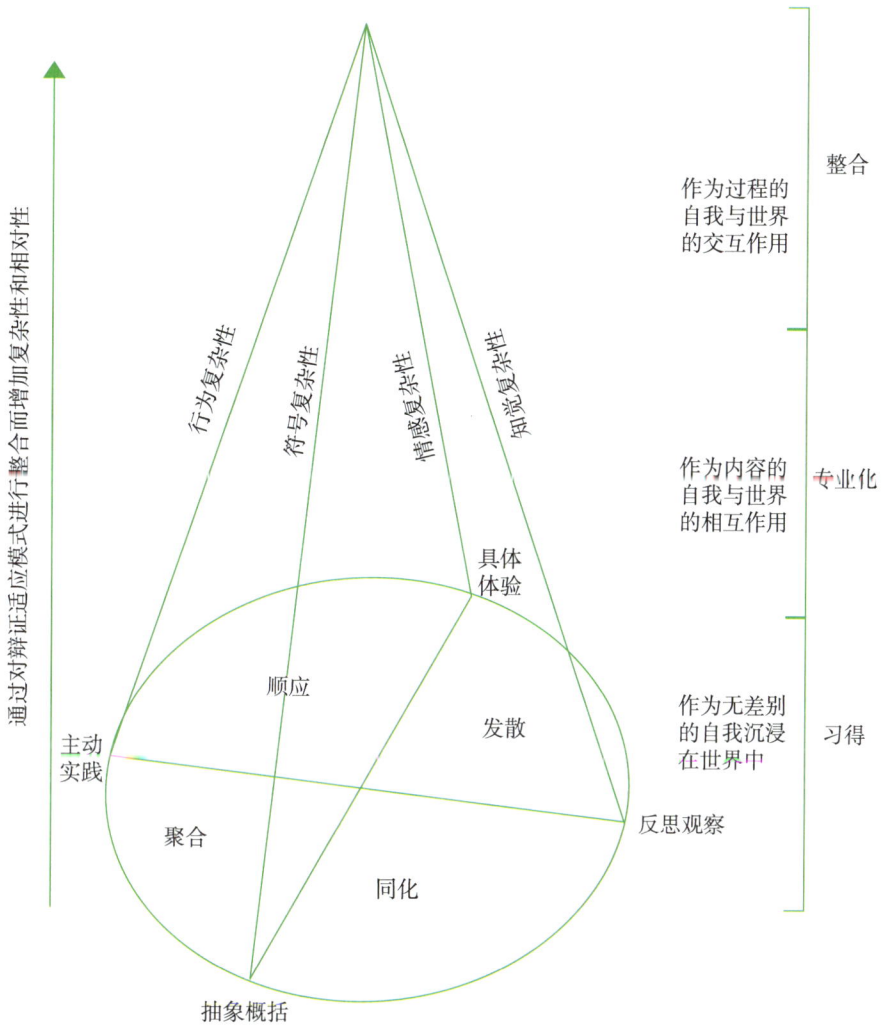

图 6-3　关于成长和发展的体验学习观

第二个阶段到第三个阶段的发展中，存在数轮相对独立的整合过程，然后伴随而来的是专业化程度的加强或倒退。

阶段一：习得

这个阶段以个体从出生到青少年时期对基本学习能力和认知结构的习得为标志。这是在人类发展中获得最多研究关注的阶段。皮亚杰认为，这个阶段包含四个子阶段（见第二章）。第一个阶段（从出生到 2 岁左右）被称为感知运动阶段，这个阶段的学习主要是运动式的。也就是说，知识外化于个体对动作和环境的感知。因此，顺应学习和通过外延转换进行感知是适应的最重要模式。第二个阶段（2～6岁）被称为表象阶段。在这个阶段，内化的表象开始独立于它所表征的客体。此时，个体获得了发散学习的早期形式，并能够通过内涵转换进行感知。第三个阶段（7～11岁）意味着符号运算的开始，皮亚杰把这个阶段称作具体运算阶段。儿童在这个阶段形成一系列逻辑思维能力和归纳能力，换句话说，通过内涵转换进行领悟而实现同化学习。皮亚杰体系中的第四个阶段出现在青春期（12～15岁）。在符号表征和假设演绎推理过程中，符号在这个阶段完全独立于具体实体。这些能力使儿童能够想象或假设纯粹符号的意义，并能在现实中加以检验——通过外延转换进行领悟而实现聚合学习。习得阶段以结构的逐渐内化为标志，它允许儿童获得不同于周围环境，并可与之分离的自我意识，从而对世界不再是毫无差别地被动接受。习得发展阶段以能够对内外部刺激进行区分开始，以埃里克森（Erikson，1959）所描述的自我同一性危机而结束。

阶段二：专业化

这个阶段涵盖正规教育、职业培训，以及个人生活与工作中的早期成长时期。人们受到文化、教育、组织的社会化力量的影响，在某个适应阶段的专业领域获得适应能力，以便他们能够掌握一些特殊的技能，从而获得更好的职业发展。虽然儿童在与家庭和学校有关的早期经历中，也可能发展出某些专业化的学习偏好和能力（Hudson，1966），但在中学或中学以后他们才能开始做出明显影响他们发展的选择。无论是接受大学教育还是技工教育，学生对专业的选择，甚至一些文化因素（如对居住地的挑选）都开始选择性地影响人们社会化的经历，进而影响和形成他们适应世界的模式。人们在这个阶段做出的选择，对于专业化的发展有着重要的、自我决定性的影响。

有关成人发展的体验学习理论认为，如休珀等人（Super et al.，1963）描述的，生活道路上的稳定性和变化性，来源于个体内部人格动力和外部社会力量的相互作用。相互作用带来的强大的发展动力，导致了主体机能与环境需求之间的匹配。这种匹配表现为两种方式：第一，环境试图改变个体的特性，使之适应环境（社会化）；第二，个体倾向于选择与他们个体特征相一致的环境。一般来说，发展总体上倾向于强调个体的特性和技能（Feldman & Newcomb，1969；Kolb & Goldman，1973），因为发展是选择倾向与社会化体验相互作用的产物。选择倾向与社会化体验之间的匹配，进一步强化了个体日后以类似的匹配方式来获得体验。这个过程是学习风格概念中固有的，作为一种选择性加工的结构，该过程控制了个体与环境的互动，因而塑造和稳定了个性的发展。

因此，在专业化阶段，个体为了达到发展的要求获得了专门的适应能力，同时也获得了个体化的发展。一个人的自我价值感建立在社会对个体努力工作的回报和认可上。这个阶段的自我主要依据内容而定——我能做什么，我曾拥有的经验，我拥有的财富和品质。人们与世界相关联的方式就是相互作用，即我作用于世界（建立联系、养育家庭）和世界作用于我（给予报酬、赋予知识）。但是，任何一方都不可能彻底改变另一方。保罗·弗莱雷对第二个阶段的自我意识和"储蓄式教育"的概念进行了以下描述。

隐匿于"储蓄式教育"概念之下的，是我们对人与世界的二分法假设：人类存在于这个世界中，而不是与这个世界并存；人类是旁观者，而不是再创造者。从这个意义上来看，人不是一种有意识的存在，而仅仅是意识的拥有者，被动地接受来自外部世界的事物。这个观点认为，达到意识和进入意识之间没有差别，但在本质上又不同——周围的客体完全能够被我意识到，而在我的意识中却找不到它的存在。

教育者的角色是控制世界"进入"学生的方式，这一观点在逻辑上来自意识的"储蓄式教育"概念。教育者的任务就是管理一个已经自发发生的过程，对学生"灌输"他认为的真正的知识信息。正因为人们把世界作为一个消极的实体观念来接受，教育的目的变成了使人们消极地适应这个世界。受过良好教育的人就是适应者，因为他能与这个世界更好地"匹配"（Freire，1974）。

第三阶段：整合

第二阶段的专业化发展为社会带来了社会保障和成就，但经常以服从于个人的实践需要为代价。特别是自启蒙运动以来，社会机构对个人实践活动的限制一直是西方社会所讨论的话题。在精神分析领域，弗洛伊德和他的追随者发展了个体与社会之间冲突（即个体的性本能与强制性社会需求之间的冲突）的社会情感维度。在现代管理理论中，阿吉里斯（Argyris，1962）对这种冲突进行了明确的解释，而荣格在他的心理类型理论中对这种冲突的表述与他的心理类型理论对此提出的解决方法是最相关的。与体验学习理论一样，荣格的心理类型理论也建立在对世界适应的对立统一模式之上，荣格称之为"实现"或"个性化"，这是个体通过较高水平的整合和多种应对世界的模式来实现的。但是，自我实现的动力受到来自文化对具体行为角色要求的制约。

西方社会的专业化需求与个体追求整合发展的需求之间始终存在冲突。1826年，德国诗人和历史学家弗里德里希·席勒写了如下内容。

> 当国家将职位或职能作为衡量一个人的标准时；当谈及公民时，国家只对一个人的记忆表示敬意，或者对一个人的智慧表示敬意，而对另一个人只重视他在机械方面的能力。一方面，它忽视性格差异，只追求知识，另一方面，它以最深刻的知识蒙昧主义鼓励秩序精神和守法行为，同时，由于它忽略了个体的多元化发展，因此它希望个体取得的单一成就能被发挥到极致，就像大脑只关心能够给予其荣誉与奖励的那些特殊功能，而忽视了其他功能，这难道不奇怪吗（Schiller，1826）？

荣格是这样评论席勒的这段话的。

> 对高级功能的偏好，对社会是有益的，而对个性化是不利的。这种偏见已经达到了一定程度，以至于现代文明中的许多组织实际上都在争取个体的完全分裂，因为它们的存在依赖于人类偏好的个体功能的机械运用。这不是人说了算的，而是由分化功能决定的。在集体文化中，人不再作为人而出现，而是仅仅代表了一种功能。不仅如此，更确切地说，个体与其功能完全等同，但却被剥夺了与某个阶段纯粹的功能发生联系的权利，因为它代表了集体价值观，只有它才能提供谋生的可能。但是，正如席勒深刻洞察到的那样，功能的分化不可能通过其他方式而产生：

再没有比让它们彼此产生竞争更好的方式来发展人们的各种能力了。人类功能特性间的对立是文化的伟大工具。然而，它只是一种工具，只要它经久不衰，人类就能在通往文化的道路上前行（Jung，1973）。

从发展的第二个阶段向第三个阶段的过渡，以个体对这种冲突的有关个人存在感的对抗为标志。个体经历了满足社会需求与满足个体需求之间的冲突，并将自我作为客体认识，促使个体进入整合发展阶段。这种体验可以发展为与第二个阶段的专业发展相类似的逐渐觉醒的过程，也可以作为生活危机（如离异或失业等）的结果而戏剧性地发生。有些人可能永远不会有这种经历，他们沉浸在社会奖励系统中，以履行他们不同的专业化功能。

有了这种新的意识，人们感受到用于体验生活、评估活动和做出选择的参考框架的改变。这种改变的本质取决于个人的主导和个体从未表达的具体适应形式。对具有反思能力的个体来说，积极模式的觉醒为其生活带来了新的冒险。除了被影响外，个体现在也看到了影响他人的机会。挑战在于塑造自己的体验，而不是观察和接受发生的体验。对于那些在积极模式中已经专业化的个体，反思的出现扩大了其选择的范围，同时也加深了个体感知行为意义的能力。对具体化模式中的专家来说，抽象视角为体验提供了新的方向。具有抽象思维的专家对于即刻体验产生了新的感悟，在对现实的抽象建构中找到了新的生活和意义。观念的转变所带来的根本影响，是把自我体验视为一个过程，先前受非专业化适应模式影响的学习过程现在被深刻地体验为自我的本质。

意识、学习与发展

在发展的体验学习模型中，存在三种不同程度的适应水平，它们是连续发展的较高水平的学习形式。这些学习形式受到三种不同的意识形态的控制。我们把这三种适应水平称作表现、学习和发展。

在发展的习得阶段，适应以表现的形式出现，并受到简单的登记性意识（registrative

consciousness）的控制；在发展的专业化阶段，通过解释性意识（interpretative consciousness）的调节而实现适应；发展的整合阶段意味着整体的发展适应性过程的实现，这个过程受到整合性意识（integrative consciousness）的控制。因此，尽管意识的早期水平得以保留，但每个发展阶段都以获得更高层次的意识为标志，而非简单地超越这个层次。也就是说，成年人能够展现意识的三种水平：登记性、解释性及整合性。这些意识结构通过对体验的选择和定义来控制个体从体验中进行学习的过程。

学习是如何塑造意识的

为了理解意识在学习和发展中的角色，我们需要进一步检验先前提到的结构化学习模型。先前的章节提出了四种基本的学习模式——顺应、同化、聚合和发散，也间接提到了通过整合这四种学习的基本形式而形成较高水平的学习模式。在分化和整合的发展阶段，基本的学习过程是体验分化的主要途径，基本形式的高层次整合代表了学习过程的整合性推力。一个人的实际发展水平选择和塑造了有意识的焦点体验，这种有意识的焦点体验经过最近发展区的理解和转换变得更加精确和分化。

举例来说，最近我参观了汽车博物馆。一直以来，我致力于对体验学习的发展观进行解释，我发现在参观过程中，我仍然聚焦于自己是如何发展并形成了有关汽车的概念的。首先，我走了一圈，看到了各种款型的汽车，以此来对概念进行完善和阐述，此时，我通过聚合的方式学习，通过延伸来分化我的概念。其次，我通过同化的方式学习汽车概念，深入转变概念，以发现它的精确含义和关键属性：汽车与自行车有何不同？汽车必须有引擎吗？在这两种情况下，我都在分化我对汽车概念的意识体验。

当两种或两种以上的基本学习形式被结合在一起时，便产生了一种对不同分化水平的一般学习模式在更高水平上进行整合的学习形式，即出现了整合学习。在汽车博物馆之旅这个例子中，如果我同时使用同化学习和聚合学习，尽管我的确找到了一辆带有小型发动机的、类似于三轮车的汽车，但我在博物馆中却并未找到没有引擎的汽车。结果就是，我对汽车的符号整合变得更为复杂。在我的概念中，不仅有对汽车更广阔的外延（通过聚合学习而获得），也有对概念的本质属性和非本质属性进行了更为精细的阐述（通过同化学习而获得）。通过聚合学习和同化学习的结合，我对汽车有了更多的领悟。在决定将"自我驱动"作为汽车的本质属性，而将"看上去像自行车"作为汽车的非本质属性的过程中，我对汽车的认识变得更加复杂和整合，并随着实际发展水平的提高而变得更加完整。正因为如此，这对我未来选择和解释焦点体验施加了更大程度的控制。例如，我现在开始将摩托车看作汽车的特殊子类别。

通过在辩证对立的基本学习形式之间建立整合关系，任何一组基本学习形式的一般模式都会产生越来越多层级的整合，进而会对个体体验的一般学习模式施加更大程度的调节和控制。图6-4通过汽车的例子描述了这个过程。在概念内涵和概念外延的辩证统一中，通过层级整合，概念产生了更大程度的分化，以此成为对概念进行精炼的一种独特方法，并形成了更复杂的符号整合体。

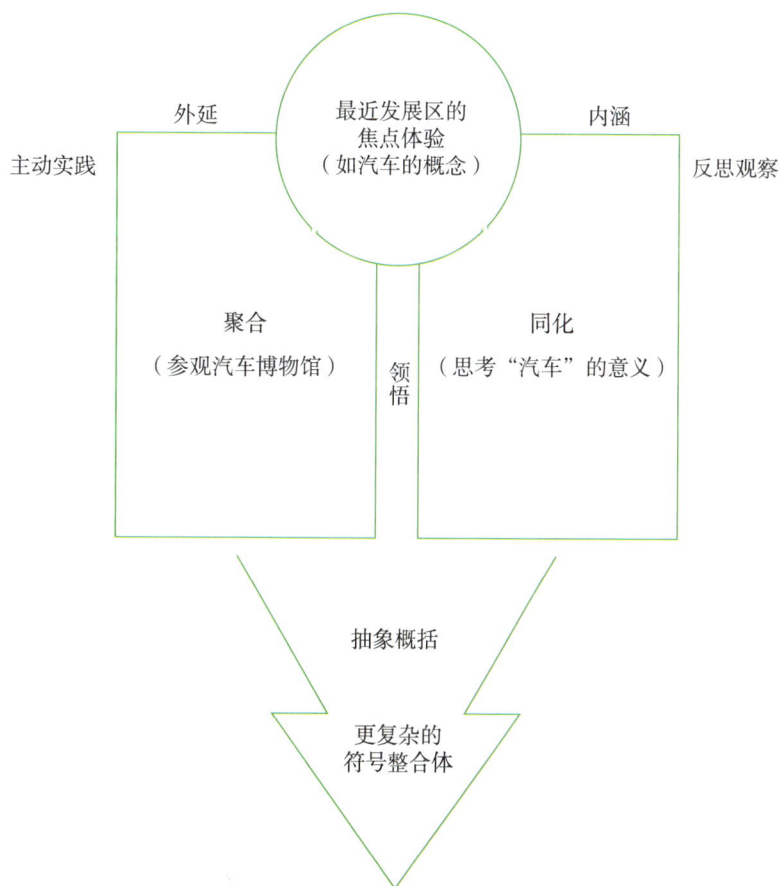

图6-4 聚合与同化相结合以增加符号复杂化

在普通学习模式的层级整合中，类似的层级整合增长也出现在其他基本学习形式中。当聚合学习和顺应学习相结合时，结果就是，通过解决感知和领悟的对立矛盾，进而增加行为层面的整合复杂性。在第四章中引用的台球比赛案例中，对聚合性问题的解决意味着，入射的角度等于反射的角度，这个过程也伴随着个体对台球桌、球杆和球的位置的适应性感受，从而产生了控制主球运动轨迹的精细行为技巧。这种细化的过程来源于个体对物理学基本定律的理解，以及对内部身体线索和外部物理环境的感知，这些行为使抽象概念在具体的物理情境中变得具有可操作性。在通过领悟而确定的目标和通过对实际情境的感知进行交互作用的过程中，个体形成了负反馈回路，这些反馈对行为具有引导和提炼作用，例如，我不断地练习，直到我能够把球击到预测的位置为止。

当顺应学习和发散学习相结合时，结果就是，通过解决内涵和外延的对立矛盾，更为复杂的情感整合出现了。艺术家站在画布前，手握画笔，体验着印象和情感的流动（发散）。每一种色彩的应用（顺应）都是对内在体验的外化过程，对一个动态的过程进行静态的记录。每一次着笔能否成功捕捉到内部的心理活动，取决于艺术家对内部最初闪现的格式塔进行改造的能力。因此，被改造过的整体体验就推动了第二次着笔、第三次着笔……在这个情感和反应的循环过程中，情感变得更为精确和具体，每个发展水平上的情感都取决于他们对体验的改造能力和推动能力（Gendlin，1964）。

通过解决感知和领悟的对立矛盾，发散学习和同化学习的结合产生了知觉整合的复杂化。归纳式的同化模式和发散式的感知观察产生了更为整合、更为复杂的知觉类型。侦探小说为这两种基本学习形式的整合提供了许多例子。调查者从收集到的线索中引发出对犯罪过程的推测，与此同时，从客观事实中找到新的线索和做出新的观察。这些新的观察不仅包括已经发生的，如果假设的情境或推理是正确的话，还应当包括那些没有发生但又应该发生的。这个过程是在感知到的客观事实和领悟出的假设情境之间进行创造性的整合。因此，较高水平的观察不是对事实的简单复制，而是对"是什么"和"应该是什么"的整合。

登记性意识、解释性意识与整合性意识

为了进一步说明学习中的意识水平，让我们回到汽车博物馆之旅的例子。在这个

案例中，我的焦点体验就是关于汽车的概念。在运用聚合学习进行体验学习时，我对当地汽车博物馆中各种汽车的一系列考察，使我对汽车概念的理解得到了延伸。在这个过程中，汽车的概念是通过基本的登记性意识进行阐述的。我所考察过的每一辆汽车都被分别"归档"，关于"汽车概念"的焦点体验并没有改变，而是通过领悟来理解，并通过外延来加以转换。当聚合学习和同化学习相结合（思考汽车概念的意义和关键属性）时，我的意识就呈现出了解释的性质，焦点体验开始发生改变。也就是说，这两种学习形式的结合导致了我关于"汽车"这个概念的符号复杂性的增加，而这又反过来对焦点体验进行了再次修订，使得像汽车那样能够自我驱动的车辆也被包含在焦点体验中。

处于第二个水平的解释性意识具有两个特点，这是第一个阶段与初级学习形式相关的登记性意识所不具备的。首先，个体对两种初级学习模式的组合创建了一个评估过程，可以对焦点体验进行有选择性的解释。这是辩证解决对立学习形式的结果（如汽车博物馆之旅案例中的内涵和外延）。其次，焦点体验有选择性地被改变了，并根据层级整合学习模式被重新界定与掌握。同化学习和聚合学习相结合，让汽车的概念更加精确，增强了体验的抽象（符号）焦点。

因此，意识的解释性水平与成对结合的基本学习形式相联系，对体验流进行解释和改造，并引导它们进入更加高度整合的情感、知觉、符号和行为中。这一水平的意识为不能集中进行精细加工的登记性意识提供了发展的方向和结构。但是，解释性意识的发展方向是如何决定的呢？个体如何选择其所要解释的经验呢？又如何定义这一经验呢？通过情感、知觉、符号还是行为呢？在发展的专业化阶段，没有第三个水平的整合性意识参与的发展过程是一个随机的增长过程。选择一种体验（汽车的概念）来"吸引"特定的方向（领悟），对方向进行细化（通过符号的复杂化）处理进一步增强对该方向的"吸引"，由此创建一个正反馈回路，使得个体的体验越来越多地朝这一方向发展。

通过在理解的两个层次（感知和领悟的两个层面）的内涵和外延之间的辩证整合，整合性意识指明了发展方向，并集中于向这一随机的方向发展。体验的"中心化"虽然很难实现，但却回答了生活中一些需要策略性的问题，例如，为什么需要对汽车进行思考？为什么需要关注汽车的概念，而不是对具体的汽车做出感知和审美评价？在这个特殊的事例中，我选择汽车来说明学习的过程或多或少有些随机性。我选择关注汽车的概念是因为，这个抽象概念的内涵和外延的辩证关系是最清楚的（见第三章）。当我现在试图用这个例子来解释整合性意识时，我体验到了一种"卡顿"。这个例子似乎不切实际、微不足道，并且与我个人毫无关系。对于"汽车的概念"，我在焦点体验方面缺乏感知。在寻找个人的相关体验时，我记得自己在汽车博物馆曾想买一辆老爷车；此外，我还记得在机场停留时，我常常会停下来翻阅汽车杂志，并对上面刊登的一些经典汽车套件羡慕不已。一时冲动，我甚至买下了一套机械工具，而当时我的头脑中只不过是隐约有个想法而已。对经验的顺应学习影响了我意识中的焦点体验，因此，体验的本质发生了变化，它包含了对我和汽车有关的个人情感的感知。我的焦点体验经历了从汽车概念向包含具体的汽车、我与汽车的关系，甚至包括用经典汽车套件来打造一辆迷人汽车的幻想的转变。突然，我开始想到一些问题，并出现了体验的第四个视角——发散，即通过内涵转化感知。我真的想在汽车上投入多少金钱与时间呢？再回过头想想，关于汽车的整体概念对我的生活毫无意义，我所到之处都在我的住所附近，而且我也需要锻炼身体！

尽管这个例子可能有些牵强，但它却解释了整合性意识的本质。相对于解释性意识，整合性意识体现了整体观。解释性意识具有分析性，而且各种体验之间不会发生联系。整合性意识则是综合性的，通过比较而对相对独立的体验重新进行解释。整合性意识的另一个特点就是其关注的范围，它更多涉及战略性而非战术性，所以，整合性意识的相关问题可以在时空上得到宽泛的解释。通过对体验的集中和对体验流的推动，整合性意识创造了完美。在逐步解决感知与领悟、内涵与外延的对立矛盾中，通过连续的学习过程，体验被集中了。

适应、意识与发展

现在让我们从下面这个例子开始，更为系统地阐述成熟的发展阶段、适应水平和意识结构之间的相互关系，如表 6-1 所示。库尔特·勒温首次阐述了意识在时间和空间的外延上是如何发展的。

表 6-1　体验学习理论的发展：适应水平和意识结构

成熟的发展阶段	习得			专业化			整合		
适应的水平	行为			学习			发展		
意识的结构：时间维度的延伸	登记性			解释性			整合性		
	秒	分	小时	日	周	月	年	十年	一生
空间维度的延伸	反应	行为	任务	项目	工作	职业	事业	生活	生涯
反馈的结构	目标导向的第一水平反馈			学习如何学习；改变目标和策略的第二水平反馈			意识／整合；将目标和生活目的相联系的第三水平反馈		
学习模式的层级整合	大量的分化结构，分化结构之间的低整合水平			较少但高度专业化的结构；结构内部的高整合；结构间的整合			专业化结构的进一步发展；结构间的高度整合		
具体体验——通过感知达到情感复杂化	直接感觉	连续性感觉——稳定情感的出现		有关情感和价值观的自我认知系统	区分自我和他人的自我认知系统		对价值系统的相对评价	相对主义的价值承诺	
反思观察——通过内涵达到知觉复杂化	注意	注视——连续表象的发展		反思；为观察赋予个人的意义	建构新的意义、计划和观察计划		对不同意义、计划和观点的相对感知	直觉；选择有意义的观点	
抽象概括——通过领悟达到符号复杂化	辨认；动作思维	客体永久性；表象性思维		具体形式运算	形式假设——演绎推理		符号与具体意义建立联系	发现和解决有意义的问题	
主动实践——通过外延达到行为复杂化	对环境做出反馈	行动；指向目标的短暂目的行为		达成；清晰和持久的行为目标的发展	冒险；权衡目标和策略		在经验上对假设进行检验；基于结果改变目标和策略	负责任的行为；接受未知的突发性事实	

　　躺在床上的三个月大的婴儿对其周围的地理环境知之甚少，其活动区域也相对较小。一岁的儿童已经开始熟悉较大的地理和活动区域，他可能知道家里的不同房间、小花园和某些街道……

　　在发展过程中，自由活动的空间和生活空间都会增加。由于自我能力的提高，正在发展的儿童可接触到的活动区域扩大了。随着年龄的增长，社会约束的解除可能比其确立要快，至少比婴儿时期快。生活空间的扩大有时是渐进的，有时是突变的，后者具有所谓的发展危机的特征。这个过程一直持续到青年时期。

在发展过程中，"心理时间维度"开始拓展和延伸，这一点与生活空间的扩大相似。在发展过程中，生活空间的心理时间范围从数小时增加到数天、数月和数年。也就是说，年幼的儿童活在当下；随着年龄的增长，心理上越来越遥远的过去和将来影响着现在的行为（Lewin，1951）。

随着意识外延的扩大，相同的行为有了更多的含义。这意味着，在时空上，适应不再受此时此地的限制。婴儿会本能地抓住其面前闪亮的玩具；年幼的儿童在拿着哥哥的玩具枪时可能会心有迟疑，因为他知道哥哥会因此生气；而考虑到让孩子玩枪所带来的道德问题，成年人在购买玩具枪的时候可能会踟蹰。因此，什么才是正确或适当的反应将会随着意识的判断标准的变化而变化。在对行为进行判断时，我们经常会局限于此时此刻的情境。当我们对学习进行评价时，时间的范围便有所扩大，以便我们对未来适应性的成功做出评价。与此同时，情境的范围也被扩大了，从而能包含类似的一般情境。当我们对发展进行评价时，适应性成就被假定可以适用于所有的生活情境。如果成就被认定为一种文化工具，发展的视角甚至可以超出个体的一生。

随着意识的范围相对持续扩大，在个体的成长过程中，意识的结构也出现了非连续性的质变。这种变化意味着层级式的、更加复杂的信息加工结构的出现，这赋予意识以解释和整合的能力，以弥补婴儿简单登记性意识的不足。威廉·托伯特（William Torbert）在他的开创性著作《体验学习：关于意识》（*Learning from Experience: Toward Consciousness*）中，把意识的层级结构描述成较高水平的三层反馈系统。他运用三层次的意识结构解释了体验焦点（他使用了"反馈的构成"这一术语）是如何确定的。他对这个模型做了如下解释。

基于对这些问题（反馈的构成）的认识，社会系统理论家试图通过假设在目标导向的反馈之上建立两个层次的反馈系统来解决这个问题（Deutsch，1966；Mills，1965）。目标导向的反馈被视为第一层次的反馈，它的功能在于当外部环境与某一具体目标不一致时，起到重新定位系统的作用。一个系统的目标和边界被认为是确定的，所以反馈也是确定的，两个较高层次的反馈被看作用于解释目标和边界是如何被确定的。第二层次的反馈被多伊奇（Deutsch）称为"学习"，它的功能在于警醒系统为了实现某个目标而在自我结构内做出相应的改变。结构的改变可能会导致目标被重新定义，以及反馈单元被重新定义（Buckley，1967）。第三层次的反馈被多伊奇称作"意识"，它的作用在于即刻扫描所有的系统与环境间的互动，以保持对系统整体、生命周期、自治目的和完整性的感知。

"目的性"和"整体性"这两个术语对于理解"意识"的意义非常关键。"内部"的意识目的和"外部"的行为目标相对应。目标隶属于个人目的，目标与具体事物相关，而目的与个体的人生和行为相关。目的也被称作"意图"（Husserl，1962；Miller，Galanter，& Pribram，1960），与文学中的"个人命运"相联系。

"整体性"的概念与埃里克森提出的人生阶段有关，并且使用了同样的术语。整体性涵盖了一个人的方方面面，然而，埃里克森提出的人生早期阶段被称作"同一性"（identity），代表了对人格的某些方面充满赞赏，而对另一些方面却一概否认（Erikson，1958）。一个系统的同一性和整体性的区别就是，同一性代表了系统结构的某些特殊性质，而整体性反映了对意识的操作。从这个意义上来说，意识为系统提供了"超稳定"状态（Cadwallader，1968）。超稳定状态为系统改善自己的结构提供了可能性，因为在本质上，系统的一致性和完整性并不依靠任何既定的结构（Torbert，1972）。

举一个简单的例子来解释反馈的三个水平，以及在确定行为时三者之间的内在联系。关于第一水平的反馈的经典例证就是家用恒温器。对恒温器温度的设定意味着对目标的确定，恒温器是一个感觉接收器，当温度低于设定温度时，恒温器开始工作；当达到设定温度时，恒温器停止工作。人体系统中存在着一个相似的"恒温器"，在人类的早期阶段，其发挥了同样的意识登记功能，例如，当感到寒冷时，我们的祖先就会向火中添加柴火。第二水平的反馈由控制着我们如何设定温度的意识结构所决定。一个人可以将温度设定为21℃。这个值可以最大化其舒适度，而另一个人可以将温度设定为 26℃。其决定则是为了省钱，此时的反馈单位是钱。因此，第二水平的反馈结构是解释性的，控制了目标和反馈单元的意义。我们当中的大多数人都是趋于个体舒适度和经济考虑之间；也有人基于身体健康的考虑。第三水平的反馈提供了整合和完整的观念，允许个体在某个特殊问题情境下对结构和结构的组合做出一致性的选择。它控制了个体在不兼容的结构间做出价值和反馈单元的平衡，让人们能够回答这样的问题：我需要付多少钱才能避免寒冷的感觉？为了保护地球家园，我可以在多大程度上牺牲自己的舒适度？

恒温器是一个能够说明登记性意识的很好的模式。虽然事件被登记在一个定义了目标和反馈单元的解释性结构中，但是在第一水平的意识阶段，我们并不知晓控制了登记性体验过程的更高水平的结构。依据这个结构，我们无意识地做出反应，就像我们用光传感器更换温度计后，炉子就会在察觉周围变暗时打开开关一样。毫无疑问，高等动物也能达到意识的第一水平，但它们第二水平的解释性结构更多地受本能决定。在这种意识水平下，对于四种学习模式的层级整合比较低。具体体验仅限于可感觉到的刺激范围，无具体指向的稳定情感的出现标志着解释性意识的开始。同样，反思观察、抽象概括和主动实践都是直接的，并受刺激情境的制约，随着解释性意识的出现，它们朝着图像、概念和行为的恒定方向发展。

随着四种学习模式的层级整合，以及情感、知觉、符号和行为复杂性的增加，出现了解释性意识和第二水平的"学习"反馈。这是人类独有的意识。除了简单的登记性体验，有关"我"的意识出现，"我"对体验进行登记和引导，并对焦点体验进行定义。正如我们所见，对选择的控制和对体验的定义，是通过发展高阶的情感、观察、概念和行动来实现的，这些情感、观察、概念和行动有选择性地解释经验。这种高水平的结构被看作启发式学习，通过对某些解释给予先验偏好，从而控制经验的定义和阐述。

阿德里安·德格鲁特（Adriaan de Groot）的一项研究很好地呈现了启发式学习是如何解释意识的（Groot，1965）。德格鲁特研究了国际象棋大师和象棋新手对于比赛情境的知觉方式和出棋策略。人们最初认为，象棋大师比象棋新手表现好的原因在于大师想得更远，并对可能的走法进行过验证。研究表明，大师并没有想得更远，并且也仅仅对少部分走法进行了验证。实际情况是，大师比新手站在更高水平上进行思考，他们以组块为单元进行知觉，对"臭棋"不予理睬；而新手却运用类似但较为简单的方式进行知觉，以避免感知违规动作，如斜移车。这些高水平的启发式学习可以简化和完善游戏中的动作，消除大量在观看游戏时毫无价值的潜在动作。哈里·哈洛（Harry Harlow）认为，所有的学习都建立在这个过程的基础上，即抑制错误的反应，进而创造出一些有选择性地解释新体验的内化项目或学习组块（Harlow，1959）。

随着专业化的发展，每种学习模式都会基于特定的学习导向而建立一系列启发式学习。情感的复杂化使个体产生了对情感和人生价值观的自我认识系统，这个系统在更高水平上不同于对他人价值观和情感的认识。知觉复杂化的增加体现在对个人意义和自我同一性的经验知觉的发展过程中。基于更高层次的解释性意识，个体形成了从多种视角感知体验的能力。符号复杂化让个体首先达到了皮亚杰的具体运算阶段，然后进入形式假设阶段——演绎推理。行为复杂化的结果是目标或行为图式的达成——长期目标和实现目标的复杂策略。在较高水平的行为复合体中，当意识到必须冒险时，个体将对行动计划进行组合和权衡。

基于第三水平反馈的整合性意识，代表了体验整合层级结构中的最高水平。在托伯特看来，很少有人在一生中能够达到这个意识水平。整合性意识很难实现的原因在于，解释性意识具有自我封闭、自我实现的特征，当一种体验实际上是碎片化和专业化时，它会以一种整体观的错觉"欺骗"我们（Argyris & Schon，1978）。准确地说，解释性意识通过排除不满足其结构的体验来选择和定义体验流，解释性意识不接受任何对其正确性做出的反驳。例如，一个受过良好训练的人对自己的世界观深信不疑，他对体验的符号解释居于解释性意识的中心。只是在有限的情况下，这种观点才显得不可靠，如对人际关系的逻辑分析；只有最高级的符号研究形式，如逻辑中的哥德尔定理，才会对其综合应用提出质疑。

为了达到整合性意识，一个人首先必须摆脱专业化解释性意识的支配。荣格把向整合性意识的转变称作自性化（individuation）的过程，即有意识的社会自我的适应性取向和与其互补的无意识取向相结合。在《心理类型》一书中，他列举了无数的例子来说明主导意识倾向（我们称作解释性意识）不利于整合，以及克服这种不利所需的有力措施。

> 心理适应具有不同的方式必然有其原因。显然，单一的心理适应是不够的，因为客体仅仅只是被部分理解了，如仅仅通过思维或感觉。通过一种片面的（典型的）态度，由此产生的心理适应仍然存在缺陷，这种缺陷在生命过程中积累；这种影响扰乱了个体的适应过程，迫使主体寻求补偿。但只能通过牺牲迄今为止片面的态度来获得补偿。从而导致暂时的能量堆积，并溢出迄今为止没有被有意识地使用但已经无意识地存在的通道中（Jung，1923）。

荣格打破优势功能的方法，并通过奥里金（Origin）的案例进行了戏剧化的描述。用奥里金的话说，所有物质都可以通过精神解释重新塑造成一个思想的宇宙。贝蒂·爱德华兹在她有关通过右脑进行绘画学习的体系中，提出了一种更温和的方法，从而绕过左脑解释意识的主导地位。

> 因为对感知形状的描述在很大程度上是右脑的功能，所以我们必须让左脑远离它。但问题在于，左脑是优势脑，反应敏锐，易于激活言语和符号，甚至参与它并不擅长的工作。有关割裂脑的研究表明，左脑喜欢发号施令，除非它自己非常不喜欢某项工作，否则它绝不会把任务交给"愚蠢"的伙伴——右脑，也有可能是因为这项任务耗时太多、太详细，或者仅仅是因为左脑不能完成这项任务。而这正是我们所需要的——占主导地位的左脑会拒绝的任务（Edwards，1979）。

由于我们被诱导并陷入特殊的专业化解释性意识的陷阱中，并且在这个过程中，我们被社会的专业化机构进一步强化，因此我们对整合性意识的本质知之甚少。对于整合性意识的很多描述，对那些处于解释意识层面的人来说是充耳不闻的，他们认为对散文的描述感到狂喜是如此荒谬。当然，问题在于，从本质上来讲，整合性意识不能够被单一的解释所描述。因此，所有的这些表述在本质上都是难以理解甚至是矛盾的。

整合性意识的先验性恰恰在于它超越了我们世俗社会角色的专业适应取向。伴随着这种逃避，大量的矛盾和悖论被解释性意识扼杀。通过对这些矛盾的接纳和对矛盾辩证统一的本质的体验，我们才能在其全部创造力中实现整合性意识。在任何领域，这种意识状态都是创造的必要成分。爱因斯坦曾经说过："一个人能够体验到的最美丽和最深邃的情感就是神秘感……它是所有真正科学的遗产。"

在完全接受和体验经验的辩证矛盾时，一个人的自我会认同意识的解释结构被创造的过程，而不是认同结构本身。这种自我过程感的关键在于重建辩证适应模式之间的共生关系或互惠关系，这样一种适应模式既能限制又能建立另一种适应模式，还能通过另一种适应模式的活动，使各自在其领域中达到最高的发展水平。卡尔·罗杰斯在对人类功能巅峰的描述中阐明了整合意识以过程为中心的本质。

人们对这些不断变化的情感有一种越来越强烈的认同感，是一种对自我过程的基本信任。体验几乎完全摆脱了结构的限制，成为过程体验。也就是说，情境从新的视角被体验和解释，自我逐渐变成了简单的对体验的主观和反思性意识。自我很少是知觉的对象，而是更多地作为过程被体验。自我的建构只是暂时被重新表达，在未来的体验中会被进一步验证，但即便如此，也要保持松散的状态。内部交流是很清晰的，伴随着感觉和符号良好的匹配，当有新的情感出现时，会有新的词汇来表达。个体正在体验如何有效地选择新的行事方式（Rogers，1961）。

整合性意识的发展以超越个体专业化解释性意识开始，然后对先前未被表达的适应方式进行探索，接着对主导和非主导适应方式的辩证关系全盘接纳。对体验辩证关系的接纳，促成了个体对学习过程的自我确定。正如在对四种学习模式的最高层级整合的描述所言，适应倾向体现在各种学习风格的辩证对立的关系中。情感复杂性的整合始于对价值观系统的相对性认同（完全意义上的），结束于在相对主义情境中的主动价值承诺。知觉复杂性的整合始于个体对观察到的图式和观点的相对性认同，结束于直觉——为了解释体验而选择有意义的观点和框架的能力。在整合性意识中，符号复杂性的整合首先获得了将符号系统与具体对象进行创造性匹配的能力，最后获得了发现和解决有意义问题的能力。在整合水平上，行为复杂性的整合始于一种实验性的、

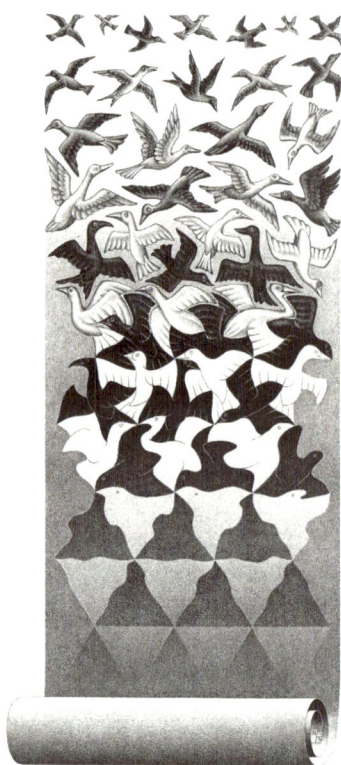

图 6-5 埃舍尔《解放》

假设检验的行动方法，这种方法为目标导向的行为引入了新的潜在性和灵活性，这种潜在性在最后阶段会因积极致力于负责任的行动而减弱，而在这个世界上，负责任的行动永远不可能完全为人所知，因为它是不断被创造出来的。

在埃舍尔于 1955 年创作的题为《解放》的石版画（见图 6-5）中，他捕捉到了体验学习的三个发展阶段的本质。画的底部显示出画像在一个未分化的背景中出现，这类似于发展的习得阶段。画的中间部分，在图形与背景的紧密联系中显现出这幅画的清晰形态，类似于个体在社会中找到适合自己的位置，达到了专业化的发展阶段。画的顶部显示鸟在自由地飞翔，强调对形式内容的飞越过程，象征着整合发展的自由和自我指导。

更新与反思

- - - - - - -

我坚信，当人们能够自由选择自己所深深看重的，他们便会去重视那些能促进其自我生存、成长、发展和有助于他人发展的事物、经验和目标……不同于那些所谓的普世价值观或被某些团体（如哲学家、规则制定者、牧师或心理学家）设定的普遍价值体系，我们拥有从人体机体体验中涌现出来的普遍人类价值的可能性导向。

——卡尔·罗杰斯

- - - - - - -

本章描述的有关成人发展的体验学习理论强调了发展始于体验学习的过程。这个过程被看作体验学习和外在环境的互动——介于个体知识和社会知识之间。维果茨基的最近发展区的观点被作为例证来阐述个体知识和社会知识之间的交互作用。就理论方面而言，发展式的进步被看作功能的分化和层级式整合的进一步发展。在增加整合复杂化的连续循环中，分化发生在整合之前。格式塔理论学家沃纳为多线性体验学习理论发展模型提供了基础，并与以皮亚杰为代表的成人发展的单线性模型相区别，例如，科尔伯格、佩里、基根和卢文格的观点。与皮亚杰流派不同，体验学习理论认为，个体的差异存在于发展中，并承认环境和情境的影响，承认发展的多维结构；体验学习理论还认为，除了皮亚杰学派所关注的认知发展外，还存在情感、知觉和行为的维度。先前详细描述的皮亚杰模式的结构性发展阶段，在受到荣格的启发之后，其发展被广泛地区分为三个阶段——习得、专业化和整合。基于这三个阶段，《体验学习》第1版描述了与之对应的意识的三个水平——登记性、解释性和整合性，以及适应的三个水平——行为、学习和发展（见表6-1）。自《体验学习》第1版出版以来，在体验学习理论发展框架中的某些领域出现了很多新的相关研究，其观点也在不断地得以修订。接下来的内容会对其中重要的更新进行阐述。

1. 文化与情境

皮亚杰提出的结构化发生认识论是对儿童发展进行描述的大胆尝试，他把科学理性的内在逻辑看作唯一的内部发展过程，并且独立于文化和情境之外。但不幸的是，他的研究超出了他能把控的范围。虽然他的结构主义阐述了大脑是如何运作的，但正如杰罗姆·布鲁纳所描述的，实际上有太多结构主义取向不能解释的事物。

即便在皮亚杰学派内部，科尔伯格、科尔比（Colby）及其他人的研究都指出了所谓道德发展阶段的粗糙和不规律性。特别要提到的是，地域、情境、历史机遇等都发挥了重要的作用，但这些都非常尴尬地被排除在了皮亚杰系统之外，它们与这个系统不兼容。这个系统没能捕捉到以下四个方面：（1）个体知识的特殊性；（2）在构建意识的过程中，协调的作用；（3）对知识进行封装（encapsulating）而不是归纳（generalizing）的重要性；（4）对普通道德判断的混乱。作为一个系统，它没能形成一个有关自我和个体的图像（Burner，1986）。

维果茨基从文化工具的视角提出了强有力的对比，特别是影响发展的言语和情境，虽然只是在一种线性认知发展的模式上。对维果茨基而言，言语影响了思维，并为其赋予新的意义和观点；然而，皮亚杰认为，发展是通过内在的逻辑获得的，它不受言语的影响，言语只是表达思想的媒介。对两位学者而言，思维和言语的关系是单向影响的，并非如第二章的"更新与反思"部分所描述的生成学习的螺旋过程那样交互发展。如果与伽达默尔（Gadamer，1965）的言论进行对比，或者与弗莱雷（Freire，1970）有关平等的言论进行对比，可以发现伽达默尔提出的意识概念比其他任何人提出的范围都更大。

布鲁纳认为，发展理论不仅是对人类成长的描述，这些理论还获取了一种规范的影响，赋予了社会现实以理论的原理。他谈道："发展理论的真理与其所应用的文化情境相关，文化中盛行的一个问题就是价值观的一致性。一旦体现在更宏观的文化背景时，这种一致性给予了发展理论一副道德的面具（Bruner，1986）。"芭芭拉·萝高芙（Barbara Rogoff）在她的研究中举出了一个引人注目的例子。她对比了美国原住民团体与具有西方欧洲传统团体中教育实践的差异（Rogoff，2003）。在西方社会中，儿童严格按照年龄进行划分，他们与所在社区中的成人活动相隔离，在学校等机构中学习广义抽象知识，为他们以后的社会生活做好准备。这个系统得到了基于推理和抽象的一般知识而形成的理论模型的支持和验证，这同样源于皮亚杰的理论体系。在原住民社区中，各个年龄段的孩子都参与社区活动，并且，社会也鼓励他们参与。他们在体验中，通过观察、合作及对他人的支持，得以直接学习。对这些群体的人类学研究表明，相对于西方中产阶级家庭的孩子而言，原住民群体中的孩子表现得更加专注与合作。

2. 个体差异与多线性发展

在皮亚杰图式中，个体化仅仅体现在衡量发展的单一尺度上——有关科学理性内化逻辑的进步。在体验学习理论中，个体化不仅体现在发展的不同阶段，也在发展过程中有所彰显。有关成人发展性别差异的研究及发展的本体论维度的研究，都倾向于支持体验学习的观点。

发展的性别差异

卡罗尔·吉利根（Carol Gilligan）通过对 29 名考虑堕胎的女性进行研究，形成了道德发展阶段理论（Gilligan，1982）。通过研究显示，女性在堕胎这个问题上更多强调的是道德两难问题，而不是像男人那样只强调公正。这个理论对科尔伯格提出的只具有单一维度的、理性的道德发展理论发起挑战。同样，在《女性认识世界的方式》（*Women's Ways of Knowing*）一书中，贝伦基等人（Belenky et al.，1986）挑战了佩里（Perry，1970）关于智力发展的模型。贝伦基等人发现，发展具有两种不同维度，即相关性认知（connected knowing）和独立性认知（separate knowing）。女性倾向于使用相关性认知以一种共情的方式通过他人的观点来了解她们自身的感受；相反，男性为了客观地挑战和质疑自己的想法，他们倾向于把自己和他人相分离。与之类似，巴克斯特–马戈尔达（Baxter-Mogolda，1992）重复了佩里的研究，基于佩里的模型，她发现女性和男性在智力上的确存在部分一致性。但是，女性存在感受性和人际性的推理模式，而男性存在任务定向的非人际推理模式。

奈特（Knight）和她的同事提出了一种测量相关性认知和独立性认知的方法，并将其与库伯的学习风格量表的分数相联系，预测独立性认知可能与抽象概念相关，相关性认知可能与具体体验相关（Knight et al.，1995，1997）。结果发现，相关性认知与具体体验存在显著相关，这在男性中表现得尤为明显。然而，与在相关性认知中得分较低的女性相比，在具体体验上得分较低的男性在相关性认知上得分更低。换句话说，高具体体验的男性在相关性认知上的得分和在相关性认知上得分较高的女性一致，这与学习风格无关。性别和具体体验之间的交互作用是相关性认知的一个很强的预测指标，但只有性别才对独立性认知具有预测作用。

这些追踪女性发展的研究表明，在体验学习理论发展模型中，虽然不同性别和具有不同差异的个体在四种模式上存在大量的共性，但是女性更倾向于在情感复合性和知觉复合性上发展相关性认知（见图 6-3），而男性在整合复杂性的符号和行为维度上发展独立性认知。

发展的认识论和本体论维度

受皮亚杰启发的成人发展模式以认识论为基础，这种模式关注个体的发展性差异，包括个体如何认识自己和世界，以及对自己如何认识世界的意识。在《仅认识论就够了吗》（*Is Epistemology Enough*）一文中，范登堡（Vandenberg，1991）认为，基于认识论的理论没有考虑到基本的存在性问题，如生命的意义及对死亡的焦虑等。然而，这些问题在社会中，以及在我们与个体（拥有相同存在性问题）的关系中尤为重要。皮亚杰认为，智力在社会环境中的反应与在物理环境中的反应完全一致，但范登堡不同意这个观点。他认为，我们与人类"共处"的意识在根本上是完全不一致的。这就意味着，人类在道德问题上需要形成不同的视角以超越理性判断，从而达到站在存在的角度去看待内疚、意志，以及选择道德的自由等问题（见后文有关科尔伯格道德发展的理论）。

苏亚辉（Ya-hui Su）认为，从认识论的取向出发，终身学习关注"拥有"，它基于获得、存储、提取和延迟，而不是本体论存在取向所倡导的建构、证实和反馈。终身学习并非简单建立于思维和行为之上，而是需要关注意愿和情感，在情感维度上，个体认为学习源于个人意愿。当直觉处于学习的中心时，个体就会获得更深层次和更根本性的理解，个体和他们的世界就会达到前概念水平。体验学习理论的发展模型描述了发展的本体论和认识论相结合的方向。通过直接的、具体的体验，直觉式的情感认知出现了；通过抽象概念化的过程，广义的知识得以产生。因此，体验学习在本体论和认识论两个层面塑造了人们（Malinen，2000）。

3. 成人发展的整合与高级阶段

在发展的体验学习理论模型中，整合阶段强调了对与发展有关的不同维度进行整合的重要性。在从专业化到整合的过渡中，专业化意味着受社会化的影响，学习向专业化取向发展，从而走向一条特殊的职业发展道路。此时，自我被界定为能力、知识和自己拥有的价值观等学习内容。而根据荣格的解释，整合是把各种非主流的学习取向带入一个整体的自我满足阶段。此时，自我的界定主要依据学习的过程，而非学习的内容。

在当代建构主义的成人发展研究和理论中，这被描述为从传统到后传统的发展阶段的进步。在传统阶段，人们开展着皮亚杰所谓的具体运算和形式运算，遵从他们所处文化情境下的规范和价值观，并把这些内化为自己的一部分，但却缺乏自我意识。在后传统阶段，意义建构变得更加具有反思性、选择性和自主性，并质疑在社会化的过程中获得的信念和假设。

在《体验学习》第 1 版出版的时候，皮亚杰学派的主要成人发展理论——卢文格的自我发展理论、基根的主体－客体理论，以及科尔伯格的道德发展理论——都描述了为了促进整合的推理和行为，发展的最高整合阶段受到了内部自主能力的引导，其目的是负责任地选择自己的社会角色和行为。由这些学者和其他学者所开展和提出的当代建构主义的成人发展研究和理论，则关注成人发展的更高层次，即发展的后形式阶段。这个阶段超越了理性的形式运算的线性逻辑，进入整体辩证式的认知方式，将通过体验和概念化认识世界的方式相整合（Alexander & Langer，1990）。如果说基于形式运算的思维具有两面性，那么后形式的思维则具有辩证性和整体性，对立被看作一个概念的两极，包含运动过程中的各种矛盾和悖论。这样的建构让个体把自己和他人都看作对他们所处群体的一种同等的表达，原因、影响或冲突的两端，将不再在独立的系统中得到识别（Souvaine，Lahey，& Kegan，1990）。思维在后习俗阶段的最高水平，与体验学习理论中把自我看作过程的整合阶段相一致。处于形式运算阶段的较低水平，则代表了体验学习理论中的专业化阶段。

科尔伯格道德发展的第七阶段

科尔伯格道德发展的第七阶段是发展的后形式阶段的一个最引人注目的例子。这个阶段超越了认知的本体阶段，整合了本体论和认识论的观点。这个阶段超越了他基于皮亚杰主义提出的道德发展的六阶段理论模型，该理论模型展示了个体在成熟过程中如何变得品行端正。这六个阶段描述了从对自我感兴趣到传统道德，再到个体用通用的方式来理性界定自己的价值观和原则的发展。然而，这个框架并没有阐释人为什么需要道德。科尔伯格认为，这个问题的答案包含了一个更深层次的问题，即人为什么活着。因此，道德的最终成熟需要以一种成熟的方式来解决生命的意义这个问题。反过来，这个问题也不再是一个道德问题，而是一个本体论问题。而且，对这个问题的解答不能仅局限于像解答一般道德问题那样处在一个纯逻辑或理性的层面上（Kohlberg & Ryncarz，1990）。

为了阐释本体论的问题，科尔伯格提出了第七阶段，这个阶段包含了非自我和非二元化视角的体验，即从一个宇宙观的角度，把自我看作整个生命和自然的一部分。他进一步把第七阶段和福勒（Fowler，1981）关于信仰发展的最高阶段（即信仰的普遍化）相联系，认为信仰发展阶段和道德发展阶段的相关性展示了本体论和认识论的交织，也就是"为什么"和"怎么办"的问题影响着道德成熟的各个阶段。

科尔伯格认为，道德发展的第七阶段能够暂时性实现，如站在山顶上。此时，平时作为背景的事物都变得很显眼，自我也不再是一个独立的角色。我们把环境视为一个整体，我们是这个整体的一部分。可能会有人争论道，从个体无限性的观点转移到认识个体的有限性，可能让绝望的危机蔓延。但随着彻底和勇敢的探索，引发了图形 - 背景的转移，并揭示了其中蕴含的宇宙观的积极有效性（Kohlberg & Ryncarz，1990）。科尔伯格对本体论维度的认识，尤其是他的最后一句话，让人感到很心酸，这句话似乎是他所有作品中的最后话语。他患了不治之症，并为了摆脱这种病痛折磨而选择自杀。我们唯有希望这个第七阶段的意识能为他带来安宁和超越。

基根的本体客体论

罗伯特·基根（Robert Kegan）在其职业生涯中，界定和完善了成人发展的五阶段理论，该理论描述了个体如何对有关认知、情感、人际、个体内在的经验进行意义建构，以及这些意义发生质变的过程（Kegan，1982，1994；Kegan & Lahey，2009）。这个系统是一个基于本体 - 客体关系的简洁且具有说服力的理论体系，它描述了个体所处的本体框架如何影响对客体的觉知；然后，这个本体框架又会进一步成为一个新层面上的本体所觉知的客体。基根把这种将主体变为客体的过程称作成长，因此我们可以一直处于"拥有"的状态，而非"曾经拥有过"。和科尔伯格一样，他把传统形式运算阶段的最高层次称作"自主意识"（或现代意识）（self-authoring mind）；而把能操控后形式和后传统阶段的更高阶段称作"自变意识"（或后现代意识）（self-transforming mind）。

自主意识描述了把自己看作具有自主性和独立性的个体，为自己的行为负责，并能够控制自己的生活。处在形式运算阶段时，个体能够理性地去分析变量，以此来确定某件事情的原因及解决方案。基根认为，个体能够协作、整合、遵循和创造价值观、信念、信仰、普遍规律、理想、抽象概念、人际忠诚度及内心的状态。这些状态不再由个体创造，相反，这些状态创造了个体，并由此形成了个体的权力（Kegan，1994）。库克－格罗伊特认为，处于形式运算阶段的个体常常把生活本身看作一项需要完成的任务，或者是一个需要解决的技术问题（Greuter，1994）。通过对优点和缺点进行衡量，一方面，符号的使用和抽象思维把人们从对事物的直接体验中解放出来，进而允许假设推理和对精神客体的独立操控。通过对体验的具体化和客体化，人类对环境施以影响。另一方面，形式运算思维常常被看作与感觉不恰当的分离，过于抽象且脱离实际。通过为现实赋予理性，清醒的意识把整个领域的人类体验降至较低的水平。

巴克斯特－马戈尔达（Baxter-Magolda）倡导把自主意识作为高等教育的基础。她认为，21世纪的学习需要自我主导，这是一种能够定义个体的信念系统、身份和关系的内部能力（Magolda，2007）。基于她对18～39岁年轻人所开展的长达21年的纵向研究，她发现自我意识具有三个组成部分：（1）相信个体内部的声音；（2）构建关于信念的内部基础；（3）稳固内部承诺，以加强个体身份认同。自主意识似乎很适合崇尚高度个体性的社会，例如，在美国，关于个人的卫生保健、退休和教育等事情都是由个体自行承担的，并且正如布鲁纳指出的，发展中的理想自我为形成这些系统的政策提供了理由。

基根提出的自我演进意识（self-transforming mind）则描述了超越形式运算阶段的自主意识的质性发展。这种发展被他看作面对后现代世界的挑战所必需的。这种自我演进意识能够从一个较为封闭的系统，以及自给自足的具有自主意识的自我中脱离出来，并将其看作一个并不完整或独特的自我组织中的一种形式。自我演进意识允许矛盾和其他观点的出现。它承认任何一种觉知世界的方式都是不完整的，并且存在瑕疵。它通过辩证推理的方式进行操作，其中，对立面被看作一个较大概念的一极，正如在体验学习理论中，感知和领悟被看作理解维度的两极。身份并非存在于一种特殊的形式中，而是在自我变化的过程中得到转换。人际关系是一种分享和互动的情境，参与者在其中经历和分享了他们的多样性。

卢文格和库克 – 格罗伊特的自我发展

卢文格（Loevinger，1976，1993，1998）的自我发展理论包含了九个阶段：三个处于前习俗阶段，三个处于习俗阶段，三个处于后习俗阶段。该理论描述了在自我成熟阶段多方面的共同发展，如冲动控制、个性发展、社交风格、有意识的全神贯注及认知风格等。虽然该理论的提出是基于精神分析的自我心理学，但该理论的发展阶段遵循了皮亚杰理论的逻辑。卢文格提出的形式运算的最高阶段是个体主义的、自主性的，但她却没有很好地对处于整合阶段中拥有复杂自我身份的自我实现的个体进行描述和定义。在她看来，自主阶段是大部分人能够达到的最高阶段。这可能是因为她的方法强调实证而非理论的方法论，并且在她的取向中，很少有人能够在整合水平上得到认证。的确，她的系统，使用句子完成测试（sentence completion test）进行了大量实证研究，从而对不同发展阶段进行测量。与基根的自主意识相似，自主阶段的中心问题就是自我决定、自我实现和自我界定。个体想要实现他们理想中的自我，他们通过相互依赖的方式来发展人际关系，并且能够控制冲动以管理冲突。

库克 – 格罗伊特（Cook-Greuter，1999）从长达 17 年的 440 份句子完成测验样本中，抽取了处于后习俗阶段的测验样本。通过对数据进行分析，她把整合阶段重新定义为两个阶段：构建觉知阶段和整体性阶段。处于构建觉知阶段的个体开始意识到他们最根本的自我中心性限制了自己的成长和觉知，他们有时认为先前的自主阶段是以自我为中心的，并且认为自己是很重要的，然后，他们仍旧向往着稳定的自我认同。许多人都有过高峰体验，在那里他们见证了自己的体验。他们开始看到自己关于世界的概念是对体验流较为武断和相对的解释，并开始把此时此刻的体验视为一种认知方式。在整体性阶段，个体拥有一种存在的方向及放开意识的心理活动，从而让自己沉浸于即刻的体验流中。他们把永恒的自我和客体看作是一种错觉，认为一切都在发生变化。高峰体验不再少见，而是成了一种习惯性的存在方式。他们拥有一种普遍的观点，即感觉自己是宇宙的一部分。

罗杰斯和简德林有关成长过程的概念

第四种发展模型于 1956 年被提出，出现于皮亚杰的理论在美国广为人知之前。它与上述三种深受皮亚杰框架影响的发展模型截然不同。罗杰斯在心理治疗中所提出的有关成长过程的概念，与上述那些强调认知意义建构中的成长不一致，他强调了成长存在于体验中，并与概念化进行整合（Rogers，1961，1964）。这一理论后来由简德林进一步发展（Gendlin，1961，1962，1978）。罗杰斯与上述理论的不一致还包括，这种模型不是线性的，而是曲线发展的。这种模型描述了一种过程，在这个过程中，儿童纯粹的体验过程因为受到重要他人的文化影响而受到阻碍，这种纯粹的体验慢慢在个体成熟后才出现。对成年人而言，罗杰斯认为治疗就是让成年人重新获得儿童的能力而进行直接体验。这个连续阶段就是从确定到变化，从严格的结构到流动发展，从静态到过程，来访者很难表现出在某个领域是完全固着的状态，而在另一个领域是完全变化的状态。作为一个整体，他可能处于某个阶段的过程中（Rogers，1961）。罗杰斯把这个过程描述为让一个人沉浸到体验的即刻状态中，努力去感受和去阐释其中蕴含的所有复杂意义。这个过程比婴儿阶段要复杂得多，当沉浸在此时此刻的状态中时，个体的记忆可以从过去追溯所有与之相关的学习痕迹。同样，对成年人而言，体验的时刻包含了对结果的假设，过去和未来都存在于这一时刻里（Rogers，1964）。

罗杰斯在体验过程连续体中提到的两个最高阶段与科尔伯格、基根和库克-格罗伊特所提到的最高阶段是一致的。在第六阶段，任何当下的感觉都具有即刻性和丰富性。体验的即刻性和丰富性及在体验中的各种感觉都被接受了。这是不可否认、害怕或试图努力挣脱的事情。自我作为客体会慢慢消失。在这个阶段的自我就是一种感觉，一种生理上的放松感伴随着这种体验的过程。任何相关的个体构建都在体验的时刻融化了，个体慢慢感觉到自己从先前稳定的框架中松散开来。问题将不复存在，无论内在还是外在。个体生活在一种主观的状态下，这是问题的一个阶段，而非客观状态。最好的描述似乎就是，他并不将它视为问题，也不去处理它，只是与它的某部分一起存在，了解它、接纳它。

在第七阶段，新的感觉被觉知，在治疗过程及治疗之外，个体体验着即刻性和细节的丰富性。对于这些变化，个体表现出更多的包容性，这是对个体内在过程的一种基本信任。这种信任并非主要存在于意识过程中，而是存在于整个机体过程中。体验已经完全失去了它结构化的状态，变成了纯粹的过程体验。也就是说，这个情境得到了新的体验和解释，而不是面向过去。自我存在于过程中并逐渐成为对体验的主观性和反思性的觉知，而不是将其看作一个客体。个体构建在消失之后又逐渐得到重构，以便在未来的体验中得到验证，但仍然是较为松散的。感觉和符号的内部交流是相互匹配的，个体经历着对新的思维方式的有效选择，以及对可能存在的有效选择的觉知。

4. 体验学习发展理论的启示

基于荣格的个性发展理论和沃纳的定向演化原则，我选择体验学习理论模型对三个生命阶段——习得、专业化和整合——进行定义。定向演化原则描述了一种发展过程，即从内在缺少分化到增加分化和相应解释，进而变为层级整合的发展过程。这些阶段与前面所描述的有关成人发展的前习俗阶段、习俗阶段和后习俗阶段相一致。上述的成人发展模型定义了两个整合阶段的清晰且一致的水平，包括拥有自主意识的自我和整合过程的自我。理论家们已经形成了大量详细的质性评分系统来对这些发展阶段进行有效描述。

无论发展阶段的层级性在理论上多有理有据，它都在诸多方面存在着问题。证明这些阶段模型的必要标准是非常严格的。卢文格说道："一个内在的假设就是，在成年人生活中所发现的各种类型代表了发展阶段的踪迹。这个假设确实很难得到证明（Loevinger，1993）。"

功能性、硬性和软性阶段

弗拉维尔（Flavell，1971）认为，如果定义阶段的变化不仅是一些离散的变量，那么这种阶段的变化就需要对两个阶段进行区分。作为认知组织的一个整体系统，这种阶段的差异性必须发生质变，而非量变。这种差异性必须是在整个系统对各方面的更高阶段达到精通的一种突变。科尔伯格和他的同事定义了功能性、硬性和软性阶段，并以此区分它们是如何达到这些标准的（Alexander & Langer，1990）。只有硬性阶段达到了弗拉维尔的标准，这个阶段才能成为普遍重组认知结构的发展性结果。

科尔伯格和赖恩卡茨（Ryncarz）认为，软性阶段在发展阶段上是可选择的，并非必需的。这些阶段的改变是个体可以选择的，这些个体受到自身人格和生活环境的引导，开启对生命意义的反思，而软性阶段就代表了这样的形式。虽然硬性阶段仅包含抽象的认知本体，而软性阶段包含了自我概念和自我认识，但与认知功能相比较而言，这仍是一种目前还未得到较好发展的心理概念。他们认为，科尔伯格有关后形式运算的第七阶段是一个关于反思性意义建构的软性阶段，这与先前的六个阶段都不一样。功能性阶段受环境的影响，个体需要完成新任务或新功能。

基于这种分析，体验学习理论的发展阶段属于软性或功能性阶段，受个体生命历程的决定。例如，第七章中所记录的针对会计师和工程师的研究表明，对从事这两个职业的个体而言，从专业化到整合的转变受到了个体工作角色的影响。例如，从事技术工作的工程师转到管理岗位后，仍然保留了专业化的聚合学习风格，并将这些技术与工作所需的风格和技术相融合。正如第二章的"更新与反思"部分所述，发展并非一个孤立或个体内部化的过程，而是一个学习循环的螺旋结构，是在个体和周围环境的相互转变中共同进化的过程。

上升是否是唯一的途径

阶段模型是单向的，这意味着层级整合越来越复杂，需要一种明确的逻辑（Noam，1993）。基根及其同事在这项任务的困难程度上展现了令人钦佩的谦逊，他们认为，有关后形式状态论点的合理性，可能会给一些普通人笼罩一层阴影，阻止人们对那个状态下的系统性进行完整描述，这是由于人们一生中的大部分时间都耗费在了形式运算的理性系统中（Souvaine，Lahey，& Kegan，1990）。该领域的其他人则更乐于宣扬更高阶段的优越性。卢文格宣称："人们可以理解与他们处于同一水平或低于其水平的人的想法，但是不能理解高于其水平的人的想法（Loevinger，1998）。"库克－格罗伊特似乎也赞同这个观点："矛盾的是，这些罕见的人生观产生的知识类型，对那些从未问过自己认识论问题或从未在这种探索过程中经历自我转变的人来说，是无法理解的（Greuter，1999）。"

虽然这些观点可能不正确，但这种认为自己处于更高成熟阶段的人的优越性的观点，会让人觉得不太舒服。我的那些属于社会建构主义者或批判理论家的朋友，常常说那些对形式运算阶段进行操控的物理学家是"现代主义者""实证主义者""现实主义者""经验主义者""还原论者"，并认为这在某种程度上代表了一种较低形式的思考。而我那些从事物理和自然科学的朋友，在他们或多或少所涉及的有关"后现代"的材料上，认为社会建构主义者摒弃了逻辑的经验主义和还原主义，他们根本就不知道自己在说些什么。我的观点和佩珀及古尔德一致，他们把这两种探索模式看得同等重要，并且相互补充——这是两种在实质上完全不同的了解世界的方式。

有关模型单线性和单向发展的假设认为，发展存在一种向上的倾向，这必然受到质疑。发展的增进被看作更高的、几乎包罗万象的抽象概念，它将我们从实实在在的日常生活中解脱出来。然而，吉利根在科尔伯格模型的基础上加以改进，引入了一种道德上的关心和同情，更恰当地说，这种伦理似乎是向下拥抱他人的关怀和关切。2000 年，库克－格罗伊特对自我发展模型提出了修订，她认为，发展并非一个向上的线性过程，而是一条曲线。从前习俗阶段到习俗阶段的早期发展是上升的，让个体从实实在在的存在中脱离出来；然后，后习俗阶段的发展则是以更高层面的觉知或意识的整体性为回归基础。这与先前描述的罗杰斯有关体验发展的曲线模型相似。

阶段还是状态

近年来，我们逐渐从发展的阶段模型中脱离开来，转为认可阶段模型所描述的状态，并把这种状态看作是适应的一种模式，而非一种层级结构。分化与整合从根本上来说并非一个生命阶段，而是贯穿整个生命的持续发展过程。多年来，我们与数百人合作，遇到了对发展的等级阶段的抵抗，尤其是来自年轻学生的询问，为什么他们在这个年纪不能处于整合阶段。在某些情况下，当我们与他们深入交谈时，他们的主要关注点似乎是发展性和整体性的，而不是专业性的。"千禧一代"常常认为他们处于发展的整合水平。理查德·博亚兹和库伯将这三个阶段重新定义为发展的适应模式，这些模式在时间和空间维度上存在差异（Boyatzis & Kolb，1999）。行为是一种限于此时此刻的适应的学习模式；学习模式拓展了时间和空间，囊括了更多相似的具体环境；发展模式则延伸到了整个生命历程及所有生命环境中。在个人选择或环境挑战的驱动下，个人可能在生活中的不同时间和情境下处于上述任何一种模式。

应用于目前所关注的整合发展阶段，我们将拥有自主意识和整合过程的自我看作是适应模式的一种状态而非一个阶段，并认为这些状态部分受到了环境、情境和个体生活状态的影响。例如，尼斯比特等人（Nisbett et al.，2001）发现了东亚人在认知过程中倾向于整体性，如整合过程的自我，然而西方人在认知过程中倾向于分析性，如拥有自主意识的自我。

这些状态可能在人群中更加普遍。相比较而言，基根和卢文格研究中所描述的更高阶段出现频率相对较低，如前文所述，这是由前面描述的阶段的严格标准定义的。库克－格罗伊特估计，10% 的成年人处于前习俗阶段，80% 的成年人处于习俗阶段，10% 的成年人处于后习俗阶段。在基根的样本中，不足 1% 的个体达到了"自变意识"的最高阶段。在库克－格罗伊特的架构中，不足 2% 的样本达到了自我觉知和整体性阶段（也就是卢文格的整合性阶段）。

他们可能也受制于谨慎的发展和灵活的适应，用以面对不同情境的挑战（见第八章的"更新与反思"部分）。朗格尔（Langer）及其同事认为，成人发展模式针对改变具有较为保守的观点，他们认为："人们关于下一阶段将会发生什么的理解太简单。发展被看作依赖于时间的连续体，也就是说，对后一阶段的阐释受到对先前阶段参与的影响。人们在发展的过程中，有关下一阶段和可能性的想法过于确定（Alexander & Langer，1990）。"正如科尔伯格在山巅的整体性体验一样，这种临时状态可能有助于我们从新的视角看待我们面临的生活挑战，同样有助于我们制定有效的行动策略。

本章音频导读，
请扫描二维码收听。

第七章

学习与高等教育发展

我们相信和期待的方式对于我们所相信和期待的事情产生了巨大的影响。最后，我们极为悲哀地发现，这些方式受到社会、传统和教育因素的影响。我们相信很多事情，并非因为事情本身就是这样，而是因为我们已经对权威、模仿、威望、惯例和语言的潜意识影响等习以为常。简而言之，我们发现，对客体特质的归因应该放到我们体验客体的方式上来，而这些方式又受到了交流和习俗的影响。这个发现意味着解放，它净化并重新创造了我们对事物的最直接或最基本的体验。

——约翰·杜威，《经验和自然》

从体验学习理论的角度来看，教育机构是社会知识的管理者。在管理过程中，教育机构的主要责任是创造条件，让个体在发展过程中获得社会知识。布鲁纳曾经强调过这项任务的重要性。

> 将知识转化为适合传播的形式，这项任务或许是知识编撰工作的最后工序。这已经超越了学术、科学研究和对艺术敏感性的练习，是对已发现事物的传递。除非发现更好的办法，否则任何文化都难以展现其全部潜力（Bruner，1971）。

这些机构的参与者的个体发展涵盖了体验学习的所有阶段，他们需要承担的责任有：（1）习得，即学习者在基本技能方面的准备，以便接近并使用社会知识工具；（2）专业化，即学习者通过选择和社会化进入知识的某个专业领域，以适应他们的天赋，并满足社会需求；（3）整合，即个体的独特能力朝着创意、智慧和综合的方向发展。习得在传统意义上属于初等和中等教育的范畴。在现代社会，尽管能够发挥社会功效的必备知识在不断增加，但这种知识总体上在公共教育系统中呈衰退的趋势，导致了这项责任转移到了高等教育系统中。

多年来，整合实践的教育责任让位于专业化的职业培训。1869 年，哈佛大学选举查尔斯·艾略特（Charles Eliot）为校长，自此，所有的学生可以同时选修希腊语、拉丁语和数学课程，此举标志着美国大学古典教育的结束。由于知识的快速增长，他在哈佛大学的课程体系中开展了选修课和必修课，这是现代大学的特征——不可避免的专业化和分科化。在过去 100 年形成的教育体系中，学生拥有了更多自主选择课程的自由，能够选择与自己的需求、兴趣和能力相匹配的课程。各学科在挑选适合本专业的学生时也拥有了相应的自由。高等教育专业化和职业化的发展趋势，受到生育高峰、紧张的就业市场，以及高等教育机构财政危机等多方面因素的推动。学院和大学变得越来越专业化和分科化，在高度复杂化和专业化的社会中，教育专业化的压力自成因果。高等教育呼吁向学生传递所需的专业知识、技能和态度，以便他们能够找到"社会定位"，并为社会服务。反过来，这些机构也越来越依靠这些"社会定位"，以满足自己的生存需要，对知识专业化的进一步增强甚至以牺牲综合教育为代价。在谈及职业准入所需的特殊正规教育要求时，罗伯特·哈钦斯表达了如下观点。

美国大学中的大部分学生都是为满足这些要求而学习的。社会默许了这一点，首先，因为人们习惯于满足压力团体的需求；其次，人们认为，在从业之前，即将从事某些职业的人应该受到认证或批准。公众不愿意相信那些自己认证自己的职业，他们的理由也相当充分。大学默许了这一点，因为他们希望提升入学率，学生会带来收益，而且，人们普遍认为，像大多数其他事情一样，教育机构的卓越表现会随着规模的增大而增加。为了限制竞争、提高自己的威望，商会、职业、商业和专业组织也要求促成这些安排（Hutchins，1953）。

在我们重新考虑整合发展之前，重要的是先要了解高等教育强调学生的学习和发展的专业性所带来的后果。大学社区影响了学生的职业生涯，大学也对学生的学识、道德和人格的发展承担着责任，我们常常强调人类成长和发展的统一线性趋势，却没有意识到不同学科和专业中存在的多样化发展路径，更别说对其进行管理了。这些发展道路促成了某些发展成就，正如我们所见，也抑制了另一些发展。学术专业化是迅速的，也是深刻的，其中的经历却是曲折的。很多年前，我在一所工科院校担任大学新生的指导老师。在我的学生中，每一组都有两三个孩子在新学期结束时面临尴尬的现实问题，即有关工程方面的职业并非他们想象的那样。那么，应该怎么办呢？冒着失去技术教育带来的威望的风险转到文科学校？还是继续忍受机构的技术要求而自修人文专业？或是转到管理专业？大部分人都持观望的态度，逐渐失去学习兴趣，困惑也越来越多。应该如何为学生提供建议及提供什么建议，我在这些方面感到很无力。

后来我发现，这些学校、专业的更换向我们表达了远比兴趣的改变更根本的东西，在很多案例中，个体的学习风格与学科的学习需求并不匹配。从基本任务、技术、产品、学业成就和生产力标准、教学方法、研究方法、知识记录和描述方法的不同，可以看出，学科也需要不同的学习风格。正如我们所见，不同的学科具有社会文化差异，例如，师生的人口统计学特征、个性、能力，以及团体价值规范的不同。对学生而言，学业教育首先是不断选择和社会化的过程，涉及真理标准领域的核心准则，以及如何获得、交流和使用这些准则；其次是掌控个体风格、态度和社会关系的外围准则。随着时间的推移，选择过程和社会压力结合在一起，产生了牢不可破的学科同质文化，以及相应的专业学习倾向。在本章中，我将深入探讨在本科和专业化教育中专业发展过程的动力机制。

专业发展与强化过程

专业教育发展的主要推动力是通过筛选机制和社会化过程，使学生进入与他们的兴趣和天赋相符的专业领域中。这种发展伴随着强化过程。在有关大学对学生影响的综述中，费尔德曼和纽卡姆（Newcomb）认为，大学经历是一种强化过程。

无论个体特征如何，无论他们的特征是否会在相关的情境体验中得到强化和延展，个体都将被选择性地推入特定的教育情境中——考上大学，选择一所大学，选择某个专业，成为某个同辈群体中的一员（Feldman & Newcomb，1969）。

因此，如果一名学生已经形成了一种特定的学习风格，他所选择的专业领域刚好需要并且会培养那种学习风格，那么，这种学习风格就很可能会得到强化。通过对学生技能和兴趣的强化，强调专业学习和发展的教育体系就会形成。学生的发展路径是学业选择与社会化体验相互作用的产物，选择倾向引导着学生选择符合自身取向的教育体验，在今后的体验中，这也将进一步强化同样的选择倾向。

在过往的研究中，有些案例可以用来阐释被强化后的学习风格的专业化过程。第一个试图验证这个强化程序的是普罗维尼克（Plovnick，1971）。他采用了由赫德森（Hudson，1966）定义的聚合与发散概念对一个专业院系进行了研究。他总结道，与物理教育有关的专业强调聚合型学习。他预测，在物理系中，那些具有聚合型学习风格的学生会对他们的专业满意，但是，那些具有发散型学习风格的学生会对未来将物理作为职业拥有更多不确定性。与那些具有聚合型学习风格的学生相比，具有发散型学习风格的学生会选择更多物理系以外的课程。他的预测得到了证实。那些与物理系所要求的聚合型学习风格不匹配的学生趋向于脱离物理这一职业，而那些具有聚合型学习风格的学生却趋向于留在物理领域，无论在课程选择方面还是在职业发展方面都是如此。

在另一项研究中，我们在课程选择的微观水平上检验了其运作的强化过程。这项研究检验了管理专业的研究生在敏感性训练[①]中的选择。学生填写了学习风格量表。在回收的数据中，那些选择自愿参加敏感性训练实验的学生比那些选择不参加敏感性训练实验的学生表现得更具有具体性和反思性。当那些具有发散性思维方式的学生完成了培训后，他们在学习风格量表上的得分在后测中表现出更具有具体性和反思性的特点，这更加强化了他们的发散型学习倾向。

威特金的研究表明，整体型（场依存型）学生会选择那些与人打交道的职业，例

---

① 敏感性训练也称 T 小组训练。

如，教师、售货员、管理者等与人文学科相关的职业；然而，分析型（场独立型）学生会选择那些有关分析的领域，例如，物理学、工程学、技术和机械领域（Witkin，1976）。临床心理学的研究生更倾向于整体型，实验心理学的研究生更倾向于分析型。另外，威特金发现，当个体的认知风格与某个职业需求相匹配时，就会产生很高的绩效。

值得注意的是，并非只有选择的内容与认知风格相关，选择的过程与认知风格也有很重要的联系。因此，整体型学生喜欢根据同类群体的情况做出选择，而分析型学生更可能使用系统计划和目标设定的方式做出选择。普罗维尼克（Plovnick，1974）在使用学习风格量表研究医学院学生对医学专业的选择中发现了类似的模式。学生在学习风格量表上的得分与他们的具体选择显著相关：顺应者选择了内科医学和家庭护理；同化者选择了理论医学；发散者选择了精神病学；聚合者选择了药学专业。此外，学习风格量表上的得分与选择的过程相关：具有具体思维的学生根据榜样作用和已知情况进行选择，具有抽象思维的学生依靠理论材料和学科兴趣进行选择。

罗伯特·奥特迈耶（Robert Altmeyer）在卡内基梅隆大学（Carnegie Mellon University）工程 / 科学专业和艺术专业的学生的对比研究中，戏剧性地阐述了认知能力强化过程的结果（Altmeyer，1966）。在横断研究中，他用两组测试对两个专业的学生进行了各种水平的测试。正如预期一样，工程 / 科学专业的学生在分析性推理方面的得分最高，而艺术专业的学生在创造性思维方面的得分最高，在整个大学阶段，他们之间的差距还会增大。令人惊讶的是，在大学阶段，工程 / 科学专业的学生在创造性思维能力上会递减，而艺术专业的学生在分析性推理能力上会递减。因此，强调某些认知技能的教育过程将会削弱其他相关技能的发展。

研究表明，技能与环境需求之间存在相互匹配的发展过程。当个人的个性特征不能遇到与之相匹配的环境时，就会产生疏离感（格格不入的感觉）。在瞬息万变的社会中，当个人知识与社会知识产生不和谐时，将会导致严重的格格不入感。在贫困阶层中产生的格格不入感更为严重，他们的学习风格与大学里的符号 / 技术知识不匹配；那些厌烦了文学系迂腐评论氛围的创意作家，或者是那些重新回到大学却发现体验学习不被重视的成年人，这些例子能更加精准地表现这一状况。

工科院校的本科生发展

我们看到，在具有不同的学习/研究标准的专业领域中，体验学习理论的特征是不同的，同时，学生的发展和学习风格也受到所在领域强化过程的影响。为了详细地阐述学习风格在教育过程起的作用，也为了探索学习风格与学生所在学科知识体系之间匹配/不匹配的结果，我们来看一所著名的工科院校的本科生的个案研究（Kolb & Goldman，1973）。

研究数据是通过问卷调查的方式收集的（成绩平均绩点通过教务办公室获得）。这些问卷被分发给将在两个月后毕业的720名工科大四学生。问卷回收了407份（回收率为57%），其中有342（43%）份有效数据。问卷包含了学习风格量表、政治疏离和政治失范、下学期计划、职业选择、职业承诺、本科专业、对学业压力的觉知、同伴交往等。随着结果的呈现，这些变量将被详细地描述。

图7-1显示了不同专业学生在学习风格量表上的得分（这些专业拥有10名及以上学生）。对不同专业的学生在六种学习风格上的方差分析显示，反思观察、主动实践和行动－反思程度的得分在不同专业上差异显著。不同专业在抽象－具体维度上得分没

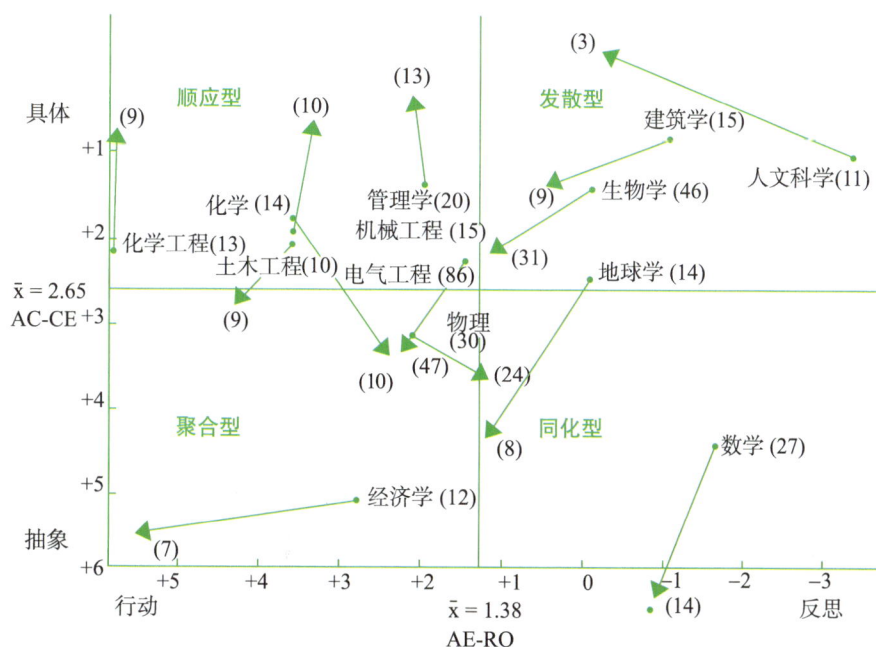

图7-1 不同专业的大四学生在抽象－具体与行动－反思维度的学习风格量表分数

有差异，这可能是由大学各院系中趋于抽象的选择标准和规范的压力所致。一所以科学研究著称的工科院校，其声誉建立在优良的学术水平和前沿的科学知识上。人文科学、建筑学和管理学是大学中最强调具体思维的院系，据观察了解，它们较之学术性不明显的艺术、设计和商业管理学院更具有学术性。行动－反思维度的选择力和规范力更加多元，这代表了大学基础科学和实践应用之间的张力。除了电气工程专业之外，工程系在大学中最具行动性。除化学之外，基础科学和数学更具反思性。

当对工科院校中所有院系间的关系模式与图 5-4 呈现的所有类型的大学和学院的数据进行对比时，让人惊讶的是：除建筑学和人文科学之外，图 5-4 中所有体现具体思维的专业（在我们的样本中，哲学、政治学和心理学专业只有两三名学生代表）在工科院校都没有出现。然而，这里也出现了与先前的研究相一致的情况。人文科学落在了发散型的象限，数学落在了同化型象限中，管理学落在了顺应型象限中。电气工程落在了顺应型象限的下边缘，而不是如预期的那样落在聚合型象限中。出现这种结果的最大可能是由于大学的一般抽象偏好作用所致。物理和化学不如所预期的那样具有抽象性和反思性。尽管如此，如果仅仅采用那些未来希望读研究生的学生的分数（见图 7-1 中箭头所指），这种模式会与预设相符合。与卡内基的数据库相比较，经济系的学生显得更加具有抽象性和行动性，我们在后文中会谈到，这可能是由这所工科院校的特殊性质所致。处在发散型象限位置的建筑学在一定程度上也显示了该系的特殊性质，这个系既强调创意设计和摄影，也强调更多带有聚合性的建筑学技能。

学习风格与职业选择

图 7-1 展示了每个院系学生的职业道路。图中的箭头表明了各个院系准备读研究生的学生在学习风格量表上的平均得分。我们可以预测，那些选择通过研究生训练进一步获得学科发展的学生，将强化学科所需要的学习风格。也就是说，那些进入顺应型象限的专业应该在学习风格量表中指向具体性和行动性，进入发散型象限的专业应该指向具体性和反思性，进入同化型象限的专业应该指向抽象性和反思性，进入聚合型象限的专业应该指向抽象性和行动性。实际的结果却没有表现出如此清晰的划分。化学工程、机械工程、管理学、人文科学、数学和经济学都在不同程度上显示出了预测

的强化模式。化学、土木工程和电气工程的准研究生们却落在了聚合型象限中，而不是变得更加具有顺应性。建筑学、生物学，以及地球学的准研究生表现得更加具有聚合性，而不是发散性。物理系的学生进入了同化型象限中。

由于一些测量问题阻挠了对强化假设进行更加精确的测量，以上结果只可作为建议。第一个测量问题是，很难确定一个希望在研究生阶段探索人工智能的数学系学生是否会继续学习数学。虽然大部分学生很明确地计划在相应领域继续攻读研究生，但少数的边缘数据影响了研究结果。第二个测量问题是，就整体而言，工科院校的研究生教育都偏向抽象性和行动性。由于所有六个不符合强化预测的院系都表现出了抽象性，并且其中有四个表现出了行动性，这种研究生教育的普遍趋势掩盖了这些院系的强化过程。最后一个测量问题与对某些院系学生学习需求的预测有关系，例如，在学习风格量表中，电气工程系学生的分数接近于得分栏的中心位置。

为了解决强化过程的测量问题，我们选取了四个院系作为案例进行深入研究。为了选取与四种主要学习风格相匹配的院系，我们制定了相应的标准。第一个标准是，在既定院系中使用学生学习风格量表的平均得分作为指标，以显示该院系对学习风格的要求。这个标准假设，在平均水平上，学生将在整个大学生涯中选择或被选入与其学习风格相匹配的领域。这个标准甄别出这所工科院校中符合三种学习类型的三个院系——人文科学系在学习需求上表现出发散性，数学系表现出同化性，经济系表现出聚合性（见图 7-1）。

第四个院系最终确定在机械工程系，属于顺应型象限，该院系与落在顺应型象限中的其他院系没有显著差异。为了选取落在顺应型象限中最具代表性的院系，我们另外制定了三个标准。第一个标准是选择一个院系，其学生进入研究生院后强化了该院系倡导的学习风格。顺应型象限的三个院系（化学工程、机械工程和管理学）表现出这种强化过程，他们也被选中代表其他学习风格。在这三个顺应者院系中，化学工程似乎最具代表性，但我们没有选择它，因为该院系只有两名学生表现出顺应型的学习风格。这使得满足院系要求和不满足院系要求的学生之间无法进行比较。我们也没有选择管理学系，原因在于对该院系学生的进一步分析表明，他们拥有两个独立且区别明显的群体：行为科学专业和计算机管理科学专业。因此，学生不能对院系的一套单独的学习风格要求做出反应。

最后，我们对通过上述标准选择出来的四个院系的教学目标和课程设计进行检验，以显示其学习风格需求。人文科学系和数学系表现出强烈的发散型和同化型倾向，这与我们先前的数据和理论相符合。例如，人文科学系的课程描述常常强调文献的"不同观点"。数学系强调基础理论和研究，正如这所工科院校针对数学系本科教育的公告所言。

> 最直接的教学目标是让学生了解大量现有的数学知识，并且有能力把这些知识传递给他人。最重要的是，本院系希望能够激发学生的兴趣，以发现或发明数学集论教学体系，或者把数学介绍到其他领域中。

通过揭示学生的学习风格，工科院校的经济系与我们先前研究的经济学专业更加具有聚合性，即抽象性和行动性（Kolb, 1973）。这种聚合性可通过该院系的教学目标和课程设计得到证实。该院系强调经济的数据性、理论性和相关的政策形成，较少强调人文科学相关的倾向（如经济学史）。

我们先前的研究表明，工程师一般落在聚合型象限中，在不同的工程领域中，我们没有发现差异。我们研究技术性大学的优势在于，我们可以从中发现差异。例如，有人可能会想，拥有较少理论基础的机械工程学比重视理论的电气工程学更加具体。以下引文阐述了机械工程学的具体学习倾向，这段引文来自工科院校机械工程本科专业的描述。

> 学生必须拥有将科学知识应用于实用设备设计和发展的体验过程。为了教授这门艺术，实验和设计科目的主要目标是，尽可能地采用项目导向的工作方式，以激发学生的创造力。

为了研究四个院系的学生的职业选择，我们使用每名学生的学习风格量表分数为他们在学习风格量表图中定位，并注明他们毕业后可能从事什么样的职业。如果一些学生计划进入研究生院学习，那么这些学生会被圈起来（图7-2至图7-5展示了这项研究的结果）。如果强化过程在学生的职业选择中起到了作用，那么落在与学术标准相一致的象限中的学生，可能会直接在未来的职业或研究生阶段的学习中选择相关专业，但如果学生的学习风格与其专业的学术标准不一致，他们可能更倾向于选择其他职业，或者不选择进入这个学科的研究生院学习。虽然样本量很小，并且大多数学生都期望在机械工程的某个领域内工作，但这种职业选择的趋势还是可以在机械工程系看到（见图 7-2）。落在顺应型象限中的 4 名学生（100%）都计划在机械工程领域内从业或进入研究生院学习。有 10 名学生的学习风格与机械工程不相符合，其中有 4 名学生仍然选择了直接在工程领域从业或进入研究生院学习。这种模式在数学系更加清晰，因为我们有相对较大的样本量（见图 7-3）。在 13 名学习风格与数学系标准一致的学生中，有 10 人（80%）选择了在数学领域从业或进入研究生院学习。在 13 名学习风格与数学系标准不一致的学生中，只有 2 人（15%）仍然选择在数学领域从业或进入研究生院学习（采用费舍尔精确度检验，结果在 0.01 水平上达到显著性差异）。图 7-4 表明，在经济系也有相同的趋势，只是程度小了些。在 6 名学习风格与经济系标准一致的学生中，有 3 人（50%）选择在经济领域从业或进入研究生院学习。但在 6 名学习风格与经济系标准不一致的学生中，只有 1 人（17%）仍然选择在经济领域从业或进入研究生院学习。

人文科学的模式（见图 7-5）在某种程度上解释起来更加困难。让人惊讶的是，在 11 名人文科学专业的学生中，只有 3 人（27%）计划进入研究生院学习。这和技术学院有 63% 的大四学生准备读研究生的情况形成了鲜明的对比。除此之外，所有人文科学学院的学生所选择的职业都与人文科学有着或多或少的联系，但是，与这所工科院校的核心课程却没有任何联系。在这种情况下，人文科学学院似乎并未满足工科院校的学习需求。人文科学所倡导的具体 – 反思学习导向似乎与一所技术院校倡导的抽象 – 行动学习导向有冲突。我们将在下一节有关工科院校的学业成绩和调整中对此假设进行检验。

为了进一步检验四个院系的强化过程，我们检验了学生的"选择 – 职业体验 – 发展"循环是否是一个积极的强化反馈循环。如果是这样的话，那些学习风格符合标准（在训练中学习风格得到强化）的学生应该比其他学生（在训练中学习风格没有得到强

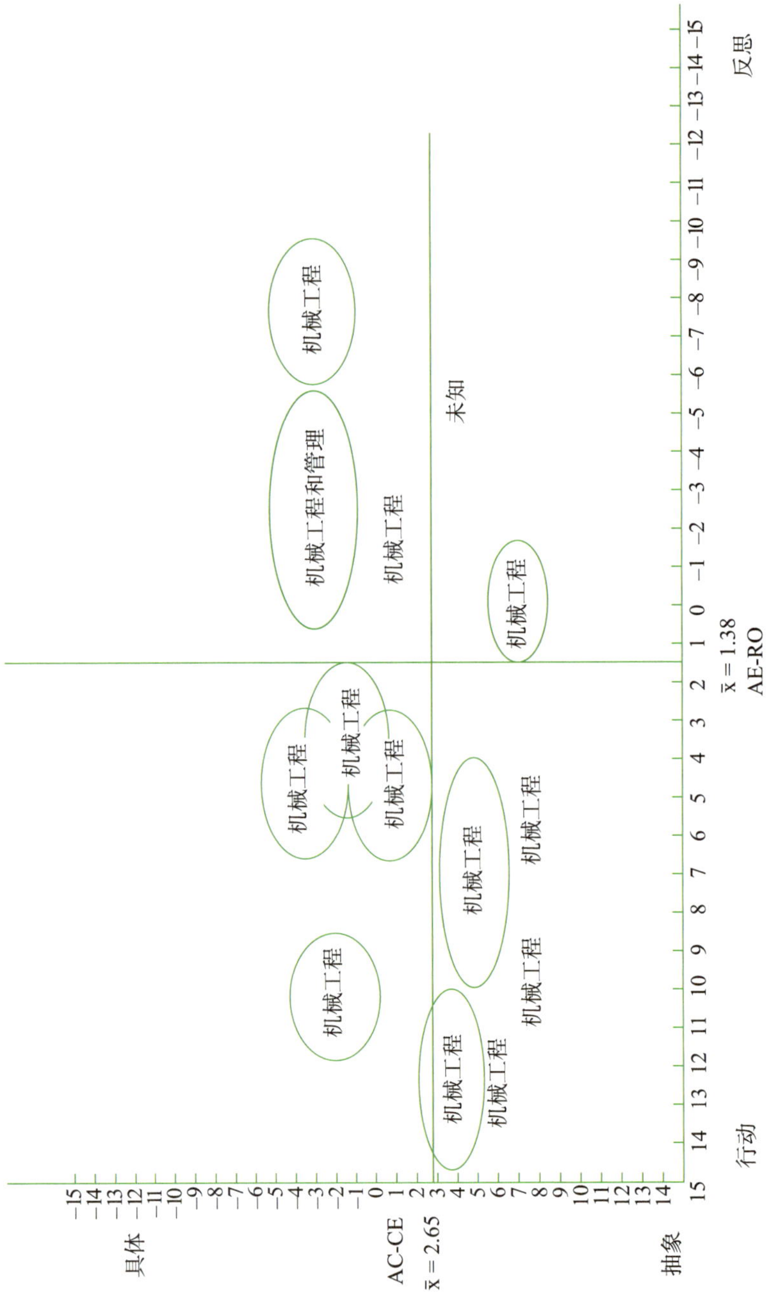

图 7-2　不同学习风格对机械专业学生的职业选择和研究生计划的影响

注：圆圈表示该学生正计划进入研究生院学习。

254

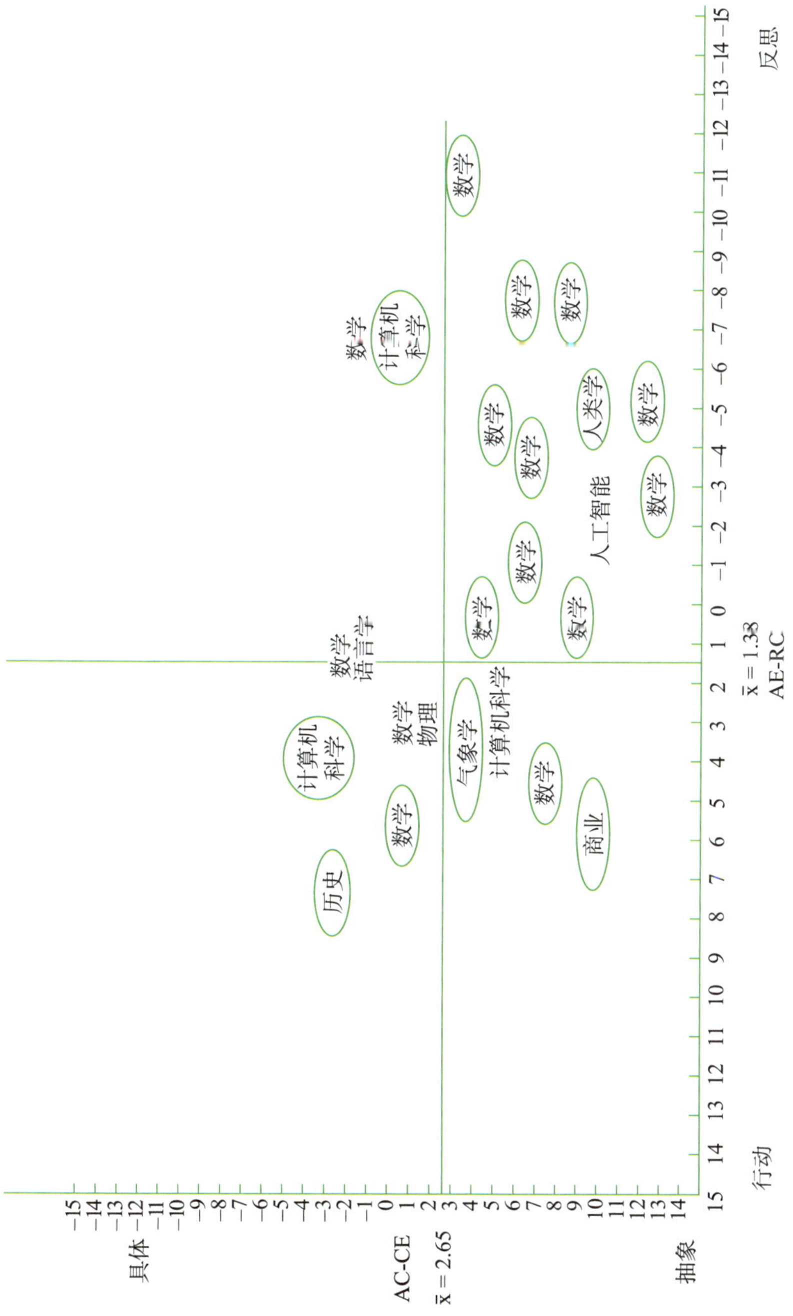

图 7-3　不同学习风格对数学专业学生的职业选择和研究生计划的影响

注：圆圈表示学生正计划进入研究生院学习。

图中文字标注：

具体　抽象　行动　反思

AC-CE　x̄ = 2.63

AE-RO　x̄ = 1.38

经济　商业　法律　未知　管理

图 7-4　不同学习风格对经济专业学生的职业选择和研究生计划的影响

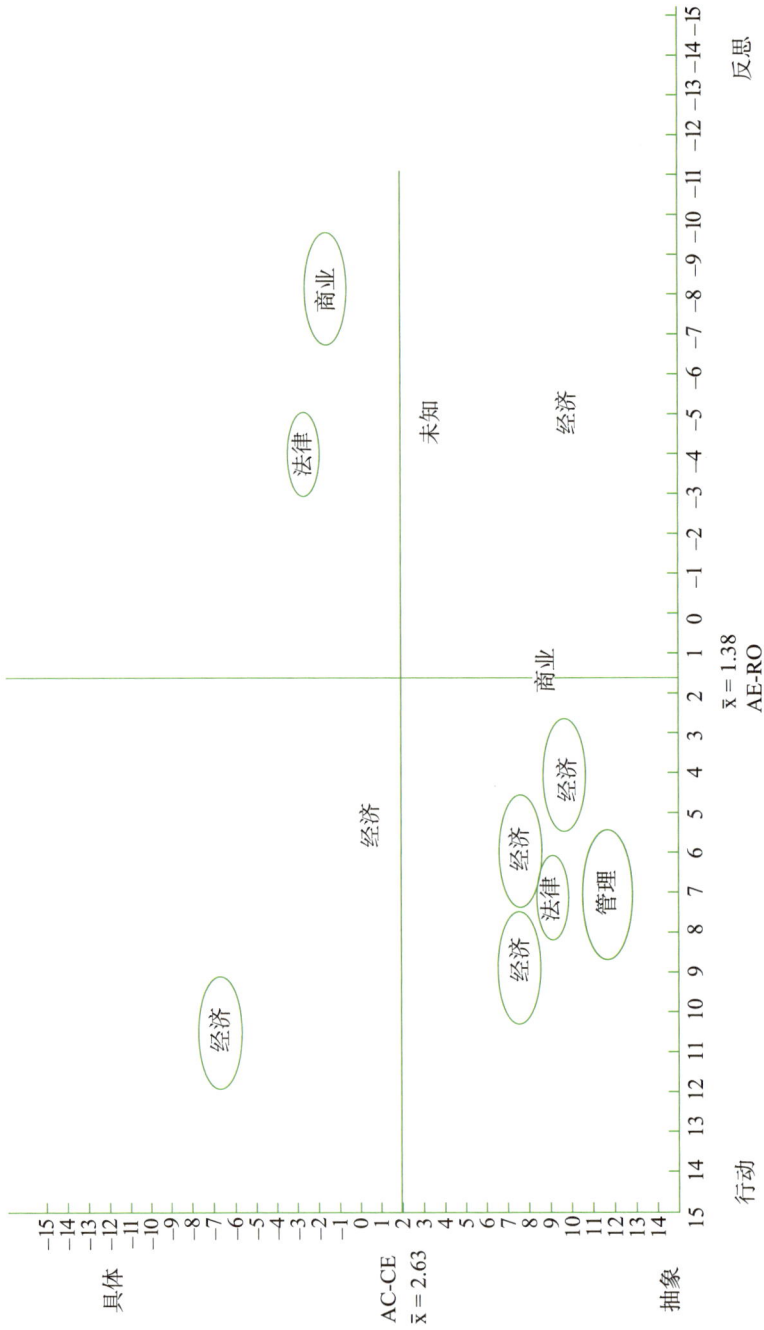

注：圆圈表示该学生正计划进入研究生院学习。

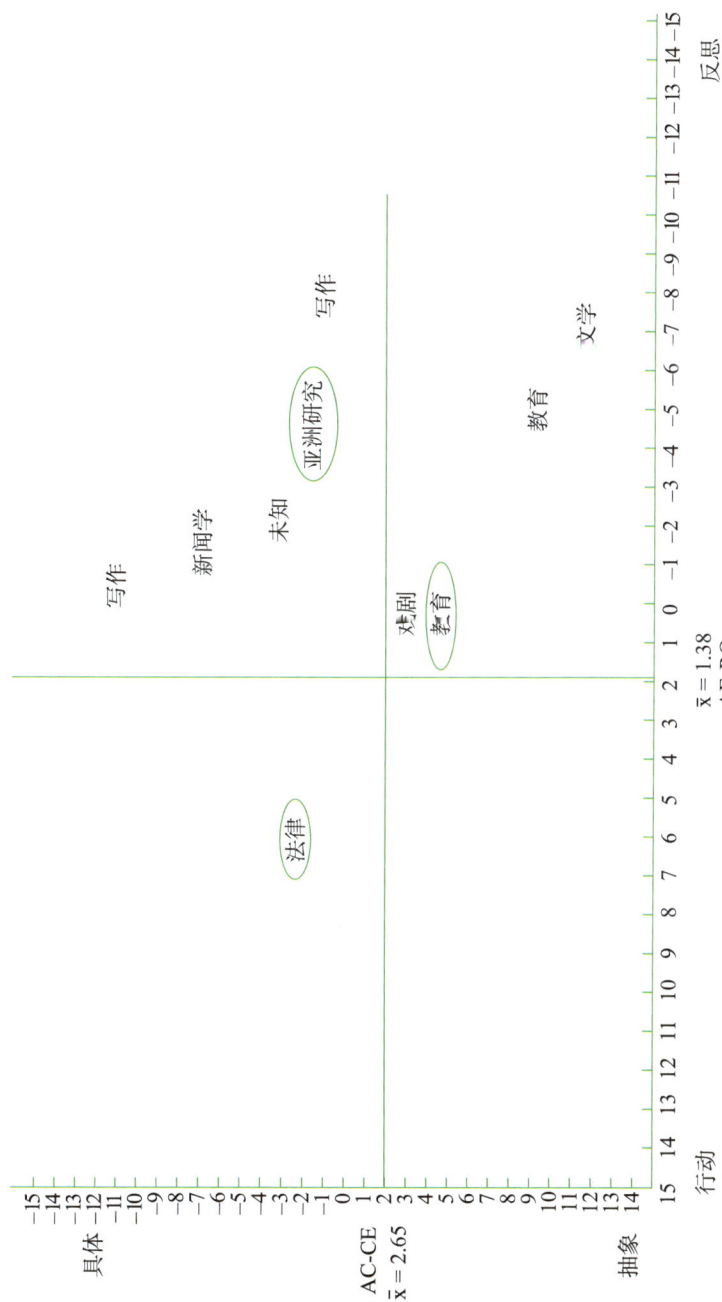

图 7-5 不同学习风格对人文科学学生的职业选择和研究生计划的影响

注：圆圈表示该学生正计划进入研究生院学习。

化）更有信心选择将来的就业领域。作为问卷的一部分，我们要求学生进行自我评估，评估自己在所选择的职业领域内孜孜不倦地追求的重要性。图 7-6 展示了在四个院系中，学习风格与学科要求相一致的学生及不一致的学生在此问题上的平均得分。在四个院系中，学习风格与学科要求相一致的学生的得分比不一致的学生的得分要高（在机械工程系和经济系，这种差异在统计学上达到了显著性）。因此，与学习风格没有得到强化的学生相比，学习风格得到强化的学生表现出更强的职业承诺。

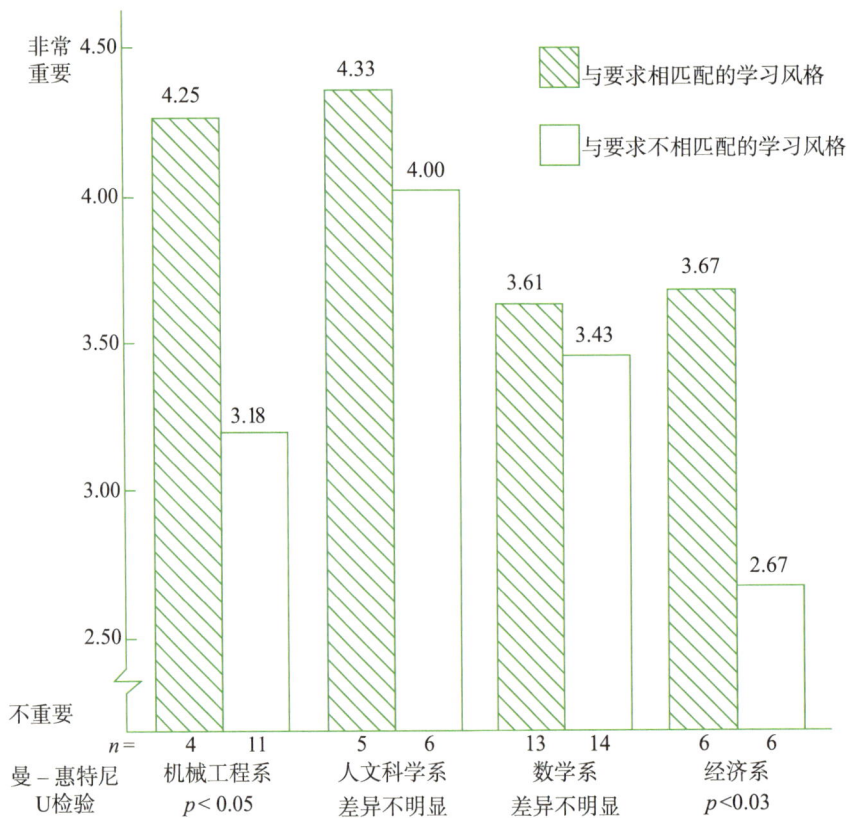

图 7-6　四个本科院系学科要求与学习风格匹配度对学生职业选择重要性的评价

这些数据从整体上显示出一些较有启发性的证据，即职业选择会遵循强化个体特有学习风格的路径。与学习风格相一致的学习体验会积极地影响个体对未来的学习和工作的选择，而这进一步强化了这种学习风格。另外，当学生发现其所在的学习环境与自己的学习风格不一致时，他们会在选择未来的学习和工作时，远离这种环境。

学习风格、学业成绩与大学适应

这项研究探索的最后一个问题是，学习风格是否会对学生在大学的社会适应和表现起决定性作用。为了回答这个问题，我们选择了多组变量，并将学习风格符合标准的学生和不符合标准的学生进行比较。我们检验了学生的累积平均成绩（见图 7-7）。机械工程系和经济系的学生显示了与假设一样的结果。在机械工程系中，顺应型学生比非顺应型学生的学习成绩好（$p<0.10$）；在经济系中，聚合型学生比其他学习风格的学生的学习成绩好（$p<0.001$）；然而，在数学系中，两组学生之间的差异不大；在人文科学系中，6 名学习风格与学科要求不一致的学生的学习成绩反而更好。虽然人文科学系的结果与我们的预测相反，但此结果为后续假设提供了证据，即人文科学及其相关的发散型学习风格与整体倡导抽象和行为模式的工科院校的学科要求不一致。这个假设进一步认为，非发散型的人文科学系的学生应该在学习成绩上表现得更好。

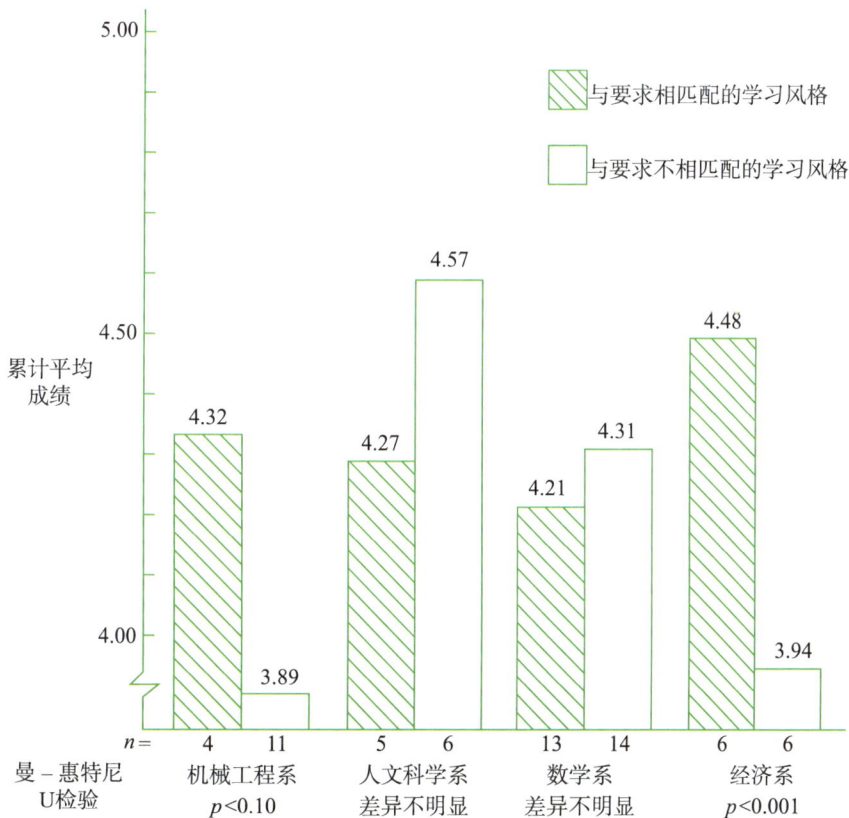

图 7-7 四个本科院系学科要求与学习风格匹配度对累积平均成绩的影响

当检验另一方面的学业表现时，即学生对学业压力的感知，结果也表现出了相似的模式（见图 7-8）。

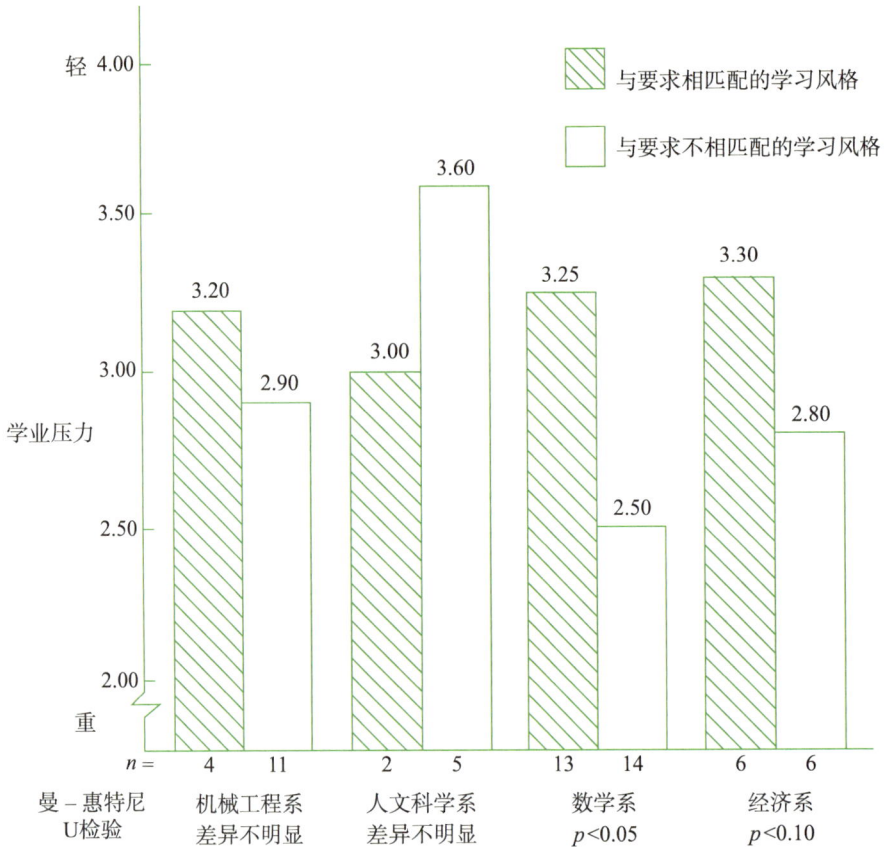

图 7-8 四个本科院系学科要求与学习风格匹配度对学业压力的感知的影响

请学生对学业压力的感知进行 5 点计分，其中，1 表示压力非常重，5 表示非常轻松。在机械工程系、数学系和经济系中，那些学习风格与学科要求相一致的学生比那些不一致的学生认为学业压力更小（在统计水平上，数学系在 0.05 的水平上达到显著性差异，经济系在 0.01 的水平上达到显著性差异）。然而，人文科学系却与之相反。

学生的学习风格与其所在专业的学习要求之间的不一致可能会影响他们在大学的社会适应能力。这种不一致有可能会破坏学生对该校的归属感，并让他们与学校的权力结构（教师和管理人员）相疏离。为了检验这些假设，我们改编了奥尔森（Olsen，1969）的政治疏离量表（political alienation scale）及麦克洛斯基和沙尔（McCloskey &

Schaar，1963）的反叛量表（anomie scale），这些量表专门适用于工科院校的环境（Kolb，Rubin，& Schein，1972）。这些量表测量了影响学生适应性的疏离感中两个不相关的方面。政治疏离感来源于集校方、老师、管理人员和制度为一体的系统未能满足学生的需求。那些具有政治疏离感的学生感到学校的权力结构并不合理，因为这个结构不关心学生，在决策制定时并未考虑学生的意见，它优先解决既得利益，不能很好地解决存在的问题。反叛感并不是来自对现有权力系统的不满，而是由于缺少规范和价值观之间的交流，这种交流对个体在大学的行为起着决定和引导作用。这种规范和价值观之间的交流常常在学生同辈群体中出现。例如，我们发现，这所工科院校的学生所表现的反叛感主要源于他们没有主动参与同辈的社团组织（Kolb et al.，1972）。具有反叛感的学生很孤独，他们感觉自己被学校冷落、抛弃，他们甚至不知道自己想要什么或自己相信什么。

　　图 7-9 和图 7-10 展示了四个院系的学生在反叛感和政治疏离上的得分情况，并对

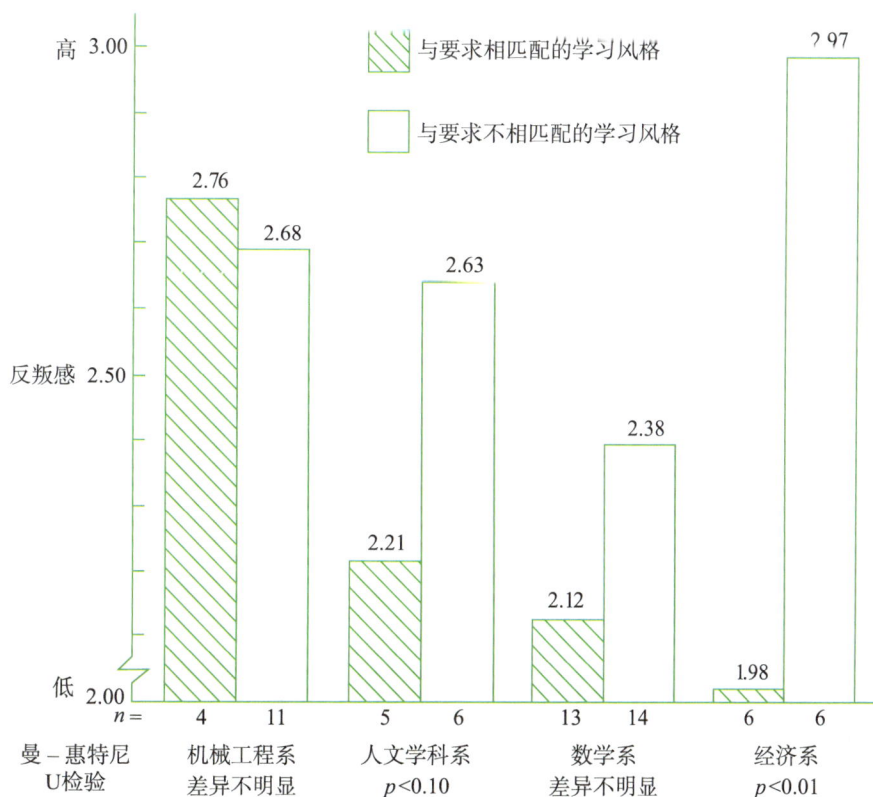

图 7-9　四个本科院系学科要求与学习风格匹配度对学生反叛感的影响

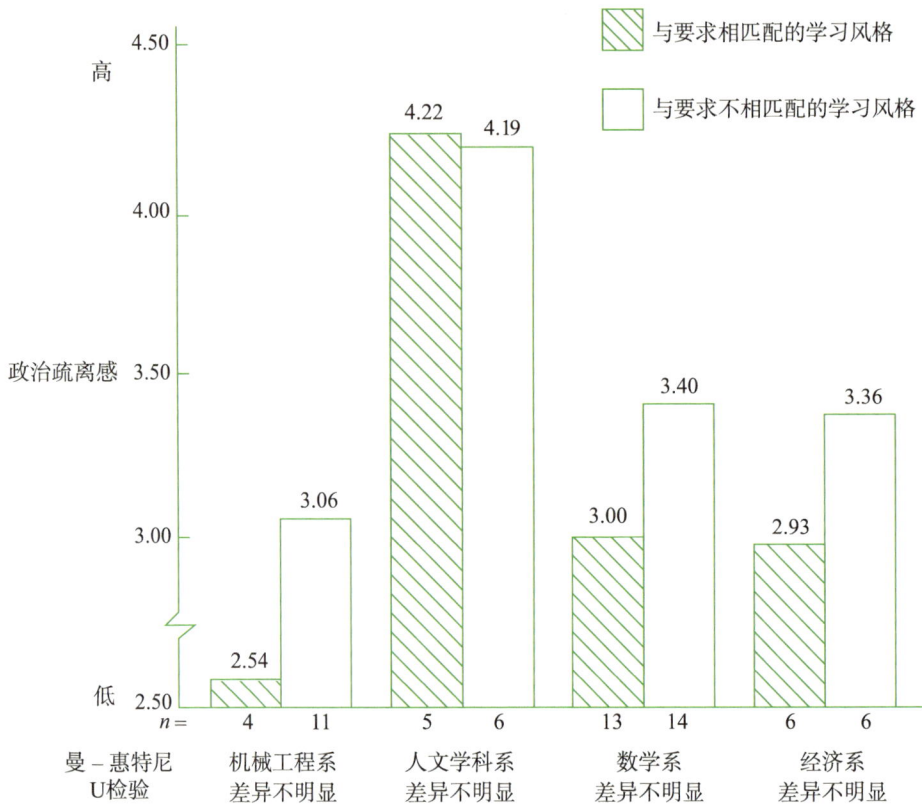

图7-10　四个本科院系学科要求与学习风格匹配度对学生政治疏离感的影响

学习风格与学习要求一致／不一致的学生的分数进行了比较。所得结果大致与预测相一致，即那些学习风格不符合要求的学生在反叛感与政治疏离上所得分数更高（所有政治疏离上的得分都没有达到统计学上的显著性差异；在人文科学系和经济系中，反叛感的得分在0.01水平上达到了显著性差异）。图7-10所呈现的一个有趣现象是，人文科学系的学生在政治疏离感上的得分是很高的。事实上，在所有的院系中，人文科学系在这个变量上的得分最高。这进一步表明了在这所工科院校，人文科学系拥有不一样的学习环境。

　　学习风格对社会适应能力的影响可以进一步通过对学生参与某一重要的同辈团体的调查来体现（见图7-11）。学生被要求对自己参与的社团的情况进行5点计分，5分表示经常参加。先前的研究表明，高社团参与率导致了较低的反叛感。如图7-11所示，在四个院系中，学习风格与所在院系的规章制度相一致的学生都较

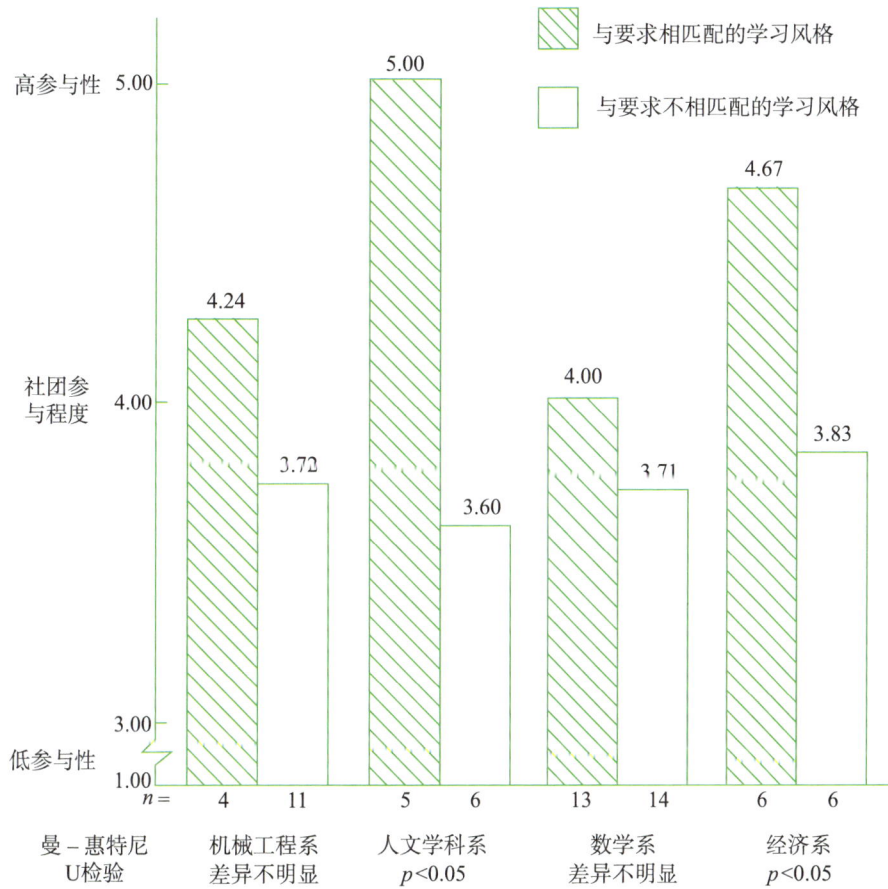

图 7-11　四个本科院系学科要求与学习风格匹配度对学生社团参与程度的影响

积极地参加了社团。这种现象在人文科学系（$p<0.05$）和经济系（$p<0.01$）中尤为
突出。我们在许多有关正式和非正式团体的研究中发现，虽然学生社团有时与正规
团体的要求背道而驰，但这些结果表明，学生社团在介绍学院所要求的学习风格方
面扮演了重要的媒介角色。在经济系和人文科学系中，同辈团体的这种特殊作用表
现得尤为明显。在这两个院系中，学习风格符合要求的学生与同辈关系密切，正如
我们的预测所言，这些学生在反叛感上得分较低。虽然聚合型的经济系学生在政治
疏离上得分较低，但是在学校中，发散型的人文科学系学生却感觉有很高的政治疏
离感。因此，在人文科学系中，学生社团以政治疏离感和反叛感为基准来团结各分
支学科的同学，在经济系中，聚合型的同辈团体准则支持了院方权力机构的目标
和程序。这也部分解释了为什么发散型的人文科学系学生与其他学生相比学习成

绩较低，而聚合型的经济系学生的学习成绩要远比其他经济系学生的学习成绩高。

上述研究通过描述人们的学习方式的变化，以及不同学科的学习要求的相应变化，说明了体验学习理论有助于描述大学生的专业发展。以工科院校本科生为样本的研究表明，至少在这所学校，体验学习理论中的分类有助于描述不同学科所需的学习特质，也有助于预测学生的生涯选择方向。通过检测学生的学习风格与院系的学习要求是否匹配，这种分类也有助于解释学生在学业表现和大学适应性上的差异。这些结果表明，体验学习模型能为学习体验的设计和管理提供有效框架。如前文所述，学习环境的"氛围"研究趋势聚焦于学业表现和社会情感适应变量，例如，动机、态度、参与度、对老师的喜爱程度，以及社会疏离等。其中很多变量都具有重要作用。研究结果表明，学习环境的"氛围"可能受到学习过程本身的影响，尤其是受到学生的学习风格的影响。我们与其把提高学习成绩作为学习目标，还不如关注学习氛围与学习风格的匹配所带来的成功学习体验。同样，学生的厌学源自其所处的社会环境与其学习风格的不匹配所带来的失败学习体验。

职业教育与生涯适应

一般而言，强调过程的专业化是本科教育的主要动力，但我们有理由怀疑，这个过程对专业教育来说是否有更重要的意义。从社会控制的角度来看，专业似乎最初产生于人类活动的某些领域，如医学、宗教、法律。这些领域都不能通过结果来判断过程的好坏。因为人们不能通过一位病人是否死亡来判断医生的好坏，或者不能通过是否赢取一宗案件来判断律师的好坏，专业的重点应该在于控制过程的实施方法，而不是结果。因此，判断一个人是否胜任某个专业，需要看他们能否开展被认可的专业活动或合理使用相关方法，而非关注结果。随着专业已经延伸到了人类活动的其他领域，这种强调过程和方法的模式得以保存。对专业表现的过程的关注使学校的专业教育对学生的专业能力的培养和认证负有基本责任。尽管在许多专业中开始出现同行评审、定期许可，以及继续教育这类项目，但这其中大部分都假定该专业毕业生们能够胜任。这种责任驱使专业学校尽一切可能选择他们认为适当的、必要的知识、技能和态度，以提高学生的专业能力。

　　结果，迈向专业领域的社会化过程带给人紧张的体验，这不仅包括逐渐获得一些知识和技能的过程，还包括一个人重新定位自己的身份的基本过程。定位过程也是专业精神形成的过程。这种精神深入到专业生活的各个方面：包括社会标准和道德规范、恰当的思想行为方式、判断价值观和行为好坏的标准。学习风格是专业精神的重要组成部分，它体现了人们的一般学习能力，帮助个体获取特殊的行为技能，有效发挥关键的专业作用。通过选择和社会化的过程，专业学校尽最大的努力确保学生具有恰当的专业精神。这项教育是控制专业服务质量的主要社会手段。

　　然而，当我们在日新月异的社会变迁中考思专业化职业的特性时，一个问题也应运而生。正如怀特海所观察的，固定的人做固定的事情，这在旧社会被奉为行为准则，但是，在未来，这将会成为一种危险（whitehead，1926）。很少有专家会在曾经接受培训的领域内终身承担核心的专业任务。例如，在工程领域，专业人员的典型职业发展道路是转到管理岗位。工程类的工作需要聚合型的专业能力，相比较而言，管理岗位则需要完全不同的专业能力。这种终身职业观让专业教育进退两难。继续强调专业所需要的集中社会化过程，还是严格的专业化训练应该让位于终身学习所需要的广义学习适应能力的发展？选择广义的发展意味着，随着专业适应能力所需要的知识的增加，专业教育反而更少了。专业选择有可能导致专业损伤，集中地过度学习具体专业知识，会影响一个人积极地适应生涯发展需要的变化。

　　这种窘境已经成为许多自我检测、社会评论和学生职业评价的核心问题。例如，谢因（Schein）列举了专业教育的8个问题，这都是专业教育与综合教育的对立造成的。

　　（1）专业化程度太高，导致无法回应跨领域和跨专业视角下的社会问题，如城市问题。

　　（2）专业学校的教育项目、早期职业道路，以及正式或非正式的考证过程都变得越来越严格和标准化，以至于年轻的专业人员无法从事他们希望做的工作。

　　（3）进入某个专业的准则变得过于严格，以至于某些应聘者在求职过程中受到歧视，例如，老人、女性，以及变换工作的人。

（4）专业标准和基础实用知识已经在大部分专业领域变得很集中，导致创新能力很难在那些专业度较高的领域中出现。

（5）专业人员对许多类别的最终用户或服务用户的需求没有反应，而是为雇佣他们的组织工作。

（6）总体而言，专业教育适合于培养独立自主的专家，但对于如何作为团队中的一员来工作，如何满足客户的需要，如何在解决问题上达成一致，如何与其他复杂项目的专家合作，专业教育既没有提供培训，也没有提供相应的经验。

（7）一些跨专业或专业内的项目团队需要解决复杂的社会问题，部分毕业生希望能够成为这些项目团队的成员或经理，但专业教育并未给这部分学生提供相应的培训。

（8）一般而言，专业教育未能充分地应用行为科学，尤其在帮助专业人员提高他们的自我洞察力，诊断与管理客户关系和复杂社会问题的能力，筛选与道德和价值观相关问题的能力，在整个生涯中持续学习的能力等方面（Schein，1972）。

一项专业教育的比较研究：社会工作与工程学

为了进一步探究解决这类困境及相关问题的方案，我们对一所大学两个专业教育项目的毕业生进行了调查，探索专业教育对人们的职业适应性的影响。借助问卷调查、测验、访谈等手段，我们对毕业于 1975 年、1970 年、1965 年、1960 年和 1955 年的社会工作和工程学这两个专业的毕业生进行了研究（Kolb & Wolfe，1981）。之所以选择这两个专业的毕业生作为研究对象，是因为它们分别代表了社会科学与自然科学。这样，我们就能够对具有不同知识结构和学习风格的两大专业进行比较研究，并分析其在人们日后就业方面所起的作用：社会工作强调情境性和顺应性，工程学强调形式性和聚合性。

属于自然科学的学科，尤其是工程学，需要人们必须具备能够在抽象概念的指导下运用先进技术解决实际问题的能力。完成该任务并不要求你对概念本身有多么深刻的理解，关键在于采取行动解决实际问题，动手构建物理结构、制作产品、实施技术路线。因此，在以自然科学为基础的专业中，实际的操作能力与扎实的专业知识同等重要。较强的适应能力（符号复杂性和行为复杂性）组成了聚合型风格，成了专业工程师的优势所在。

对工程师而言，职位提升常常意味着转到管理岗位，这些岗位需要大量其他不同的能力。管理者只有较少时间用在科学知识的直接应用中。虽然他们会继续关注行为，但关注点已逐渐转到如何管理他人、应对偶发事件、树立威信，以及处理行政事务等方面。在向管理岗位过渡期间，工程师需要增强能力以处理各种复杂的突发事件。因此，聚合型工作模式必须让位于顺应型模式，即基于情感复杂性（具体体验）和行为复杂性（主动实践）的工作模式。这一点在我们所研究的工程学专业毕业生所从事的工作中得到了充分体现。在仅有三年工作经验（1975年毕业）的新工程师中，只有30%的人跻身于管理岗位，而在1955年的毕业生中，此比例上升至76%。

人文服务领域的专业工作（如社会工作）主要发展了顺应能力。它强调帮助受助者解决社会交往及情绪上的复杂问题。在实施帮助的过程中，人们需要提升敏锐度，察觉他人具体的现实处境，采取相应的措施帮助其解决现实问题。这些一般能力是为有效地向弱势群体、身处困境者和贫困者提供服务所必需的。

社会工作者的职位晋升也同样意味着管理责任的加重。但在这种情况下，适应模式的改变就变得可有可无。对一名新上任的社会机构领导来说，还有许多需要学习的东西，但他之前所采用的顺应性学习风格对过渡时期的大部分日常工作都很适用。然而，对直接从服务他人晋升为管理或制定政策的许多人来说，加强自身的抽象分析能力则是必不可少的。同时，他们还必须跳出个案分析角度以便得到更加广阔的视角。顺应者模式也需要掌握一些聚合型甚至同化型（社会规划）技能。基于社会工作专业毕业生的研究表明，在此行业内，职业过渡的现象已日渐淡化。在五组毕业生中，管理阶层人员的比例始终处在43%～63%，并不存在明显的过渡模式。这些数据连同一些对个人职业历史的观察，表明社会工作在本质上具有双重性，人们以管理或直接服务为导向进入这个行业，而且，与工程学行业的工作人员相比，他们更愿意持续担任这个职位。

因此，工程学和社会工作似乎有不同的职业道路。在工程学领域，直接从工程岗位转到管理岗位会有明显的进阶，而社会工作有两种路径——管理和直接服务，从研究生学习到职位变换都没有明显的进阶。专业教育不仅要为人们早期的职业需要做准备，也需要为其日后的职业责任做准备，这两个领域的不同职业发展结构的对比满足了我们对职业适应研究的兴趣。

专业精神和专业错位

当我们详细检查社会工作毕业生和工程学毕业生所填答的学习风格量表时（见图 7-12），我们看到这两大专业在适应取向方面存在不同，尤其是在抽象性（通过领悟了解）和具象性（通过感知了解）这两个方面。工程学毕业生大多是聚合型的学习风

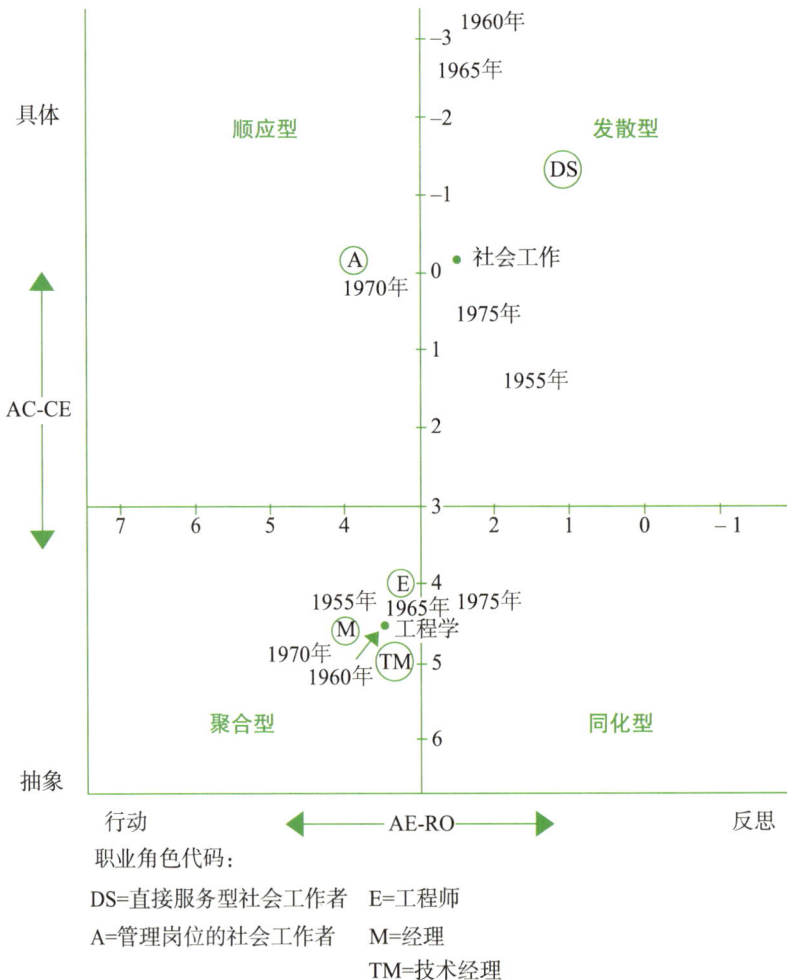

职业角色代码：

DS=直接服务型社会工作者　E=工程师
A=管理岗位的社会工作者　M=经理
　　　　　　　　　　　　TM=技术经理

图 7-12　不同工作年份和职业角色工程系和社会工作系毕业生学习风格得分

格（41%）；社会工作毕业生表现为发散型（34%）和顺应型（29%）的学习风格。因此，以科学为基础的工程学的学生与社会工作专业的学生在获取和使用知识方面存在很大不同，这个结论来源于对这两种专业教育毕业生的学习风格的测量。

当我们在考虑专业化教育及其对职业适应的影响时，我们同样应该考虑社会工作者和工程师在各自的专业领域内学习风格的差异。在工程学领域，我们意外地发现大量同质的学习风格。与社会工作领域相比，工程学领域的个体在学习风格量表上的得分变化更少。更重要的是，在不同年份的毕业生及毕业生所承担的三种主要工作角色中（管理者、技术管理者和总工程师），这种差异都不明显（图7-12表明，工程学五组毕业生的得分都紧密地靠近平均分）。由于学习风格是工程学专业精神的组成部分，我们发现，专业精神在不同年龄、不同工作年限、不同工作需求的维度下变化不大，即专业精神都表现出较强的一致性。社会工作专业的毕业生在学习风格量表上的得分呈现出更多的变化。五组毕业生在学习风格量表上的得分存在较大差异（虽然没有在统计学上达到显著性），并且，社会工作中的两种重要角色（直接服务型社会工作者和管理岗位的社会工作者）在学习风格量表的行动－反思维度上差异显著（$p<0.02$）。管理岗位的社会工作者表现出顺应型的学习风格，直接服务型社会工作者表现出发散型学习风格。

总体而言，上述研究把工程学描述为这样一个领域，即通过选择和强化过程的社会化表现出高度范式性与一致性的专业精神。范式是指被某领域所有成员所认可的一组因果理论（Kuhn，1962）。这个范式具有两个重要的组织功能：对某个领域内有意思的现象提供了一致性的解释，并且界定了未来需要研究的问题。从这些数据中我们发现，与工程学相比，社会工作专业缺少一定的确定性和范式性。谢因（Schein，1972）指出了专业成熟的三种趋势：（1）在知识基础和实践标准上聚合性逐渐增加。（2）它们越来越具有高度区分性和专业化；（3）职业转换变得越来越官僚化和僵化。在所有这三项标准中，社会性职业（包括社会工作）比科学性职业更缺乏成熟性与范式性。

适应能力和职业适应

考虑到社会工作和工程学在成熟性与范式性上的差异，我们预测这两个领域的从业人员会有不同的职业适应问题。当专业精神通过教育变成学生自我认同的一部分时，学生会对与该专业精神相冲突的学习风格表现出不灵活性和不可容忍性。这种固执可能会抑制职业变化的适应能力。这个问题似乎在具有一定范式的专业领域中更为严重，因为这些专业已经清晰地界定了行事方式和最细致的选择／社会化过程。在缺乏范式的专业中，毕业生具有更高的灵活性和可变性，但在很多情况下，这种优势可能会因为缺乏完成专业核心任务所需的有力典范、工具和技能而丧失。

对职业适应性的评估方法即衡量个人是否具备相应的能力以满足其当前工作的需要。在针对毕业生的问卷中，填答者需要描述他们现有的工作要求以及为了完成这些要求所具备的工作能力。测量技术在第四章中已做过描述（见图 4-10）。如前文所述，虽然这种对工作要求和个人能力的自我评估会在客观的、独立的评估中明显提高，但社会工作领域和工程领域的结果仍然显示了职业适应上的一些有趣的模式。我们分析了这两种工作要求的差异。在社会工作领域和工程领域，不同的职业角色需要不同的适应能力。工程领域的工作主要需要聚合型能力，这种能力与符号型和行为型能力相关。工程领域的管理者更需要情感型和行为型能力。直接服务型社会工作者需要高度发展情感型能力，而管理岗位的社会工作者更多强调行为型能力。

为了检验这个假设，我们通过单因素方差分析探索了在社会工作领域和工程领域内承担不同职业角色的个体在工作要求上的差异，并在能力圈图表中标记出来（见图 7-13 和图 7-14）。图 7-13 展示了工程领域内的不同职业角色之间的巨大差异。通过在 0.05 水平上的薛费程序（scheffe procedure），工作任务的重要子集被圈出来。如图 7-13 所示，在亲自参与（bpi）、与人交往（dp）、情绪敏感性（spf）、寻找和发现机遇（seo）、制定决策（md）、设定目标（sg）、设计实验（de）、检验理论和观点（tt）及收集信息（gi）等方面，专业工程师在不同角色（如工程师、经理、技术经理）中存在差异。一般而言，管理者（如经理、技术经理）需要更多的情感型和行为型能力，而工程师需要更多的符号型和知觉型能力。

我们通过单因素方差分析发现，对社会工作者而言，扮演不同角色的工作人员在制定决策、寻找和发现机遇、分析量化数据、情绪敏感性等维度上存在差异（见图 7-14）。直接服务型社会工作者和管理岗位的社会工作者认为他们的工作有不同的要

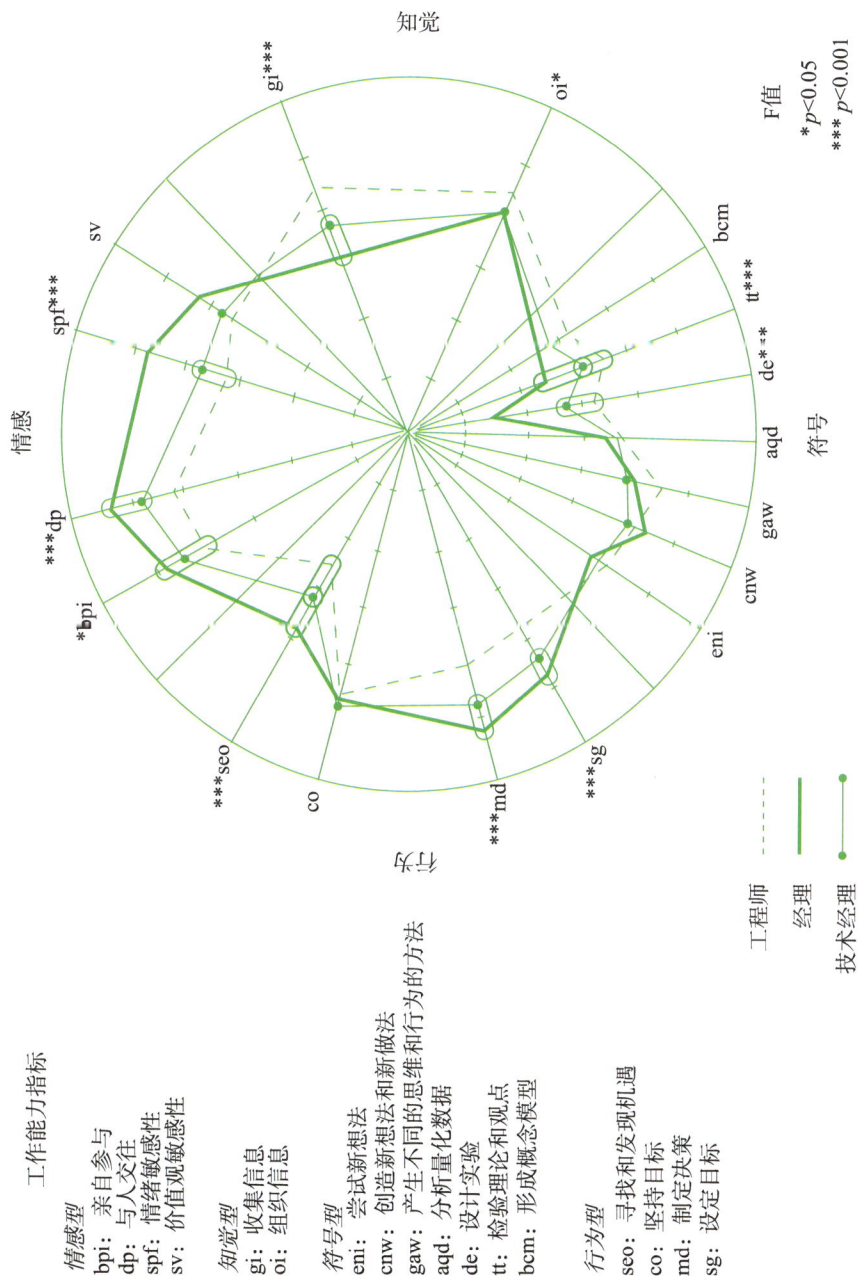

图 7-13　工程师、经理和技术经理的工作要求的比较

工作能力指标

情感型
bpi: 亲自参与
dp: 与人交往
spf: 情绪敏感性
sv: 价值观敏感性

知觉型
gi: 收集信息
oi: 组织信息

符号型
eni: 尝试新想法
cnw: 创造新想法和新做法
gaw: 产生不同的思维和行为的方法
aqd: 分析量化数据
de: 设计实验
tt: 检验理论和观点
bcm: 形成概念模型

行为型
seo: 寻找和发现机遇
co: 坚持目标
md: 制定决策
sg: 设定目标

F 值
*$p<0.05$
***$p<0.001$

工程师
经理
技术经理

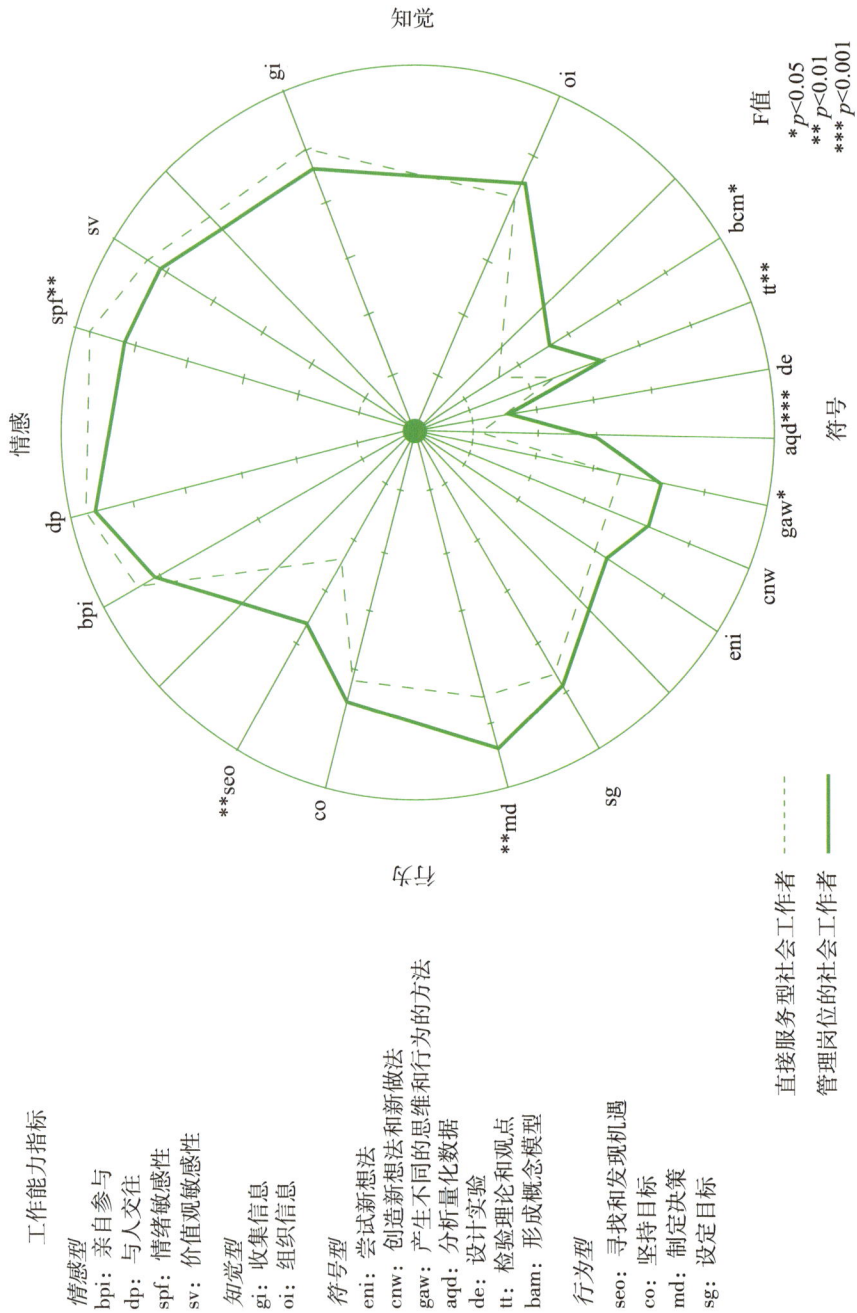

知觉

情感

行为

符号

F值
* p<0.05
** p<0.01
*** p<0.001

直接服务型社会工作者 ------
管理岗位的社会工作者 ——

图 7-14　直接服务型社会工作者和管理岗位的社会工作者的工作要求的比较

工作能力指标

情感型
bpi: 亲自参与
dp: 与人交往
spf: 情绪敏感性
sv: 价值观敏感性

知觉型
gi: 收集信息
oi: 组织信息

符号型
eni: 尝试新想法
cnw: 创造新想法和新做法
gaw: 产生不同的思维和行为的方法
aqd: 分析量化数据
de: 设计实验
tt: 检验理论和观点
bam: 形成概念模型

行为型
seo: 寻找和发现机遇
co: 坚持目标
md: 制定决策
sg: 设定目标

求。直接服务型社会工作者认为他们的工作比管理岗位的社会工作者需要付出更多的情感，而管理岗位的社会工作者认为自己的工作在行为上有更多要求，例如，他们需要寻找和发现机遇、坚持目标、制定决策等。

通过毕业生对工作能力和当前工作要求的自我评估，我们可以得出，在能力的四个组别中承担不同角色的毕业生认为自己在工作上不合格的百分比。这些数据在表 7-1 中可见。

有关工程师的数据显示了他们在职业适应上的问题。在我们的毕业生样本中，超过 1/3 的技术经理和经理认为自己的情感型和行为型能力是不合格的。这个比例比认为自己在情感型和行为型能力方面有所欠缺的工程师的比例要高，这表明在这 领域的许多管理者未能对管理工作的特点（如情感和行为方面的要求）做出及时反应（见图 7-13）。事实上，在情感型和行为型能力方面欠缺的管理者的人数要比在符号型和知觉型能力方面欠缺的管理者要多，这表明职业教育在现实中更注重符号型和知觉型能力的培养，而忽视了情感型和行为型能力的培养。

在社会工作中，44% 的管理岗位的社会工作者报告他们不符合行为型能力的要求。在行为层面认为自己不胜任的管理者比直接服务型社会工作者要多，这可能是因为管理者未能对管理工作的新要求做出及时反应（见表 7-1）。然而，大量的管理者认为自己不仅在行为型能力方面有所欠缺，在情感型、符号型及知觉型能力方面也很欠缺，这些似乎是专业化的社会工作教育所欠缺的。这就意味着，社会工作中的职业不适应问题不仅仅是因为从业者处理专业事务能力的普遍缺乏，还由职业错位所致。

表 7-1 在不同工作角色中认为自身工作能力不能满足工作要求的百分比

工作角色	能力要求			
	情感型	行为型	符号型	知觉型
工程领域				
工程师	24%	20%	18%	43%
技术经理	33%	35%	6%	34%
经理	42%	31%	22%	15%
社会工作领域				
直接服务型社会工作者	45%	29%	15%	27%
管理岗位的社会工作者	33%	44%	30%	40%

因此，我们看到工程领域和社会工作领域的专业人员在适应职业要求变化时的差异。工程领域和社会工作领域的职业角色需要不同的能力。工程类的工作需要从业者具有很强的符号型和知觉型能力；直接服务类的社会工作需要从业者具有很强的情感型和知觉型能力；在两个专业领域内，行政管理和工程管理的工作非常相似，需要较强的情感型和行为型能力。

虽然原因不同，但这两个专业似乎在职业适应上都存在问题。在社会工作领域，不同层次岗位的在职人员大多难以满足工作要求。因此，专业教育所面临的挑战在于发展出更强大的"社会技术"和教育方法，解决国家由于资源稀缺而带来的社会问题。

工程领域的问题更多是职业错位问题。各个工程领域的科学技术及从业者解决科学问题的专业学识都证明了他们的能力。工程领域的职业适应问题更多来自这些能力的过度专业化，因此，专业人员在承担管理工作的时候存在困难，因为这些管理岗位需要更多的情感型和行为型能力。

学校学习与职场学习

专业化发展通常决定了个人的早期职业发展（这是大多数高等教育发展经验的特征）。第一份工作通常是做学徒，目的在于强化预备教育过程中获得的专业知识和技术。从学校中获得的知识、技术和价值观在职场中得到发挥，个体通过在专业领域内完成日益复杂的任务而获得成功。然而，正如前文所述，随着工作角色的改变，在大多数职业发展道路中都有一个转折点，这需要人们在学习上有一个更加综合的视角。克拉克（Clarke）等人对会计和市场营销专业进行了研究（Clarke et al.，1977），结果表明，在个体发展的职业后期存在学习风格的改变。他们选取了学校中初级、中级和高级三个层次的会计和市场营销专业的学生与职场中初级、中级和高级三个层次的专业人员作为典型样本进行比较。会计和市场营销专业的学生的学习风格相似，四种学习模式相当均衡。

初级会计专员表现出聚合型学习风格，并且，聚合型学习风格在中级会计专员身上表现得更加明显，这反映出在会计的职业生涯早期和中期对技术能力的高度强调。然而，高级会计在学习风格上表现得更具有顺应性，与单纯的技术能力相比，他们更关注客户关系和管理。初级市场营销专员在学习风格上表现得更具有聚合性，但中级市场营销专员在责任上变得更加具体，这反映了从技术角度向创造性角度的转变。高级市场营销专员具有顺应性学习风格，这与高级会计专员相似，同样反映了对客户关系和管理的关注。

在工程师和社会工作者的职业生涯中，学习风格出现了相似的过渡。在对工程专业和社会工作专业毕业生的访谈中，哲潘（Gypen）发现了下列规律。

当工程师逐渐走向管理岗位，他们最初擅长的抽象概括和主动实践能力得到了改善，先前居于非主导地位的具体体验和反思观察能力，也得到了补充。随着社会工作者从直接服务转向管理职位，他们的发展方向与工程师相反（Gypen，1980）。

此外，哲潘发现，学习风格的改变与他们当前工作要求的变化有直接关系。

大量数据表明（见表7-1），许多专业人员认为自己无法满足当前的工作要求，而这里介绍的研究或多或少都比这一数据显示的图景更为乐观。从这个角度来看，发展的杯子已经装满了一半，而不是还空着一半。某些职业适应取向的变化的确会在专业教育之后才会出现，这主要是通过在工作中学习而产生的变化。

为了探索社会工作和工程专业的毕业生如何发展出他们现有的能力，调查问卷要求他们评估专业教育在多大程度上帮助他们形成了前文所描述的各种能力，以及评估工作经历在多大程度上帮助他们形成了这些能力。图7-15清楚地反映了调查结果。其中，黑色阴影区域代表专业教育对这些能力的贡献，黑色线性区域代表工作经历对这些能力的贡献。黑线表明每项工作能力的基本工作要求。图7-15展示了教育和工作能力要求之间存在很大差异。在很多情况下，工程专业教育似乎在符号型能力和知觉型能力方面为从业人员提供了足够的、甚至过多的帮助，但在情感型和行为型能力方面提供的帮助则很少，因此，从业人员在情感型和行为型方面的能力只能在工作中获取。

图7-16显示了对社会工作专业毕业生的分析。在这里，代表社会工作专业教育所做贡献的阴影范围比代表工程教育的阴影范围大，但仍旧侧重于知觉型和符号型方面的能力发展。与工程教育一样，社会工作的相关经历更有助于个体的情感型能力的发

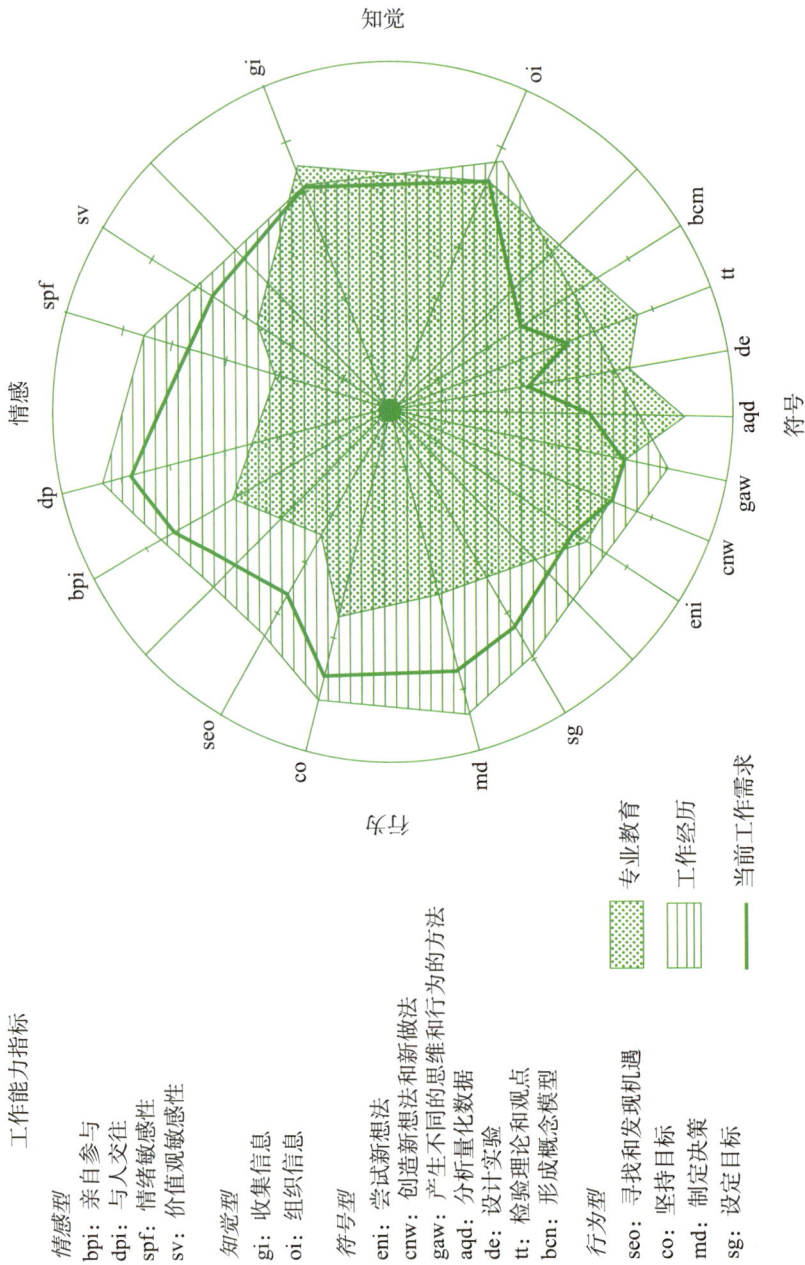

图 7-15 专业教育和工作经历对工程专业毕业生工作能力的贡献

工作能力指标

情感型
bpi: 亲自参与
dpi: 与人交往
spf: 情绪敏感性
sv: 价值观敏感性

知觉型
gi: 收集信息
oi: 组织信息

符号型
eni: 尝试新想法
cnw: 创造新想法和新做法
gaw: 产生不同的思维和行为的方法
aqd: 分析量化数据
de: 设计实验
tt: 检验理论和观点
bcn: 形成概念模型

行为型
seo: 寻找和发现机遇
co: 坚持目标
md: 制定决策
sg: 设定目标

276

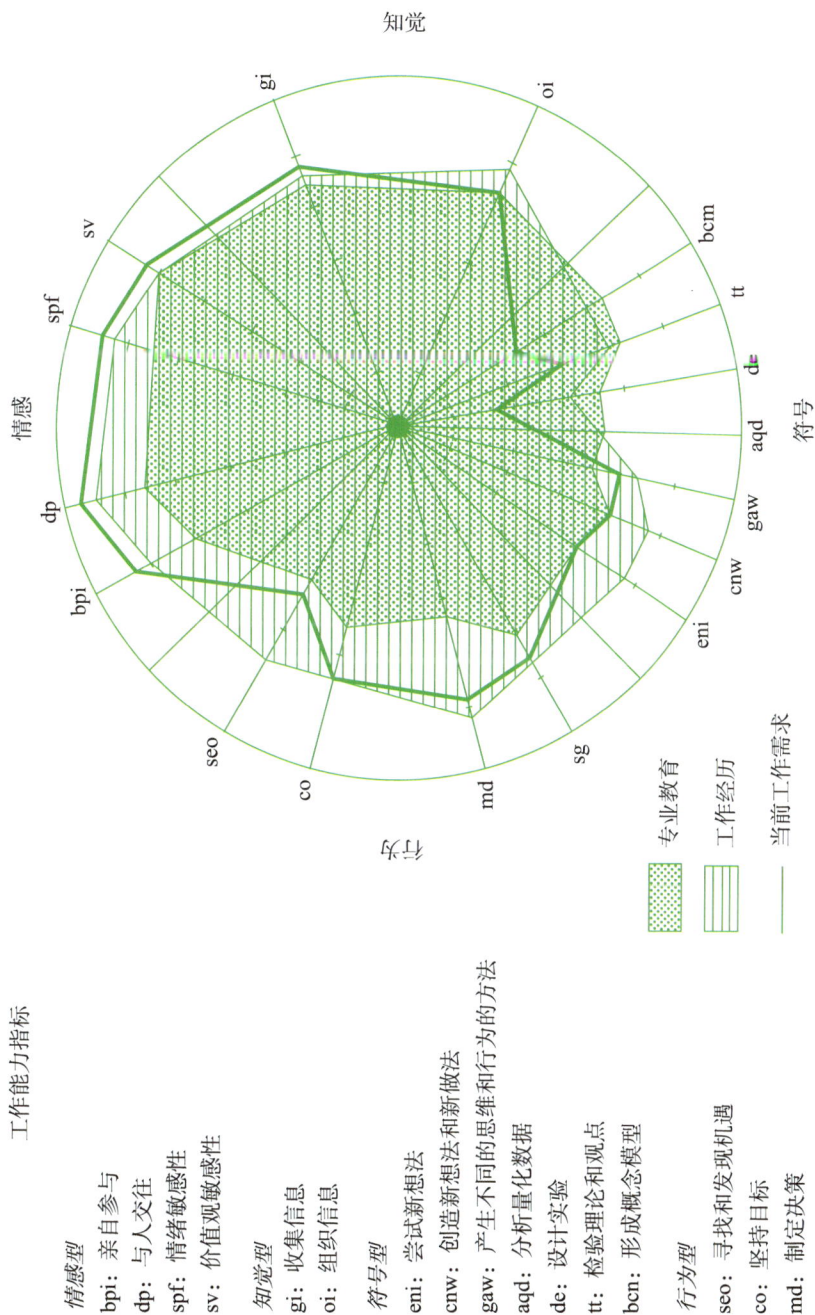

图 7-16 专业教育和工作经历对社会工作专业毕业生工作能力的贡献

工作能力指标

情感型
bpi: 亲自参与
dp: 与人交往
spf: 情绪敏感性
sv: 价值观敏感性

知觉型
gi: 收集信息
oi: 组织信息

符号型
eni: 尝试新想法
cnw: 创造新想法和新做法
gaw: 产生不同的思维和行为的方法
aqd: 分析量化数据
de: 设计实验
tt: 检验理论和观点
bcn: 形成概念模型

行为型
seo: 寻找和发现机遇
co: 坚持目标
md: 制定决策
sg: 设定目标

展，尤其是行为型能力的发展。

令人惊讶的是，这些模式在不同年代的毕业生之间没有显著性差异，即毕业三年的毕业生（1975级）显示的模式与毕业23年的毕业生（1955级）显示的模式一致。不同年份的工程专业毕业生均表明，他们的专业教育强调符号型和知觉型能力的发展，却忽视了情感型和行为型能力的发展。不同年份的社会工作专业毕业生认为，他们的专业教育帮助自己在情感型、知觉型和符号型领域形成相关的能力，但却忽略了行为型能力的发展。社会工作专业和工程专业的毕业生均表明，他们通过在工作中的体验学习弥补了这些不足，也强化了先前的优势。在另一项研究中，西姆斯（Sims，1981）通过调查发现，有些组织机构有着良好的监督机制、有发展潜力和自由、能提供很好的成长与发展机会，在这样的组织氛围中进行职场学习是便利的；而在那些对学习和发展支持力度不够的组织中，个体在工作中的学习会受到阻碍。这些结论说明了组织机构氛围所起的作用，而这些结论也被马古利斯和拉亚（Margulies & Raia，1967）的研究重复验证。终身学习不是自动完成的，需要在学校和工作中形成的支持性学习氛围中得到培育。

学习过程的管理

在大学里从事教学工作的人，需要熟知和管理影响学习过程的教学系统，同时也要考虑学生个人的学习风格和促进学生学习的方法。这样的管理系统必须牢固地建立在一个有效的学习过程模型上。近年来，辅助学习过程的教学手段大量地出现：计算机辅助教学，数学、科学和心理学中的体验学习材料，程序教学，游戏，多媒体课程和开放式课堂等。尽管这些方式很不错，并创造性地综合了计算机科学、心理学和建筑学领域的特长，但在如何促进学习上，它们的表现仍然不够精细。所有这些手段都有一个特点，即未能认识到个体和课程的不同特质，没有满足不同学习风格的需要。很多教学改革都冠名为个性化教育或自我指导式学习，但没有说明个性化表现在哪个维度上。例如，虽然计算机辅助教学和程序化学习为学习者提供了不同的学习路径，但这些方法主要是在阐释课程内容，当学生回答错误时，为学生提供更多相关信息，很少基于学生的学习风格为他们提供其他学习方法，如图片式呈现或符号式呈现。除此以外，较少有研究去评估不同的教学方法对学生的学习风格或不同学科教学的影响，在与学习风格相关的研究中，两个显著不同的例子是亨特（Hunt，1974）和赫德森（Hudson，1966）的研究。

学习环境

弗赖伊（Fry，1978）的学习环境概念为体验学习理论提供了管理学习过程的系统。任何一个教育项目、课程设计或课堂都会呈现出体验学习模型中的四种学习模式，即情感、知觉、符号和行为模式，它们创造了整体的氛围及人们所需的学习技能或模式（Kolb & Fry，1975）。因此，情感环境强调对具体事件的体验，知觉环境强调观察和欣赏，符号环境强调抽象概念，行为环境强调具体情境下的行为及其产生的真实结果。任何具体的体验学习都会同时表现出某些或所有的学习模式。典型的讲座形式明显偏向于知觉和符号倾向，因为它需要学生倾听，并诠释讲座内容（反思性的观察技术），对所听到的内容进行推理，发现概念性的关系（抽象概念技术），与此同时，这个过程可能也蕴含了情感倾向。直接向学生提问或质疑时，我们要求学生当众发言并证明他们的观点，提高他们的行为能力倾向。

弗赖伊发现，每一种情境倾向都可被测定，但需要观察课程情境中的以下几个变量：（1）主要活动目的；（2）信息的主要来源或使用情况；（3）引导学习者行为的规则；（4）教师角色；（5）情况反馈。这些都是很有用的提示，它们由独立于学习者的教师和管理部门来掌控。大多数影响学习环境的决策都在课堂互动之前产生。这些变量的使用带来了以下不同的情境类型。

情感复合型学习环境是一种体验式情境，在此情境中，个体需要体验专业人士所需要经历的研究和学习过程。学习者参与各种活动是为了模拟或反映他们作为毕业生将要做的事，或者，他们被鼓励反思一种经历，以产生关于自身的洞见与感受。讨论和形成的信息往往是即时的，通常来自学习者与同辈或教师讨论时表达的情绪、价值观或观点。这种情感表达受到鼓励，并被看作是对学习过程的全情投入，这也会带来很多益处。由于学习者自身的需要，学习者的活动通常和预先的计划有所不同，这主要是学习者自身需要的结果。教师是专业领域的角色榜样，是学习者个人的基石，与其说是权威，不如说是同伴。考虑到个人的需要和目标，反馈也是个体化的，不具可比性，反馈可以来自同辈和教师。大家可以就课程如何展开进行讨论，也可以就课程的进展提出批评，也正因为如此，课堂中的具体事件通常是应景出现的，而非事先安排好的。

知觉复合型学习环境强调个体的主要目标是理解：有能力鉴别概念之间的关系；有能力确定需要探索的问题；有能力搜集相关信息；有能力研究一个问题等。为了实现这个目标，学习者需要通过不同的视角（他们自己的体验、专家的意见、文献）和不同的方式（听、观察、写、讨论、行动、思考、闻）来关注某个主题。如果完成了一项任务或解决了一个问题，应该更多强调过程而不是结果。成功与否或表现如何，并非以死板的标准来判定。相反，学习者需要只能为自己而总结、回答或定义成功的标准。这个过程中的个体差异是被允许的，并且是获得进一步理解的基础。因此，学习者可以自由地探索他人的想法、意见和反应，以便确定自己的观点。在这个过程中，教师就是一面"镜子"或一位"过程的推动者"。教师不发表观点，而是以提问的方式回答问题，他们提供建议但不进行评价，将目前的问题与更大的问题相联系。教师应该建立一个奖励机制，强调探索的方法而非得到某个具体的答案。在课堂中，为了更好地引导学习者后续的活动，需要留有一些时间来回顾先前的步骤、事件和决定。

符号复合型学习环境是指学习者尝试解决那些有正确答案或最佳解决方案的问题。信息、主题或需要解决的问题常常是抽象的，远离当前的现实，并通过阅读资料、数据、图片、讲座等方式呈现。在处理这些信息时，学习者既受到这些信息的引导，也被严格地限定在规定的原则内，比如符号、计算机技术、行话、定理、图示要点或协议等。这就要求学习者回忆这些规则、概念和关系。教师作为知识体系受到认可的代表，要判断和评估学习者的成效，解释推理规则无法处理的信息，强调研究的方法论和科学的严谨。教师也是事务安排的计时员、任务管理员和执行者，这样学习者才能投入到必要的分析练习中寻找解决方案，同时，也不必有设定目标和控制时间的紧迫感。对成功的判定可以依据正确或最佳的解决方案，也可以依据专家意见，还可以由教师制定或由领域内普遍认可的权威来制定。教师往往在上课前就决定了课堂活动的流畅性和课堂性质。

行为复合型学习环境强调积极运用知识和技能来解决实际问题。这个问题不一定要有正确或最佳的答案，但是它一定是与学习者相关的、被学习者看重的，或者解决了这个问题后学习者能体会到由心而生的满足感。这可能是学习者作为专业人员所期望遇到的"真实生活"中的问题、案例或情境模拟。在面对这些问题的时候，重点在"做"。完成任务是很重要的，虽然任务有截止日期，也可能需要提交报告或相关信息以备阶段性检查，但是学习者的大部分时间都由自己掌控。因此，学习者只关注自己目前的行为对整个任务的完成会产生什么影响，下一个行为会不会脱离现在的任务。从这个意义上来讲，学习者总是自己来做决定，或者自己选择下一步要做什么或怎样做。只有当学习者要求时，教师才可以以教练或顾问的身份参与进来。对成功的评判要依靠与任务相关的标准，包括问题解决得如何，是否具有可行性，能否推广，客户的接受度，成本，测试结果和美学品质等。

学习情境会随着情境类型倾向的不同而表现出差异。在关于景观设计系的一项研究中（Fry，1978），研究者曾评估了十门课程，判定情境复杂程度及课程以一种或多种类型为倾向的趋势。结果显示，所有课程在每种倾向上都有所体现，并且，一门课程可以同时具有情感和符号倾向性。一致的情境取向模式如下所示：知觉和符号模式，呈现出"探索性"氛围，通过推论的方式建构理论，或者理解事情发生的原委（在讲座或研讨会中，这是常见的特征）；符号和行为模式，呈现出"掌握性"氛围，强调通过解决实际问题而掌握一定的技术（在实验室或课程的回溯环节，这是最常见的特征）；行为和情感模式，呈现出"模拟性"氛围，强调创设情境，要求学习者扮演在工作环境中被期望扮演的角色（注重教室以外的现场经验、现场观察和人际互动）。

学习者与环境的互动

当体验学习理论运用上文讨论过的术语来看待学习者和教学环境时，对学习情境的设计开始具有能发挥效用的关联。一项针对 MBA 学生和建筑系研究生的偏好研究（Fry，1978；Kolb，1976）表明，我们所认为的情感、知觉、符号和行为倾向的环境特征，的确与具体体验、反思观察、抽象概括和主动实践相关，并且需要学习者在这些方面具有一定的技能（见表 7-2）。

表 7-2　帮助／抑制具有不同学习风格学习者的学习环境特征

学习环境特征	学习风格			
	具体体验	反思观察	抽象概括	主动实践
"典型"的教育事件（哈佛大学 MBA 学生）	理论阅读没有帮助（−0.21[b]）	讲座有帮助（0.18[a]）	案例研究有帮助（0.22[b]）	讲座没有帮助（−0.25[c]）
			理论阅读有帮助（0.34[c]）	小组讨论有帮助（0.16[a]）
	同伴反馈有帮助（0.15[a]）	—	练习和模拟没有帮助（−0.15）	完成项目有帮助（0.18[a]）
			独自思考有帮助（0.17[a]）	同辈反馈有帮助（0.20[b]）
			专家讲话没有帮助（−0.15）	家庭作业有帮助（0.19[a]）
情境因素（建筑专业研究生）	当面临下列情境时	当面临下列情境时	当面临下列情境时	当面临下列情境时
	反馈是个体化的（0.45[c]）	教师提供专业解释（0.23[a]）	学习者要求自我指导和自主没有帮助（−0.39[b]）	教师是专业榜样（0.22[a]）
	分享情感（0.20）	有关人物的信息没有帮助（−0.33[b]）	教师是教练／帮助者没有帮助（−0.22[a]）	学习者自己决定相关标准（0.21[a]）
	活动目的是运用技术（0.24[a]）	由专业标准对行为进行评定（0.23[a]）	活动目的是运用技术以解决问题没有帮助（−0.23[a]）	活动目的是应用技术解决问题（0.37[b]）
	教师是教练／帮助者（0.36[b]）	教师是任务掌控者和引导者（0.20）	个体化的反馈没有帮助（−0.47c）	关注任务完成的信息（0.37[b]）
	学习者要求自我指导和自主（0.37[b]）	—	教师是专业榜样没有帮助（−0.21[a]）	成绩判定对与错没有帮助（−0.25[a]）
	—	—	分享情感没有帮助（−0.43[b]）	教师是任务管理者／向导没有帮助（−0.37[b]）
			此时此刻的信息没有帮助（−0.29[a]）	—
	—	—	以提供专业人员的体验为目的的活动没有帮助（−0.26[a]）	—

a：$p<0.05$ Pearson Correlation

b：$p<0.01$ Pearson Correlation

c：$p<0.001$ Pearson Correlation

那些将具体体验作为学习模式偏好的学生表明，情感因素能提高他们的学习能力，这些情感因素包括个体反馈、情感分享、支持型教师、运用技术解决真实生活问题的活动、同伴反馈、自我指导和自主化的需求等。对这些学生而言，过于理论化的阅读作业是阻碍其学习的环境因素之一。

在反思观察维度上得分最高的学生认为，与知觉相关的环境因素是对他们最有帮助的，这些因素包括讲座，教师的专业解释和对讨论的掌控，学习效果由该专业领域或学科的外部标准来评定等。反思型学习者难以从任务情境中受益，任务情境中的信息采集聚焦于完成某项工作。

在抽象概括维度上得分最高的学生认为，符号因素有助于他们学习能力的提高，例如，个案研究、独立思考，以及理论阅读。他们感到情感和行为倾向的环境阻碍了他们的学习能力，例如，小组练习和模拟、自我指导或自主性的需求、个体化反馈、教师作为专业榜样、分享有关课程内容的个人感受、处理"此时此刻"的信息，以及以体验为导向的活动等。

最后，在主动实践上得分最高的学生认为，行为导向因素有助于他们学习能力的提高，例如，小组讨论、项目、同辈反馈、家庭作业问题、教师的专业示范、自己评价自己的工作，以及运用技能解决实际问题的活动设计等。学习者认为，阻碍学习能力提高的因素有讲座、教师的任务掌控，以及进行简单"对"或"错"评判的评价方式。

人们进入某种学习情境前已经拥有一套发展完备的学习风格，已经或多或少地了解一些学习理论，或者更具体一点，他们了解如何更好地学习。在与学生的学习风格不相近的学习理论指导下设计的学习情境很有可能使学生产生拒绝或抵制心理，例如，很多学生抵制那些试图拓展他们兴趣的必修课程。解决这个问题的方法是，教师和学生都直截了当、清晰明了地分享各自的学习观念。通过这样的讨论，学生可以了解为什么这门课是这样教的，从而明确自己在学习方法上需要做哪些改变。同时，讨论的结果也会帮助教师认识到，在授课过程中应根据学生的学习风格来变换自己的教学方法，以达到因材施教的目的。此外，当把有关学习过程的讨论直接应用于所教的具体学科时，教师和学生都会相互督促以检查和提炼他们各自的学习内容。为此，学习可以成为能够被改进和操练的技能。或许在学习风格和学习情境的互动中最重要的启示是，同理心和沟通是教学过程的核心。教育，从字面意思来讲就是激发（draw out）。

这要求教师有能力触碰到学生的内在资源、态度和想法，并通过对话发展和完善他们的知识和技能。

在学习者与环境的交互研究中出现的第二个关注点是：学生需要个性化指导。大多数传统课堂使用的教学方法太具有同质性，例如，学习环境仅适用于单一的学习风格，而不利于那些拥有其他学习风格的学生进行学习。当个性化的学习过程满足了学生的学习目标、学习风格、学习节奏或生活情境时，会有利于他们未来进行更深入学习。这种个性化教学的关键是，教师需要改变其所扮演的角色，从信息的传递者转变为学习促进者或学习过程的管理者。数字学习革新的广泛运用为知识与信息等内容的传播提供了替代方案，也为教师角色的转变创造了便利条件。

专业化与综合化发展目标

学生的学习风格与相应的学习环境的匹配，似乎是提升学习过程的简单而有效的方式。但是，这是否就意味着我们要改变课堂设计来适应学生已形成的学习风格，或者要求学生习得特定的专业技能来反映某项职业或某个学习领域所要求的标准呢？

为了回答这个问题，我们需要考虑教育项目的目标。在课程设计中，需要考虑三个学习目标：内容目标、学习风格目标、成长和创造性目标。在设计课程时，人们常常考虑内容目标：例如，应该涵盖哪些材料？应该引入什么概念？学生们需要知道哪些事实？然而，大多数学科都有与学习风格相关的重要规范。学生们应当采用特定的视角对待他们的工作。他们必须学会像数学家一样思考，像诗人一样感受，或者像高级管理人员一样决策。因此，针对学生在某一特定学习领域的学习风格，教师在设定教学目标时，应该考虑被认为适合特定学习领域的学习风格。

为了深入研究上述问题，必须考虑第三个学习目标，即成长和创造性目标。除了专业化发展训练，教师还需要关注学生的成长和创造性发展目标。为了让学生的发展更加"全面"，教学需要弥补学生学习风格中的不足，使学生获得从多种学习角度来学习的能力，促进个体的成长。这样做的目的并不是使学生的学习风格适应特定的工作，而是使学生能够自我更新、自我指导，在四种学习模式上（行动型、反思型、抽象型和具体型）具有高度综合发展的能力。在这里，学生需要体验不同模式之间的张力和冲突，因为创造性的萌发通常来自对这些张力和冲突状态的解决。

前文引用的普罗维尼克的研究解释了这三个目标之间的抉择困境。该研究的结论是，物理教育重点关注聚合型学习，与那些学习风格与物理系的要求不匹配的学生相比，具有聚合型学习风格的学生对自己的专业更加满意。物理系所面临的两难困境也在于此。为了对当前的物理发展做出贡献，个体必须了解很多事实。所以，内容学习是非常重要的，也是需要花时间的。这些时间需要用来让那些发散型学习者拥有聚合型学习能力。那么，如果直接选用那些拥有聚合型学习能力的学生岂不是更简单？也许吧！但是，这个过程所缺失的是在聚合型和发散型之间碰撞的过程中所产生的创造性张力，这个过程只能产生很好的技术工人，却失去了创造者。库恩（Kuhn）是这样解释的："旧事物在同化新事物时一定会被重新评估和重新整理，所以，科学中的发明和发现在本质上通常是一场革命。因此，它们的确需要发散性特质中的灵活性和开放性（kuhn，1962）。"为什么在科学中具有创造性贡献的常常是年轻人呢（Lehman，1953）？这也许是因为年长者的学习风格已经在专业训练的工作经历中定型了，所以，虽然他们能够很好地适应专业规范，但是失掉了创造性张力。

对高等教育的启示

正如我们所见，当今的高等教育鼓励早期专业化，这样的专业化强调了特殊的技能和兴趣。那么，我们是继续跟随这种专业化教育模式，还是创造出新的教育项目以振兴传统教育中所丢失的综合教育呢？哈佛大学校长德里克·博克（Derek Bok）在报告中展示了修改后的本科生课程计划，这份计划要求本科生课程在某种程度上回归传统教育，即开设必修的核心课程，如科学、数学、文学、艺术、历史、哲学、社会分析及外国文化方面的课程（Bok，1978）。在 1869 年，查尔斯·艾略特提出了选修课和专业课的概念，有关专业化的钟摆在 20 世纪 60 年代末达到高潮，这是由于学生们要求开设与他们生活相联系的课程。为此，在 20 世纪 70 年代，"回归基础技术"的氛围渗透进美国教育的不同阶段中，这可能是个信号，意味着教育过程中综合发展理念的复兴。

毫无疑问，综合发展对个人成功和文化发展来说都非常重要，同时，它对成人发展也至关重要，有助于人们平稳度过埃里克森所说的"发展危机或停滞阶段"。教育面临的问题是如何及何时介入才能促进发展。而且，了解"如何"并不容易。博克把核心课程的引进比作"重整墓地"。大学的专业化在很大程度上受到教师的薪金制度、选择和评估标准及学术价值观的影响。在主导学科文化并汇聚了关注、资源和声望的大学机构中，我们考察了跨学科项目的研究或教学的建立过程中存在哪些困难和阻碍，或者"背离"学科的做法要经历怎样的生存考验。即便在工科院校的人文学院（拥有一批实力雄厚且才华出众的教员），学生仍然表现出强烈的疏离感，人文学院的评估标准更倾向于工程学的探究范式，纯科学文化对研究和教学活动发挥着垄断作用。尽管科学分析在人文科学领域发挥着作用（如希腊神话的计算机模型），但是，我们有必要思考这些活动在多大程度上能够开阔科学家或工程专家的视野。

正如罗伯特·哈钦斯所言。

在过去30年的专业化进程中，教育变得越来越狭隘，在很大程度上，对自然科学的崇拜需要为此负责。专业化的进步意味着世界与我们自身逐步分离，而且不会再整合起来。由于科学方法论的发展，人们开始质疑历史、哲学和艺术方面的方法论，因此，科学的专业化已经对包括科学本身在内的历史、哲学和艺术等一切学科产生了怀疑。这意味着理解力也受到怀疑，因为把世界分割得越来越小，并不能够让我们获得理解力（Hutchins，1953）。

制度背景与整合发展

至此，我们主要围绕过程层面的学习情境展开讨论。虽然需要考虑学习的制度背景所产生的影响，但是这种影响却很难被概念化。制度背景包括院系的组织和管理，例如，学生和教师的互动模式，对研究、教学和实践应用的强调，必修课程的结构和数量，对分数的强调等。在此基础上，我们还要考虑大学的结构、使命、教育理念、其他可供选择的教学环境、教师和学生的选拔和评估标准、课堂之外的社会网络、大学校园氛围等。一些证据表明，这一系列现象的出现可能与情感和行为导向有关。例如，工程系的教师认为，学生的具体体验和行为实践技能并不会作为正式的课程内容而发展，这些技能应该在社会性活动中发展，例如，通过联谊会、一对一的师徒制、暑期社会实践及其他大学课外活动等。

赫德森探索了院系和更大的组织化过程对教学过程的影响。

例如，在实践层面，有人不能理解在行为科学方面的某些课程，直到他把这门课程看作大学中许多院系之间达成的妥协，其中体现了每个院系的合理兴趣。简单来说，课程是赤裸裸政治化过程的副产品。在概念层面，我们发现自己常常遇到奇怪的概念，如"学科"。为了弄清楚大学内部发生了什么，我们发现自己陷入了历史、医学、化学或心理学等知识的包围中，学科的边界让我们难以解释它们的功能。我们需要接触知识政治学，了解学科领地的形成，其中包括不同思想流派的争论提供了某些合法的观念，其他观念则是出格的（Hudson，1976）。

因此，规模较大的大学的主要职能是提供综合的学习结构和课程，从而能够平衡学生的发展和学术研究上的专业化倾向。终身学习要求我们学习如何学习，这就要求我们能鉴别和胜任不同的知识创造、操控和交流的方法。

如果认为整合的鉴赏力和竞争力仅通过分配要求等方法就能实现，那么，这种想法是极有问题的。随着种族的融合，我们必须认真检查任何策略，看看哪些是要求学生做而我们自己不能做或不会做的。建立有关教学和研究的综合计划需要有奖励制度、选择和评估标准及价值观的冲击和调整，以支持跨学科活动的持续发展。除此以外，成功的综合教育可能要求某种聚焦点（focal point）。我所见到的成功的跨学科项目在综合活动上都有一个普遍的参照点。在阿系维诺学院（Alverno College），参照点即学生发展成一名自我指导型的学习者。教师强调，人文学科的课程应该注重培养学生的能力，他们注重体验学习理论和实践的规则，在此基础上努力创造良好的校外学习环境（Doherty，Mentkowski，& Conrad，1978）。一项纵向研究表明（Mentkowski & Strait，1983），虽然学生群体入学时已经形成居于主导地位的学习风格，但两年过后，他们对四种学习风格的偏好大致相等。他们从更偏好具象转向更偏好抽象，从更偏好反思转向更偏好行动，这些改变直接与他们在课程中的表现有关。这表明，实施体验学习理论的学院更能平衡学生在学习风格方面的偏好，当他们准备好进入专业化的学习项目时，他们早已经历了多种学习风格。尽管学生在大学的最后两年已经进入了具体的职业轨道中，但学生群体的学习风格偏好更加均衡。专业的类型并没有带来改变。再者，针对女毕业生的报告表明，她们需要通过不同的工作方式学习，在不同的环境下获得相应的能力以持续适应没有指导的学习环境（Mentkowski & Much，1982）。在专业中，这种参照点往往是专业角色本身。在专业角色中具有争议的功能和任务要求学生从不同的学科中汲取专业知识；在纯学术课程中，专业角色要求学生着重掌握方法论，例如，通过系统分析或通过研究问题得到多元化的思想或不同的观察角度。对人文学科而言，参照点可能为体验学习，侧重于生活的普通体验，不同于理论化和正规专业化的趋势，在杰克逊·贝茨（Jackson Bates）看来，这种理论化和专业化几乎毁掉了整个专业领域。关于这种趋势，他发表了如下观点。

最大的麻烦是，文科学习正慢慢地自娱自乐：文学（和艺术）的自主性正从生活体验中分离出来。艺术就像希腊神话中的巨人安泰俄斯（Antaeus），当脚碰到地面，他是一个无法被战胜的人，一旦离开脚下的土地，他则很容易被大力神海格力斯（Hercules）掐死。同样，艺术一旦离开生活，也将消亡（Bates，1982）。

"何时"这个问题意味着更为根本性的改变。持续的知识爆炸和相关变化的加速发展导致了很严重的问题——个人生活的"超前负重"（front-loading）。正如目前劳动力统计数据表明的那样，普通人在其工作生涯中通常要换七次工作及转换三种行业，这些变化要求成年人尽可能地提前做好准备，并随时获得零散的教育体验；年轻的学生则需要在他们的正规教育中获得更多的工作和学习体验。现场体验教育（如实习、半工半读等）证明了学术和实际训练结合的必要性（Hursh & Borzak，1979）。在这样的学习模式中，大学成了终身学习的中心。当与成年生活中面临的挑战相联系时，综合学习体验就有了新的意义和生命力。与高中毕业生讨论人生价值观和生活品质的感觉和与炼油厂的经理讨论这个问题是截然不同的。对病人体贴入微的高质量护理对一个理想尚未成熟的学生和对一个忙碌的医科专家来说含义是截然不同的。整合发展的丰富资源，或许源自在提供终身学习的大学中不同年龄层次学生之间的对话。

更新与反思

1. 成为一名体验教师

成为一名教师的过程也就是成为一名学习者的过程。作为一名教师，当你能够开始向学生学习并站在学生的角度考虑问题时，指导过程就开始了。在这个过程中，你能够了解学生学到了什么及他们的学习风格。

——克尔凯郭尔（Kierkegaard）

我近 50 年的教师生涯开始于 1965 年，那时我在麻省理工学院的斯隆管理学院担任助理教授。我的教学经历是一个逐步变成体验式教师的过程。我的第一学期是向机械管理系的学生教授组织心理学的课程，一开始效果并不好，教学过程很痛苦，后来，我开始探索能够帮助学生学习的教学之路。正如我在引言部分所言，在勒温的体验式训练小组中，我所经历过的那种强烈的学习体验，与我面对的无趣的学习形成了鲜明的对比。我与同事们一起，开始尝试一项振奋人心的体验学习方法教学实验。起初，我们运用了 T 小组训练法，很快，我们将其调整为体验学习周期模型，通过聚焦于与组织心理学有关的各种主题上，创造出一种更加结构化的体验练习。在此基础上，我们创作了第一本关于体验学习的管理学教材（Kolb，Rubin，& McIntyre，1971b），它通过模拟、角色扮演及练习（具体体验）的方式聚焦于组织行为中的中心概念，从一个普遍的体验经历开始，让参与者和教师能够探索工作中各种行为概念的相关性。每一章的展开都基于体验学习周期、结构化反思和对话练习、概念材料及个人实践作业。

对我来说，这项工作的成功开启了我终身的求索过程，我开始迷恋探索人们如何学习，作为一名教师如何促进学习的过程。与大部分对具体学科感兴趣的教师不同，关注人们如何学习就是我的研究和教学实践的兴趣所在。因此，我的职业生涯由一系列的行动研究项目所组成。在我探索如何成为一名体验式教师的过程中，三个概念非常重要：

- 创造学习空间；
- 通过"围绕学习周期的教学"，实现个体学习风格和学科要求间的动态匹配；
- 关注学习技术的发展。

学习空间

在体验学习理论中，学习被看作是个体与环境之间的交互过程。学习意味着学到些什么。然而，对大多数人而言，提到学习空间，脑海里立马浮现出一个自然环境下的教室情境。事实上，学习空间的概念要更加广泛，并且是多维度的（见图 7-17）。学习空间的维度包括物理、文化、机构、社会和心理层面。

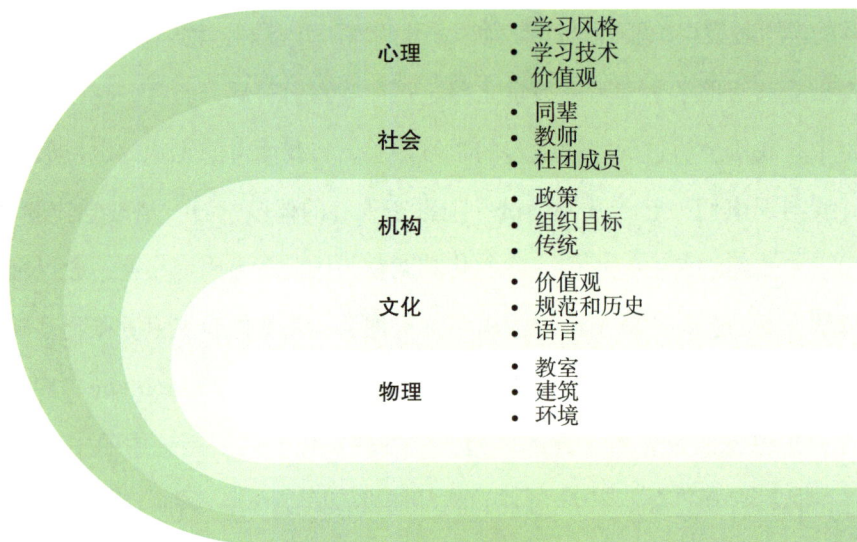

心理	• 学习风格 • 学习技术 • 价值观
社会	• 同辈 • 教师 • 社团成员
机构	• 政策 • 组织目标 • 传统
文化	• 价值观 • 规范和历史 • 语言
物理	• 教室 • 建筑 • 环境

图 7-17　学习空间的维度

在体验学习理论中，有关学习空间的各种维度都会在学习者的体验中出现。有关学习空间的概念是基于勒温（Lewin，1951）的场理论和生活空间概念提出的。对勒温而言，个体和环境是相互依赖的变量。勒温把这个概念转换到了一个数学公式中，$B=f(p，e)$，即人的行为是个体及其所在的环境共同决定的。正如马罗（Marrow，1969）指出："生活空间是个体主观体验到的心理环境的总和。"生活空间包含与个体有关的所有方面，与个体无关的任何方面都不属于生活空间。生活空间包含需求、目标、无意识的影响、记忆、信念、带有政治、经济和社会属性的事件，以及其他任何能够对个体的行为产生直接影响的事物。例如，在当今的很多组织机构中，雇员们都认为自己工作太忙碌，以至于他们觉得自己没有时间去学习如何提高做事效率。这种感觉的形成与两个因素有关：（1）繁忙的工作安排（客观情境）；（2）个体认为把时间花在反思上是没有回报的。在客观层面，教师通过他们在课堂中提供的信息和活动创造出学习空间；学生从自己的学习风格出发，基于个体的主观体验对这个空间进行解释。个体在学习空间中所处的位置决定了他们的体验，进而决定了他们所认为的"真实性"。勒温强调通过学习者的体验来定义学习空间的重要性，他说："我认为，在心理学中，场理论的一个基本特征就是，对个体产生影响的场不应该被描述为一种'客观的物理学'术语，而应该是具有属于此情此景的特征……如果一名教师不去尝试理解孩子的心理世界，那么他就难以给孩子正确的教育指导……如果用教师的世界观、物理学家的世界观或任何其他人的世界观来代替个体的世界观，那都是错误的（Cartwright，1951）。"

在一个具体的生活空间内，各种因素在某种程度上都是相互联系的，并且，勒温强烈建议，只有张力（tension）和推力（force）的概念才能处理这些相互依赖的事实。这就导致了他将心理需求定义为一个张力系统，它们的拓扑表征就是用向量来表示运动。他假定，个体生活空间的具体组织受到场内各种力量的决定，这些力量表明，各种内部需求和外部要求把个体定位于由不同区域所组成的生活空间中。使用图式来表征，生活空间可以从拓扑学的角度进行描述。生活空间在外延、分化、整合和冲突的不同水平上表现出差异。勒温介绍了很多概念以分析生活空间及个体与生活空间的关系，例如，位置、区域、运动、力的平衡、正诱发力和负诱发力、个体和环境中的障碍、冲突、目标等。这些概念适用于有关生活空间的研究中。

乌列·布朗芬布伦纳（Urie Bronfrenbrenner，1977，1979）有关人类发展的生态学研究在社会学方面对于勒温提出生活空间的概念起到了很大的帮助。他从拓扑学的角度，把学习/发展生态空间定义为一组嵌套的结构，即每一个空间蕴含于另一个空间中。学习者即刻存在的空间被叫作微观系统（microsystem），如一堂课或一间教室。而个体生活中的其他并行空间被叫作中层系统（mesosystem），如其他课程、寝室或家庭。外部系统（exosystem）包含影响个体即刻环境的正式和非正式的社会结构，如制度政策、流程和校园文化等。最后，宏观系统（macrosystem）是指基于更广泛文化下的总体的制度模式和价值观，例如，有些文化价值观对抽象知识的偏好凌驾于实践知识之上，这就会影响行动者在即刻的微观系统和中层系统中的表现。这个理论所提供的框架可以用来分析那些影响个体在某学习空间中学习体验的社会系统因素。

另一个对学习空间概念有着重要影响的是情境学习理论（Lave & Wenger，1991）。与体验学习理论相似，情境学习理论基于维果茨基的社会认知活动理论（Vygotsky，1978），该理论认为，学习是个体与社会环境之间的交互作用。在情境学习理论中，情境可以指生活情境或学习情境，但这不一定是指物理空间，而是指由个体的体验构成的社会环境。这些情境蕴含于实践共同体中，这个共同体拥有自己的历史、规范、工具和实践传统。知识并不存在于个体的头脑里，而是在这个实践共同体中。因此，学习变成了通过合法的边缘性参与（如学徒制）而逐步成为某个实践共同体中的一员的过程。情境学习理论提醒我们学习空间不只限于教师和课堂，从而丰富了学习空间的概念。这个进入更大实践共同体的社会化过程包括成员资格、认同感形成、通过师带徒从新手转变为专家、实践活动体验，以及实践共同体的复制和发展。

如前文所述（见第五章的"更新与反思"部分），在野中与康诺的知识创造理论中，他们介绍了日语中"ba"的概念，即"有意义的情境"，这是指知识创造的共享空间。他们认为，知识存在于 ba 中，个体通过体验或反思他人的体验来获得知识（Nonaka & konno，1998）。存在于 ba 中的知识是隐匿的，只能通过在空间中分享情感、思想或他人的体验，才能够让知识外显。为了让知识外显，ba 空间需要个体之间移除障碍，强调"关怀、爱、信任和承诺"。同样，学习空间也需要心理安全感、严谨的目标和尊重来促进学习。

用库伯学习风格量表 4.0 评估体验学习空间

在体验学习理论中，体验学习空间是通过吸引力或排斥力（正诱发力和负诱发力）来定义的，即行动 – 反思、抽象 – 具体这类双向辩证的两极，并由此创造了学习空间区域的二维图式。在体验学习理论中，学习空间区域提供了不同学习风格的图式，并由此强调学习周期中的某些阶段超越了另一些学习阶段。体验学习的过程可以被看作是穿越学习区域的运动过程，这个过程受到个体在学习空间中的位置的影响。对学习灵活性的研究表明（见第四章的"更新和反思"部分，以及图 4-16），个体在学习空间内的移动能力具有很大差异。

体验学习理论中的学习空间概念强调，学习并不是一个普通的过程，而是一幅有关学习领域的地图，是一个参考框架，许多不同的学习方式都可以在这个框架下蓬勃发展、彼此关联。这是一个整体的框架，引导许多学习风格朝着不同的方向发展。正如勒温指出："实际上，'学习'这个术语指代了许多不同的现象。有一句话说，'民主，是经习得而来的，而独裁则是强加于个体的'，这就代表着一种学习类型。如果有人说一位小儿麻痹患者需要学会放松，那么这是另一种学习类型。这两种学习类型与学习法语词汇无关，也不同于学习努力接受蔬菜的过程。我们是否可以用同样的术语对跳高、饮酒及社交进行归类？我们能期待这些学习过程拥有相同的法则吗（Cartwright，1951）？"

一个人在学习空间中的立场决定了他的体验，也决定了他所面对的"真实世界"。学习空间最终就是学习者所体验到的模样，学习空间的心理维度和社会维度对学习有最重要的影响。按理说，特殊情境下的人呈现了所处情境的主要特征，从这个角度来看，学习空间可以被看作该场域个体特征的集合。情境通过个体来传递，特殊情境的主导特征部分来源于该情境下的个体（Strange & Banning，2001）。通过在实践、反思、体验和概念化之间达到独特的力量平衡，个体的学习风格（见第四章的"更新和反思"部分）将其定位于这些区域内。高等教育中有关学习空间的大量研究都采用了人类聚合方法（the human aggregate approach），展示了因不同的学习风格而坐落在不同的学习空间领域的学生百分比（Kolb & Kolb，2005a；Eickmann，Kolb，& Kolb，2004）。

管理学和艺术学学习空间的比较

为了阐述学习空间的概念，图 7-18 和图 7-19 展示了高等院校两个机构中学生的学习风格的分布情况，这两个机构都参与了促进学习的纵向发展项目——来自凯斯韦瑟黑德管理学院（Case Weatherhead School of Management，CWRU）的 MBA 项目和来自克利夫兰艺术学院（Cleveland Institute of Art，CIA）的本科生项目。《职业教育创新：由教到学的过程》（*Innovation in Professional Education: Steps on a Journey from Teaching to Learning*）（Boyatzis，Cowen，& Kolb，1995）指出，韦瑟黑德管理学院的机构改革项目关注课程发展、学生发展及纵向结果评估（Boyatzis，Stubbs，& Taylor，2002）。克利夫兰艺术学院的项目是艺术学习纵向研究中的一部分，这项研究由俄亥俄艺术学习协会开展，包含对艺术学习风格的纵向研究、学生发展工作坊及教师发展研讨会等（Eickmann，Kolb，& Kolb，2004）。

图 7-18 和图 7-19 展示了管理系学生和艺术系学生的学习风格在不同学习区域内的分布情况。艺术系学生关注体验学习，处于学习空间朝上的区域，而管理系学生关注思维学习，处于学习空间朝下的区域。如图 7-19 所示，42.1%（由 13.8%、17.2%、11.1% 相加所得）的艺术系学生处于朝上的区域，只有 23.6%（由 3.7%、8.8%、11.1% 相加所得）的学生处于朝下的区域。与之相比，45.7%（由 12.7%、17%、16% 相加所得）的管理系学生处于朝下区域，而 21.2%（由 10.1%、6%、5.1% 相加所得）的学生处于朝上区域。与左边行动性区域相比，右边反思性区域中有更多的艺术系学生（35.2% 处于右边，26.3% 处于左边）；西边行动性区域比东边反思性区域拥有更多管理系学生（36.3% 处于左边，30.4% 处于右边）。艺术系学生在决策性区域分布最少（3.7%），管理系学生在想象性区域分布最少（5.1%）。虽然有 12.5% 的艺术系学生处在中心的平衡性区域，但这个区域的管理系学生只有 10.2%。博亚兹和梅内梅利斯在抽象性学习风格、年级和 GMAT 成绩之间发现显著相关（在全职 MBA 样本中，$r=0.16$；在兼职样本中，$r=0.19$）。这个结果表明评估和实践的选择上偏向于抽象性。对 BFA 的毕业生而言，年级和学习风格之间没有关系。

MBA学生的学习风格（N=1286）

具体体验

<table>
<tr><td></td><td>发起
10.1%</td><td>体验
6%</td><td>想象
5.1%</td><td></td></tr>
<tr><td>主动实践</td><td>行动
13.5%</td><td>平衡
10.2%</td><td>反思
9.3%</td><td>反思观察</td></tr>
<tr><td></td><td>决策
12.7%</td><td>思考
17%</td><td>分析
16%</td><td></td></tr>
</table>

抽象概括

图 7-18　管理系学生的学习风格

克利夫兰学院艺术系学生的学习风格（N=216）

具体体验

<table>
<tr><td></td><td>发起
13.8%</td><td>体验
17.2%</td><td>想象
11.1%</td><td></td></tr>
<tr><td>主动实践</td><td>行动
8.8%</td><td>平衡
12.5%</td><td>反思
13%</td><td>反思观察</td></tr>
<tr><td></td><td>决策
3.7%</td><td>思考
8.8%</td><td>分析
11.1%</td><td></td></tr>
</table>

抽象概括

图 7-19　艺术系学生的学习风格

　　艺术系和管理系的教育过程揭示了一些显著的差异，这些差异让我们更加了解不同学习区域内学习的本质。杜威对艺术学习和科学学习的区分，有助于我们了解艺术教育和管理教育中的学习差异。

　　　　个人与环境之间的不和谐与整合的状态常常出现，并且变成了个体意识的一部分；这种分分合合成了个体形成目标的素材。情绪是分离的一种标志，这种标志是实实在在存在的，或者即将发生的。不和谐的状态往往会引发反思。对恢复整合的期待将情绪转化为对能够实现和谐的事物的兴趣。随着进一步认识，反思的材料被整合进入相关事物的意义中。由于艺术家更多关心出现整合的那种经历，因此，他并不会避免那种反抗和紧张的状态。相反，他会培育这种状态，这并不是为了自己，而是由于这种状态所存在的潜力，这种潜力能够为意识层面带来一种统一的状态。与那些追求审美的人相比，学习科学的人对问题更感兴趣，对那些在观察和思维之间的矛盾状态更感兴趣。当然，他们关心问题解决的方案，但绝非仅仅这样，他们把对当前问题的解决作为一个基础，以促进对其他问题的探究。

因此，审美型个体和科学型个体的差异标志着个体与环境之间互动过程的差异。由于科学型个体所解决的问题比较抽象，因此，他们常常与符号、文字和数学符号打交道。但是，艺术家的思维方式常常以一种质性的方式进行，他们所使用的术语与他们所创造的物体联系紧密，融为一体（Dewey，1934）。

第一次意识到管理型学习空间和艺术型学习空间之间的差异，源于我们为艺术系学生准备的一场有关学习风格的工作坊。我们就应该给学生提供哪些读物的问题向学校征求意见。教务长保罗·埃里克曼（Paul Eickmann）说："你知道吧，艺术系学生的学习并不受教材左右。"他们的教学以艺术的形式展开，相比较而言，管理系的教学几乎完全围绕课本进行，以传递权威的科学话语体系。管理系课程的这种科学基础始于1959年，当时，卡内基基金会一份较有影响力的报告提出，为了提高管理教育的声望，使其建立在经济学、数学和行为学的科学基础之上。

与大部分艺术教育使用体验学习的过程（即演示－实践－创作－指正）相反，管理教育往往以教材为驱动。演示－实践－创作－指正，这个过程在艺术教育中反复重复，然而，管理教育主要是离散的，每个主题覆盖一个线性序列，很少递归重复。管理教育注重说教，而艺术教育注重展示。管理教育强调理论，而艺术教育强调理论与实践的结合。艺术教育强调学习者由内而外的表达，管理教育则注重由外而内的表达。大部分管理课的时间都会花在信息传递上，测试往往以纸笔测验为基础，较少有时间关注学生的行为表现。大部分艺术课的时间用在学生的想法和技术的表现上。艺术教育是个性化的，班级人数较少，关注每一个人，然而，管理教育往往是大班教学，对个体关注较少。哥伦布艺术与设计学院（Columbus College of Art and Design）的一个助理院长曾经在本科的时候主修艺术学，毕业后修了 MBA。在本科的时候，他每周花 3 个小时接受教师的一对一辅导，相比较而言，让他感到震惊的是，进修 MBA 的时候，他的课堂往往是在拥有 200 人的阶梯教室进行。最后，从事艺术教育的教师往往拥有不同的教学风格，然而，管理教育倾向于让抽象学习风格为主的专业教师授课（见表 7-3）。

表 7-3　艺术教育和管理教育的差异

艺术教育和管理教育的对比	
艺术教育	管理教育
审美的	科学的
演示－实践－创作－指正	以课本为导向
循序渐进	离散的
理论和实践	理论
展示	说教
表达	影响
个性化	批量的
发散型教师	抽象型教师

通过克利夫兰艺术学院的艺术教育和韦瑟黑德管理学院的 MBA 教育之间的对比，我们从教育项目和教学方法的比较中发现，他们在九宫格学习空间的学习风格量表分布一致。MBA 的学生更多分布在下面的思维领域和左面的行动领域，而艺术系的学生更多分布在上面的感觉和右面的反思领域。相应的，MBA 项目里离散的、说教式的教学方法和艺术系循序渐进式的教学方法体现了杜威的描述，即科学工作者"常常与符号、文字和数学符号打交道"，但是，艺术家的思维方式常常"以一种质性的方式进行"。

为提高体验学习创造学习空间

最初，当我们在教育系统里介绍体验学习时，我们发现要创造一个真正的学习空间是很困难的。那些拥有自己的教室、学分、时间表的教学机构往往被看作学习空间，但是，这样的学习空间与体验学习理论所倡导的学习空间不一致。基于从教师到学生的信息传输模型设计的教室空间，往往是阶梯教室的模式，座位是固定的，每名学生都面对教师，学生之间的互动变得比较困难。在大学里，以课程为中心的系统学习往往按照教学内容分成区块的时间表，学生完成之后获得相应学分，这样的方法也支持了信息传输模型。当爱丽丝和我在 CWRU 教书时，我们常常开玩笑，与其说我们是教师，还不如说我们是搬运工，因为我们往往会早到 1 个小时，把桌子挪到边上，把凳子摆成一圈，然后把书、材料、鲜花、音乐，以及其他需要"展示和阐述"的物件摆放在中间，这样每个人都可以看到这些物件，也都可以使用它们。我们的目标就是基于以下原则创造出体验学习的空间（Kolb & Kolb，2005a）。

（1）为参与学习周期而创造空间。创造体验学习空间的第一步就是要使学生能够在空间中完全体验四种学习模式（体验、反思、思考和行动），以促进学习者的深层学习（Border，2007）。如果学习者能够在学习空间区域的九宫格中切换，也就是说，从一种学习模式切换到另一种学习模式，那么他们的学习效率就会提高。勒温用"运动"（locomotion）一词来描述在不同区域内的移动状态。他提出了各个学习区域的边界问题，并且指出，这些边界会阻碍个体进入一个新的区域。费泽和马丁（Fazey & Martin，2002）认为，在不同条件下、通过不同视角反复练习，就会创造出一个"变换的体验空间"，这样的学习带来的理解会保持更长时间，也具有更强的迁移能力。这个变化的空间可以被描述为个体在学习过程中所进入的多个学习领域。另外一种表征这种想法的方式是学习金字塔，当个体只表现出 1 种学习模式时，学习保持量在 20% 左右，当个体表现出 4 种学习模式时，学习保持量在 90%（Reese，1998；Dale，1969）。虽然目前还没有实证研究来评定这些百分比，但施佩希特和桑德林（Specht & Sandlin，1991）已经证明了学习 6 周后，接受体验学习教学的学生，他们的记忆保持率达 84%，而接受传统讲座式教学的学生，他们的记忆保持率只有 46%。

我们发现，以感觉导向为主的艺术教育和以思维导向为主的管理教育，处于体验和思维的两个极端。这样看来，教育机构只会强调那些与他们的教育目标相一致的学习模式，并培养相应的学习氛围，而不会看重其他学习模式。然而，达马西奥（Damasio，1994，2003）、勒杜（LeDoux，1997）、祖尔（Zull，2002）及其他学者提供了让人信服的研究数据，表明推理和情绪对于学习和记忆的影响是无法分割的。的确，感觉和情绪对我们是否学习及学到了什么起主导和决定作用。消极情绪（如害怕、焦虑）会阻碍学习，而积极情绪（如吸引和兴趣）有可能会促进学习。让一个人学习自己不感兴趣的东西是非常困难的。

学习跟呼吸一样，这个过程需要吸收、加工体验和呼出（即对所学的表达）。正如杜威所言："如果行动和接收之间没有达到平衡，没有什么能在心智中扎下根来。为了与现实世界建立联系，为了让印象与事实联系在一起，使其价值得到检测和组织，一些决定性的举动是必要的（Dewey，1934）。"然而，高等教育中的很多项目都强调向学习者灌输知识，而不是提供机会让学习者表达、在实践中检验所学。大多数课程会花 15 周的时间来要求学生接受大量知识，但仅花数小时的时间来使学生表达，并检测他们所学的知识。这与重视演示－实践－创作－指正的艺术教育截然相反，在艺术教育中，评估是蕴含于学习过程中的。祖尔（Zull，2002）认为，行动可能是学习周期中最重要的部分，把反思和思考的内部世界与行动创造的外部世界衔接起来，代表着学习周期的结束。

（2）尊重学习者及其体验。我们用欢呼和嘲笑的体验连续体来描述学习者的学习体验。在体验连续体的一端，学习者认为自己是学习共同体中的一员，受到教师和同学的尊重，大家会认真对待他的体验，这是一个"大家都知道你的名字"的区域。在体验连续体的另一端，学习者感觉自己被疏远、感到孤独、不被认可、不被重视，在这样一种"没有人知道你的名字"的被嘲笑的环境下，学习和成长都变得非常困难。虽然这条原则是显而易见的，甚至是老生常谈的，但即便是在最好的教育机构，这条原则的运行也是存在问题的。在 2003 年的就职演说中，哈佛大学的劳伦斯·萨默斯（Lawrence Summers）校长提到了对本科生的综合评估。综合评估项目的开展源于他收到的一封信，这封信由成绩很好的一名理科生所写，学生在信中提道："这是我在大学的第八个学期，没有一个科学系教授能叫出我的名字。"萨默斯总结道："对成功的教学模式的真实评估标准来自学生自己的体验（Summers，2003）。"

（3）从某个主题的学生体验开始。为了进行体验学习，个体必须拥有相关体验并且重视这种体验。学生们常常会说："可是我根本就没有这种体验呀。"这意味着，学生们不相信他们的经历对于老师或学习相关内容有帮助。布兰斯福德、布朗和科金基于皮亚杰和维果茨基的认知建构主义理论的新型学习科学认为，人们根据他们以前的经验，根据他们已经知道和相信的事物来建构新的知识和理解（Bransford，Brown，& Cocking，2000）。祖尔认为，这种大脑中的先前知识就像神经元网络，不会因为老师滔滔不绝的解释而消失（Zull，2022）。相反，一名好的教师往往会探索学生已经知道什么和相信什么，以及他们从先前的具体体验中习得了什么。由此出发，或者从相关的具体体验出发，对学生先前的想法进行重新检验或修订，让学习者能够产生新的想法。

（4）**创造和保持友好的学习空间**。学习意味着面对和接纳差异。这种差异可以是专家和新手之间的差异，固有观念和新鲜想法之间的差异，自己的体验和他人经验之间的差异。这些差异具有挑战性和威胁性，我们需要创造学习空间，营造安全的心理环境，支持学习者面对挑战、表达差异（Sanford，1966）。正如基根所言："人们不断体验到挑战和支持的巧妙融合，才能成长得最好（Kegan，1994）。"这种"巧妙的融合"也意味着创造和保持这样的学习环境并非易事。他说，虽然教育机构在挑战学生这方面已经相当成功，但他们在支持学生这方面做得还不够。原因之一是，挑战是具体和即刻的，但支持并非一句即刻的"你一定行"就够了。支持意味着学习者信任并长期拥有的支持型环境和文化。在《对话学习》（*Conversational Learning*）（Baker，Jensen，& Kolb，2002）中，我们参考了亨利·瑙文（Henri Nouwen）和帕克·帕尔默（Parker Palmer）的研究，把这种充满挑战和支持的学习空间描述为热情地接待一位陌生人，在这种情况下，学生和教师之间可以大胆地交流，让自己的生活经历成为彼此重要的成长资源（Nouwen，1975）。

（5）**为学习交流创设空间**。人类通过交流对个体经验进行意义建构，而在传统的讲授式课堂上，这种真正意义上的交谈却被禁止或不存在。直至课间休息或上完课时，让人压抑的沉闷课堂才会被学生的交谈打破，恢复该有的生气。有效学习可以在交流中产生，虽然这种学习通常并非教师所期待的。在学习过程中创造良好的交流空间，有助于反思体验学习的有效性，也为意义建构创造了机会（Keeton，Sheckley，& Griggs，2002；Bunker，1999）。例如，营造安全的心理环境促进学习团队的形成，以提升有效学习（Wyss-Flamm，2002）。《对话学习》中描述了有效交流得以发生的空间维度，其中思维和感觉并存、谈话和倾听并存、领导力和凝聚力并存、个体性和相关性并存、离散和循环过程并存。如果交流环境由一端主导，如光说不听，那么学习交流就停止了。

（6）**为发展专长创设空间**。在每个领域，知识基础都处在变化和增长中，很多高等教育课程以一课接着一课的方式"涵盖"了一系列主题，所涉及的事实相对比较肤浅。美国研究委员会（National Research Council）的一份学习科学报告指出，对专家型学习者的研究表明，有效学习不仅需要事实性知识，也需要从概念框架的层面了解这些事实和想法的组织结构，还需要提取知识并将其运用到不同情境中的能力（Bransford，Brown，& Cocking，2000）。在学习目标相关领域，开展深思熟虑的、循环往复的实践，有助于学习者的深度学习（Keeton，Sheckley，& Griggs，2002）。体验学习周期描绘的学习过程，描述了知识的螺旋式发展。需要在课程中创设空间，以促进深层次的学习体验，发展与生活目标有关的专业技能。

（7）**为由内而外的学习创设空间**。大卫·亨特（David Hunt）认为，个体由内而外的学习过程始于关注个体体验式的知识——引导体验的潜在理论、隐喻、兴趣、渴望和目标（Hunt，1987，1991）。为了创造由内而外的学习空间，我们需要把教育体验和学生的兴趣联系起来，激发他们的内部动机，提升学习的有效性。在一定的教育条件下，内部兴趣的火苗可以培育出坚定的生活目标火焰（Dewey，1897）。然而，强调外部奖励的学习空间会驱散学习的内部动机（Kohn，1993；Deci & Ryan，1985；Ryan & Deci，2000）。很久以前，杜威对教育中强调外部奖励及那些使用萝卜加大棒政策的教育结果进行了描述："教育中，兴趣长期得不到重视，甚至出现了专业教师谴责兴趣的场景，他们宁可冠冕堂皇地依赖考试、分数、晋级、奖励和长期奖惩等工具。这种情境削弱了教师的幽默感，但并没有得到应有的重视（Dewey，1916）。"

（8）**创设空间让学习者为自己的学习负责**。很多进入高等教育的学生，受到之前教育体验的影响，成了教什么就学什么的被动接收者。创设空间让学习者为自己的学习负责，这在很大程度上增强了他们从体验中进行学习的能力。有人使用"自我主导"来描述这个建构知识的过程，这个过程不是从他人那里被动地接受知识。他们认为自我管理是教育的主要目标（Kegan，1994；King，2003；Baxter-Magolda，1999）。另外，有学者把这个目标描述为增强学生的自我指导力（Boyatzis，1994；Robertson，1988）。在 MBA 项目中的"管理发展与评估课程"中，通过对学生的学习技能和胜任力的评估和反馈，以及实现职业 / 生活目标的学习计划，发展学生的自我指导力（Boyatzis，1994）。布兰斯福德等人赞成发展元认知技术以促进积极学习。为了发展学习者的效能感（Keeton，Sheckley，& Griggs，2002），学习者需要知晓他们如何才能学得更好，以及了解那些让他们能够在不太擅长的领域学习的技能，由此来激发他们为自己的学习负责。有关体验学习和学习风格的工作坊能够帮助学生发展元认知学习技术。在克利夫兰艺术学院和凯斯西储大学的本科生项目中，工作坊帮助学生解释他们在学习风格问卷上的得分，帮助他们理解如何运用这些信息去提高自己的学习效率。约翰·里斯（John Reese）在丹佛大学（University of Denver）法学院开展了"连线教授"的工作坊，学生可以从四种学习风格中挑选出自己不擅长的那种学习风格所对应的教师，并与之联系。这个工作坊给出了多项补救措施，学生可以改善教学风格与学习风格不匹配所造成的学习困难。法学专业学生的同辈讨论也提供了创造新想法的机会，让大家了解如何从不同的学习/教学风格学到更多知识。

2. 教师角色与学习周期教学

在大量教育理论、学习技术、机构程序和限制中，人们往往会忽视最重要的事情——教学首先是建立关系的过程。我们可以回想那些对我们生命产生影响的教师，在大多数情况下，我们都与他们建立了特殊的关系，我们受到教师的认可、被教师重视、也被教师鼓励。帕尔默阐述了教师需要具有与学生建立学习关系的勇气，愿意袒露自己的内心世界，尊重学生是复杂的、关系化的存在，巧妙地在世界和课程内容之间建立联系（Palmer，1998）。体验学习理论认为，教育并非对学生实施一系列技术的过程，而是通过与学生建立有意义的关系、并相互分享体验的过程。

教育是整体的，关乎完整的人的发展。以培养完整的人为目的的教育意味着教育目标不仅与事实的认知性知识有关，还包含了社会和情感的成熟。用体验学习理论的话来讲，教育促进个体的情感、知觉、认知和行为领域的综合发展。与其说学习是获取适用于任何情境的一般知识，不如说学习根植于个人的生活情境和生活路径中（Lave & Wenger，1991）。体验式教育者需要解决教学中的一些最基本的矛盾。例如，我们应该关注学习者的体验和兴趣，还是应该关注学科知识？我们应该关注有效的行为表现，还是关注对某个概念的深层理解？这些都是实现学习效率最大化所必须解决的问题。体验式教育是一个复杂的关系过程，既需要在学习者与课程内容中达到平衡，又需要在对观念深层含义的反思与观念实际应用的技能上达到平衡。所以，教育需要以学习者为中心，关注学习者先前积累的知识以帮助他们建构新的理解，便于发现他们的独特兴趣以激发他们的学习动机。教育的过程也需要以课程为中心，保持在一个领域的前沿阵地，有效地组织学科内容，以便交流更加有效。此外，教育也有必要去探索观念更深层的意义，促进学习者批判性地评估观念隐含的假设，与此同时，教育也需要关注个体的行为表现，即观念的有效应用。

简单地将教学风格与学生的学习风格匹配起来的做法，并不能解决这个复杂的问题（Pashler et al.，2008；Willingham，2005，2009）。与体验学习理论倡导的过程导向的学习风格方法不同，学习风格测量把学习风格看作是固定的特质或人格特征。斯科特（Scott）引用了德维克（Dweck，2000）的研究，认为这会造成刻板印象和标签化，而过程导向的方法则强调发展的潜力和情境的适应性。令人惊讶的是，它们都没有基于综合的学习理论。它们假定所测量的个体维度会对学习产生影响，但这些维度如何与学习过程有关还不明确。一个人可能喜欢独立工作，也可能喜欢在团体中工作，但这种偏好是如何与学习相联系的呢？

威林厄姆（Willingham）提供了一个案例，即基于特质的学习风格测量与学习理论面临的教学/学习风格的匹配方法无关。VAK 量表测量了视觉（visual）、听觉（auditory）和运动感觉（kinesthetic）模式偏好上的个体差异。在这些模式中，个体在偏好/能力方面存在可信的差异，对大部分教育者而言，视觉和听觉通常是接收重要信息的工具，教师借机传递想要让学生学习的信息。但是，学习的过程通常涉及将信息以意义的形式存储在记忆中，独立于上述模式。在感觉模式的教学匹配研究中，他总结道："我们可以说，教学模式和学生的学习模式在强度方面相匹配的可能影响已被广泛地研究，但并没有获得明确的证据（Willingham，2005）。"

体验学习理论对于教学的主要启示是，依据学习周期来设计教育项目，这样，学生可以使用和发展所有的学习风格，以便完成学习周期并促进深度学习。我在前文（见第一章的"更新与反思"部分）中描述了维果茨基提出的内化法则和最近发展区的概念，儿童的新能力产生于人际领域，然后逐渐内化到个人的内在领域（Vygotsky，1978）。完成这个转化的关键技术被称作"脚手架"（scaffolding）。教师通过脚手架调整学习过程，使其适合学生的需求和发展水平。脚手架提供了必要的结构和支持，逐步促进知识的建构。下文描述的围绕学习周期建构的教学模型为这种脚手架过程提供了一个框架。这种方法需要教师有能力以复杂的方式与学习者建立联系，帮助学生用不同的方式感受、感知、思考和行动。这些建立联系的方式需要教师在与学习者和学习对象的关系中扮演多重角色。

通过对有经验的成功教师进行访谈和观察，我们发现，他们都在"围绕学习周期"进行教学。他们设计的教学活动体现了四种学习模式——体验、反思、思考和行动。在教学活动中，他们会根据自己在教学周期中所处的位置对个体角色进行转换。实际上，他们所承担的角色是帮助学生创造学习空间，促进其学习风格的转换。当一个具体的体验经过反思变得深刻、通过思考而被赋予意义、通过行动而获得转化（迁移）时，个体创造出来的新体验就会变得更加充实，也更有广度和深度。学习周期的不断反复促进了不同情境中体验的探索和转化。2004 年，新西兰教育部依据螺旋学习过程设计了中学课程。图 7-20 描述了教师如何使用学习螺旋来促进更高层次的学习，以及在不同情境中转化知识。

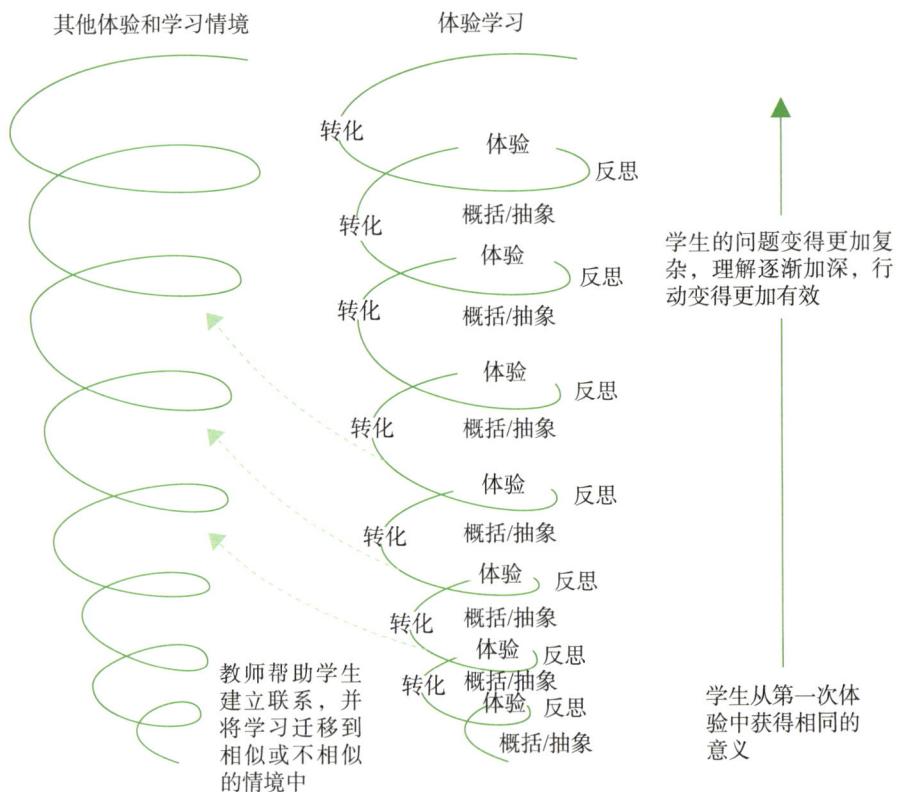

图 7-20　教学和学习螺旋

教师角色

围绕学习周期和不同学习风格开展的教学，将调整的需要引入到学习者的角色中。我们需要创设教师角色简介（Kolb，Kolb，Passarelli，& Sharma，2014）来帮助教师理解他们喜欢的角色，并计划如何围绕学习周期进行教学。自我报告工具基于这样的假设：对教学角色的偏好来自对教学和学习的信念、教育过程的目标、首选的教学风格、教育实践的结合。教师角色并不局限于正规课堂情境中的教学。这个框架可以延伸到个体生活的各个领域，以领导、教练、家长、朋友等身份进行"教学"。

教师角色是一组模式化的行为，这些行为是对学习环境的回应，包括对学生或学习任务需求的回应。每一种教师角色都让学生以一种独特的方式学习，让学生运用一种模式去获得体验，然后运用一种模式去转化这种体验。在促进者角色中，教师通过具体体验和反思观察来帮助学习者与自己的体验建立联系，并进行反思。在专家角色中，教师会使用反思观察和抽象概括来帮助学习者组织自己的反思，将其与学科基础知识建立联系，为接下来的分析提供理论或模型。在评估者角色中，教师会使用抽象概括和主动实践来帮助学习者运用知识以达成相应的行为目标，时刻关注学生的行为表现是否达到了既定标准，并提供持续性的反馈。在教练角色中，教师依赖具体体验和主动实践来帮助学习者采取行动以实现个人目标。如图 7-21 所示，这些角色划分的依据是对学生、学科、行动或知识的关注。

教师角色清单（Educator Role Profile，ERP）描述了四种角色——促进者、专家、评估者和教练。在体验学习的四个阶段中，教师通过承担不同的角色来帮助学习者将学习效果最大化。

（1）促进者。在促进学习者学习的过程中，教师帮助学习者与自己先前的经验建立联系，并对其进行反思。他们通过温暖而坚定的方式激发学习者的兴趣、内部动机及自我觉察。这通常由小组对话来实现。他们与学习者建立了个人关系。

（2）专家。作为学科专家，教师帮助学习者将对学科知识基础的反思组织和串联起来。他们采用权威式的反思型教学风格，常常通过案例、榜样、鼓励批判性思维等方式进行教学，他们系统性地组织和分析学科知识，这种知识常常通过讲座和文本获得。

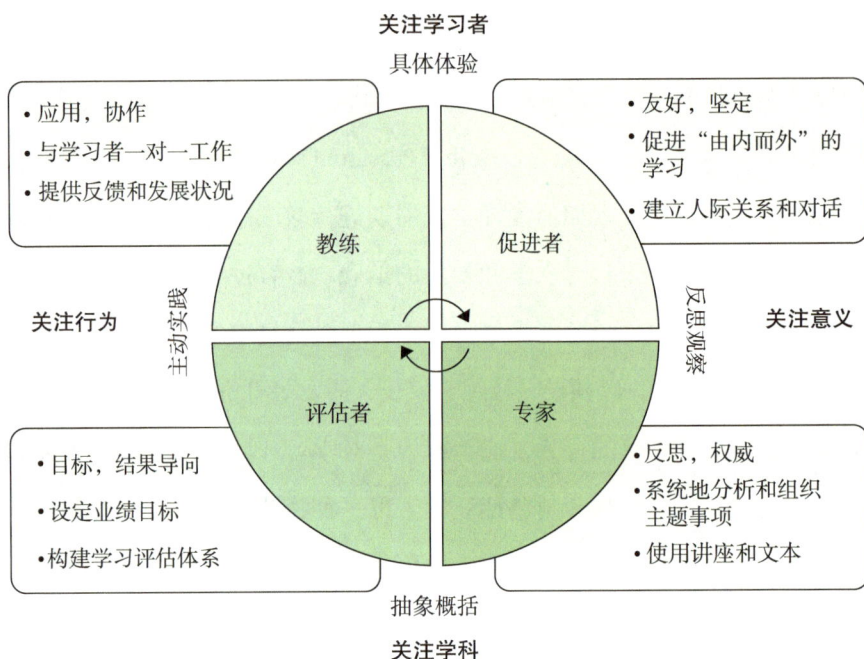

图 7-21　教师的角色和学习周期

（3）**评估者**。作为标准的制定者和评估者，教师帮助学习者掌握知识和运用技能，满足行为表现的要求。他们采用客观的、以结果为导向的教学风格，为保证学习质量制定了相关的知识要求。为了评估学习者的学习效果，他们创设了绩效活动。

（4）**教练**。在教练角色中，教师帮助学习者应用知识以实现目标。他们采用合作的鼓励式教学风格，常常一对一地帮助学生从自己的生活体验中学习。他们辅助学生制定个人发展计划，也对其行为表现提供反馈。

围绕体验学习周期开展教学

图 7-22 呈现了教师角色和体验学习周期的九种风格。例如，教练角色最适合于体验、发起和行动风格，而促进者角色适合体验、想象和反思风格。学习风格并非固定的个人特质，更多是指受到体验和选择影响的学习习惯。它可以是自动的、无意识的适应模式，也可以被有意识地修订或更改。这种动态的匹配模式认为，学习风格与教师角色的匹配，对于与学生建立联系并促进他们学习是很重要的。拉希克、麦博尔和达伊发现（Raschick，Mypole，& Day，1998），社会工作专业的一些学生在主动实践–反思

观察维度与自己的老师有相似的学习风格，这部分学生在评估自己的实习体验时分数更高。研究者认为，这个结果与学习周期最初阶段的掌控者最为相关，当教师把自己的教学技术与学生的偏好关联在一起时，会促进学习周期的有效开展。个体学习风格可以作为学习者进入某个具体学习空间的入口，大部分学习都需要学习者在学习周期中积极地移动，从而运用其他学习风格不断增长复杂的知识和技术，进而适应既定学习环境的广泛要求。

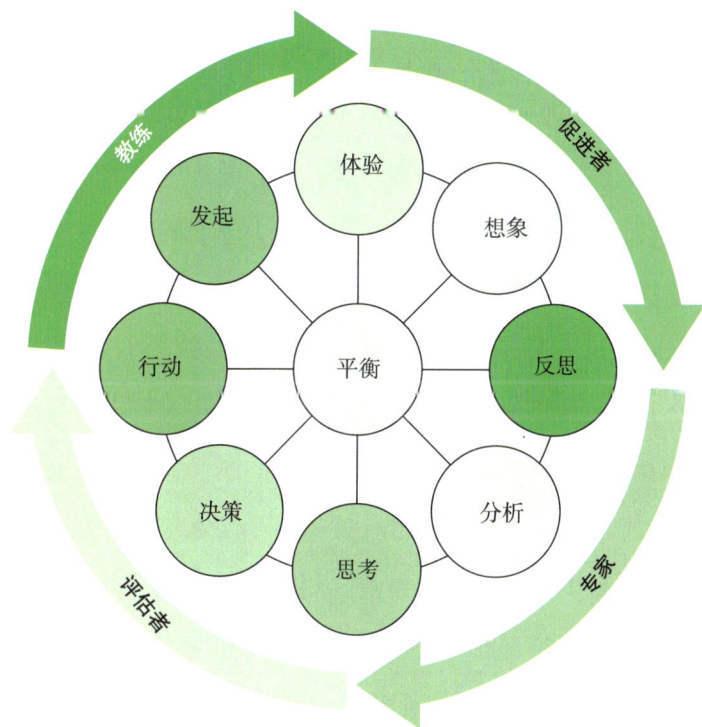

图 7-22 教师角色和体验学习周期的九种网格

图 7-22 通过教师角色和学习风格描绘了理想的序列进程，大部分课程设计都将建立在让学科内容适应学习目标的活动序列和教学技术上，看看是否适应这个有序的进程。在课程设计时，需要考虑每个环节适合什么教师角色、希望呈现什么学习风格、根据学习风格和教师角色选择相应的教学策略。

教师角色的灵活性

个体似乎对一种或两种角色有固定偏好，这是由他们的教育理念、个人教学风格、教育环境的特殊要求（如行政命令及学习者的需求）决定的。动态匹配模型承认了教师有个体的角色偏好，并且学习者也有自己喜欢的学习风格，但是，他们都有能力适应对方的教育角色、学习风格、即刻的学习环境。通过教师角色清单（Kolb，Kolb，Passarelli，& Sharma，2014），我们发现，在某种程度上，教师会以他们自己的学习风格来教书，那些拥有具象型学习风格的教师在教学过程中通常以学习者为中心，偏好促进者角色，那些拥有抽象型学习风格的教师通常以学科为中心，偏好专家角色和评估者角色。然而，学习者和教师通过实践，可以发展所有教师角色和学习风格的灵活性，创设更加完善和有效的教与学的过程。科索娃和伯曼认为（Kosower & Berman，1996），大学教师需要有能力用并不符合自己学习风格的方式进行教学，因为在某种程度上我们都卷入了所有的策略中，看起来，这似乎是是否有意愿去学的问题，而非是否有能力去学的问题。教学是一门艺术，需要教师从众多教学策略中选择适合学生不同学习偏好的策略（Baker，Simon，& Bazeli，1987）。米尔恩等人（Milne et al.，2002）开发了一种观察方法来评估心理健康训练者的交互模式及其对学生学习的影响，以及一项旨在指导培训师教授所有学习模式的培训计划。这项研究表明，在刚开始的时候，这种观察学习方法具有说教的性质，并且对于学习模式中与反思有关的学习行为有很大的影响（46.4%），这种影响大于对循环模型中其他阶段的影响。相比而言，在干预阶段，训练者的行为对学习者产生的最大影响是在具体体验上（59.5%），随后是反思观察（33.0%）和主动实践（4.5%）。研究者总结道，干预阶段让训练者提升学习者的能力，全方位利用体验学习周期，让学习效果最大化。随着教育越来越以学习者为中心，体验学习要求教师承担促进者角色，对某些人来说，这是很难的（Harrelson & Leaver-Dunn，2002）。

利普希茨（Lipshitz，1983）强调体验式教育者需要承担复杂的角色，他们需要牢牢地掌握相关的概念性材料，需要提高敏感度并获得相应的技术，管理学习者在学习过程中的情绪反应。当教师从知识传递者向环境创造者和学习促进者的角色转变时，学习者也需要对教师角色的改变做出调整。教师对学生的体验施加的控制越少，学习效果就会越好（McGoldrick，Battle，& Gallagher，2000）。但是，教师有可能会失去对课程结构的控制，不能将学习活动控制在有效的时间范围内。研究者认为，体验式教学方法需要承担的相关风险，会随着周全的计划、清晰的课程结构、明确的期待及每堂课设定的严格截止日期而得到缓解。

学习风格的灵活性

在学习周期的不同阶段，学习者都会有不同程度的兴趣或困难。研究结果表明，学习者会随着学习任务的不同要求调整自己的学习风格。多项研究表明，学生会改变自己的学习策略以满足某学科的学习要求（Cornett，1983；Entwistle，1981；Kolb，1984；Ornstein，1977）。琼斯、莫赫塔里和赖卡德（Jones，Mokhtari，& Reichard；2003）研究了社区大学生在多大程度上会根据学科要求来改变自己学习风格的问题。他们发现，在英语、数学、科学和社会学四个不同学科领域内，学生的学习风格偏好存在显著差异。研究结果表明，在参加调查的 103 名学生中，83% 的学生在 2 ~ 3 门学科中改变了学习风格，这表明学生能够灵活运用自己的学习策略来应对特定学科的学习要求。通过理解动态匹配模型，他们更有意识地开展体验学习（Kolb & Yoganah，2016）。

结果评估与学习技能

虽然体验学习理论强调学习是一个持续不断的过程，但它并非指学习结果不重要。它只是认为很多教育评估都存在问题，它们过于强调陈述性知识，而不重视学习技能，并且这些评估并非全方位的，它们主要关注信息和认知技能领域，而忽略了人际和行动技能领域。体验学习采用了适应能力圈来评估专业学习的结果，以及这些学习是否符合当前的工作要求。这个工具是基于适应能力与学习周期中各种学习风格的关系而建立的（见第四章）。基于这项工作，博亚兹和库伯（Boyatzis & Kolb，1995，1997）发展并验证了学习技能清单（Learning Skills Profile，LSP）。

学习技能是让某人在某个具体情境下顺利完成某件事情所需的能力、知识和体验的集合。学习技能可以通过有意图地实践而形成。正如适应能力圈，学习技能基于它们与学习风格的关系而分布在学习周期的不同位置。学习技能清单包含了分布在"学习周期钟"上的 12 个维度、72 项学习技能。在四种学习模式中，每种模式包含三个维度：具体体验（CE）包含人际关系技能，如领导力（11）、人际关系（12）、帮助（1）；反思观察（RO）包含信息技能，如意义建构（2）、信息收集（3）、信息分析（4）；抽象概括（AC）包含分析技能，如理论建构（5）、量化分析（6）、技术（7）；主动实践（AE）包含行为技能，如目标设定（8）、行动（9）和主动性（10）等。学习技能清单通过验证性因素分析进行检验，以考察不同维度在四种学习模式上的匹配程度（Kaskowitz，1995），通过测量每个维度的内部相关、与学习风格问卷的关系、与教师评分的一致性等来对学习技能清单进行验证（Boyatzis & Kolb，1995）。学习技能清单上的各个项目是 7 点记分，既适用于个体在学习技能和工作要求上的自我评估，也适用于教师和 / 或同辈针对个体技能和工作要求进行的全面评估。

学习技能清单在个人发展和职业规划方面得到广泛应用。图 7-23 展示了两个人的学习技能清单。上边的档案是一位资深的人力资源经理，她在工作上非常成功且热爱自己的工作。请注意，她的工作要求（实线）和学习技能（虚线）之间的对应关系，以及二者的高分值。下边的档案是一名本科男学生，这幅图展示了他期待的与生物医药工程学专业相关的工作要求与自己的学习技能得分。请注意，下方区域的分析型要求和技术之间相对匹配，但在上方区域内，他拥有高人际技能，但这与工作要求不相匹配。这也许正是他怀疑自己是否选择了一个正确专业的原因。有时候，当人们在填写学习技能清单时，他们发现自己的工作并没有用到太多自己已经高度发展的技能。他们觉得无聊和不安，这也许是去寻求新机会的信号。了解你的学习风格、技能及职业表中所描述的相应工作和职业的要求，能够帮助你找到具有挑战性的任务及自己喜爱的工作。

学习技能清单已经在教育中有较多应用。贝克、佩苏特、麦克丹尼尔和费舍尔（Baker，Pesut，Mcdaniel，& Fisher，2007）通过比较学习技能清单前–后测差异的方式，评估了护理教育研究生阶段的一项基于问题学习的课程及一个基于问题学习的MBA 项目。克列托维奇（Kretovics，1999）通过比较刚入学的学生及控制组学生在学习技能清单上得分的差异，评估了一个 MBA 项目的研究生课程，以此发现该项目的价值。在《职业教育创新：由教到学的过程》中，学习技能清单被大量应用于评估 MBA

学生从入学到毕业的改变。这个工具也被用来采访教师，了解他们对实现课程目标所需学习技能的想法。通过测量学生从入学到毕业的学习效果的改变，研究者发现，教师对不同学习技能的打分与学生的学习效果相关。

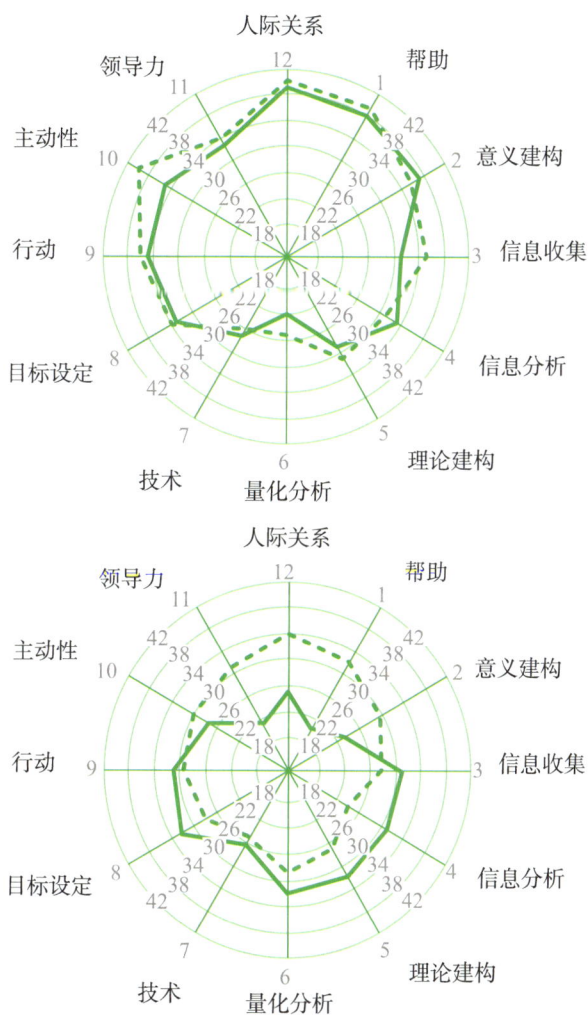

图 7-23　人力资源经理和本科毕业生的学习技能清单

　　在医疗保健领域，雷尼等人（Rainey et al.，1993）在某家庭医学系中采用学习技能清单作为团队建设和员工发展的工具。史密斯（Smith，1990）采用这个工具来评估医生主管的胜任力。这个工具也被用作描述管理技能（Camuffo & Gerli，2004）和领导技能（Kolb & Rainey，2014）的框架。德赖弗斯（Dreyfus，1989）运用学习技能清单来区分高效能的典型管理者所具备的学习技能。

山崎（Yamazaki，2010e）、山崎和凯斯（Yamazaki & Kayes，2010）广泛使用学习技能清单来研究跨文化差异及跨国移民的跨文化适应问题（Yamazaki，2010a，2010b，2010c；Yamazaki & Kayes，2004，2007）。

本章音频导读，
请扫描二维码收听。

第八章

■ ■ ■ ■ ■ ■

终身学习与整合发展

谁愿意分裂，

我活着的目的就是整合，

整合我的爱好和职业，

就像两只眼睛合成一个视界。

工作是凡人的游戏，

只有热爱和需求合为一体，

那些曾经真正做过的一切，

才是为人类的将来而做的。

——罗伯特·弗罗斯特（Robert Frost）

　　随着婴儿潮时期出生的群体接近中年，人们开始对成年生活后期阶段的发展产生了极大的关注。对成年人学习和发展的关注被人们贴上了"人类发展的革命"的标签（Brim & Kagan，1980）。的确，每个人都为促进自我发展的技术和活动的蓬勃发展感到惊讶，例如，书店里充斥着琳琅满目的自助书籍，市场上充斥着各种各样的工作坊。虽然有人在这些变化中发现了自恋和过多关注"自我"的危险潮流，但我却偏向于一种更加积极的解释，即社会专业化和个人全面发展的对立统一将在更高层次上形成新的整合。

　　多样化和专业化的发展曾使我们受到威胁，并趋于分裂，但是，它们在一定程度上促进了人类的整合发展。现代通信设备、大众传媒和其他的信息革命成果，虽然为我们提供了便捷，让我们产生了大量的瞬时灵感与思考，但也让我们感受到价值观的冲突和危机，给我们带来了挑战，并阻碍了我们综合能力的发展。无论作为个体自身还是就整个世界而言，我们都必须发展和成长，因为我们只有这样做才能得以生存。在寻求完整性的过程中，如果我们感受到侵略性自私的触碰，这可能是由被迫遵守、服从、顺从而带来的巨大压力引起的反应，这时我们无法成为个人生活史的主体，而只能成为一个客体。

说到底，终身学习的挑战是一项整合发展的挑战。以两位伟大的原子科学家为例，一位是美国的爱德华·泰勒（Edward Teller），另一位是俄罗斯的安德烈·萨哈罗夫（Andrei Sakharov）。这两位科学家在职业生涯的早期都是发展本国核能力的核心人物。后来，泰勒成为国家最早倡导核威慑力和强劲国防的先驱之一，但萨哈罗夫，这位曾经在20世纪50年代为苏联研制出氢弹的科学家，却因良心的谴责，转而成了一名反对核武器的政治家、一位活跃的人权捍卫者。最终，他因为抗议苏联军队在阿富汗部署军力而遭到莫斯科当局的驱逐。

这些有关伦理或道德方面的决定，促进或阻碍了个人的发明创造，使人们形成了支持或反对自己国家的态度，从本质上说，这不同于科学家在工作领域为解决专业问题而进行的科研活动。如皮亚杰等人所记录的，科学技术的历史发展已经日益专业化，即从自我中心到自我反思，从现象主义到建构主义——用体验学习的术语来说，就是从行为到反思、从具体到抽象。然而，那些走上职业巅峰的科学家们，他们的职业生涯却走上了不同的道路。这些人常常在职业早期就在专业领域内做出了抽象反思性的贡献。随着他们的成就被社会认可，随之而来的是一系列新的任务和挑战，以及新的行动和具体的要求。诺贝尔奖获得者必须帮助制定社会政策，并且阐明他们的发明创造对社会伦理道德的影响。当研究人员成为某个部门的负责人时，他们就有义务去培养年轻一代。所以，在这一职业及其他的大多数职业中，更高层次的责任需要一种整合的视角，对突发事件做出文化上的反馈。

整合性发展所面临的挑战是巨大的，并不是每个人都能成功应对，无论这个人多聪明，或者他在专业领域内有多高超的技术。事实上，正如我们在第七章中所看到的，一个人的专业化可能限制了他的整合性发展。查尔斯·达尔文（Charles Darwin）在自传中提到，他对文学、音乐及一切美妙的艺术都失去了鉴赏能力，他对此感到很困惑，他怀疑这种鉴赏能力的丧失或多或少与他的专业化有关。

> 我的头脑似乎已经变成了一种机器，它可以从收集到的大量事实中抽取出普遍规律。但是，我却无法理解为什么这一过程会使控制人类高雅品位的那一部分大脑趋于萎缩（Darwin，1958）。

吉米·卡特（Jimmy Carter）作为美国前总统，曾在任职期间遇到很多问题。观察家们认为，这是由卡特作为科学家和工程师的职业特征（Fallows，1979；Pfaff，1979），以及其任职期间难以适应具体 – 反思能力的要求（Gypen，1980）造成的。克拉克·克利福德（Clark Clifford）曾是多任美国总统的私人顾问和朋友，他提到卡特时做了如下论述。

> 他为自己是工程师和科学家而感到自豪……他不时会说："作为一名科学家我会这样做，作为一名科学家，我会那样做。"科学家通常的做法就是，从 A 开始，然后到 B，接着从 B 到 C，从 C 到 D，D 就是他们的目标。并且，他们知道，如果沿着这条线索推论下去，一定会达到 D。我注意到总统一直用这种方式处理事情，他丰富的知识和体验让他知道，如果沿着某条路径走下去，一定会得到结果。问题是，这在白宫根本就行不通。因为这种想法根本就没考虑到美国参议院、众议院或美国群众等外部因素的影响。美国总统所遇到的问题是不允许被当作科学来对待的。这中间有太多因素需要权衡，事实上，你需要抛开这些科学的方法。卡特总统进入白宫后，过了一段时间，安定下来了，开始感觉舒服了一些，随即他开始四处寻找要处理的问题。嗯，其中之一就是巴拿马运河问题，对总统而言，这在第二任期的第三年是一个完美问题。他可以说："那是正确的。"他不用担心对未来做出承诺。但他在众多议项中挑选出了这一个。有趣的是，他是对的，也很勇敢。但是，在当时的境况下，提出此事绝对是错误的。因为就他而言，这会使大部分民众在很长一段时间内对他抱有敌意……做决策的时候，他从广泛的意义上理解总统的职责。之后，当对是否应当将 22 个水利工程项目投放到西部以外的地区做决定

时……我记得他看了看，说："其中大约有14个不会起到多大作用，7个或8个就足够了。"后来，就选定了加利福尼亚、俄勒冈州、华盛顿州、爱达荷州、蒙大拿州、科罗拉多州（Bill Moyers Journal，1981）。

当然，卡特总统后来取得的成功表明了他整合性地回应了总统办公室的要求，这是一个显著的进步，特别是在戴维营，卡特总统运用其个人能力促进了中东和谈。但是，在执政早期，他常常受到先前专业化科学思维的困扰。

整合性发展的挑战并不仅限于科学家和总统。某期《华尔街日报》（*Wall Street Journal*）对首席执行官们进行了调查，通过访问了解决定一个经理人发展前景的主要因素（Allen，1980）。排在列表最前面的就是个人的综合能力（36%的大公司首席执行官对此做出选择），其次是个人的社交能力和勤奋程度。只有少数人认为专业技术经历和相关的教育背景是成功的关键。事实上，所有职业、各个生涯阶段都存在整合性发展的挑战，在我们的个人生活中也是一样。例如，许多一线管理者的工作界限已经相当模糊了，他们的工作范围已经大大超过了自身的职业范畴，例如，他们需要培养年轻员工、构建和谐社区和建立家庭关系等。

人到中年，这些挑战就变得尤为突出。正如埃里克森所认为的那样，中年人不得不接受事业所面临的"危机"或"停滞不前"这一现实。

就我们的教育类别来说，只有人类才能够且必须将自己的关心通过家庭和社区传递给后代。当他们将自己最初的期望、意愿、目的和技能传给后代时，他们会结合自己的童年经历，传授给孩子们一个逻辑系统，这一系统不是他们使用语言的字面意义就能完全表达的。通过这种方法，儿童逐渐了解世界的大致图景，理解文明的基本表现形式。当我们理解了人类的这种联系后，我们就会明白，成年男性的构成需要一种"被需要"的感觉，以免他遭受"自吸收"（self-absorption）的心理变形，在这种变形中，他很可能成为自己的婴儿和宠物。因此，我提出了直觉和社会心理起源的假设。例如，对绝大多数人来说，为人父母是他们人生的第一次，也是最重要的一次生育。然而，人类的延续也对各类工作者和思想家们的创造性才能提出了挑战（Erikson，1961）。

人到中年，就不得不接受自己既是"教学物种"又是"学习物种"的事实，这是一种在中年时期发生的图形/背景的逆转。我们由被关心逐渐走向了独立，从此，自我中心的价值观逐渐淡化，开始关注他人所关心的问题。在此过程中，还会发生其他逆转。用荣格的话来说，隐藏的人格开始随着青年的特殊意识身份出现，并在意识中占据了主导地位。这不仅是社会要求的转变，也是个人自发的转变。因为，职业发展道路中出现的多种压力，呼吁对个体的重新评估，并促成整合性发展。

职业困境：职业生涯中通常有晋升和调整工作的机会，但是需要大的适应和调整，例如，家庭主妇/母亲或工程师。

薪金减少：例如，非升即走的就职系统。

机会减少：在所处机构中，较少有晋升机会。

"皮毛陷阱"（fur-lined trap）和成就成瘾：组织化的职业奖励系统，对专业角色的绩效奖励非常有效，这使得个体几乎没有精力发展更广泛的家庭和私人生活。

职业要求整合性发展：特定的职业生涯发展到一定程度，就需要超越专业化的发展。例如，管理高层需要有综合的视野，供职机构有职位轮换的政策来促进综合视野的发展。

创新/变革的机会（Schein，1972）：在一定程度上，为角色变化和职能转变提供持续的挑战和机遇。

体验学习发展模型认为，学习风格专业化以成人早期的发展为代表，职业和家庭的角色需求强化了专业化的发展。然而，这种模式在职业中期会被改变。具体而言，随着个体的成熟，强化力量的作用越来越小。相反，临近中年，随之而来的是对问题的重新审视，对目标和抱负的质疑，以及对生活结构和方向的重新评估。对大多数人来说，早期做出的选择已经无法满足当前的需求，必须做出一些改变。在此基础上，人们最后认清了现实：他们永远不能实现年轻时候的梦想，如果想要生活得有意义，人们必须发现一些新的、更加现实的目标。另外一些人尽管在一开始时是成功的，但他们发现成功是以牺牲另外一些责任（如对爱人和孩子）为代价的。持续地强调专业化会使人变得呆板乏味——会使一个人开始感到被卡住、静止不动、墨守成规。早期挑战的活力太容易被对成熟的解决方案的常规应用所取代。如果没有新的挑战，创造力会让位于一成不变的活动。许多职业在这个时候处于停滞状态，个人面临着枯竭和在乏味中延长剩余岁月的前景。寻找新的出路至关重要。

专业发展优先于整合性发展是不可避免的，年轻人在为社会服务的过程中先寻求个性，然后在追寻个性的过程中体会到整合性发展的必要性。正如威廉·巴特勒·叶芝（William Butler Yeats）所指出的："没有生离死别，就既无孤独也无好合。"与碎片化、分割化和专业化的体验相比，整合性不能被完全欣赏和挽救。勒温认为，从重视区别到关注完整这一转变需要巨大的发展动力，作为一种普遍的社会化模式，这一点非常重要。

适应灵活性与整合性发展

研究成人发展的学者们一致认为，个体通过分化和层级整合来获得成长，并且，发展的最高阶段即个体的整合。从体验学习的角度来看，这个目标是通过对世界辩证适应的过程来实现的。正如荣格所说，自我实现或自性化的完成是通过表达处理世界的非主导模式及其与专业功能的更高层次的整合来实现的。随着整合性发展的来临，人们越来越关注掌控环境的能力和创造潜能的需求。这种建构式的潜能通过个体适应的灵活性在行为方面得到表达。正如沃纳（Werner）所认为的。

通常情况下，一种机体越是趋于差异化和组织等级化，它的行为就越灵活。这意味着，如果活动是高层级的，那么机体可以在相当大的范围内，随着活动的变化适应不同情况的需求（Werner，1948）。

整合性发展带来了适应的灵活性和机动性，灵活性和机动性也是整合性发展的主要推动力。它们能推动人们超越僵化的专业化发展方向。这种僵化可以由任何进化的内部趋势推演出来，朝向具有最高稳定性的最终阶段。在发展序列的最后阶段，这种最高的稳定性意味着成长的终结，如不变的专业反应模式。如果缺少适应灵活性，僵化会导致刻板行为。正如人们通常所认为的那样，适应灵活性意味着过程，而不是结果。

评估适应灵活性：适应风格量表

对那些希望预测和控制人类行为的科学家而言，整合性发展可能会导致某种程度的挫败感，因为随着整合性发展及伴随而来的适应灵活性，人们在预测行为方面变得越来越困难。在低水平系统中对行为结果进行预测很容易（如打开灯的开关），但对整合性发展能力（如操作计算机）中的高级行为的预测却非常困难。当我们试图在特定的发展阶段对一个人的综合行为特征进行描述时，这个问题变得非常复杂。发展理论家们已经意识到了这个问题，并尝试通过多种方式进行解决——例如，通过一些特别的概念：皮亚杰提出的水平滞差概念（horizontal decalage）（Flavell，1963），或者是通过简单求得变量的平均值而忽略它。

解决这些测量问题的另一种方法是把适应灵活性水平作为整合性发展水平的指标。当面对不同的环境需求时，人们会展现出系统性的变化，我们能由此推断出更高层次的整合性发展。为了完成该项测试，至少需要满足两个条件。首先，需要一个能够反映个人实际和潜在生活空间的综合环境需求的系统。正如斯科特（Scott，1966）所指出的，只有存在能够被适应的条件和环境，适应灵活性才有意义。仅仅具有变化性不足以形成适应灵活性，它必须对变化着的环境需求做出系统的调整。其次，个体反应的灵活性的维度和条件需要用相应的术语定义。反应的灵活性应当在同一维度内进行测量，以便能够鉴别出环境与人之间是否匹配。体验学习理论提供了一种可以满足上述条件的框架。为了实现这一目标，人们创建了学习风格量表的修订版本——适应风格量表。这个测量工具以问卷的形式向人们提供一系列情况描述（如当我开始做一件新事情时），以此来反映人与环境之间的交互作用。被试在两个选项中进行选择，每一个选项代表了一种适应模式（如我跟着感觉走——具体体验；我会安排优先级——抽象概括）。

适应风格量表描述了被试必须"适应"的四种情境。这些情境与四种学习模式对应——发散情境、同化情境、聚合情境、顺应情境。每一种情境都有两个句干，每一种情境都有六对反应选择，这些反应选择呈现了相应情境中的四种自适应模式。因此，适应风格量表得出四种不同学习风格情境分别适用的适应轮廓，并产生了四种情境都适用的平均适应轮廓。

对适应风格量表的回答可以用位于二维学习空间的点来描述个体的自适应倾向。第一个点代表对所有情境的平均反应。这个点可以通过在抽象－具体维度（AC-CE）的分数和行动－反思维度（AE-RO）的分数，以及在学习坐标的两点间的连接处打上点来实现（见图 8-1）。采用相同的程序去勾画个体在四种情境中的反应。箭头从总分指向每一种情境的分数。这些箭头表明了个体对每种情境的反应方向。从一种情境到另一种情境的适应灵活性的数量通过箭头的长度来表现。

图 8-1 展示了两个被试在适应风格量表上的反应。被试 A 的总分接近坐标中心，表示了他的适应方式相对均衡。在四种情境中，其中有三个发展较为一致。对发散型情境的反应是相当积极的，与抽象－具体维度的总体得分差异不大。可以说，他对三种情境压力做出了反应，与顺应型、聚合型、同化型的压力表现一致，也就是说，通过增强对"推动式"适应模式的强调，他对环境做出了反应。然而，在发散型情境中，被试 A 主要以行为模式应对，以行动来对抗环境的压力。

被试 B 的总分在发散型象限内，表明其具有以具体－反思模式应对所有情境的倾向。根据总分的情况，除聚合型情境外，被试 B 对每一种情境压力的回应都与环境压力不一致。在发散型情境中，被试 B 以非常具体的方式做出回应，但也会以更主动的方式做出反应。

对发散型情境的回应与顺应型情境一致（总体而言，回应仍在发散型象限内，这使得回应与情境压力一致。然而，对每个人而言，参考点并不是坐标的理论中心，而是他们自己的总分）。在顺应情境中，被试 B 做出的回应是抽象的、反思性的，但是，在顺应情境压力下，人们表现出的回应却是具体的、主动的。在同化情境中，被试 B

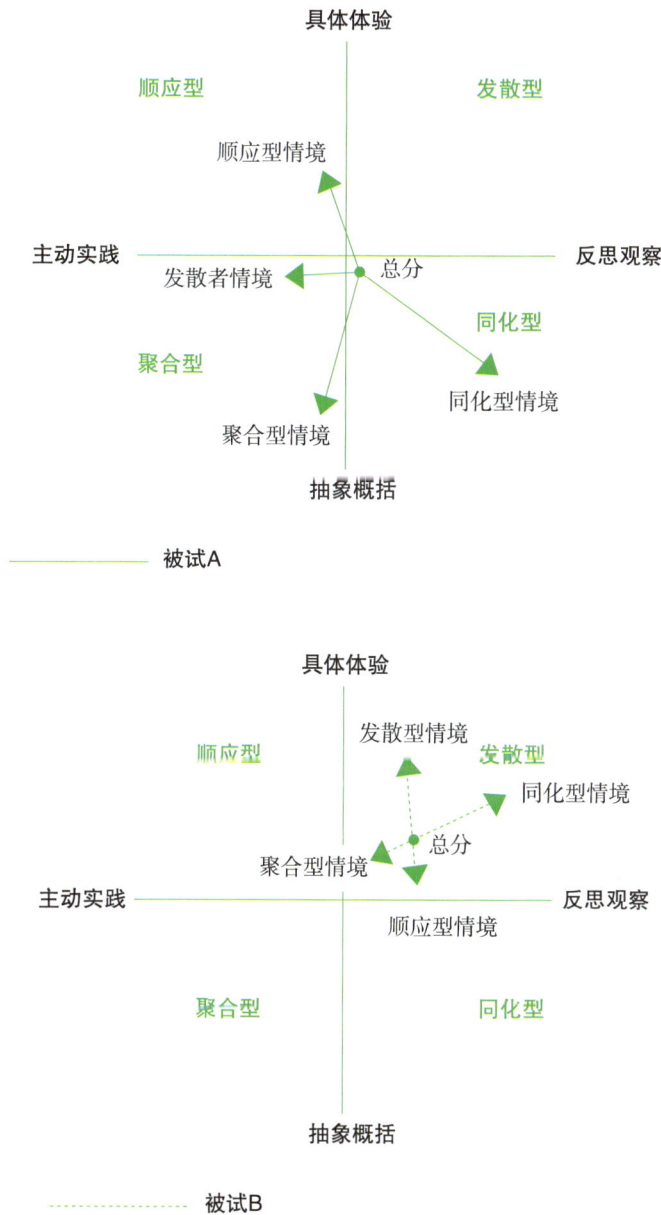

图 8-1 适应方式调查得分案例

以反思方式回应，随着情境的要求，他也以具体的方式回应，这与同化型的情境压力相反。最后，被试 B 在聚合型情境中的回应方式与在聚合型情境压力下的回应方式相似。

为了对适应灵活性做出量化评估，我们设计了公式来评估个体在不同的情境中的适应倾向的变化程度。其中包含五个变量：（1）具体体验适应灵活性（CEAF）；（2）反思观察适应灵活性（ROAF）；（3）抽象概括适应灵活性（ACAF）；（4）主动实践适应灵活性（AEAF）；（5）总体适应灵活性（TAF）。例如，CEAF 代表了人们在四种情境中具体体验倾向的变化程度。总体适应灵活性的分数是 CEAF、ROAF、ACAF 和 AEAF 的总和。值得注意的是，这些分数不考虑个体在面对具体情境要求时的适应方向，而只是简单代表了在情境变化中适应模式的变化程度，因为适应灵活性是由压力情境下的变动和其他方向上的变动组合而成。

适应灵活性与整合性发展之间的关系

基于适应风格量表对适应灵活性的操作性定义，我们能够从实证的角度找出适应灵活性和整合性发展之间的关系。为了实现这一目标，我们对三组成年人样本进行了研究：一组由 47 名专业工程师构成，一组由上一章中所描述的 23 名社会工作专业毕业生代表构成，还有一组由 39 名各行业的中年男女组成，他们都参与了中年人发展问题研究项目（Kolb & Wolfe，1981）。后一组人在三年间参加了一系列密集的自我评估研讨会，从而对他们的个性和生活状况进行了深入的评估。

自我发展

一项广泛适用于测量整合性发展的测验是卢文格的句子完成测验（Loevinger，1976）。在探究成人自我发展阶段的模型时，卢文格大量参考了皮亚杰、科尔伯格、佩里的研究，同时也参考了精神分析流派的自我心理学，最著名的埃里克森的思想。句子完成测验的分数表明一个人自我发展的水平，这些水平被卢文格提出的自我发展六阶段所定义——冲动阶段、自我保护阶段、遵奉阶段、公正阶段、自主阶段和整合阶段。正如表 8-1 中所示，这些阶段与体验学习发展理论中描述的六个适应水平相关（见表 6-1）。另外，卢文格将适应灵活性视为其框架发展的标志。

> 就生存而言，在与环境的交互中，灵活性是一个很重要的特性。因为机体的发展需要依赖于环境，并根据环境的改变做出调整和适应，用新的反应代替曾经成功的反应，灵活程度可能就是机体发展的一种标志（Loevinger，1976）。

表 8-1　卢文格的自我发展阶段

自我水平	冲动控制 / 性格发展	人际方式	当前意识	认知风格
冲动阶段	• 不能识别规则 • 如果行为受到惩罚，就认为行为是坏的 • 冲动 • 怕被报复	• 依赖和剥削 • 无意识的依赖他人，并把他人当作可利用的资源	• 性和攻击 • 身体机能	• 以二分方式进行思考 • 简单而笼统的想法 • 概念上的混淆 • 具体思维 • 以自我为中心
自我保护阶段	• 认识规则并短时遵守 • 有权宜的道德，受攻击时行为变坏 • 责怪他人，不认为自己该为失败与麻烦负责	• 操纵和剥削 • 对他人的意图持谨慎与不信任的态度 • 机会主义 • 零和博弈：我赢，你输 • 缺少羞耻感：没有任何同情心	• 自我保护 • 获得控制和优势，占据主导地位 • 战胜他人，欺骗他人 • 害怕被他人主导、控制和欺骗	同上
遵奉阶段	• 部分内化规则、无条件地遵守 • 对结果感觉羞耻 • 关注"应该做"的事情 • 在道德上谴责别人的观点 • 否认性与攻击的感觉	• 希望加入一个群体，获得社会接纳 • 在组内感到相互信任，对组外有偏见 • 具有宜人性的人格特质；表面上很好，很乐于助人	• 表面 • 对小组规范的社会接纳和适应 • 地位象征，物质财富，声誉和威望	• 刻板性思考 • 使用陈词滥调 • 夸大 • 感情用事 • 几乎没有反省能力：谈及内心感受时是乏味的、刻板的
公正阶段	• 自我评价标准化：内化道德感 • 自我评判，变得苛刻 • 对于结果感到内疚	• 有责任感和义务感 • 有相互紧密的关系 • 关注交流与不同感觉的表达	• 经过内部标准测量，实现长期目标达到理想 • 行为的动机和原因 • 自我：感觉、特质	• 概念复杂化 • 理解结果和优先级 • 知道偶然性、看到选择性 • 从一个群体及社会中看到自我
自主阶段	增加：行为是道德原则的一种表现方式 • 容忍有多种观点 • 关注职责冲突、角色和原则	增加：希望在关系中有自主性 • 认为关系中涉及不可避免的相互依赖 • 容忍他人的冲突解决方案 • 尊重他人的自主性 • 开放	• 个性和自我满足 • 内心需求的冲突	• 拥有更强的概念复杂性 • 允许模糊 • 有能力看到矛盾 • 思维更加宽广（时间框架、社会情境等） • 看到人类的依赖性
整合阶段	增加：化解内部矛盾及与外部需求产生的矛盾 • 放弃不可获得的东西 • 关注正义、自发现象和创造	增加：珍视个性	增加：整合的、独特的认同感 • 珍视生活和工作，将其作为自我、规则必不可少的体现	增加：把自我作为人类境遇之河的一部分

注：增加指添加到上一级别的描述中。

资料来源：Adapted from Jane Loevinger，*Ego Development*（San Francisco：Jossey Bass，1976）。

综上所述，我们预测，通过适应风格量表测量的适应灵活性与个体自我发展的水平相关。在关系测试上，这三组中年人样本都完成了适应风格量表和句子完成测验，测验结果通过卢文格计分手册的说明进行打分（Loevinger & Wessler，1970）。在卢文格的计分体系下，大部分人都处于中等水平。在样本中没有代表"冲动"（第一阶段）、"自我保护"（第二阶段）和"整合"（第六阶段）的个体。但有一个"自主型"的样本。然而，即便在自我发展的有限范围内，适应灵活性和自我发展水平也存在显著正相关（$r=0.26$，$p<0.003$）。适应灵活性的大部分协变相关都发生在反思观察和抽象概括中（如自我水平和 ROAF，$r=0.20$，$p<0.02$；自我水平和 ACAF，$r=0.22$，$p<0.01$）。在一定程度上，对自我发展的测量代表着整合性发展，我们可以得出结论，即适应风格量表所测量的适应灵活性也可以代表整合性发展。然而，对数据进一步的分析表明，与具体行为导向相比，卢文格测量量表更能促进反思抽象适应模式中的适应灵活性的发展。

自我指导

整合性发展的另一个积极指标是主导自己生活的能力，即在生活中，个体是主人，而非"棋子"（DeCharms，1968）。在最后一组为中年人开展的自我评估研讨会中，研究者为参与者打分，以评估他们在当前的生活状况下能够在多大程度上进行自我指导（Crary，1981）。这个评估的标准是，个人的行为在多大程度上由生活情境决定，而非由他们自己控制。

总体适应灵活性与个体的自我定位程度之间存在显著正相关（$r=0.26$，$p<0.05$），而且可能与预测一致，这主要是由主动实践中的适应灵活性所决定的（自我定位与 AEAF 相关，$r=0.28$，$p<0.05$）。这就说明，通过适应风格量表所测量的代表高水平的整合性发展可能更加趋于自我定位，并且在不同环境下，通过有选择地改变行为，个体可以进一步实现自我定位。

关系中的认知复杂性

体验学习发展理论认为，可以将个体在具体的体验中的情感发展描述为个体的人际关系概念复杂程度增加的过程（见表 6-1），这是整合四种学习模型的结果。因此，我们可以预测，适应灵活性的增强，尤其是在具体体验领域中，与个体的人际关系丰富性有关。内部结构复杂性的一个主要组成部分就是建构，体现在个体所使用的语言中，这些语言描述和控制了个体的思想及其与人际环境之间的互动。这一观念在自我评估研讨会的背景下得以验证。在研讨会中，中年人通过大量的练习，即通过生动的类比方式描述他们的生活结构。在这些练习中，研究者注意每位被试描述生活结构的常用语言。然后，每个人说过的话被列出来，并呈现给被试做进一步确认。为了使该列表能够真实地代表他们自己的内部结构，每个人都有机会增加或删除一些词汇。最终的结构目录变成了我们此处所用的变量，被称作"结构数目"。

与预测结果一致，总体适应灵活性与个体用于描述自己人际关系的概念数量呈正相关（$r=0.25$，$p<0.06$）。这种相关性在具体体验领域最为显著（CEAF 与概念数量的关系，$r=0.28$，$p<0.04$）。

上述结果表明，总体适应灵活性和四种模型中的适应灵活性都是整合性发展的有意义的表征。通过适应风格量表测量的总体适应灵活性与自我发展水平、自我定位，以及个体人际关系概念的复杂性显著相关。至少在卢文格提出的模式中，自我发展与反思和概念化的适应灵活性有最显著的相关性，这表明在建构代表高层次认知和自我发展世界的过程中对内部层级化结构的发展和控制。自我定位的增强与行为的灵活性有更多联系，有关人际关系概念的丰富程度与具体的体验的灵活性有最为密切的相关性。虽然这些结果仅通过有限的样本得出，但它们还是颇具意义的，因为它们通过适应风格量表提供了一个对整合性发展的衡量标准，该衡量标准对作为单一过程的发展和不同适应模式的专业发展都很敏感。

整合型生活风格

整合型生活的本质是什么？成年人面对整合挑战时的应对措施是什么？从他们的例子中，我们能学到什么？适应风格量表适应灵活性的研究结果及后续针对每位参与者的生活探索体现了一些整合型生活风格的重要特征。

积极的适应

首先，整合型个体既适应他们的生活结构，也会创造他们自己的生活结构。他们与世界及周围其他人之间的关系是交互的，在这种交互作用中，他们积极地完成生活任务，并在适应新环境的过程中改变或重新塑造他们自己的生活。保罗·弗莱雷对整合性发展态势的描述如下。

> 　　与适应不同，与环境融合是一项独特的人类活动。融合源于个体对现实的适应能力，以及做出选择并改造现实的能力。在某种程度上，如果个体丧失了选择的能力并依附于他人的选择，同时，他们通过依赖外部环境而做出决定，也就是说，决定不再由自己做出决定，那么，他们就无法再获得整合发展。与之相反，他们已经适应了环境，并做出了"调整"。而那些具有革命精神、不顺从的人则往往会被认为是"失调的、不适应环境的"。
>
> 　　整合发展的人作为主体而存在。相反，适应的人作为客体而存在，适应仅仅是一种微弱的自我防御表征。如果个体无法改变现实，那么他就只能调整自己适应环境。适应是动物界的特征，如果这种特征表现在人身上，则成为非人化的象征。纵观历史，人类在一场不断受到压迫威胁的斗争中，一直试图克服使自己屈服或改变的因素，从而实现他们完整的人性。
>
> 　　当人们通过回应环境的挑战与世界建立联系时，他们开始使现实充满活力，掌控现实，让现实变得更人性化。他们通过赋予地理空间世俗的意义，通过创造文化，在现实中加入了自己的创造。人类与环境及与周围人群的关系不允许社会和文化的稳定（除非是在强权压制下）。随着人类的创造、再创造及决策，历史纪元开始形成。也正是通过这种创造、再创造及决策的过程，人类参与到这些历史中来（Freire，1973）。

　　在成人专业组和中年组的样本中，我们通过适应风格量表测量了低自我发展水平和高自我发展水平人群的适应灵活性，我们在整合型人群中发现了诱人的建议和积极主动的态度。正如我们所见，低自我发展水平人群在环境变换中表现出较少的灵活性和变化性。另外，个案研究表明，大部分的变化都是朝着情境压力的方向发展，例如，在顺应性环境中变得更加主动和具体，或者在同化性环境中变得更加抽象和反思。这种模式意味着调整（adjustment），也就是弗莱雷所谓的适应（adaptation）。另外，高自我发展水平的群体表现出更多变化，并且这种变化大多是为了抵抗情境的压力，例如，在行动情境中表现出反思，或者在抽象情境中表现出具体性。于是，整合型个体看起来似乎会对情境做出更加具有创意的回应，他们能够提供一种全面的观点，而这在之前是缺失的。因此，高自我发展水平的个体在面对理解某些基础原则这种抽象性任务的时候，他们会去寻找和探索具体的案例，或者他们在完成行动任务时会通过反思的方式来制订计划。

这种整合性回应在个体和生活情境中制造了一种创造性张力，事实上，这种张力对于整合性发展带来的创造性回应至关重要。霍华德·格鲁伯（Howard Gruber）描述了"成为自己"在创造性过程中的重要性。

> 这种在截然不同的观点之间来回穿梭的义务，会在每一个具有创造力的生命体身上产生深刻的张力。在一般的发展过程中，相似的张力不断出现。我们所谓的适应和调整等术语的意思是解决这些张力的办法。但这并非一个有创造力的人所为。他或她应该保持与张力共存，守护距离感和独特性（Feldman，1980）。

丰富的生活结构

整合型生活风格的第二个特征表现在整合型个体的生活结构上。整合型个体的生活结构反映了他们个性的复杂性。勒温（Lewin，1951）首次提出研究个体发展水平和生活空间复杂程度之间的关系。当我们研究那些在适应风格量表适应灵活性上得分较高的个体的生活结构时，我们看到了复杂性、灵活性及高度分化的特点。这些人经历了生活的多样性和丰富性，同时也让环境变得丰富和多样。他们随着环境的变化而灵活改变，创造出高度分化的生活空间和关系，以及关系网和情境的构建，从而达到与环境的互动。马西·克拉里（Marcy Crary）对此发表了如下论述。

> 有的人能在不同的环境下过着无忧无虑、多姿多彩的自在生活。无论对他们本人或是对他们所处的环境而言，他们的生活结构呈现出丰富的灵活性。相反，另外

一些人总是每天重复着有规律、有计划的日子，在不同的环境下似乎总会有类似的事件、活动和关系发生。个体在这个量表上得分越低，则可能意味着他们在环境中的角色约束程度越高。个体在这个量表上得分越高，则意味着他们越有可能过着"自发"的生活（Crary，1979）。

另外一个相关的维度是个体生活空间的差异。克拉里发表了如下论述。

这一维度意味着个体的生活空间中情境差异性的程度。一个差异化的生活空间是多面的，或者是在边界内包含不同部分或区域……将生活空间作为一个整体考虑（在单个情境中或多个情境之间），得分越低，则意味着个体经历的情境具有相似性。得分越高，则意味着个体在不同情境之间经历了变化多样的生活风格（Crary，1979）。

克拉里对不同的生活结构的维度的评分与适应灵活性分数显著相关。灵活的生活结构与个体在整合适应灵活性上的得分显著相关（TAF 与生活结构灵活性的相关，$r=0.36$，$p<0.01$；对 AEAF 而言，$r=0.41$，$p<0.005$；对 ACAF 而言，$r=0.37$，$p<0.01$；对 ROAF 和 CEAF 而言，相关不显著）。生活结构的差异性与适应灵活性也显著相关（TAF 与生活结构差异性相关，$r=0.35$，$p<0.01$；对 AEAF 而言，$r=0.34$，$p<0.02$；对 ACAF 而言，$r=0.40$，$p<0.005$；对 ROAF 而言，$r=0.30$，$p<0.03$；对 CEAF 而言，相关不显著）。整合型个体有能力创造一个丰富的、复杂的、灵活的生活空间，从而为自身发展争取更多机会。

冲突

我们的研究识别出的最后一个整合型生活风格的关键特征，与管理复杂性的能力有关，即协调的能力，这种能力是对冲突的建构性管理。我们发现，在研究样本中，具有高适应灵活性和低适应灵活性的人在面临生活压力及其所需的改变时，两者之间的差异并不明显。然而，当我们考察这两组人所面临的冲突时发现，具有高适应灵活性和整合性的个体比具有低适应灵活性的个体面临更少的冲突。研究人员评估了每一位被试在多个维度上的得分，其中包含了冲突的程度这一维度。冲突被定义为，在不考虑各种环境之间的关系数量或复杂性的基础上，一个人在其所经历的各种情境中面临的"不相容的、暴力与反暴力"的程度（Crary，1979）。该评估是基于被试在自我评估研讨会中所完成的各种练习。这些练习旨在描述被试的生活空间，他们与他人的关系，以及对他们的过去与未来的纵向视角。

当该评分与适应风格量表适应灵活性的得分相关时，高适应灵活性与低冲突相关（TAF 与冲突程度相关，$r=-0.34$，$p<0.02$；对 AEAF 而言，$r=-0.30$，$p<0.03$；对 ACAF 而言，$r=-0.24$，$p<0.06$；对 CEAF 而言，$r=-0.27$，$p<0.05$；ROAF 与冲突程度不显著相关）。进一步的分析表明，控制了每个个体生活结构的冲突数量之后，适应灵活的个体在他们的生活中经历的压力最小，即便正如我们所见，他们的生活结构是最复杂的。生活结构的和谐往往出现在较平衡的中年生活环境中（Kolb & Wolfe，1981）。在早期，人们的生活总是围绕着繁重的工作或家庭而展开。中年以后，他们的生活投入趋于平衡，这种平衡对整合型个体而言，是和谐和减少冲突的基础。

论整合性与整合性知识

发展的最高层次就是整合性（integrity），这可能是我们有意识或无意识努力想要达到的人类机能的最高水平。实现整合性的动机是人类最重要的天赋——这是一种想要自我实现、理解、变化和成长的渴求，是一种希望掌控的普遍动机，这种动机被罗伯特·怀特（Robert White）称作"胜任力动机"。兰登书屋出版社（Random House）出版的英文词典中对整合性提出了三种解释：（1）道德原则和品格的稳定性和坚持性；（2）全部的、完整的或未削弱的状态；（3）健全的、无缺陷的、完美的状态（Stein，1966）。这些解释都有助于对整合性这一概念进行界定，但是，对体验学习理论而言，沃伦·本尼斯对于整合性的解释可能更具有指导意义。

整合性、整合及整合型人格，这一组词语都有共同的词根"integer"在此基础上置换，表达了抽象的努力、数学与人类处境之间的难以计数的联系。我说的是一个综合——包括目的、目标、观念和交流——就像大仲马笔下的三个火枪手，他们把各部分间的同一性综合成一个连贯而有效的整体（Bennis，1981-82）。

在体验学习理论中，整合性指复杂的、综合的学习过程和认知过程。它通常不是诚实、一致性或道德品质等一系列个性特质。这些特质仅仅是源于综合学习的综合判断的行为衍生物。虽然并非总是如此，但是诚实、一致性及道德感常常是综合学习的结果。一个人只要像哥白尼和伽利略一样去反思人类的"不道德"行为，就可以意识到整合是一个过程，通过这一学习过程可以创造出智力、道德和伦理的相关标准，而不会依赖现有道德标准和世人观点做出评价。

将这些具有完整性、绝对性和合理性的产品与创造它们的过程相混淆是误导性的，因为创造者先于他们的创意，并且必须不能有绝对固定的标准来指导他们的创造。整合作为一种认知方式，囊括了未来和未知，包含了编纂好的社会知识公约，后者本质上是历史记录。整合和整合性知识的主要功能是处理社会知识与我们所处困境之间的关系；其目标是利用这样的方法引导我们解决问题，使我们不仅能够生存下来，或许还可以为后代的社会知识数据库做出新的贡献。

整合的知识结构不同于第五章中提及的任何一种知识结构特征，它是对已发生的个人历史时刻的系统综合。就本质而言，整合性知识是折中的，如果用术语描述就是，"与现在的状态不一致"。整合性知识的一只脚踏在传统社会知识领域的岸边，另一只脚踏在未来的独木舟上——这样的行为既不舒服又十分费力，要么继续前行，要么退回安全范围内。斯蒂芬·佩珀曾对折中主义提出如下建议。

因此，在实践中，我们需要的不是理性，而是合理化，是对发生着的问题进行合理的探寻，而探寻的最终结果来源于每一个相对完善的社会理论。如果判断存在分歧，在做决定的时候，我们需要把这些证据的所有模式都考虑在内，当证据存在冲突时，我们应该做出其他决定。通过这种方式，我们就能以尽可能最合理的方式进行判断——并非教条式地遵循唯一的证据链条，也不是忽略证据，而是明确地基于有效证据采取合理行动（Pepper，1942）。

因此，在整合性学习过程中，人们通过四个基本知识结构的辩证对立的角度来看待困境，然后"明智地行动"，从而提炼知识。

佩珀在《概念与质量》的多个章节中均提到了这一过程的执行方法。此处，佩珀基于选择论的视角对整合性学习提出了第五个世界假说——选择性主义——其根源隐喻是有目的的隐喻行为。在单一的目标行动中，关于感觉、思想和期望的心理世界（"我想达到那个目的"）与自然世界（把自己和环境作为物理性/化学性物质）相互综合，因此，价值观和事实、性质和概念也得到了综合。正是在这个过程中，目标遇到了现实，"应该"变成了"就是"。选择论作为一种假设的世界观，最终变成了语境论或现代实用论，强调人类种族面临的适应问题具有差异性和不确定性。选择论的基本范式是，我们将目标视为价值判断，追求基于事实判断的现实。用辛格（Singer，1959）的惯用词汇来说，范式中的实体就是"回溯"（what pushes back）。实体允许我们赋予其相应的概念，却并非概念出现的原因。冯·格拉斯菲尔德（Von Glaserfeld）对选择论范式做了如下描述。

粗略地说，概念、理论及认知结构大体上都是可行的。只要它们能为我们的目的服务，它们就能够一直存在下去。

如果我们接受生存能力这一概念，在这种情况下，如果我们仍然认为知识在任何意义下都是对现实的复制或反映，就会显得很荒谬。虽然我们知道当一个理论或模型与我们所体验的世界相冲突时，事实上，它并非与体验的世界相互冲突的，而是有用的，并且是有生命力的，但这绝不是说理论或模型就描述了一个"真实"的世界。

我们绝对不能说我们的知识是"纯粹"的，因为纯粹意味着它反映了一个本体论层面的真实世界。知识不应该、也不可能具有这样的功能。有的概念在某个时间段能够存在于体验中，这意味着，在我们所操控的那段体验范围内，这些概念克服了相应的限制，在那个时间段内是可行的。但是，可行并不意味着具有独特性，因为我们将会创造许多其他的概念，这些新的概念可能与已经存在的概念一样可行（Glasersfeld，1977）。

建构主义关于实体的重要观点是，理论是价值观和事实的结合。这种价值观的判断决定了选取"真实"的哪一方面进行探究，以及这种探究如何开展。因此，作为结果，整合性知识必须要处理的辩证观点就是：理论是价值观和事实的结合。整合性要求人们深入思考价值判断和事实的科学判断。这种辩证综合的主要特征之一就是，经过感知进行评价和经过领悟进行创造。黑格尔将智慧的象征描述为——密涅瓦的猫头鹰，它们在黑暗来临之前开始飞翔，而文明则像是整合学习和混沌之间的赛跑。

> 我们的世界应该是什么样子的，哲学的论述总是姗姗来迟。在人们形成对世界万物的思考之时，现实早已完成了它的发展历程。在必要的阶段，历史由构想引导，也就是说，只有在成熟的现实中，理想才会出现并直面现实。在知识王国的影响下，理想为自己重建了这一世界，并感知这个世界的本质。当哲学把灰色描述为灰色时，一种生命形式已经老去，灰色中的灰色不能使它焕然一新，只能理解它。当夜幕降临时，密涅瓦河畔的猫头鹰开始了飞行（Hegel，1820）。

整合性要求我们学会，在事实问题上毫无私心地谈论价值观。在价值观领域，我们需要开发如同科学方法一样精密且强大的研究方法。

同样重要的是，获得整合性知识是处理重要性和意义感之间辩证关系的方式。西方工业社会盲目地崇尚外显的物质主义的重要性，忽略、甚至强烈否定宗教、人文和精神理念的意义。脱离与物质世界相关的任何有意义的联系，内心生活很可能会成为焦虑或感官享乐主义的荒地。在这里，整合性知识面临着挑战：过去我们的选择和判断虽然实用但目光短浅，让空气和水资源受到污染，面临核毁灭的威胁，下层阶级永久僵化，以及技术文明所带来的其他有害的副作用，而我们应该在这些目光短浅的选择和判断中，加入一些目光长远的、有意义的观点，这些观点来源于对人类环境和文明历史的反思。我们需要目标明确的行动理论作为选择的指南，揭晓人类过去做出判断的方式，为当前环境提供新的法则。

为了解决价值观与事实、意义与重要性之间的辩证冲突，实现整合性是上上策。在某种程度上，我们可以在对两组辩证关系的经典解决方案中看到与学习风格的鉴别方法相似的专业美德（见图 8-2），这些美德的主要功能是维持并保护每组辩证关系中的一极：智慧——保护事实和意义；正义——保护事实和重要性；勇气——保护重要性和价值观；爱——保护价值观和意义。这些专业美德压制着行为禁令：它们教育我们要在行动中应对生活情境的需求特征，要去创造，而不是去调节。智慧告诉我们，不要盲目地追随知识的含义，而是要有选择地利用知识。正义要求我们，公平公正地对待所有人，要摒弃特殊情境中出现的权宜之计。勇气告诉我们，当环境发出危险和退却信号时，我们要奋勇前进。爱要求我们，要时刻克制自己的自私行为，学会设身处地为他人着想——这是黄金法则。

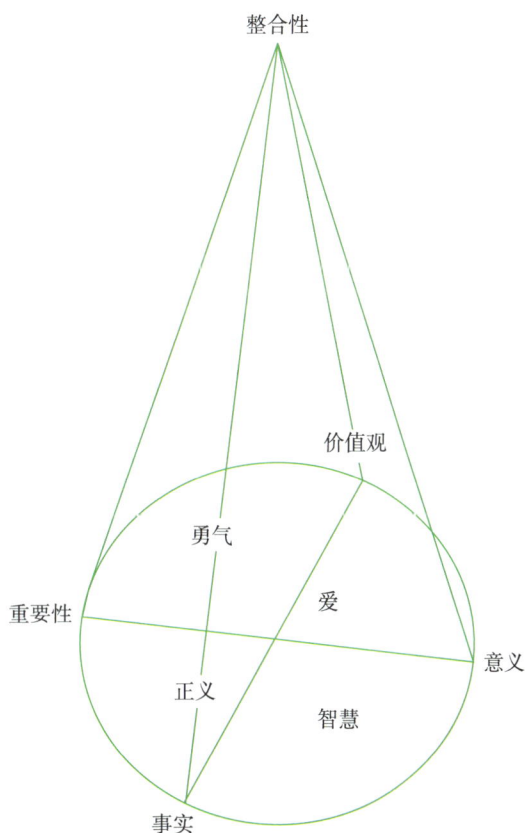

图 8-2 整合性作为主要的品质整合了价值观和事实、意义和重要性，以及智慧、正义、勇气和爱等美德

尼尔斯·博尔（Niels Bohr）曾谈及，他对物理中的补偿性（complementarity）感兴趣是受到一个想法的激发，即他不清楚一个人是否可以同时兼顾爱和公正。因此，

正如他们所保护的那种辩证关系一样，这些专业美德也存在偏差。为了超越这种偏见，需要整合性和整合性知识发挥作用，以达到真正的整合性判断。

整合性体验——曼陀罗

整合性体验和整合性认知的特点可以由结构化符号来说明，它贯穿整个人性发展的历史。曼陀罗是荣格的符号和原型体系中最重要的符号。作为冥想工具，它的价值享有盛名。它创造了一个永恒的意识中心，在这个中心里，你统一了世界，你就是世界本身，你被世界统一。从旧石器时代到现代社会，从东方宗教到西方的艺术文学，荣格（Jung，1931）收集了许多曼陀罗符号案例。他从这些符号中看到了个体性和整合性的特征。

曼陀罗意味着一个圆圈，意味着体验的整合，是一个永恒的过程，结束又变成新的开始，周而复始。曼陀罗的形状是独特的，是接近于四分曲面的一朵花、一个十字、又或者一个轮子（Jung，1931）。曼陀罗典型的四部分结构代表着双重的两极（见图 8-3）。

图 8-3　曼陀罗符号示例

两极的整合推动了永无止境的认识循环过程。在心理学上，这个循环是"生命力内流圈"。显然，人格的所有特点都参与其中。它们创造了黑暗与光明的两极，并且交替出现（Jung，1931）。

辩证循环过程的产物是个人体验的中心化。在近期对各个行业的高效领导者进行的研究中，沃伦·本尼斯发现"中心化"是许多高效领导者共有的一种特质（Bennis，1980）。中心化意味着对体验的超越，在把世界整合之前，曾经的体验处于层级整合的意识层面，随着中心化的发展，这些体验转化为我们所体验到的多维世界中的一部分。通过采访那些感知到"整合性"的人，我为他们所掌握的整合判断感到震惊。那些判断超出了包括爱在内的正义界限，那些判断看起来不仅智慧，而且很有勇气。这些整合判断的能力来源于对体验的超越，处于低认知水平的人们常常把冲突判断为一种非得即失的状态，但是，对体验的超越使人们处于更高水平的认知状态，使每个人都变成一个成功者，或者让成功与失败变得无关紧要。最后，随着中心化而来的是，对抽象概念的整合变成了对此时此刻的个体生活的具体体验。当我们围绕自己的中心行动时，真理就在我们心中，此时的行动是建立在价值观与事实、意义与重要性之上的，这样的行动是一种承诺和责任。只有当个人投身于对此时此刻的个体情境体验中，完全接受自己的过去，并且慎重地对未来做出选择，才能体验到学习所必需的辩证性冲突。正直的曙光伴随着人们对自己生命历程的责任的接受。当我们为这个世界承担起责任，我们也被赋予了改变它的力量。

更新与反思

1. 终身学习与学习途径

- - - - - - -

当他学到了每个人都必须知道的事情时，每个人的学习过程大多一样，经历错误与尝试，幻想与错觉，谎言与愚蠢，信任与迷惑，从失误、愚昧、任性到充满抱负、希望。当他躺在那里，回顾自己生命的一点一滴，他从自己曾经异常困苦的经历中收获了些许经验与教训。当他掌握之后，他学到的每一件事情都那么简单明了，他想，为什么自己过去不知道这些呢……总而言之，这些事情汇聚在一起，编织成了一条线索，贯穿着自己的过去和未来。现在，他想，也许他可以掌控自己的生命，因为他觉得内心深处有了新的方向感。但却不知道会被带去哪里。

——托马斯·沃尔夫（Thomas Wolfe），

《你再也回不去了》（*You Can't Go Home Again*）

当我在为《体验学习》做研究时，我得到了组织行为部门中的终身学习和发展项目的巨大帮助，这个项目受到了斯宾塞基金（Wolfe & Kolb，1980）和国家教育部基金（Kolb & Wolfe，1981）的资助，旨在探索当时引起全国广泛关注的两个主题：终身学习和成人发展。从那以后，终身学习就逐渐从一种鼓舞人心的愿望，变成了一个必要的现实。过去40年间，全球范围内的社会、经济和科技的变革促使人们彻底地思考学习与教育的关系。过去以课堂学习为主导的前置式、系统驱动式的教育体系，逐渐转变为新模式，个体学习者在不同的学习环境里逐渐开始为自己的学习负责。在其他一些自我指导要求的指引下，这种自主学习的出现受到全球经济形态改变的影响，例如，个体要为自己的退休计划和医疗健康负责。阿斯平和查普曼（Aspin & Chapman，2000）在回溯这些发展的时候，提出了终身学习的三元论，他们认为，由于学习需求的不同，终身学习涵盖了三个领域——为了经济进步与发展而学习，为了个人发展与自我实现而学习，为了公正而繁荣的民主社会而学习。终身学习所面临的挑战并非仅仅是学习一些新的、有市场前景的技巧以应对经济发展的需要，这些挑战关于个体本身和他们作为家庭成员、公民和工人的不同社会角色的个人发展。

自学成才并不是解决办法。社会机构、政策制定者和教育者都在共同面对这些改变以支持终身学习者。虽然个体对自己的学习负有主要责任，但这应该处于一种相互依赖的关系中。欣奇克利夫（Hinchcliffe）在有关终身学习的思考中，对此情境进行了描述："为了体现终身学习的概念，个体需要学习一系列方法论，即只有当个体变成一个反思性学习者、通过促进式的方式进行教学、强调学习的转换、认同自我指导和自我管理的重要性时，个体才能成为一个终身学习者。只有当他们吸收了所有的终身学习教学方法后，他们才能成为一个终身学习者。个体在这种整合式的终身学习思想的影响下，才能够获得有关‘终身学习者的自我意象’（Hinchcliffe，2006）。"在他的思想体系中，他强调，一个根本的终身学习者应该是一个相互依赖的行动者，是一个融入实践的情境并逐渐变化的个体。他强调，学习的本质是以活动为基础，这种学习应该以体验和合作为基础，学习是受到学习者自身的激发，而不是被训练者或教师推动。对终身学习而言，"生活"（being）比"拥有"（have）更加重要。终身学习者应该展现这样的变化，从个体拥有多少静态知识，转变为拥有为了在变化中生活而领会知识的动态发展能力。这种动态发展能力强调了人的能动性及灵活性，是成人学习者转变为终身学习者的基础（Su，2011）。在《学习是一种生活方式》（*Learning as a Way of Being*）一书中，彼得·瓦尔（Peter Vaill）也有类似的描述，初学者的头脑仿佛"永远的纯净之水"，在始终不断动荡变化的新兴世界中，不断接近和保持初学者的状态是十分重要的。

学习过程

体验学习理论为终身学习者提供了框架，帮助学习者理解并适应新的环境（Passarelli & Kolb，2011）。学习具有使人转变的魔力。它为我们开启了新的大门，拓展了我们的世界和能力。它能够通过专业认同和个体认同，让我们认识自己是谁。它可以通过创造新的专业和个人身份来改变我们的身份。学习本质上是奖励和授权，给人们带来了新的体验和新的技能。确切地说，正因为你所学，才成就了现在的你。

学习过程就是以学习的态度获得生活体验。它包括对自身体验的深信，以及对所接受知识的合理质疑。在面对不确定性时，学习要求个体能够冷静地反思，积极地行动。学习过程并非最简单的生活方式，但从长期发展的角度来看，这是最明智的选择。其他方式会带来即刻的满足，但却蕴含危险。例如，教条、否认、成瘾、服从、习惯等都让我们远离不确定的痛苦，却让我们失去了自我控制的力量。这样的学习过程要求我们努力的时候深思熟虑，在不确定性和失败面前，不断创造新知识，从而开启新的视角，对体验有更新、更广、更深的理解。

（1）学习之道是一种体验之道。它是一个以真实的方式与世界共处的过程，是一种通过"存在"而"成为"的方式。敞开心扉去体验，这对于学习和革新是很必要的。

詹姆斯·马奇认为体验是含混不清的，然而，威廉·詹姆斯认为纯粹的体验具有无限的深度、充满着神秘感甚至是富有灵性的。学习周期中的前三个阶段（从体验到行动）都发生在我们的脑海中。最后一个阶段，即从行动到随后的体验，发生在我们所认为的"现实世界"中。这个真实世界有着新奇感、不确定性、痛苦、快乐、出乎意料的结果、美妙的惊喜。劳伦斯（Lawrence）将其描述为"未知领域"（Lawrence，1920）。

> 对于体验，这里仍然有大量未知的领域，
>
> 就像看不见的竖琴在发出鸣响，
>
> 对于自己，我们一无所知。
>
> 当人们从自己的思想和机械化设定的纠缠中逃离出来时，
>
> 就会发现，
>
> 这里有丰富多彩的世界、美妙至极的景色，
>
> 有一张张面对生活无畏的脸庞，
>
> 有我，有你，有其他男人、女人，
>
> 有葡萄，有鬼魅，有绿月光，
>
> 有橙红色的四肢拍打着地狱的边缘，
>
> 有温柔的眼神，
>
> 那种温柔胜于星辰之间的遥望。
>
> 万物与虚无之间，存在与非存在之间，颤抖着相互交错。
>
> 我们最终逃离了认识自己的牢笼，因为，我们知道，我们永远不可能了解自己，
>
> 但是，
>
> 我们可以去触碰、去怀疑、去思考、去努力，
>
> 我们像紫杉一样，
>
> 在最后一丝挑剔的喜悦中摇摆着，
>
> 在小树缓慢攀升之后，
>
> 摇晃着，
>
> 不计后果的滴落（Lawrence，1920）。

理想状态下，我们可以完整地体验每一段连续的生活状态——活在当下并意识到这一点，完整地体验。然而，我们当中的大多数人，在日常生活中都不能有意识地从体验中学习。很多领域的研究表明，仅凭体验并不能实现有效学习，但大部分研究都假定，有效学习会自动发生，而很少考虑学习是如何发生的、如何提高学习能力。先前描述的有关自动化的研究表明，我们日常生活中的很多活动都是自动发生的，并没有什么意识和目的（Bargh & Chartrand，1999）。我第一次读到小乘佛教时，当下体验（moment experiencing）被描述为一串珍珠。卡尼曼（Kahneman & Riis，2005）估计我们每天大约要经历 20 000 个这样的时刻，也就是说，在 70 年中，我们要经历 5 亿次这样的时刻。我当时的反应就是：天呐，我在生命中错过了太多这样的时刻（见第四章的"反思与更新"部分）。

（2）**学习之道是自我创造之道。**回顾人生，你的生命可以被看作是经历的连续体，有些经历是你自己创造的，有些经历是强加于你的。这些生活事件串联在一起，就像绳子上的一串珠子，这种极其美妙的连续体决定着你是谁。展望未来，那些珠子就是梦想，是对未来体验的遥远期待。你此刻的体验就是实际存在的一切。你改变着这串珠子，为过去赋予意义，也选择着未来的体验。下一次体验为自我创造和终身学习的过程提供了新的意义和选择的可能性。正如欧普拉·温弗里（Oprah Winfrey）所说："在每一段经历中，你都如同是在自己的画布上作画，一步一步地思考，慢慢地选择。"

学习就是从我们内心中唤醒学习生命力的过程。自我创造的力量是所有生物共有的力量。敞开自己，接受这股生命力，就是在传递着自我改变的神奇力量。从有意识的体验中学习是最高形式的学习生命力，人类的发明和成就都来源于此。人类的精神被认为处于休眠之中，在这种半觉醒状态中，我们奇怪地脱离了自己的生活。学习过程就是觉醒的过程，有意识地关注我们的体验，谨慎地选择它对信念的影响，以及我们将如何生活。体验学习螺旋结构就是有意识地选择、引导、控制生活体验的过程。把有意识的体验放在学习过程的中心，我们确实可以通过学习创造自己。

（3）**学习之道是谦逊之道。**在面对具有无限深度和宽度的体验时，我们会为自己对体验的有限了解而感到卑微，我们从体验的海洋中一勺一勺地品尝，逐渐意识到，我们过往的改变需要经受现实的检验，因此有了对学习的渴望。谦卑意味着开放的心态，乐于犯错，并积极地寻找建议（Tangney，2000）。谦逊的方式避免了自我关注，是一个变得"无私"的过程（Templeton，1997）。在这个过程中，我们意识到自己只是这个广阔星球中的一粒尘埃。

（4）**学习之道是一种道德方式**。本书的最后一章把整合和整合性描述为终身体验学习过程的终点，整合了爱、正义、勇气和智慧等美德。体验学习的批评者认为，这是一种以自我为中心的自由主义的人文思想，是对他人的漠不关心："在宣称社会群体不可或缺的声明背后，是对统一的、真实自我的渴望，没有受到人类相互依存的需要的影响……体验学习鼓励精神的成长，让我们从他人选择的压迫中解脱出来（Michelson，1999）。"同理心，是对他人的深入体验，是情绪陪伴的动力来源，是道德行为的驱动力。我已经描述了罗杰斯的相关理论（见第六章的"更新和反思"部分），即道德感来源于对人类处境的深层体验。这是一个由内而外的过程，而不是从外而内对个体施加外部道德规范或教条的过程。体验学习理论强调，为了引导道德行为，抽象的道德原则必须被整合到个体的体验和所处的情境中。

2. 刻意的体验学习

有意识地去创造意义和做出选择的体验学习过程，被我们称为刻意的体验学习（deliberate experiential learning）。刻意学习要求我们精通体验学习，更确切地说，它要求我们了解自己独特的体验学习风格，同时有能力去有意识地指导和控制自己的学习过程。简而言之，一个人如果想要为自己的生命负责，就要为自己的学习负责。我们发现了五种元认知实践，它们能够唤起和提高学习能力（Kolb & Kolb，2009；Passarelli & Kolb，2011；Kolb & Yeganeh，2015）。这五种元认知实践的领域包含：学习认同、学习空间、学习关系、正念体验和刻意练习（见图 8-4）。

元认知——刻意学习的关键

刻意的体验学习，要求个体从意识层面对学习过程进行元认知监控，以便选择适合不同学习情境的学习风格。詹姆斯·祖尔把元认知描述为从大脑到心灵旅程的终

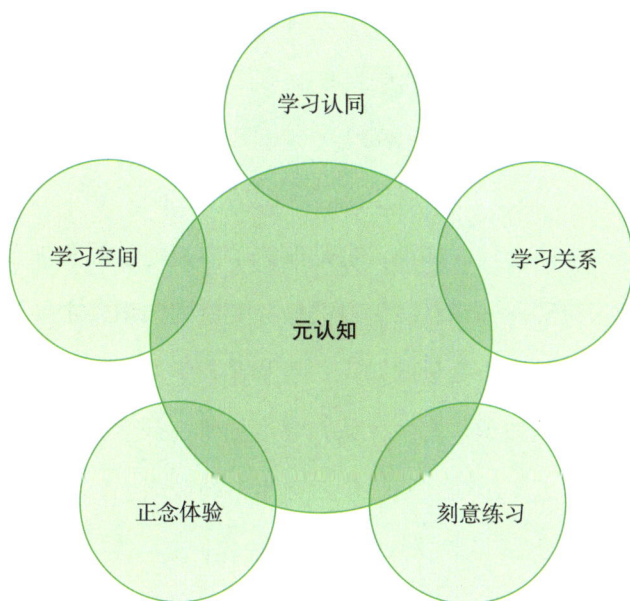

图 8-4 体验学习实践

点——是自我反思并控制节奏的心灵能力。在很多方面，学习者对自己心灵发展的觉知和洞察，都是最强有力的教育终极目标，这不仅是思考，还包括对思考地思考。当我们的心灵开始觉知自己时，也就意味着，我们进步了。这可能是人类大脑最高级和最复杂的心灵能力。它是来回往复编织心灵之裳的丝线，心灵元认知状态的获得更有可能带来体验学习的乐趣，这比其他讨论过的目标或目的更有意思（Zull，2011）。

元认知概念源于威廉·詹姆斯的著作《心理学原埋》，源于他对注意力在经验中的作用的研究，以及他在著作中描述意动行为理论。对詹姆斯而言，注意力在意识领域就像一盏聚光灯，有时候我们不是有意识地调动注意力，但是当一束光或一阵噪声"捕获"了我们的注意力时，这就是有意识的注意了。有意注意（voluntary attention）受到了我们对所关注目标的兴趣的影响。他定义了"兴趣－注意－选择"的螺旋结构，创造了持续发展的体验流，并精辟地将其描述为"我的体验就是我留心的事物"（James，1890）。他把兴趣定义为"明白易懂的视角"，指引了注意的方向，并最终引导人们选择哪些体验。选择带来的反馈也有助于提炼和整合个体的视角，就像"搭建我们精神之舟的龙骨面"。有意向的行为是重要的元认知知识，在关于意愿的章节中，詹姆斯把有意向的行为发展成有助于提升个体学习能力的理论。他的意动行为理论认为，一个被牢牢聚焦在意识层面的意念可以自动转化为行为——每一次移动的表征都在某种程度上唤醒了目标的实际移动；当心中没有相反的表征同时出现并阻挠行为时，这将达到最大程度的唤醒（James，1890）。

弗拉维尔（Flavell，1979）重新把元认知概念引入当代心理学中，并将元认知知识分为三类：（1）有关个体变量的知识，这是有关个体如何学习和加工信息的知识，也是个体有关自己学习过程的知识；（2）有关任务变量的知识，主要涉及任务的本质及对个体的要求；（3）有关策略变量的知识，涉及改善学习的方式及什么时间、什么地点去合理运用这些策略的知识。有关元认知学习的研究探索了相对简单的学习模式的影响。例如，一项探索五年级学生自己学习故事的研究表明，优秀的学生会把时间花在学习难度较大的任务上，与成绩较差的学生相比，总体学习时间没有显著性差异。研究结果表明，成绩较差的学生缺少一种元认知策略以鼓励他们将更多时间花在复杂的学习任务上（Owings et al.，1980）。

尼尔森（Nelson，1996）和他的同事提出了强调元认知监控和控制的学习模式。个体在体验层面监控自己的学习过程，然后，在元认知层面，把这些观察与学习过程的模式相联系。有意识地内省的结果被运用于控制体验层面的实际学习过程。我们（Kolb & Kolb，2009）基于体验学习理论对尼尔森的元认知模型进行了修订。新的模型能够更好地帮助学习者了解学习过程、了解学习者自身，并更好地基于学习任务和环境合理地使用学习策略（见图8-5）。在这种情况下，个体从直接的具体体验层面参与到了学习过程中。学习过程的反思性监控可以与理想的体验学习模型的抽象元认知水平相提并论，无论个体是否经历了学习周期螺旋的每个阶段，独特的学习风格都应该与教导方式和学习需求相契合。这种比较产生了相应的行为策略，让个体通过控制之箭重新回到具体的学习情境中。

当个体对学习过程进行反思性监控时，他们开始理解学习的重要方面：他们如何在学习周期各阶段之间来回移动，独特的学习风格如何与教导方式和学习要求相契合。这种比较产生的相应行为策略，能够被个体用于未来的学习过程中。

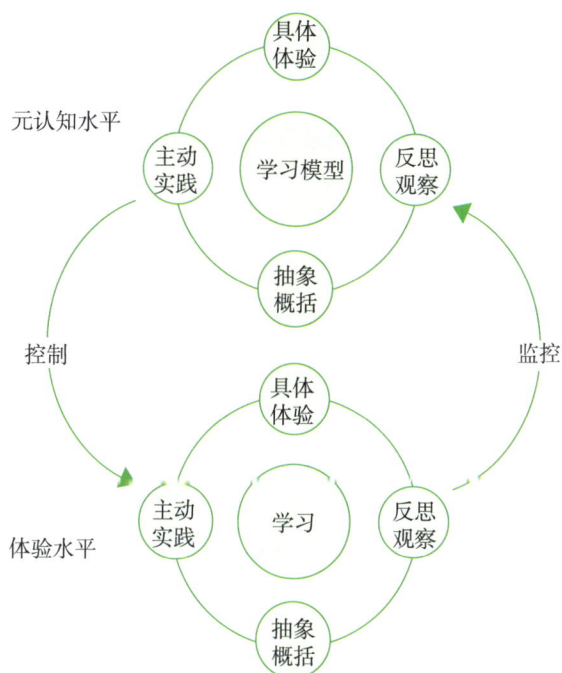

图 8-5　融合了体验学习周期理论的尼尔森元认知模型

学习认同

刻意学习的主要元认知领域就是个体对自己作为学习者的认识，这常常涉及如下问题：我能够学习吗？我应该如何学习？我怎样才能改变我的学习能力？就极端情况而言，如果一个人不相信自己能够学习，那么他们就不会学习。学习需要有意识的注意、努力和"完成任务的时间"。如果一个人不相信自己有能力去学习的话，这些活动都是在浪费时间。很多成功的学习者都将自己的成功归因于学习态度。例如，欧普拉·温弗里曾说："我是一个一直在努力的女人，就像其他任何努力的人一样。我试着接受每一次冲突，每一次经历，并从中学习。生活永远不会是枯燥的。"

拥有学习认同的个体把自己看作学习者，以学习的态度参与到体验中，并相信自己有能力去学习。拥有学习认同并非一种假设。学习认同是逐步形成的，一开始，学习者对生活体验采取试探性的态度，逐渐拥有更加自信的学习倾向，在具体情境中形成学习型自我，最终，学习者的自我身份认同形成了，它会向个体生活的方方面面渗透。一个人生活中的成长型关系支持并鼓励这样的进步。

在体验学习理论中，学习认同的概念源自卡尔·罗杰斯和保罗·弗莱雷的研究成果。这两位体验学习领域的奠基人认为，那些将自己看作学习者的个体都会相信自己的直接个体体验，他们拥有从这些体验中学习的能力。他们最关注的并非即刻的表现或目标的实现，而是从这些体验中获得的连续学习经历。相对于实现某些固定的目标，他们更喜欢潜能发挥过程中的惊喜时刻。在论述人们的价值观是如何习得的经典文章中，卡尔·罗杰斯强调了成熟个体学习过程中的体验的重要作用，他把体验作为形成准确的概念和行为引导的直接参照物（Rogers，1964）。价值观习得的过程是流动的、灵活的，并且是高度分化的，评估的重点是个体本身，在这个评估过程中，个体沉浸在体验中，努力去感受和阐明所有复杂的含义（Rogers，1964）。作为对威廉·詹姆斯的激进实证主义的回应，他强调了体验不仅包含直接的感受和情绪，也包含了先前的观念："在当前的体验状态下，记忆从回忆中追溯了所有有关的事物。这个瞬间不仅受到即刻的感觉的影响，它也从过去相似的经历中创造了意义（Rogers，1964）。"

为了取悦爱人，年轻人通过内向投射（introjections）的方式形成了固定的价值观。罗杰斯将其与一个成熟的学习个体相比较。"这些想象的偏好与他自己的体验过程毫无关系，或者是没有明确的关联。他自己的体验和他想象出来的价值观之间有着较大的差异。由于这些概念并不能在体验中得到检验，他必须让这些概念以一种僵化不变的方式存在（Rogers，1964）。"

在另外一种不同的情境中，保罗·弗莱雷也强调了学习在个体经历中的关键角色，这对于形成学习认同是很重要的。在《被压迫者教育学》（*Redagogy of the Oppressed*）一书中，他描述了巴西农民帮助自己从一种由内在化压迫、个人内化，以及接受人们对自己的偏见所形成的自我认同中解放出来："常常，被压迫者会听到他人评价自己一无是处，一无所知，没有任何学习能力。他们孱弱、懒惰、毫无建树，最后，他们就相信了自己的确一无是处（Freire，1970）。"保罗·弗莱雷通过体验学习周期让农民形成批判意识，促进人们从消极僵化的自我身份认同中解放出来，他把这称作"实践"（praxis）。为了改变，我们就需要反思和行动。在与元认知相呼应的定义中，莱斯蒂纳（Leistyna，2004）把批判意识定义为"学习和认知过程中的意识状态"，这是一种分析问题、提出问题的能力，它能让影响我们生活的政治文化现实发生改变。

弗莱雷认为传统教育带来了内在的被压迫模式（内在化压迫）及非学习认同。基于"储蓄式教育"的概念，无所不知的教师们把想法存储进学生的大脑中，让他们全盘接受，机械记忆和复述。他提出了一种"基于问题的教育"，鼓励学习者形成自我认同。这种教育建立在学生和教师间的民主关系之上，关注学生当下的生活，鼓励学生开展批判反思性实践，并采取相应的行为来改变自己的生活。

体验学习开始于个体相信自己能从体验中学习和获得发展的信念。当我们把库伯的学习风格量表与数以万计的人进行分享时，我们惊讶地发现，大多数人不仅不知道自己独特的学习风格，甚至从未思考过学习是什么，作为学习者意味着什么。超出我们想象的是，大多数人并不认为自己是学习者，而且对自己拥有僵化（fixed）的观念，这个概念由心理学家卡罗尔·德维克提出，拥有这一观念的人在不同程度上都认为自己没有学习能力。

学习认同感是可以形成的。研究表明，教育干预能够影响学习认同的发展。在布莱克韦尔、切谢夫斯基和德维克的研究中（Blackwell，Trzesniewski，& Dweck，2007），他们向一组 7 年级的学生讲授"学习能够通过形成新的连接来改变大脑，并且学习者能够掌控这个过程"。这个主题持续了 8 次课，每次 25 分钟。这项措施提高了学生的学习动机，与控制组的学生相比，教育干预组的学生成绩下降的幅度减小。类似地，古德等人（Good，Aronson，& Inzhcht，2003）发现，一种增进式的学习干预能够让青少年的学业考试分数显著改变。阿伦森等人（Aronson，Fride，& Good，2002）发现这种教学方法同样可以提高大学生的成绩。

高等教育中的另外一个案例关注了数学焦虑的问题，以及当学生被要求补数学课时那种对数学的自卑感。赫特（Hutt，2007）开设了一门体验课程，主题是"学习如何学习"，这门课程的目的在于降低学生对数学的焦虑性自卑（我不能学习数学），提升他们对数学的自信心和效能感（我能够学习数学），同时也能提升学生在数学课上的学习表现。研究结果表明，体验学习课程的内容、教师有意识或无意识对学习节奏的控制、学生对学习体验的反思和自我对话等，都对学习产生了积极的影响。学生的数学焦虑感降低了，在课堂上，学生获得了更安全、自信和有效的学习认同。那些参与了"学习如何学习"课程的同学在数学课程上的得分比控制组更高。赫特认为，要改变僵化的学习认同，就需要安全的学习空间，教师对学生的无条件积极关注（Rogers，1951）。这个空间降低了防御性行为，允许学生通过一种新的方式来体会自己作为学习者的角色。

在成为学习者的过程中，那些自信地说"我是一个学习者"的人并非在一朝一夕之间练成的。一个人的自我认同身处核心，在与矛盾体验对抗的过程中形成。大部分的自我认同都是由僵化的学习信念组成的。我们可能会觉得自己在某些方面很擅长，如体育；在某些方面不擅长，如数学。德维克等人认为，非专业理论是特定领域的，例如，人们能够相信智力是固定的，但是道德感是习得的（Levy et al.，2001）。每一次成功或失败都能引发对个体学习能力的重新评估。

图 8-6 将自我认同描述为平衡被强化了的僵化自我的特征（消极自我对话、避免冒险和失败、受到他人成功的威胁），并建立学习自我的特征（相信自己具有从体验中学习的能力，寻求新的体验和挑战，有韧性，能够从错误中学习，把他人的成功作为自己学习的资源）。

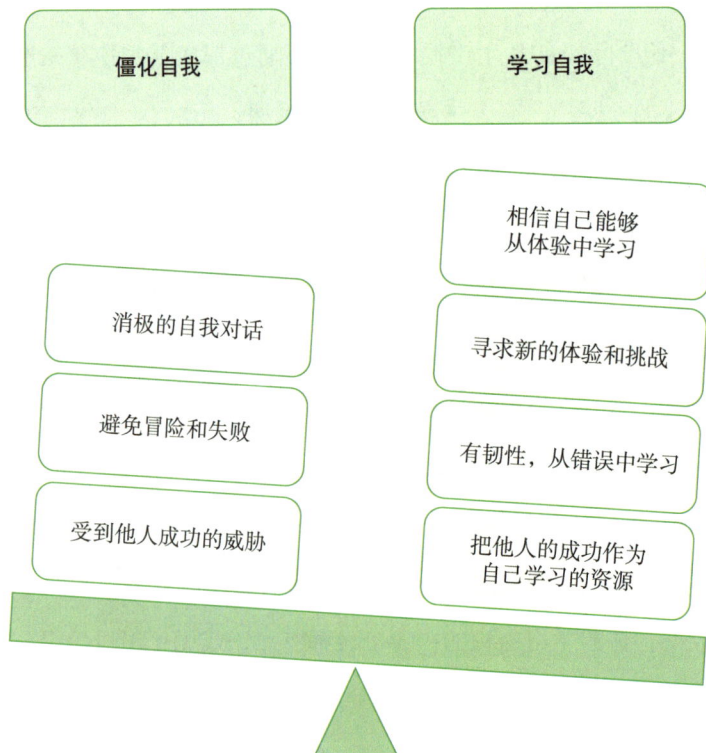

图 8-6　成为学习者

下文列举了可以帮助我们形成积极的学习认同的元认知策略，而这正是成为好的学习者的关键。

（1）**相信自己的体验**。把体验放在学习过程的中心，视其为选择和决定的支点。但这绝不意味着你不能从专家或他人的体验那里获得学习，因为他人的建议也是自己体验的一部分。关键是要拥有自己的选择，在体验中检验选择的重要性。当你这样做了，你就开始掌控自己的学习和生活了。

（2）**相信学习的过程**。避免过度关注行为的即刻结果；相反，需要长期追踪自己的表现和进步，了解这个长期的循环往复过程。一次表现并不会造成生死攸关的影响，而这种观点只会强化僵化的认同。每一次表现都是一次学习机会，需要在未来的表现中不断完善。

（3）**重新定义你与失败的关系**。没有人喜欢失败，但是，行动过程中的失败是无法避免的。爱迪生是面对失败的榜样，他认为失败是成功之母。詹姆斯·戴森（James Dyson）是戴森真空吸尘器的发明者和戴森公司的创立者。他视爱迪生为楷模，认为爱迪生是通过无数次失败才获得成功的。在他的 1093 项专利面前，之前的 10 000 次失败都黯然失色。从录音电话机到灯泡，爱迪生的每一个发明，都源于他的永不言弃（Yang，2008）。

失败也可以帮助你把优先权和生活道路集中于自己的天赋和强项上。在面向哈佛毕业生的演讲中，罗琳（Rowling，2008）讲述了自己毕业后的低迷期，也是所谓的失败，她谈到了这段低迷期带给自己的好处，这段时期为自己带来了全新的视角，只关注对自己唯一重要的工作。她认为，如果没有失败过，她绝不会有能力、有动机去花时间写作，而写作才是她真正的归属。她发现，失败创造出了一种自由的感觉，让她能够关注自己的专长。

（4）**为了从失败中学习，要走出强烈的情绪反应**。失败、丧失和犯错，都不可避免地会带来强烈的情绪反应。然而，个体需要学习调节情绪反应，防止它们阻碍学习过程，使认同僵化。对高尔夫选手而言，他们击球失误后，如果就此离开俱乐部、责备自己或比赛，他们就失掉了冷静分析错误的机会，也不能为下一击制订改正计划。在觉察自己的失败后，处理这些情绪的有效方式就是平静地呼吸，有意识地接纳当前的状态。这使得头脑变得更加清晰，能够判断下一步应该怎么做。

（5）**失败的风险**。乔尔·魏茨金（Joel Waitzkin）在《学习的艺术》（*The Art of Learning*）这本描述自己的元认知学习过程的手册中，描述了自己如何成为一名顶尖的围棋手，之后又如何成为武术冠军的过程。他强调了失败对于成功的重要性。"如果一位壮汉走进武馆，这时候有人推他，他会回击，并且把这个人推回去，以此来证明自己的强悍。问题是，他这样做并没有学到太多东西。如果想要成长，他需要放弃当前的心态（Waitzkin，2007）。"

（6）**重新评估你是如何学习的及你擅长什么**。有意识地反思和选择如何成为学习者是非常重要的。有时候，人们并不知晓如何判断自身和自己拥有的能力。

（7）**监控你发给自己的信号。注意你的自我对话**。对自己说"我很笨"或"我不擅长……"，会影响并强化你僵化的消极认同；对自己说"我可以做这个"，则会强化积极的学习认同。个体需要了解内在化压迫的方式，有些信息不过是他人的投射，没有经过认真检查，你就胡乱接受了。

（8）**失败和成功的均衡**。大部分人对失败的记忆比对成功的记忆要深刻得多。例如，在我们的授课体验中，我们常常会关注课程评估中一两个不好的评价，却忽略了那些积极的反馈。这种关注方式的危险在于，会让自己的教学风格逐渐转向满足那一两个不好的评价，而有可能损失了教室中大部分学生所拥有的那种积极体验。更深层次的危险就是，这样的关注会对个体的思考和行为产生消极的影响（Blackwell，Trzesniewski，& Dweck，2007）。有时候，你需要罗列一份清点学习强项和成功的清单，来平衡成功和失败。

学习风格

除了相信自己是学习者，我们也需要明白怎样才能学得更好，并了解我们的学习风格。了解个体独特的学习偏好和能力，把握学习风格和学习要求之间的匹配程度，对于提高学习效率是非常重要的。这会告诉我们为何我们的表现总不是最理想的，也会提供相应的改进措施；会帮助我们解释为什么有的主题或课程特别有趣，有的课程却让人痛苦。在学习风格的教学过程中，我们感到最满足的时刻就是，学生走近并告诉我，"我一直以为我很愚笨，因为我在学校表现不好。但现在我意识到了，这仅仅是因为我的学习风格不同于学校的教育方式而已。"

那些使用库伯学习风格量表来测量自己学习风格的学生，最后常常决定在某一种或两种学习模式上发展自己的能力：具体体验（CE）、反思观察（RO）、抽象概括（AC），以及主动实践（AE）。一些学生希望发展自己较弱的学习风格；另一些学生则希望发展最有助于完成学习任务的那种学习风格。由于各种学习模式之间的辩证关系，掌握一种学习模式可能有效促进另一种学习模式。总体而言，当学习周期中的四种学习模式都能在个体身上得到有效发展时，学习效率就会提高。发展学习模式的途径就是发展与之相关的技能。《学习技巧简介》（*The Learning Skills Profile*）（Boyatzis & Kolb，1995，1997）有助于学习者评估与四种学习模式相关的学习技巧——具体体验所需的人际关系技巧，反思观察所需的信息技巧，抽象概括所需的分析技巧，以及主动实践所需的行为技巧。

（1）**发展体验能力**。如果想要好好体验，就需要把自己完全开放于直接体验中。直接体验仅在此时此刻存在，这是一种当下的状态，拥有无尽的深度和广度，人们永远不能完全理解。事实上，如果你执着于头脑中的想法，就会阻挠你对即刻状态的体验。通过即刻感知和拥有直接的感觉，能够让个体卷入具体体验中。这种状态和注意对于人际关系是尤为重要的。领导力、人际关系、给予和接受帮助等人际关系技巧，有助于体验学习模式的发展和表达。

（2）**发展反思能力**。反思的发生需要空间和时间。欲望的冲动和行动的压力会阻止反思的出现。反思能力可以通过有意从不同视角看待事物、进行同理心练习来获得。让心灵静止和平静下来有助于深层反思。意义建构、信息搜集、信息分析等信息技巧，有助于反思型学习模式的发展和表达。

（3）**发展思考能力**。思考的发生需要表征和操控大脑中想法的能力。大量的情绪、感觉和行动的压力会分散思考的注意力。个体可以通过建构理论模型和创造行为图景的方式来促进思考。理论建构、量化分析、技术管理等分析型技术，有助于思考型学习模式的发展和表达。

（4）**发展行动能力**。行动的能力，需要我们卷入实际的世界，承担真实的后果。

从某种意义上说，行动是学习周期的基准线，从这时起，内部的体验、反思和思考开始在现实中接受检验。如果三种模式中的内部过程太多，行动可能会显得拘谨。行动的提升可以通过目标的设定、勇敢的表现和调节式的反馈来实现。主动、目标设定、采取行动等行为技术，有助于行动型学习模式的发展和表达。

（5）**增加学习的灵活性**。在学习周期中，从一种模式灵活转换到另一种模式有助于有效学习。库伯学习风格量表4.0测量了学习灵活性，体现了随着情境和学习任务的要求改变学习风格的能力。通过发展四种学习模式相应的能力，个体能够灵活地改变学习风格，在学习周期的转换中游刃有余（见第四章）。

学习关系

大部分学习都在一定程度上涉及他人。在体验学习理论中，学习关系被定义为一个或多个个体之间的联系，这种联系能够通过学习螺旋促进个体的成长，最终促进未来的学习和关系的建立。亨特（Hunt，1987）认为两条平行的学习螺旋在人类互动中存在相关性。人们在"阅读"和"展示"之间不断交替，通过这种模式，人与人之间建立联系，而这也折射出了体验学习的过程。当一个人在阅读时——接收反馈（CE）并形成观点（RO）——另一个人基于这些观点产生意图（AC）并付诸行动（AE）。随着阅读和展示之间的交替不断进行，个体所经历的模式也在不断发生变化。然而，有些互动发生时，并没有有意识的觉知或意图。如果你有意愿帮助其他个体学习，可以通过问一些关键问题来激活他人的不同学习模式，这些问题能够引发不同的学习反馈（Abbey，Hunt，& Weiser，1985）。

教师、导师、顾问、家人或朋友都能或好或坏地影响学习。管理学习关系的关键元认知策略就是关注和发展那些有助于成长的关系，尽量减少损害学习和学习认同的不良关系。我们的研究（Passarelli & Kolb，2011）认为，学习关系的形成并没有最低互动数量的要求。当被询问谁在近期对他们的学习成长和发展产生影响时，有的学习者描述了刚认识的一个人对他们的学习产生了积极影响的故事，而有的人却受到一些长期的、关系密切个体的影响，如配偶、兄弟姐妹或教练等。这些故事的共同之处是，即便互动的内容并非积极的，学习者也表达了最基本的积极体验或觉知。米勒和斯蒂弗（Miller & Stiver，1997）认为，成长关系是在互动中产生的，这种互动具有共情和赋能的特点。这些互动或联系并不总是积极的，但是在互动中都需要思想和情绪的卷入。这种共情和赋能的基调为共同成长创造了条件，个体体验的活力、行动力、关系的清晰度、自我价值感、关联感都有所增进。关联感由朝着建立更深关系的一次或多次互动组成。弗莱彻和拉金斯（Fletcher & Ragins，2007）把指导关系的发展看作是由一系列的小"片段"组成，学习关系随着学习互动质量和频率的增加而发展。每一次互动都激起了一种情感，这奠定了学习的基调。以共情、尊重和支持为特征的互动构建了相互信赖的、积极的情感资源，这对于学习空间的创建是必不可少的，即便对非常有挑战性的学习来说也是如此。

学习关系对于学习认同的建立具有很强的影响，这种影响或好或坏。有的关系强化了僵化的认同，或者形成了对僵化认同的依赖关系，这限制了学习的灵活性和成长。我们已经看到，罗杰斯描述了来自亲人的评价所拥有的持久力量。他人的评价会影响学习认同的建立，这种影响有时是意想不到的，并且以细微的方式进行。德维克（Dweck，2000）表明，教师表扬成功的学生，如果夸奖他们"很聪明"，实际上，这是强化了他们僵化的自我，并削弱了学习上的努力程度，因为"我并不需要学习，因为我已经足够聪明了"。有时，学习认同具有感染力，那些拥有学习认同的个体倾向于与激励他们的人建立关系，那些带有僵化认同的个体也会把僵化的观点传递给其他人。例如，与拥有动态发展的个体相比，那些拥有僵化观点的个体表现出更多的刻板印象，表现出更强的组间同质性并对组内和组外人员拥有更多偏见。他们更容易受到根本归因错误的影响——相信他人的行为表明他们的"类型"，低估了情境因素对个体行为的影响（Levy et al.，2001）。我们的一位受访者描述了这种感染性是如何代代相传的。

> 刚开始，我提到了我爸爸及他的上一辈人对我学习风格的影响。我能够回忆起爸爸给我讲的那些故事。在他小时候，很少被爱，人们总是反复告诉他，他很笨，人们说他根本不能理解任何事情。时至今日，我的奶奶仍旧告诉他，当你成熟到能够理解事情时，我才告诉你"一些秘密"。但爸爸已经 63 岁了。在我还是孩子的时候，我记得我爸爸不喜欢任何游戏，偶尔他会玩一下，但如果没有做好的话，他就

会很生气，并且很沮丧，经常放弃。现在我知道了，对于学习，我爸爸形成了一种"僵化"的自我概念。他从小就被说成是笨蛋、无法理解事情，因此，在他的观念中，他就是笨蛋，他不会学习。他也常常批评那些受教育的人，现在我知道了，这和他僵化的自我概念有关。这个僵化的自我概念所造成的影响远远超越了他对待游戏的态度——这影响了我的学习发展。当我还是小孩子时，在我做错事情的时候，我爸爸常常问我"你到底在想什么"，我相信，这导致我在决策过程中缺乏自信（Passarelli & Kolb, 2011）。

学习空间

在第七章的"更新与反思"部分，我描述了学习空间的概念，强调了学习的发生需要一定的空间，并且，这个空间有可能阻碍学习，也有可能促进学习。人类会受到所处环境的严重影响，这是社会心理学中老生常谈的话题。研究表明，个体有尊崇社会规范及受他人影响的倾向，然而，个体自身的特征对于行为却只有较少的影响（Mischel, 1984）。正因如此，对个体的学习时间和学习空间进行元认知监控和控制才这么重要。在课程学习开始时考虑学习空间是有用的，例如，在哪里学习，按照自己的学习风格和具体科目来设置学习空间。当老师在设计课程时，他们可能不会有意识地考虑设计什么样的学习空间，以及这些学习空间对于学习和教学是否合适等问题。约翰和塔尼娅·里斯（John & Tanya Reese, 1998）创造了一个"与教授连线"的研讨会，帮助法学院的学生在教授们所创造的学习空间和他们根据自己的学习风格所创造的学习空间之间建立联系。当意识到法学院的教授们不太可能去改变自己的课程和学习风格时，他们就与学生进行合作，帮助学生形成一定的学习策略，以在教授们所创造的学习空间中获得成功。另一种策略就是用适合你学习风格的其他学习空间进行补充。例如，一名通过想象而学习的学生可能希望和同学们一起讨论课程材料；或者，一名思考型的学生可能希望通过阅读相关材料提前做好准备。

在第七章的"更新与反思"部分提到了有效的体验学习空间的创建原则，它也能引导人们调用元认知来评估个体当前的学习空间，或者创造新的学习空间。为了让学习者完全融入学习周期，必须为学习者提供空间，使其充分参与到体验、反思、思考和行动的四种循环模式中。这个空间必须是友善的、尊重他人的，需要在支持和挑战之间达到平衡，这让我们想起了维果茨基提出的最近发展区，通过设置有挑战但可完成的目标来让个体获得学习进步。这个空间必须让学习者对自己的学习负责，留有足够的时间重复练习以发展专业技能。

正念体验

我在前文提到过体验的唤醒，詹姆斯提醒我们，我们所做的选择创造了我们的体验，我们的体验就是我们留心的事物（James，1890）。我也描述了唤起当前体验的两种技术，也就是基于罗杰斯和根德林的体验法和正念法（见第二章的"更新与反思"部分）。这些促进正念体验的元认知技术，有助于个体有意识地觉知和接纳时刻改变的生活，帮助个体聚焦于当下的、直接的体验。有关正念和体验学习的研究（Yeganeh，2006；Yeganeh & Kolb，2009）认为，正念练习能够通过增强个体的存在和有意识的注意力来帮助个人从体验中学习。

耶加内（Yeganeh，2006）探索了正念研究和实践的两个主要分支：冥想型正念和社会认知型正念。冥想型正念将意识锚定在当前的状态来发展正念，常常伴随着呼吸而进行意识和接纳的练习。卡巴金（Kabat-Zinn，1994，2003）把正念定义为"通过特殊的方式注意：有意地，在当下的，不加评判地"。在正念理论中，不加评判就是接纳当前的状态，将其作为持续变化的体验中的一部分。这种范式认为，放弃了评判就强大了心灵，并且它挑战了一种错觉，即过度思考某件事情就会获得对这件事情的控制。在此领域内对正念进行讨论的作者也谈到了正念的对立面，也就是无意识（mindlessness），或者是一种自动化和缺乏意图的状态。

社会认知型正念强调认知的分类、背景和情境性觉知。埃伦·兰格（Ellen Langer）把正念和学习相联系，她强调，当我们进行正念时，我们有意或无意地做着以下几件事：（1）从多个角度看待一个情境；（2）把情境中的信息视为新奇的；（3）注意我们觉知的情境；（4）通过信息理解的方式创造出新的分类（Langer，1997）。从社会认知的角度来看，正念需要拓宽一个人的认知容量。这种创造新分类的想法来源于兰格早期关于偏见的研究。在解释实际的好处时，她认为，如果我们总是讲我们不喜欢谁，往往一句话就可以说完。但是，如果我们被迫去详细描述一个人的时候，最终会出现一些我们比较欣赏的特质（Lager，1989）。兰格的研究如此引人注目的原因在于，她认为，简单的贴标签（如好或坏）并不能正确地反映世界的复杂性。相反，它会导致一种盲目的合理化，证明从无效到犯罪的广泛功能障碍行为的合理性。

区分这两种思想流派的一种方法是：冥想型正念关注当下的觉知，描述了当下用心体验的内部状态；社会认知型正念关注正念的认知应用，有效筛选新的体验，基于新的分类和模型理解世界。更进一步说，冥想型正念通过呼吸、接纳和关注当前觉知等技术进行正念练习。社会认知型正念不强调冥想，而提出了其他一些实践手段，例如，鼓励怀疑、关注不确定的数据、形成新的思考和行动的方式。耶加内对正念提出了多维度的定义，包含了上述两种正念取向。正念体验是一种状态，在这种状态下，个人专注于当前和直接的体验，有意识地注意和专注，并接受生活是一种突发性的变化过程。耶加内支持从体验中学习和正念学习之间的联系，他的研究发现，那些在兰格的正念量表中得分较高的个体也在学习风格中强调了直接具体体验，并且在反思观察中得分较低，但这并不表明他们失去了思考或沉思的能力，只是表明他们更加关注个体的体验。这个结果表明，两种正念体验的尝试都能够帮助个体从体验中学习。

（1）**关注未受成见和偏见影响的"当下"体验**。为了关注当下，参与直接体验，个体必须处理五种感觉来触发当下的觉知。关注当下状态最有效的一种方法就是安静和有意识的呼吸。关注当下状态有助于心灵安宁，减少自动化和习惯性的思维和回应模式。这种关注当下的状态提升了对具体体验的感知，促进了学习周期的开始。从某种意义上来说，如果我们不是先有体验，或者说，如果每天的例行公事让我们难以关注此刻的直接体验，那么，我们就无法从体验中进行学习。

（2）**关注个体的学习周期，有意识地引导学习过程**。通过有意识地引导个体的学习过程，并且关注个体在学习周期中各个阶段的进程，我们能够通过学习来实现自己。如何学习以及学到了什么，决定了我们对每段新经历进行加工的可能性，这反过来决定了我们选择和决定的范围。从某种意义上来说，我们所做的选择决定了我们的生活过程，而且这些生活经历也影响了我们未来的选择。对大多数人而言，学习风格的选择是相对无意识的，是学习的自动化过程。正念体验能够让学习和生活的控制权掌握在我们自己手中。

刻意练习

我们都知道学习需要重复练习。然而，在练习上花时间并不一定能够促进学习或提高行为表现。实践并非仅仅是做某件事情，对某件事情的体验并不一定意味着好的行为。在高尔夫练习场上，一桶又一桶地击球并不能改善你的能力，事实上，这反而会让你的坏习惯变得根深蒂固，更加糟糕。在 20 世纪 90 年代早期，由埃里克森（Ericsson, Krampe, & Tesch-Romer, 1993, Ericsson & Charness, 1994; Ericsson, 2006; Baron & Henry, 2010）开展的专业表现研究，教授了大量关于从实践中学习的知识。这项研究带来的好消息是，在很大程度上，伟大并非源自天赋，而是从体验中学习的结果。然而，不太好的消息是，这个过程需要很长时间（对很多顶尖专家而言，需要 10 年或 10 000 小时的工作），努力地在某个领域内不断练习，这被称作是"刻意练习"。

刻意练习技巧对于提升我们从体验中学习的能力是很重要的。从本质上讲，刻意练习包含高强度的、集中的、重复的练习，这对应于理想的、正确的行为模型。这个过程需要比较实际表现与理想表现，并提供反馈，鉴别出"错误"，以便在后续的行为实践中做出改变。从这层意义上来说，刻意练习可以被看作是正念体验，它增加了对某个具体行为体验的反思性关注。通过这种反思与理想的元认知模型进行比较，个体可以改变学习周期中的行为表现。学习关系对于刻意的学习很有帮助，能够为个体在所关注的领域提供专业模型、反馈和支持。丹尼尔·科伊尔（Daniel Coyle）强调，这种类型的实践是很困难的，需要高度集中的注意力、深思熟虑的分析及持续不断的重复，以此来消除错误并实现目标（Coyle, 2009）。他认为，大多数人一次只能进行几小时的深度学习活动。然而，仅仅通过一次学习是不够的。在《大师》（*Mas fery*）一书中，乔治·莱昂纳多（George Leonard）描述了大师的成长都需要循环往复，包含突发的进步，接着是行为的退化和停滞，一直要等到下一次爆发，停滞期才会比以前迈进一点点。对大多数人而言，尤其是对那些长期处于停滞期的人而言，这个过程是很沮丧的，学习的努力和发展常常会受到摒弃。莱昂纳多建议，你需要勤奋的练习，练习本身就是为了练习。不要因为处于停滞期而感到沮丧，你要学会欣赏它、享受它，就像随着波浪向上翻涌一般（Leonard，1991）。

持续的刻意练习，是通过学习周期而获得进步的学习螺旋结构。获得学习成功的关键就是为了达成目标而做出合适的时间规划。规划时间最常见的错误就是期待快速和即刻掌握某种技巧。如果没有达到预期，学习的努力就会被放弃。控制体重也许就是最好的例子。开始"10 天瘦 5 千克"的节食计划就把自己限制在学习周期的一个循环中，控制体重是一个长期的过程，涉及很多问题（热量摄入、锻炼等）及很多情境。旧习惯的惯性需要耗费很长时间去改变，挫折和失败是不可避免的。通过正确地规划学习过程，在获得缓慢进步的过程中，就能避免放弃或消极僵化的自我归因。

刻意练习的学习周期不仅在具体的技术和知识领域有效，在一般的自我发展中也起着重要的作用。自我发展的推进是通过鉴别和发展个体兴趣而实现的。这个过程遵循螺旋状的发展结构，需要精炼、加深、延伸个体某方面的兴趣。兴趣是学习螺旋的支柱，是自我创造的自生系统的结果。学习螺旋的支柱代表了詹姆斯提出的"兴趣－注意－选择"螺旋结构中的兴趣。詹姆斯将兴趣定义为一个骨架，我们的精神之舟就搭建在这个骨架上面（Leary 1992）。我们参与那些能引发兴趣的事件，我们选择那些在持续学习周期中能让兴趣延展和加深的体验。约翰·杜威是詹姆斯的同事，他对兴趣的发展进行了描述："我相信，兴趣是生命力的标记和象征，它代表着黎明，表明孩子已经达到的和将要达到的状态（Dewey，1897）。"信任生命力的象征，培养自己的兴趣增长，就是遵循学习的方式。

3. 学习如何学习

最后，让我们来回顾一下上述内容，如何培养上述刻意学习的元认知技能，从而提高学习能力。回到图 8-5，我们已经强调了图中所示的两种学习周期：处于体验水平的学习周期代表了具体的学习体验，处于元认知水平的学习周期代表了个体学习如何开展的标准模型。进一步观察图 8-5 可以发现，体验学习的元认知模型和他们的学习体验之间的调节和控制箭头代表了另一个体验学习循环。这个循环作为第三个循环，描述了个体如何发展学习的元认知模型，即个体如何学会展开自己的学习过程。

当前的元认知研究表明这三个循环并非同时开展，而是按照顺序依次进行。例如，对学习程度的判断，与其立即做出判断，不如延迟一段时间做出判断更准确（Nelson，1996）。当一个人沉浸在解决数学问题之类的学习任务中时，他可能不会过多思考"如何完成这项任务"的元认知模型，更不用说考虑完善该模型了。学习的元认知模型在参与学习之前和"行动后回顾"中最有用。这个模型可以用来制定策略，开展和完成即刻的学习任务。

学习周期的学习需要长远的眼光，需要反思先前的学习体验，探索体验与规范的元认知模型的匹配程度。我们已经看到，教育干预能够促进这个过程并改善学习效果（Blackwell，Trzesniewski，& Dweck，2007；Good，Aronson，& Inzlicht，2003；Hutt，2007；Reese，1998）。支持性的学习关系和学习空间有助于探索和改变僵化的学习认同和无意识的学习习惯。然而，归根结底，是学习者来管理他们有关学习的学习过程，通过元认知监控来调节自己的学习过程。学习者可以通过发展元认知学习能力来规划学习的道路，教育者则可以在教育日程表中加入"有关学习的学习"的教学内容，为学习者铺平道路。

版权声明

为了节省纸张、降低图书定价,
本书编辑制作了电子版参考文献,请扫描二维码查看。